正保会计网校
www.chinaacc.com

梦想成真® 1

2025年 全国税务师职业资格考试

# 税 法（Ⅰ）
# 应试指南

■ 葛 瑞 主编 ■ 正保会计网校 编

感恩25年相伴 助你梦想成真

中国税务出版社

**图书在版编目（CIP）数据**

　　税法（Ⅰ）应试指南 / 葛瑞主编；正保会计网校编 .
北京：中国税务出版社，2025. 5. -- (2025 年全国税务
师职业资格考试应试指南). -- ISBN 978-7-5678-1589
-6

　　Ⅰ. D922.290.4

　　中国国家版本馆 CIP 数据核字第 20258XT111 号

| | | |
|---|---|---|
| 丛 书 名： | 2025 年全国税务师职业资格考试应试指南 | |
| 书　　名： | 税法（Ⅰ）应试指南 | |
| | SHUIFA（Ⅰ）YINGSHI ZHINAN | |
| 作　　者： | 葛　瑞　主编　正保会计网校　编 | |
| 责任编辑： | 王　敏 | |
| 责任校对： | 姚浩晴 | |
| 技术设计： | 林立志 | |
| 出版发行： | 中国税务出版社 | |
| | 北京市丰台区广安路 9 号国投财富广场 1 号楼 11 层 | |
| | 邮政编码：100055 | |
| | 网址：https://www.taxation.cn | |
| | 投稿：https://www.taxation.cn/qt/zztg | |
| | 发行中心电话：（010）83362083/85/86 | |
| | 传真：（010）83362047/49 | |
| 经　　销： | 各地新华书店 | |
| 印　　刷： | 北京荣玉印刷有限公司 | |
| 规　　格： | 787 毫米 × 1092 毫米　1/16 | |
| 印　　张： | 25.5 | |
| 字　　数： | 530000 字 | |
| 版　　次： | 2025 年 5 月第 1 版　2025 年 5 月第 1 次印刷 | |
| 书　　号： | ISBN 978-7-5678-1589-6 | |
| 定　　价： | 98.00 元 | |

# 前　言
## PREFACE

学税务师？找"应试指南"！

考过税务师？找"应试指南"！

应试指南——正保会计网校老师潜心钻研考试大纲和命题规律精心打造，税务师考试备考路上的超级"加速器"，助力大家高效学习，轻松过关。

### ▶紧扣考纲剖考情：学习有重点

开篇：考情分析及学习指导——正保资深主编老师依据多年教学经验倾心编写，帮助大家迅速了解考试情况，掌握科学的学习方法，清晰明了且高效地开启备考之旅。

### ▶知识详解全覆盖：全面又细致

万丈高楼平地起，为了让大家学起来更加轻松，老师们在内容上精挑细选，选出最具代表性、最贴合学习需求的知识点；表述上摒弃枯燥的理论堆砌，用简洁生动的语言搭配图表等形式阐释知识；结构编排上按章由易到难、循序渐进梳理考点，让大家逐步深入掌握知识。

每章知识点讲解之后的"同步训练"，以考点顺序编排，在检测学习成果的同时查找漏洞、填补空缺，通过"学练结合"的方式提高学习效率。

### ▶实用小模块设计：贴心又实用

书中还设有诸多贴心小模块：在考点后采用★级标注重要程度，快速锁定学习重点，节省时间精力；"得分高手"模块紧跟考情，解读常考出题方式，传授高效解题技巧，精准把握考试方向；创新性设置的"一学多考"小标识，打通了学科之间的关键脉络，促进知识融会贯通；讲解中还穿插着提示性小模块，帮大家化解记忆难点和易混淆点。

### ▶模拟试卷押考点：考前不用慌

"考前模拟"部分精心准备了两套模拟试卷，扫描二维码就能答题，帮助大家熟悉考试

节奏，提升应试能力，快速进入考试状态。

**▶数字化学习资源：随时随地学**

书中配有丰富的数字化学习资源，扫描封面的防伪码即可获取线上电子书、电子题库等内容。网校还打造了配套专属课程供大家自由选择，书课结合效果更佳。

窗外有风景，笔下有前途；低头是题海，抬头是未来！备考的日子或许充满了艰辛和汗水，但每一次努力都是在为未来积攒能量，只要坚持下去，你一定会收获成功的喜悦。加油吧，小伙伴们，"应试指南"陪你一起成为更好的自己！

由于时间所限，书中难免存在疏漏，敬请批评指正。

编　者

# 目　录
## CONTENTS

## 第八章　环境保护税 …………………………………… 318

## 第九章　烟叶税 ………………………………………… 338

# 第三篇　考前模拟

第一篇

考情分析 及 学习指导

税务师应试指南

轻松听书，尽在"正保会计网校"APP！

扫我听书

打开"正保会计网校"APP，扫描"扫我听书"二维码，即可畅享在线听书服务。

*提示：首次使用需扫描封面防伪码激活服务，此服务仅限手机端使用。

# 2025年考情分析及学习指导

## 一、"税法（Ⅰ）"科目的总体情况

在税务师考试的五个科目中，大多数考生常常会一同报考"税法（Ⅰ）""税法（Ⅱ）"和"涉税服务实务"，这三科被考生亲切地称为"三税"，属于税法专业内容中的基础，也是税务师学习的重要科目。本科目收录了我国18个税种中的9个税种，历年考核要点均集中在增值税、消费税、土地增值税、资源税等重点税种，其考试分值、题量相对稳定，难度适中。另外教材中还有税法基本原理和非税收入章节，充分体现了税务师考试的全面性。

## 二、考试时间、考查形式及命题规律

### （一）考试时间

2025年税务师职业资格考试税法（Ⅰ）考试时间为2025年11月15日09：00—11：30。

### （二）考查形式

1. 题量分析

预计2025年考试的题型、题量不会发生变化，考试难度和上一年基本持平，考试题量仍为80题。2024年考试题型、题量和分值，见下表。

2024年考试题型、题量和分值

| 题型 | 题量及分值 |
|---|---|
| 单项选择题 | 共40题，每题1.5分，共60分。每题的备选项中，只有1个最符合题意 |
| 多项选择题 | 共20题，每题2分，共40分。每题的备选项中，有2个或2个以上符合题意，至少有1个错项。错选或多选不得分；少选选对的，每个选项得0.5分 |

（续表）

| 题型 | 题量及分值 |
|---|---|
| 计算题 | 共 8 题，每题 2 分，共 16 分。每题的备选项中，只有 1 个最符合题意 |
| 综合分析题 | 共 12 题，每题 2 分，共 24 分。由单项选择题和多项选择题组成。错选或多选不得分；少选选对的，每个选项得 0.5 分 |
| 合计 | 80 题 140 分 |

### 2. 分值分布

各章重要程度、考试题型及分值分布，见下表。

各章重要程度、考试题型及分值分布

| 重要程度 | 章 | 考试题型 | 分值及比例 |
|---|---|---|---|
| ★★★<br>非常重要 | 增值税 | 全题型 | 分值 60 分左右，约占总分值的 43% |
| ★★<br>比较重要 | 消费税、土地增值税、资源税、车辆购置税 | 全题型 | 合计分值 53 分左右，约占总分值的 38% |
| ★<br>一般重要 | 环境保护税、关税、城市维护建设税、烟叶税、非税收入 | 以单项选择题、多项选择题为主，也会在综合分析题中出现 | 合计分值 23 分左右，约占总分值的 16% |
| | 税法基本原理 | 单项选择题、多项选择题 | 分值 4 分左右，约占总分值的 3% |

## （三）命题规律

命题规律及建议，见下表。

命题规律及建议

| 命题规律 | 建议 |
|---|---|
| 全面考核<br>重点突出 | 虽然考试试题涵盖了所有章节，但每年的考试重点均为几个大税种。考生需要特别关注重点章节，以及新增内容 |
| 跨章综合<br>差异对比 | 近几年考试的综合性增强，尤其体现在综合分析题上。跨章节综合考核的知识点增多，需要考生掌握每个税种的基本要素并且理清各税种之间的差异 |
| 细致精准<br>结果为王 | 税法（Ⅰ）考试中每章都会设置题目，有时考核得非常细致，并且经常会设置陷阱。由于试题全部为选择题形式，要求考生思路清晰，计算精准 |
| 形式新颖<br>实务性强 | 部分计算题、综合分析题考试题目，形式新颖，实务性强。需要考生深入理解税收政策并灵活运用 |

## 三、备考建议

学习方法及建议，见下表。

**学习方法及建议**

| 方法 | 建议 |
|------|------|
| 统筹时间 | 切记不要在一些分值低、把握不大的题目上耗费过多的时间，一定要计划统筹时间、有的放矢、沉着应战 |
| 读懂题目 | 认真审题，识别关键词，不受迷惑信息的干扰 |
| 答题技巧 | （1）排除法。<br>首先排除明显荒诞、错误或自相矛盾的答案。多选题目要谨慎选择，宁缺毋滥。<br>（2）猜测法。<br>要充分利用所学知识去猜测，分析关键词，尽量缩小正确答案的范围。<br>（3）比较法。<br>直接把各选项加以比较，分析它们之间的不同点，结合题意分析作答 |

祝愿各位考生能如愿通过考试，早日取得税务师职业资格，梦想成真！

第二篇

应试指导及同步训练

同步训练

及

税务师应试指南

逆流的方向，才更适合成长。

# 第一章　税法基本原理

重要程度：非重点章节　　分值：3~5分

## 考试风向

●●●

### ▰▰▰ 考情速递

教材中唯一一章纯理论内容，抽象难懂，统领税法（Ⅰ）、税法（Ⅱ）18个税种，是后续各税种学习的理论基础。考试范围广而不深，后续章节学习完后理解会更透彻。

### ▰▰▰ 2025年考试变化

调整：（1）广义税法的列举范围。

（2）新法优于旧法和特别法优于普通法原则的含义表述。

（3）代扣代缴义务人、代收代缴义务人和受托代征人的概念。

（4）税收法律案的审议程序表述。

（5）税务规范性文件的特征。

### ▰▰▰ 脉络梳理

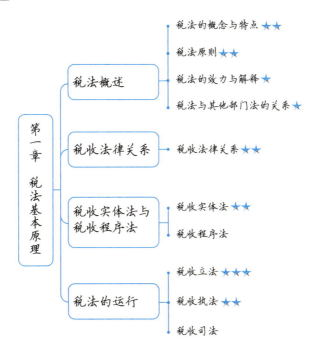

# 考点详解及精选例题

## 第一节① 税法概述

### 考点一 税法的概念与特点★★② 一学多考|注③

#### （一）税法的概念

先辨析税收与税法。税收，见表1-1。税法，见表1-2。

表1-1 税收

| 项目 | 具体内容 | |
|---|---|---|
| 税收 | 征税的主体是国家 | |
| | 国家征税依据的是其政治权力 | |
| | 征税的基本目的是满足政府为实现国家职能的支出需要 | |
| | 税收分配的客体是社会剩余产品 | |
| | 税收特征 | 强制性——基本保障 |
| | | 无偿性——核心 |
| | | 固定性 |

表1-2 税法

| 项目 | 具体内容 | | |
|---|---|---|---|
| 税法 | 概念 | 税法是指有权的国家机关制定的有关调整税收分配过程中形成的权利义务关系的法律规范总和 | 制定税法的主体：有权的国家机关（全国人民代表大会及其常务委员会、地方人民代表大会及其常务委员会、获得授权的行政机关） |
| | | | 税法的调整对象：税收分配中形成的权利义务关系 |
| | 广义 | 税法是各种税收法律规范形式的总和 | 包括税收法律、税收法规、地方性税收法规、税务部门规章、地方政府规章 调整《 |
| | 狭义 | 税法指的是经过全国人民代表大会及其常务委员会正式立法的税收法律 | 如我国的《个人所得税法》《税收征收管理法》等 |

尚未立法的税种有和房地产相关的"土地增值税、城镇土地使用税和房产税"+较烦琐的"消费税"。

---

【例题 1·多选题】（2020 年）[1]在我国现行税法体系中，以税收法律形式颁布的税种有(    )。[2]

A. 环境保护税                    B. 个人所得税

C. 增值税                        D. 车船税

E. 消费税

**解析** ↘ 目前以法律形式颁布的有：《税收征收管理法》《企业所得税法》《个人所得税法》《车船税法》《环境保护税法》《烟叶税法》《船舶吨税法》《耕地占用税法》《车辆购置税法》《资源税法》《契税法》《城市维护建设税法》《印花税法》《关税法》《增值税法》。

目前，消费税属于国务院制定的税收法规。

### (二) 税法的特点

税法的特点，见表 1-3。

表 1-3  税法的特点

| 角度 | 归属 | 解释 | 常见错误选项 |
|---|---|---|---|
| 从立法过程来看 | 制定法 | 经过一定的立法程序制定出来的 | 税法属于习惯法 |
| 从法律性质来看 | 义务性法规 | (1)税收是纳税人的经济利益向国家的无偿让渡，税法是以规定纳税义务为核心构建的。<br>(2)税法是直接规定人们某种义务的法规，具有强制性。<br>(3)纳税人的权利是建立在其纳税义务的基础之上，是从属性的，不是纳税人的实体权利，而是纳税人的程序性权利 | 税法属于授权性法规 |
| 从内容来看 | 具有综合性 | (1)税法是由实体法、程序法、争讼法等构成的综合法律体系。<br>(2)我国税法结构：《宪法》加税收单行法律、法规 | 税法具有单一性 |

【例题 2·单选题】（2022 年）从税法法律性质来说，税法属于(    )。

A. 制定法        B. 义务法        C. 授权法        D. 习惯法

**解析** ↘ 从法律性质来看，税法属于义务性法规。

● **得分高手**（2022 年单选）

本知识点常见三个考查角度：

(1)直接考查税法三个特点，错误答案明显。

(2)"从……角度来说，税法属于……"的虎头蛇尾式错误表述。

(3)考查细节，即考查每个特点的具体解释。

---

① 本书仅对近 7 年考题进行年份标记，考题均为考生回忆并已根据 2025 年考试大纲修改过时内容。

② 本书例题的答案放在页面最下方或"考点详解及精选例题"的结尾处。

**答案** ↘

例题 1 | ABCD

例题 2 | B

## 考点二 税法原则 ★★ 　一学多考|注 ◀

### （一）第一层认知：区分税法基本原则与适用原则

税法原则，见表1-4。

表1-4 税法原则

**记忆口诀**

发功合十是基本。（谐音"法公合实"）

| 税法基本原则 ☝ | 税法适用原则 |
| --- | --- |
| （1）税收法律主义。 | （1）法律优位原则。 |
| （2）税收公平主义。 | （2）法律不溯及既往原则。 |
| （3）税收合作信赖主义。 | （3）新法优于旧法原则。 |
| （4）实质课税原则 | （4）特别法优于普通法原则。 |
| | （5）实体从旧，程序从新原则。 |
| | （6）程序优于实体原则 |

### （二）第二层认知：每个原则具体内容

税法基本原则，见表1-5。

表1-5 税法基本原则

**知识点拨** ✨

征纳主体的权力（利）义务只以法律规定为依据，没有法律依据，任何主体不得征税或减免税收。

| 原则 | | 考试要点 |
| --- | --- | --- |
| 税收法律主义（税收法定性原则） | 内容 | 税法主体的权利义务必须由法律加以规定，税法的各类构成要素必须且只能由法律予以明确规定 ✨ |
| | 具体原则 | （1）课税要素法定原则。<br>（2）课税要素明确原则。<br>（3）依法稽征原则 |
| | 目的 | 保持税法的稳定性与可预测性 |
| 税收公平主义 | 内容 | 负担能力相等，税负相同；负担能力不等，税负不同 |
| 税收合作信赖主义（公众信任原则） | 内容 | 征纳双方的关系主流看是相互信赖、相互合作的，而不是对抗性的（汲取了民法"诚实信用"原则的合理思想） |
| | | 征纳双方应建立起密切的税收信息联系和沟通渠道 |
| | | 税务机关用行政处罚手段强制征税是基于双方合作关系，目的是提醒纳税人与税务机关合作自觉纳税 |
| | | 没有充足的依据，税务机关不能对纳税人是否依法纳税有所怀疑 |
| | | 税务机关作出的行政解释和事先裁定，可以作为纳税人缴税的依据，当这种解释或裁定存在错误时，纳税人并不承担法律责任，纳税人因此而少缴的税款也不必缴纳滞纳金 |

(续表)

| 原则 | | 考试要点 |
|---|---|---|
| 税收合作信赖主义（公众信任原则） | 限制 | 税务机关的合作信赖表示应是正式的，不是私下作出的表示 |
| | | 对纳税人的信赖必须是值得保护的，前提是纳税人没有隐瞒事实或虚假报告 |
| | | 纳税人必须信赖税务机关的错误表示并据此已作出某种纳税行为，纳税人已经构成对税务机关表示的信赖，但没有据此作出某种纳税行为，或者这种信赖与其纳税行为没有因果关系，也不能引用税收合作信赖主义 |
| 实质课税原则 | 内容 | 应根据纳税人的真实负担能力决定纳税人的税负，不能仅考核其表面上是否符合课税要件 |
| | 应用 | 税务机关根据实质课税原则，有权重新估定计税价格，并据以计算应纳税额（如转让定价） |
| | 意义 | 防止纳税人避税与偷税，增强税法适用的公正性 |

【例题3·单选题】税收实质课税原则的意义是(        )。

A. 防止税务机关滥用权力，增加纳税人的负担

B. 有利于体现特别法优于普通法

C. 有利于税务机关执行新税法

D. 防止纳税人避税与偷税，增强税法适用的公正性

**解析** ↘ 税务机关根据实质课税原则，有权重新核定纳税人的计税价格，并据以计算应纳税额。因此，实质课税原则的意义在于防止纳税人避税与偷税，以增强税法适用的公正性。

### (三)税法适用原则

税法适用原则，见表1-6。

表1-6 税法适用原则

| 原则 | | 考试要点 |
|---|---|---|
| 法律优位原则（行政立法不得抵触法律原则） | 含义 | 法律>法规>规章 |
| | 作用 | 处理不同等级税法的关系：效力低的税法与效力高的税法发生冲突时，效力低的税法无效 |
| 新法优于旧法原则（后法优于先法原则） | 含义 | 同一机关制定的法律、行政法规、地方性法规、自治条例和单行条例、规章，新的规定与旧的规定不一致的，适用新的规定 *调整* |
| | 适用 | 以新法生效实施为标志，新法生效实施以后用新法，新法实施以前包括新法公布以后尚未实施这段时间，仍沿用旧法，新法不发生效力 |

知识点拨

错误描述：发布。

**答案** ↘
例题3 | D

（续表）

| 原则 | | 考试要点 |
|---|---|---|
| 法律不溯及既往原则 | 内容 | 新法实施后，对新法实施之前人们的行为不得适用新法，而只能沿用旧法 |
| | 目的 | 维护税法的稳定性和可预测性 ■1 |
| 特别法优于普通法原则 | 含义 | 同一机关制定的法律、行政法规、地方性法规、自治条例和单行条例、规章，特别规定与一般规定不一致的，适用特别规定 调整 |
| | 效应 | 特别法中的具体规定具有优先适用的效力，但这仅针对特别法与普通法存在冲突的具体条款。特别法的制定并不影响普通法的整体效力 调整 |
| 实体从旧，程序从新原则 | 实体从旧 | 实体税法不具备溯及力，以实体性权利义务发生时间为准——"法律不溯及既往原则" |
| | 程序从新 | 程序性税法在特定条件下具备一定溯及力 |
| 程序优于实体原则 | 内容 | 在诉讼发生时税收程序法优于税收实体法适用 |
| | 目的 | 确保国家课税权的实现，不因争议的发生而影响税款的及时、足额入库 |

**【例题4·单选题】** 为了确保国家课税权的实现，纳税人通过行政复议寻求法律保护的前提条件之一，是必须事先履行税务行政执法机关认定的纳税义务，否则不予受理。这一做法适用的原则是(    )。

A. 程序优于实体　　　　　　　B. 实体从旧，程序从新

C. 特别法优于普通法　　　　　D. 法律不溯及既往

**解析** ↘题干描述的是程序优于实体原则的内容。

● **得分高手**

　　每个原则均可以文字型选择题出现，直接考查概念或以案例形式考核应用。

## 考点三　税法的效力与解释 ★

### （一）税法的效力

税法的效力，是指税法在什么地方、什么时间、对什么人具有法律约束力。

1. 什么地方：税法的空间效力——税法在特定地域内发生的效力

（1）全国：除个别特殊地区外的全国范围内有效。 ■2

---

**知识点拨1**

只有让纳税人在知道纳税结果的前提下作出相应的经济决策，税收的调节作用才会有效。否则就会违背税收法律主义和税收合作信赖主义原则，对纳税人也是不公平的。

**知识点拨2**

个别特殊地区：香港特别行政区、澳门特别行政区、台湾地区，有时还涉及部分保税区。

（2）地方：地方性法规，在其管辖区域内有效；特别法，在特定地区（如经济特区，老、少、边、贫等地区）有效。

2．什么时间：税法的时间效力

（1）生效：①通过一段时间后开始生效——便于事先了解、熟悉和掌握；②自通过发布之日起生效——重要税法个别条款的修订和小税种的设置，兼顾及时性和准确性；③公布后授权地方政府自行确定实施日期——将税收管理权限下放给地方政府。

（2）失效：①以新税法代替旧税法；②直接宣布废止某项税法；③税法本身规定失效的日期。

（3）溯及力问题。

四大基本原则：从旧、从新、从旧兼从轻、从新兼从轻。

一般而言，实体从旧，程序从新，有利溯及 。

知识点拨

在对纳税人有利的环境下，税法适用"从轻原则"。

3．对什么人：税法对人的效力

（1）属人主义原则。凡是本国的公民或居民，不管其身居国内还是国外，都要受本国税法的管辖。

（2）属地主义原则。凡是本国领域内的法人和个人，不管其身份如何，都适用本国税法。

（3）属人、属地相结合的原则。以我国税法为例，凡我国公民、在我国居住的外籍人员以及在我国注册登记的法人，或虽未在我国设立机构，但有来源于我国的收入的外国企业、公司、经济组织等，均适用我国税法。

## （二）税法的解释

1．税法的解释

税法的解释，指其法定解释。税法的解释，见表1-7。

表1-7　税法的解释

| 含义 | | 有法定解释权的国家机关，在法律赋予的权限内，对有关税法或其条文进行的解释 |
|---|---|---|
| 原则 | | 除遵循税法的基本原则之外还要遵循法律解释的具体原则，包括文义解释原则，立法目的原则，合法、合理性原则，经济实质原则，诚实信用原则 |
| 特点 | 专属性 | 严格按解释权限进行，任何有权机关都不能超越权限进行解释 |
| | 普遍性和一般性 | 效力不限于具体的法律事件或事实，而具有普遍性和一般性 |

2．法定解释的分类

（1）按照解释权限划分，见表1-8。

表 1-8　按照解释权限划分

| 项目 | 税法立法解释 | 税法司法解释 | 税法行政解释（税法执法解释） |
|------|------|------|------|
| 概念 | 立法机关对所设立税法的正式解释 | 最高司法机关对如何具体办理税务刑事案件和税务行政诉讼案件所作的具体解释或正式规定 | 税务机关在执法过程中对税收法律、法规等如何具体应用所作的解释 |
| 解释的主体 | 税收法律，由全国人民代表大会及其常务委员会解释；最高行政机关制定的税收行政法规，由国务院解释；地方税收法规，由制定相应法规的地方人民代表大会及其常务委员会解释❶ | 由最高人民法院作出的审判解释；由最高人民检察院作出的检察解释；由最高人民法院和最高人民检察院联合作出的共同解释❷ | 税务机关在执法过程中对税收法律、法规等如何具体应用所作的解释，主要由国家税务行政主管部门下达的大量具有行政命令性质的文件、"通知"或"公告"构成 |
| 效力 | 解释具有与被解释的法律、法规、规章相同的效力 | 具有法的效力，可以作为办案与适用法律和法规的依据 | 在执法中具有普遍的约束力，但不能作为法庭判案的直接依据 |
| 其他特点 | 事前解释：通常包含在正文或附则中；事后解释：在实际执行和适用时，对产生的问题的解释，通常为事后解释 | (1) 在我国，税法的司法解释限于税收犯罪范围，占税法解释的比重很小。(2) 如果审判解释和检察解释有原则分歧，则应报请全国人大常委会解释或决定 | 对于具体案例，税务机关的个别行政解释不得在诉讼提起后作出 |

**知识点拨❶**

谁立谁解释。

**知识点拨❷**

其他各级法院和检察院均无解释法律的权力。

（2）按照解释的尺度划分，见表 1-9。

表 1-9　按照解释的尺度划分

| 分类 | 具体内容 |
|------|------|
| 字面解释 | 基本方法，依税法条文的字面含义进行解释，既不扩大也不缩小 |
| 限制解释 | 为了符合立法精神与目的，对税法条文所进行的窄于其字面含义的解释 |
| 扩充解释 | 为了更好地体现立法精神，对税法条文所进行的大于其字面含义的解释 |

【例题 5·单选题】（2024 年）对全国人民代表大会及其常务委员会授权制定的税收暂行条例，具有立法解释权的机关是（　　　）。

A．国务院
B．国家税务总局
C．财政部
D．全国人民代表大会及其常务委员会

**答案** ↘
例题 5 | A

解析 ↘ 应当由全国人民代表大会及其常务委员会制定法律的事项，国务院根据全国人民代表大会及其常务委员会的授权决定先制定的行政法规，如国务院经全国人民代表大会及其常务委员会授权制定的税收暂行条例，其解释权归国务院所有，同时国务院还制定了经全国人民代表大会及其常务委员会授权明确的税法实施条例。

### 考点四 税法与其他部门法的关系 ★　　一学多考|注

税法与其他部门法的关系，见表1–10。

表 1–10　税法与其他部门法的关系

| 对比 | 区别 | 联系 |
|---|---|---|
| 《宪法》 | 税法属于部门法，其位阶低于《宪法》 | 税法依据《宪法》制定，违反《宪法》的规定都是无效的 |
| 民法 | (1)调整的对象不同。<br>民法：平等主体的财产关系和人身关系，属于横向经济关系。<br>税法：国家与纳税人之间的税收征纳关系，属于纵向经济关系。<br>(2)法律关系的建立及其调整适用的原则不同。<br>民法：民事主体双方的地位平等，意思表示自由。<br>税法：体现国家单方面的意志，权利义务关系不对等。<br>(3)调整的程序和手段不同。<br>民法：民事纠纷按民事诉讼程序解决，违法者承担民事责任，处理纠纷适用调解原则。<br>税法：税务纠纷一般先行政复议再行政诉讼，违法者承担行政责任甚至刑事责任，解决争议不适用调解原则  | (1)税法借用了民法的概念。<br>(2)税法借用了民法的规则。<br>(3)税法借用了民法的原则  |
| 行政法 | (1)税法具有经济分配的性质，经济利益由纳税人向国家的无偿单向转移。一般行政法不具备。<br>(2)税法与社会再生产，全过程密切相连。一般行政法不具备此特征。<br>(3)税法是一种义务性法规，行政法大多为授权性法规 | (1)调整国家机关之间、国家机关与法人或自然人之间的法律关系。<br>(2)法律关系中居于领导地位的一方总是国家。<br>(3)体现国家单方面的意志，不需要双方意思表示一致。<br>(4)解决法律关系中的争议，一般都按照行政复议程序和行政诉讼程序进行 |

知识点拨 **1**

例如，税法的合作信赖原则就有民法诚实信用原则的影子，其原理是相近的。

知识点拨 **2**

例外情形：行政赔偿可以适用调解原则。

（续表）

| 对比 | 区别 | 联系 |
|---|---|---|
| 经济法 | (1)调整对象不同。<br>经济法：经济管理关系。<br>税法：税务行政管理。<br>(2)解释争议程序不同。<br>经济法：协商、调解、仲裁、民事诉讼。<br>税法：行政复议、行政诉讼 | (1)税法具有较强的经济属性，即在税法运行过程中，始终伴随着经济分配的进行。<br>(2)经济法中的许多法律是制定税法的重要依据。<br>(3)经济法中的一些概念、规则、原则也在税法中大量应用 |
| 刑法 | (1)调整对象不同。<br>刑法：规定什么行为是犯罪和对罪犯的惩罚。<br>税法：调整税收权利义务关系的法律规范。<br>(2)性质不同。<br>刑法：属于禁止性法规。<br>税法：属于义务性法规。<br>(3)法律责任追究形式不同。<br>刑法：只能采用自由刑与财产刑的刑罚形式。<br>税法：追究形式是多重的 | (1)税法与刑法在调整对象上有衔接和交叉。<br>(2)对税收犯罪的刑罚，在体系和内容上虽然可以认为是构成税法的一部分，但在其解释和执行上，主要还是依据刑法的有关规定。<br>(3)税收犯罪的司法调查程序同刑事犯罪的司法调查程序是一致的。<br>(4)税法与刑法都具备明显的强制性，刑法是实现税法强制性最有力的保证 |
| 国际法 | — | (1)按照国际法优于国内法的原则，被一个国家承认的国际税法也应是这个国家税法的组成部分对其国内税法的立法产生较大的影响和制约作用。<br>(2)"涉外税法"吸取了国际法特别是国际税法中合理的理论和原则以及有关法律规范 |

**【例题6·多选题】**（2019年）关于税法与民法的关系，表述正确的有（　　）。

A. 民法与税法中权利义务关系都是对等的

B. 税法大量借用了民法的概念、规则和原则

C. 民法原则总体上不适用于税收法律关系的建立和调整

D. 涉及税务行政赔偿的可以适用民事纠纷处理的调解原则

E. 税法的合作信赖原则与民法的诚实信用原则是对抗的

解析 选项A，税收法律关系中，体现国家单方面的意志，权利义务关系不对等。选项E，税法的合作信赖原则就有民法诚实信用原则的影子，其原理是相近的。

**答案**
例题6 | BCD

● **得分高手**（2020年多选；2024年单选）

本知识点内容较多，可考性强。建议每一对的联系与区别均要掌握关键词。

## 第二节 税收法律关系

### 考点五 税收法律关系 ★★ 一学多考 | 注

税收法律关系，见表1-11。

**表1-11 税收法律关系**

| 项目 | 内容 | 细节 |
|------|------|------|
| 概念 | 税收法律关系是税法所确认和调整的，国家与纳税人之间在税收分配过程中形成的权利义务关系 | |
| 性质 | "权力关系说"和"债务关系说" | |
| 特点 | 主体的一方只能是国家 | |
| | 体现国家单方面的意志 | |
| | 权利义务关系具有不对等性 | |
| | 具有财产所有权或支配权单向转移的性质 | |
| 基本构成 | 主体 | 国家是真正的征税主体，税务机关通过获得授权成为法律意义上的征税主体 |
| | | 法律、行政法规规定负有纳税义务的单位和个人 |
| | 内容 | 纳税人的权利义务和征税机关的权利义务 |
| | 客体 | 税收法律关系主体的权利义务所指向的对象，包括物和行为两大类 |
| 产生、变更、消灭 | 产生 | 应以引起纳税义务成立的法律事实为基础和标志 |
| | 变更 | 由于纳税人自身的组织状况发生变化 |
| | | 由于纳税人的经营或财产情况发生变化 |
| | | 由于税务机关组织结构或管理方式发生变化 |
| | | 由于税法的修订或调整 |
| | | 因不可抗力造成破坏损失 |
| | 消灭 | 纳税人履行纳税义务 |
| | | 纳税义务因超过期限而消灭 |
| | | 纳税义务的免除 |
| | | 某些税法的废止 |
| | | 纳税主体的消失 |

【例题7·多选题】（2022年）关于税收法律关系的特点，下列说法正确

的有(　　)。

  A. 具有财产所有权或支配权单向转移性质

  B. 体现国家单方面的意志

  C. 税收法律关系的变更以主体双方意思表示一致为要件

  D. 主体的一方只能是国家

  E. 权利义务关系具有不对等性

  解析 ↘ 税法法律关系的特点包括：①主体的一方只能是国家；②体现国家单方面的意志；③权利义务关系具有不对等性；④具有财产所有权或支配权单向转移的性质。选项C，税收法律关系的成立、变更、消灭不以主体双方意思表示一致为要件。

  【例题8·单选题】下列事项中，能引起税收法律关系变更的是(　　)。

  A. 纳税人履行纳税义务

  B. 纳税义务因超过期限而消灭

  C. 税法的修订或调整

  D. 税法的废止

  解析 ↘ 选项A、B、D，能引起税收法律关系的消灭。

## 第三节　税收实体法与税收程序法

### 考点六　税收实体法 ★★　一学多考|注

税收实体法概述，见表1-12。

表1-12　税收实体法概述

| 项目 | 内容 | |
|---|---|---|
| 概念 | 税收实体法是规定税收法律关系主体的实体权利、义务的法律规范的总称 | |
| 内容 | 国家向纳税人行使征税权和纳税人负担纳税义务的要件 | |
| 意义 | 税法的核心部分，没有税收实体法，税法体系就不能成立 | |
| 特点 | 规范性和统一性 | 税种与税收实体法的一一对应性，一税一法 |
| | | 税收要素的固定性 |

  税收实体法要素主要包括以下内容。

### (一) 纳税义务人

  纳税义务人简称"纳税人"，是税法中规定的<u>直接</u>负有纳税义务的单位和个人，也称"纳税主体"。纳税义务人一般分为自然人和法人两种。

  纳税人与负税人，见表1-13。

表 1-13　纳税人与负税人

| 纳税人 | 负税人 |
| --- | --- |
| 直接向税务机关缴纳税款的单位和个人 | 实际负担税款的单位和个人 |

**提示** 纳税人如果能够通过一定途径把税款转嫁或转移出去，纳税人就不再是负税人。否则，纳税人同时也是负税人

代缴义务人与纳税单位，见表 1-14。

表 1-14　代缴义务人与纳税单位

| 项目 | 内容 |
| --- | --- |
| 代扣代缴义务人 | 代税务机关从支付给负有纳税义务的单位和个人的收入中扣留并向税务机关解缴税款的单位和个人 **调整①** |
| 代收代缴义务人 | 代税务机关向负有纳税义务的单位和个人收取并向税务机关缴纳税款的单位和个人 **调整②** |
| 受托代征人 **调整** | 根据税务机关的委托，依照法律规定代征零星、分散和异地缴纳税收的单位和人员 ③ |
| 纳税单位 | 申报缴纳税款的单位，是纳税人的有效集合 |

**【例题 9 · 单选题】**（2020 年）委托加工应税消费品，除受托方为个人外，由受托方履行消费税扣缴义务的是（　　）。

A. 代征代缴　　　　　　　　B. 代收代缴

C. 代扣代缴　　　　　　　　D. 代售代缴

**解析** ↘ 选项 B，代收代缴义务人不直接持有纳税人的收入，只能在与纳税人的经济往来中收取纳税人的应纳税款并代为缴纳。

**【例题 10 · 单选题】** 关于纳税人和负税人，下列说法正确的是（　　）。

A. 所得税的纳税人和负税人通常是不一致的

B. 造成纳税人与负税人不一致的主要原因是税负转嫁

C. 货物劳务税的纳税人和负税人是一致的

D. 扣缴义务人是纳税人，不是负税人

**解析** ↘ 选项 A，所得税的纳税人和负税人通常是一致的。选项 C，货物劳务税的纳税人与负税人通常是不一致的，因为货物劳务税具有转嫁性。选项 D，扣缴义务人不是纳税人。

### （二）课税对象

课税对象又称征税对象，是税法中规定的征税的目的物，是国家据以征税的依据。

1. 作用

（1）课税对象是一种税区别于另一种税的最主要标志。

**知识点拨①** 单位代扣代缴个人所得税。

**知识点拨②** 受托方代收代缴消费税。

**知识点拨③** 税务机关委托交通运输部门海事管理机构代为征收船舶车船税税款。

**答案** ↘
例题 9 | B
例题 10 | B

（2）课税对象体现着各种税的征税范围。

（3）其他要素的内容一般都是以课税对象为基础确定的。

2．特点

课税对象随着社会生产力的发展变化而变化。

3．相关概念辨析

（1）计税依据，见表1-15。

表1-15　计税依据

| 项目 | 内容 | |
|---|---|---|
| 概念 | 计税依据又称税基，是指税法中规定的据以计算各种应征税款的依据或标准 | |
| 表现形态 | 价值形态 | 以征税对象的价值作为计税依据，课税对象和计税依据一般是一致的 | 如所得税 |
| | 实物形态 | 以课税对象的数量、重量、容积、面积等作为计税依据，课税对象和计税依据一般是不一致的 | 如车船税 |
| 与课税对象的关系 | 课税对象是指征税的目的物，计税依据则是在目的物已经确定的前提下，对目的物据以计算税款的依据或标准。课税对象是从质的方面对征税所作的规定，而计税依据则是从量的方面对征税所作的规定，是课税对象量的表现 | |

（2）税源，见表1-16。

表1-16　税源

| 项目 | 内容 |
|---|---|
| 概念 | 税源是指税款的最终来源，或者说税收负担的最终归宿 |
| 与课税对象的关系 | 某些税种以国民收入分配中形成的各种收入为课税对象时，税源与课税对象是一致的，如对各种所得课税。对于大多数税种来说两者并不一致，税源并不等于课税对象 |
| 区别 | 课税对象是据以征税的依据，税源则表明纳税人的负担能力 |

（3）税目，见表1-17。

表1-17　税目

| 项目 | 内容 | |
|---|---|---|
| 概念 | 税目是课税对象的具体化，反映具体的征税范围，代表征税的广度 | |
| 分类 | 列举税目 | 将每一种商品或经营项目采用一一列举的方法，分别规定税目 |
| | 概括税目 | 按照商品大类或行业采用概括方法设计税目 |

【例题11·多选题】下列关于课税对象的说法，错误的有（　　　）。

A．课税对象是税法中规定的征税的目的物

B．课税对象是一种税区别于另一种税的最主要标志

C. 课税对象是从量的方面对征税所作的规定

D. 课税对象随着社会生产力的发展变化而变化

E. 税目是课税对象的具体化，所有的税种都有自己的税目

**解析** ↘ 选项 C，课税对象是从质的方面对征税所作的规定，而计税依据则是从量的方面对征税所作的规定，是课税对象量的表现。选项 E，税目是课税对象的具体化，但不是所有的税种都规定税目，有些税种的征税对象简单明确，没有另行规定税目的必要，如房产税、土地增值税等。

## （三）税率

税率是应纳税额与计税依据之间的比例，是计算税额的尺度，代表课税的深度，关系着国家的收入多少和纳税人的负担程度。

### 1. 税率的基本形式

税率的基本形式，见表1-18。

表1-18 税率的基本形式

| 形式 | 具体内容 | | 适用 |
|---|---|---|---|
| 按绝对量形式规定的固定征收额度 | 定额税率 | | 从量计征 |
| 按相对量形式规定的征收比例 | 比例税率 | 产品比例税率、行业比例税率、地区差别比例税率、有幅度的比例税率 | 从价计征 |
| | 累进税率 | 全额累进税率、超额累进税率、超率累进税率、超倍累进税率 | |

### 2. 税率的具体形式

税率的具体形式，见表1-19。

表1-19 税率的具体形式

| 形式 | 概念 | 细分 | 举例 | 特点 |
|---|---|---|---|---|
| 定额税率 | 根据课税对象计量单位直接规定固定的征税数额 | 单一定额税率 | 消费税中的黄酒 | 特点：①税率与课税对象的价值量脱离了联系，不受课税对象价值量变化的影响；②适用对价格稳定、质量等级和品种规格单一的大宗产品征税的税率；③由于产品价格变动的总趋势是上升的，所以产品的税负就会呈现累退性 |
| | | 差别定额税率 | 地区差别定额税率：城镇土地使用税 | |
| | | | 分类分项定额税率：车船税 | |

**答案** ↘
例题11 | CE

23

（续表）

| 形式 | 概念 | 细分 | 举例 | 特点 |
|---|---|---|---|---|
| 比例税率 | 对同一征税对象或同一税目，不论数额大小只规定一个比例，都按同一比例征税 | 产品比例税率 | 消费税中，金银首饰5%，高档化妆品15% | 税率不随课税对象数额的变动而变动，税额与课税对象呈比例关系 |
| | | 行业比例税率 | 增值税中，交通运输9%，生活服务6% | |
| | | 地区差别比例税率 | 城市维护建设税中，市区7%，县镇5% | |
| | | 有幅度的比例税率 | 资源税中，煤2%~10% | |
| 累进税率 | 将课税对象按数额大小分为若干等级，不同等级适用由低到高的不同税率 | 全额累进 | 目前我国无 | 以课税对象的全部数额为基础计征税款的累进税率❶ |
| | | 超额累进 | 个人所得税 | 以课税对象数额超过前级的部分为基础计算应纳税额的累进税率❷ |
| | | 超率累进 | 土地增值税 | 以课税对象数额的相对率为累进依据，按超累方式计算应纳税额的税率 |
| | | 超倍累进 | 目前我国无 | 以课税对象数额相当于计税基数的倍数为累进依据，按超累方式计算应纳税额的税率 |

知识点拨❶
计算方法简单，税收负担不合理。

知识点拨❷
计算复杂，累进幅度缓和，边际税率和平均税率不一致。

**3. 其他有关税率的概念**

其他有关税率的概念，见表1-20。

表1-20　其他有关税率的概念

| 组别 | 对象 | 辨析 |
|---|---|---|
| 名义税率与实际税率 | 名义税率 | 税法规定的税率 |
| | 实际税率 | 纳税人在一定时期内实际缴纳税额占其计税依据实际数额的比例 |
| | 提示 由于某些税种中计税依据与征税对象不一致、减免税政策的享受等因素的实际存在，实际税率常常低于名义税率 | |

(续表)

| 组别 | 对象 | 辨析 |
|------|------|------|
| 边际税率与平均税率 | 边际税率 | 在增加一些收入时，增加的这部分收入所纳税额同增加收入之间的比例(边际税率=△税额÷△收入) |
| | 平均税率 | 相对于边际税率而言的，它是指全部税额与全部收入之比(平均税率=∑税额÷∑收入) |
| | **提示** (1)在比例税率条件下，边际税率等于平均税率。在累进税率条件下，边际税率往往要大于平均税率。<br>(2)边际税率的提高会带动平均税率的上升 | |
| 零税率与负税率 | 零税率 | 以零表示的税率，表明课税对象的持有人负有纳税义务，但无须缴纳税款 |
| | 负税率 | 政府利用税收形式对所得额低于某一特定标准的家庭或个人予以补贴的比例(目前我国无) |

**【例题 12·多选题】** 下列关于税率的说法中，正确的有(    )。

A. 比例税率分为产品比例税率、行业比例税率、地区差别比例税率、有幅度的比例税率

B. 零税率是以零表示的税率，是免税的一种方式

C. 负税率是政府利用税收形式对所得额低于特定标准的家庭或个人给予补贴的比例

D. 税率是个总的概念，具体可分为定额税率和比例税率两种形式

E. 名义税率和实际税率是分析纳税人负担时常用的概念

**解析** ↘ 选项 D，税率是个总的概念，在实际应用中可分为两种形式：一种是按绝对量固定征收额度，即定额税率；另一种是按相对量形式规定的征收比例，这种形式又可以分为比例税率和累进税率。

**【例题 13·多选题】** 我国现行税收制度中，没有采用的税率形式有(    )。

A. 超率累进税率      B. 定额税率

C. 负税率      D. 超倍累进税率

E. 超额累进税率

**解析** ↘ 我国现行税收制度中，采用的税率形式包括比例税率、定额税率、超额累进税率和超率累进税率。

### (四)减税、免税

减税是从应征税款中减征部分税款，免税是免征全部税款。

**1. 减免税的基本形式** ✐

减免税的基本形式，见表1-21。

**记忆口诀**

税额 = 税基 × 税率

**答案** ↘
例题 12｜ABCE
例题 13｜CD

表1-21 减免税的基本形式

| 形式 | 概念 | 具体 | 内容和举例 | |
|---|---|---|---|---|
| 税基式减免❶ | 通过直接缩小计税依据的方式实现的减税、免税 | 起征点 | 征税对象达到一定数额开始征税的起点（不到不征、达到全征） | 如增值税 |
| | | 免征额 | 征税对象的全部数额中免予征税的数额（不超不征，超出才征） | 如个人所得税 |
| | | 项目扣除 | 在课税对象中扣除一定项目的数额，以其余额作为依据计算税额 | 如增值税中差额计税 |
| | | 跨期结转 | 将以前纳税年度的经营亏损等在本纳税年度经营利润中扣除，也等于直接缩小了税基 | 如企业所得税 |
| 税率式减免❷ | 通过直接降低税率的方式实行的减税、免税 | 重新确定税率 | 如高新技术企业，减按15%的税率征收企业所得税 | |
| | | 选用其他税率 | 如小型微利企业，按20%的税率缴纳企业所得税 | |
| | | 零税率 | 如生产企业拥有出口经营权，适用增值税出口退税政策 | |
| 税额式减免❸ | 通过直接减少应纳税额的方式实行的减税、免税 | 全部免征 | 如增值税法定免税 | |
| | | 减半征收 | 如车辆购置税中，挂车减半征收 | |
| | | 核定减免率 | 如资源税中，从衰竭期矿山开采的矿产品，减征30% | |
| | | 抵免税额 | 如企业所得税中，节能环保设备按投资额的10%抵免税额 | |
| | | 另定减征税额 | 如2024年至2025年期间购置的新能源乘用车，车辆购置税免税额不超过3万元 | |

知识点拨❶

税基是计算税额的基数，缩小税基就是税基式减免。适用范围最广泛，原则上适用所有生产经营情况。

知识点拨❷

税率是计算税额的尺度，税基乘的数字越小，税额就越小。适用于某个行业或某种产品"线"上的减免。

知识点拨❸

税额是计算出来的应纳税款，通过给予一定的减免，直接让纳税人实纳税款变少，适用范围最窄，一般仅限于解决"点"上的问题。

## 2. 减免税的分类

减免税的分类，见表1-22。

表1-22 减免税的分类

| 分类 | 概念 |
|---|---|
| 法定减免 | 凡是由各种税的基本法规定的减税、免税都称为法定减免 |
| 特定减免 | 根据社会经济情况发展变化和发挥税收调节作用的需要，而规定的减税、免税 |
| 临时减免，又称"困难减免" | 除法定减免和特定减免以外的其他临时性减税、免税，主要是为了照顾纳税人的某些特殊的暂时的困难，而临时批准的一些减税、免税 |

【例题14·多选题】（2023年）下列属于减免税基本形式的有（    ）。

A．税额式减免      B．税率式减免

C．加计式减免      D．税基式减免

E．特定式减免

**解析** ↘ 减免税基本形式包括税基式减免、税率式减免、税额式减免。

### (五)税收附加与加成

税收附加与加成,见表1-23。

表1-23 税收附加与加成

| 项目 | 概念 | 举例 |
|------|------|------|
| 税收附加(也称为地方附加) | 地方政府按照国家规定的比例,随同正税一起征收的列入地方预算外收入的一种款项 | 教育费附加 |
| 税收加成 | 根据税法规定的税率征税以后,再以应纳税额为依据加征一定成数的税额 | 加征一成相当于纳税额的10% |

### (六)纳税环节

纳税环节,见表1-24。

表1-24 纳税环节

| 概念 | 分类 | 内容 | | 举例 |
|------|------|------|------|------|
| 从生产到消费的流转过程中应当缴纳税款的环节 | 广义 | 全部课税对象在再生产中的分布情况 | 生产环节 | 资源税 |
| | | | 流通环节 | 增值税 |
| | | | 分配环节 | 所得税 |
| | 狭义 | 应税商品在流转过程中应纳税的环节 | 一次课征制 | 同一税种在商品流转的全过程中只选择某一环节课征的制度 | 车辆购置税 |
| | | | 多次课征制 | 同一税种在商品流转全过程中选择两个或两个以上环节课征的制度 | 消费税中的卷烟 |

**【例题15·单选题】** 下列税种实行多次课征制的是( )。

A．个人所得税      B．车辆购置税

C．企业所得税      D．增值税

**解析** ↘ 多次课征制,是指同一税种在商品流转全过程中选择两个或两个以上环节课征的制度。增值税道道征收,属于多次课征制。

### (七)纳税期限

纳税期限,见表1-25。

表1-25　纳税期限

| 项目 | 内容 |
|---|---|
| 期限长短决定因素 | （1）税种的性质。不同性质的税种，其纳税期限也不同✿。<br>（2）应纳税额的大小。同一税种，纳税人生产经营规模大，应纳税额多的，纳税期限短，反之则纳税期限长 |
| 三种形式 | 包括：①按期纳税；②按次纳税；③按年计征，分期预缴或缴纳 |

**知识点拨✿**
货物劳务税，征税依据的是经常发生的销售收入或营业收入，故纳税期限比较短。

【例题16·多选题】不同性质的税种以及不同情况的纳税人，其纳税期限也不相同。下列属于纳税期限决定因素的有(　　)。

A. 税种的性质　　　　　　B. 不可抗力因素

C. 应纳税额的大小　　　　D. 纳税人经营情况

E. 会计制度

**解析** ↘ 纳税期限的决定因素主要有：①税种的性质；②应纳税额的大小。

● **得分高手**（2023年单选；2024年多选）

　　税收实体法是后续学习每个税种的基础，此处纯理论讲解，内容有些抽象，后续学习各个税种时会围绕这7项展开，各实体税种的具体内容学习后才能深入理解本知识点，目前学习不用死记硬背。

### 考点七　税收程序法

　　税收程序法，也称税收行政程序法，是指规范税务机关和税务行政相对人在行政程序中权利义务的法律规范的总称。

**提示** 只要是与税收程序有关的法律规范，不论其存在于哪个法律文件中，都属于税收程序法的范畴。

　　税收程序法的主要制度包括：①表明身份制度；②回避制度；③职能分离制度；④听证制度；⑤时限制度。

## 第四节　税法的运行

### 考点八　税收立法 ★★★ 一学多考|注

**(一)税收立法的概念**

税收立法的概念与要点，见表1-26。

表 1-26 税收立法的概念与要点

| 项目 | 内容 |
| --- | --- |
| 概念 | 广义的税收立法指国家机关依据法定权限和程序，制定、修改、废止税收法律规范的活动 |
| | 狭义的税收立法则是指全国人民代表大会及其常务委员会制定税收法律规范的活动 |
| 要点 | 从税收立法的主体来看，国家机关包括全国人民代表大会及其常务委员会、国务院及其有关职能部门、拥有地方立法权的地方权力机关等 |
| | 税收立法权的划分，是税收立法的核心问题 |
| | 税收立法必须经过法定程序 |
| | 制定税法是税收立法的重要部分，但不是其全部，修改、废止税法也是其必要的组成部分 |

## （二）税收立法权

税收立法权的划分直接法律依据主要是《宪法》与《立法法》。

税收立法权的划分，见表 1-27。

表 1-27 税收立法权的划分

| 项目 | 内容 |
| --- | --- |
| 国家立法权 | 是由全国人民代表大会及其常务委员会行使的立法权 |
| 专属立法权 | 指一定范围内只能由特定国家机关制定法律规范的权力，在此范围内，其他任何机关未经授权，不得立法 |
| 委托立法权，又称授权立法 | 指有关政权机关由立法机关委托而获得的一定的立法权 |
| 行政立法权 | 是指依据《宪法》及《立法法》的规定，由行政机关行使的立法权 |
| 地方立法权 | 指特定的地方权力机关，依据法律的规定，在本行政区域内行使的立法权 |

【例题 17·单选题】我国划分税收立法权的主要依据是中华人民共和国的（    ）。

A. 《税务部门规章制定实施办法》

B. 《宪法》和《立法法》

C. 《税收征收管理法》

D. 《立法法》

解析 ↘ 在我国，划分税收立法权的直接法律依据主要是《宪法》与《立法法》的规定。

**答案** ↘
例题 17 | B

## （三）税收立法的形式

### 1. 税收法律

税收法律，见表1-28。

表1-28 税收法律

| 项目 | 内容 |
|------|------|
| 制定机关 | 只能由全国人民代表大会及其常务委员会制定法律 |
| 创制程序 | （1）提出：由国务院向全国人民代表大会及其常务委员会提出税收法律案。<br>（2）审议：立法机关对法律案进行审查和讨论，决定其是否应列入会议日程。*调整*<br>（3）通过：表决制，由全体代表过半数或常委会全体组成人员过半数同意，方可通过。<br>（4）公布：由国家主席签署主席令予以公布 |

### 2. 税收法规

税收法规，见表1-29。

表1-29 税收法规

| 项目 | 内容 |
|------|------|
| 制定机关 | 国务院（最高国家行政机关） |
| 创制程序 | （1）立项：财政部或国家税务总局向国务院报请立项。<br>（2）起草：通常由国务院税务主管部门拟定。<br>（3）审查：国务院法制机构负责审查，提请国务院常务会议审议。<br>（4）决定和公布：决定制（总理最终决定），并由总理签署国务院令公布实施，行政法规应在公布后的30日内报全国人民代表大会常务委员会备案 |
| 举例 | 我国税法体系中，税收法律的实施细则或实施条例都是以税收行政法规的形式出现的，如《消费税暂行条例》《个人所得税法实施条例》 |

### 3. 税务部门规章

税务部门规章，见表1-30。

表1-30 税务部门规章

| 项目 | 内容 |
|------|------|
| 概念 | 国务院各部委有权根据法律和国务院的行政法规、决定、命令，在本部门权限内发布规章，这是国家税务总局制定税务部门规章的法律渊源 |

（续表）

| 项目 | 内容 |
|------|------|
| 权限范围 | （1）只有在法律或国务院行政法规等对税收事项已有规定的情况下，才可以制定税务部门规章。<br>（2）不能另行创设法律和国务院的行政法规、决定、命令所没有规定的内容。<br>（3）税务部门规章原则上不得重复法律和国务院的行政法规、决定、命令已经明确规定的内容。<br>（4）制定税务部门规章，应当符合上位法的规定，体现职权与责任相统一的原则。<br>（5）没有法律或者国务院的行政法规、决定、命令的依据，税务部门规章不得设定减损税务行政相对人权利或者增加其义务的规范，不得增加本部门的权力或者减少本部门的法定职责。<br>（6）税务部门规章不得溯及既往，但是为了更好地保护税务行政相对人权益而作出的特别规定除外 |
| 制定程序 | 主要包括税务部门规章的立项、起草、审查、决定、公布、解释、修改和废止。税务部门规章以国家税务总局令公布 |
| 施行时间 | 一般应当自公布之日起 30 日后施行。但公布后不立即施行将有碍施行的，可以自公布之日起施行 |
| 解释 | 由国家税务总局负责解释。解释与税务部门规章具有同等效力 |

4．税务规范性文件

税务规范性文件，见表 1-31。

表 1-31　税务规范性文件

| 项目 | 内容 |
|------|------|
| 概念 | 是指县以上税务机关依照法定职权和规定程序制定并发布的，影响纳税人、缴费人、扣缴义务人等税务行政相对人权利、义务，在本辖区内具有普遍约束力并在一定期限内反复适用的文件 |
| 特征 调整 | （1）属于行为规则。<br>（2）适用主体的非特定性。<br>（3）不具有可诉性。（抽象税务行政行为不具有可诉性）<br>（4）是法律行为的延伸 |
| 权限范围 | （1）税务规范性文件设定权。税务规范性文件不得设定税收开征、停征、减免、退税、补税事项，不得设定行政许可、行政处罚、行政强制、行政事业性收费以及其他不得由税务规范性文件设定的事项。<br>（2）税务规范性文件制定权。县税务机关制定税务规范性文件，应当依据法律、法规、规章或者省级以上税务机关税务规范性文件的明确授权；没有授权又确需制定税务规范性文件的，应当提请上一级税务机关制定。<br>各级税务机关的内设机构、派出机构和临时性机构，不得以自己名义独立制定税务规范性文件 |

知识点拨

注意：这个层次不属于广义的"法"。

31

（续表）

| 项目 | 内容 |
|---|---|
| 制定规则 | （1）税务规范性文件名称。可以使用"办法""规定""规程""规则"等，不得使用"条例""实施细则""通知""批复"等。<br>（2）税务规范性文件要素。包括制定目的和依据、适用范围和主体、权利义务、具体规范、操作程序、施行日期或者有效期限等事项。<br>（3）税务规范性文件表述方式。包括条文式或者段落式。<br>（4）税务规范性文件授权。上级税务机关可以授权下级税务机关制定具体的实施办法，被授权税务机关不得将被授予的权力转授给其他机关。<br>（5）税务规范性文件解释权限。由制定机关负责解释，不得将税务规范性文件的解释权授予本级机关的内设机构或者下级税务机关。<br>（6）税务规范性文件执行时间。文件应当自发布之日起30日后施行。发布后不立即施行将有碍执行的，可以自发布之日起施行 |
| 文件审查 | 各级纳税服务部门、政策法规部门负责对税务规范性文件进行审查，包括权益性审核、合法性审核、世界贸易组织规则合规性评估 |
| 发布形式 | 应当以公告形式发布。未以公告形式发布的，不得作为税务机关执法依据 |

**【例题18·单选题】**（2020年）关于税务规范性文件的制定，说法正确的是（　　）。

A. 税务规范性文件以国家税务总局令发布

B. 制定税务规范性文件的机关不得将解释权授予下级税务机关

C. 县级税收机关的内设机构能以自己的名义制定税务规范性文件

D. 税务规范性文件的名称可以使用"实施细则"

**解析** ↘ 选项A，税务规范性文件应当以公告形式发布；未以公告形式发布的，不得作为税务机关执法依据。选项C，各级税务机关的内设机构、派出机构和临时性机构，不得以自己的名义制定税务规范性文件。选项D，税务规范性文件不得称"条例""实施细则""通知""批复"等。

**【例题19·单选题】** 下列有关税收立法程序的说法，正确的是（　　）。

A. 通过的税收法律由全国人大常委会委员长签署决定予以公布

B. 税收法规的通过是采取表决方式进行的

C. 税务部门规章须经省级税务局局长办公室审议通过后予以公布

D. 税务规范性文件签发后，必须以公告形式公布

**解析** ↘ 选项A，税收法律案的公布，经过全国人民代表大会及其常务委员会通过的税收法律均应由国家主席签署主席令予以公布。选项B，国务院通过行政法规实行的是决定制，由总理最终决定，并由总理签署国务院令公布实施。选项C，税务部门规章以国家税务总局令公布。

**答案** ↘
例题18 | B
例题19 | D

● **得分高手** （2020 年单选；2021 年多选）

本知识点常以文字类选择题形式考查，内容繁多，注意区分学习。

### 考点九 税收执法 ★ ★

税收执法，见表 1-32。

表 1-32 税收执法

| 项目 | | 内容 |
|---|---|---|
| 概念 | 广义的税收执法 | 指国家税务行政主管机关执行税收法律、法规的行为，既包括具体行政行为，也包括抽象行政行为以及行政机关的内部管理行为 |
| | 狭义的税收执法 | 专指国家税收机关依法定的职权和程序将税法的一般法律规范适用于税务行政相对人或事件，调整具体税收关系的实施税法的活动（通常意义上，都是指狭义的税收执法含义而言） |
| 特征 | | (1)税收执法具有单方意志性和法律强制力。<br>(2)税收执法是具体行政行为。<br>(3)税收执法具有裁量性。<br>(4)税收执法具有主动性。<br>(5)税收执法具有效力先定性。<br>(6)税收执法是有责行政行为 |
| 基本原则 | 合法性原则 | (1)执法主体法定。<br>(2)执法内容合法。<br>(3)执法程序合法，具体内容包括执法步骤合法、执法形式合法、执法顺序合法和执法时限合法。<br>(4)执法根据合法，执法根据包括法律根据和事实根据 |
| | 合理性原则 | 存在的主要原因是行政自由裁量权的存在 |
| 税收执法监督 | 特征 | (1)税收执法监督的主体是税务机关。<br>(2)税收执法监督的对象是税务机关及其工作人员。<br>(3)税收执法监督的内容是税务机关及其工作人员的行政执法行为。<br>**提示** 如税务机关及其工作人员的非职务行为，或者税务机关的人事任免等内容均不属于税收执法监督的监督范围 |
| | 内容 | (1)事前监督，如税务规范性文件合法性审核制度。<br>(2)事中监督，如重大税务案件审理制度。<br>(3)事后监督，如税收执法检查、复议应诉等工作 |

【例题 20·单选题】关于税收执法监督，下列表述正确的是（    ）。

A. 税收执法监督的主体是司法机关、审计机关

B. 税收执法监督的对象是税务机关及其工作人员

C. 税收执法监督的形式均为事中监督

D. 税务机关的人事任免属于税收执法监督的监督范围

**解析** ↘ 选项 A，税收执法监督的主体是税务机关。选项 C，税收执法监督包括事前监督、事中监督和事后监督。选项 D，非行政执法行为，如税务机关及其工作人员的非职务行为，或者税务机关的人事任免等内容均不是税收执法监督的监督范围。

**【例题 21·多选题】** 下列关于税收执法特征的说法，正确的有(     )。

A. 具有单方面的意志性　　　　B. 具有被动性

C. 具有裁量性　　　　　　　　D. 是具体行政行为

E. 是无责行政行为

**解析** ↘ 税收执法的特征包括：①具有单方意志性和法律强制力；②是具体行政行为；③具有裁量性；④具有主动性；⑤具有效力先定性；⑥是有责行政行为。

## 考点十　税收司法

### (一)税收司法概述

税收司法，见表 1-33。

表 1-33　税收司法

| 项目 | 内容 |
| --- | --- |
| 含义 | 广义的税收司法，是指各级公安机关、人民检察院和人民法院等国家司法机关，在《宪法》和法律规定的职权范围内，按照法定程序处理涉税行政、民事和刑事案件的专门活动。<br>包括涉税案件过程中刑事侦查权、检察权和审判权等一系列司法权力的行使 |
| 基本原则 | 税收司法独立性原则——税收司法机关依法独立行使司法权，不受行政机关、社会团体和个人的干涉 |
| | 税收司法中立性原则——法院在审判时必须居于裁判的地位，不偏不倚 |

知识点拨 只有司法机关，没有税务机关。

### (二)税收行政司法

税收行政司法，见表 1-34。

表 1-34　税收行政司法

| 项目 | 内容 |
| --- | --- |
| 概念 | 税收行政司法是指法院等司法机关所受理的涉及税务机关的诉讼案件和非诉讼案件的执行申请等 |
| 包括 | 涉税行政诉讼制度、强制执行程序制度 |

（续表）

| 项目 | 内容 |
|------|------|
| 特点 | （1）以具体税收行政行为为审查对象，相应排除了将抽象税收行政行为纳入税收行政诉讼的受案范围。<br>**提示** 对具体行政行为申请复议的同时，可以一并向复议机关提出对该规范性文件的审查申请。<br>（2）对具体行政行为的审查，仅局限于合法性审查 |

### （三）税收刑事司法

税收刑事司法，见表1-35。

表1-35 税收刑事司法

| 项目 | 内容 |
|------|------|
| 概念 | 税收刑事司法是以《刑法》和《刑事诉讼法》为法律依据，以危害税收征管的行为为规制对象，以规制国家权力、保障当事人权利为目的的责任制度与程序制度 |
| 参与机关 | 税务机关、公安机关、检察院和法院  |

知识点拨

司法机关＋税务机关。

### （四）税收民事司法

税收民事司法，见表1-36。

表1-36 税收民事司法

| 项目 | 内容 |
|------|------|
| 税收优先权 | （1）当国家征税权力与其他债权同时存在时，税款的征收原则上应优先于其他债权。<br>（2）税务机关征收税款，税收优先于无担保债权，法律另有规定的除外。<br>（3）纳税人欠缴的税款发生在纳税人以其财产设定抵押、质押或者纳税人的财产被留置之前的，税收应当先于抵押权、质权和留置权执行。<br>（4）纳税人欠缴税款，同时又被行政机关决定处以罚款、没收违法所得的，税收优先于罚款、没收违法所得 |
| 税收代位权 | 是指欠缴税款的纳税人怠于行使其到期债权而对国家税收即税收债权造成损害时，由税务机关以自己的名义代替纳税人行使其债权的权利 |
| 税收撤销权 | 是指税务机关对欠缴税款的纳税人滥用财产处分权而对国家税收造成损害的行为，请求法院予以撤销的权利 |

**提示** 税务机关可以依照规定行使代位权、撤销权，但不免除欠缴税款的纳税人尚未履行的纳税义务和应承担的法律责任

【例题22·多选题】下列关于税收司法的说法中，正确的有（      ）。

A．对税务机关作出的征税行为不服，属于税收行政诉讼具体的受案范围

B．税收司法概念的核心在于谁能够行使国家司法权处理涉税案件

C．税收刑事司法以《刑法》和《刑事诉讼法》为法律依据

D. 保障纳税人的合法权益是税收行政司法制度的重要内容

E. 税收司法权行使的主体是税务机关

**答案** ↘
例题 22 | ABCD

**解析** ↘ 从广义来理解，税收司法权行使的主体是人民法院、人民检察院和公安机关等国家司法机关。

# 同步训练

DATE /

扫我做试题

## 关于"扫我做试题"，你需要知道

移动端操作：使用"正保会计网校"APP扫描"扫我做试题"二维码，即可同步在线做题。

电脑端操作：使用电脑浏览器登录正保会计网校（www.chinaacc.com），进入"我的网校我的家"，打开"我的图书"选择对应图书享受服务。

提示：首次使用需扫描封面防伪码激活服务。

## 考点一 税法的概念与特点

1. (单选题)第十四届全国人民代表大会常务委员会第十三次会议通过的《增值税法》的法律层次是( )。

A. 税收法律　　　　　　　　　　B. 税收法规

C. 税务部门规章　　　　　　　　D. 税务规范性文件

2. (单选题)下列有关税法特点的说法，错误的是( )。

A. 税法属于制定法而非习惯法

B. 从法律性质上看，税法属于授权性法规

C. 税法是由国家制定而不是认可的

D. 税法具有综合性

3. (单选题·2022年)根据税法的内容，税法具有( )。

A. 综合性　　　　B. 单一性　　　　C. 程序性　　　　D. 实体性

## 考点二 税法原则

1. (单选题·2019年)某纳税人2013年8月之前是营业税纳税人，之后为增值税纳税人，企业自查发现2013年6月有一笔收入需补税，按税法规定应向主管税务机关补缴营业税而不是增值税，其遵循的税法适用原则是( )。

A. 法律优位原则　　　　　　　　B. 程序优于实体原则

C. 特别法优于普通法原则　　　　D. 实体从旧，程序从新原则

2. (多选题·2022 年) 税法适用原则是指税务行政机关或司法机关运用税收法律规范解决具体问题所必须遵循的准则, 具体包括( )。

A. 法律优位原则　　　　　　　　　B. 税收法定主义原则

C. 法律不溯及既往原则　　　　　　D. 程序优于实体原则

E. 特别法优于普通法原则

3. (多选题) 下列关于程序优于实体原则的表述, 正确的有( )。

A. 程序优于实体原则是关于税收争讼法的原则

B. 在诉讼发生时税收程序法优于税收实体法适用

C. 适用程序优于实体原则, 是为了确保国家课税权的实现, 不因争议的发生而影响税款的及时、足额入库

D. 在诉讼发生时税收实体法优于税收程序法适用

E. 程序优于实体原则打破了税法效力等级的限制

## 考点三 税法的效力与解释

(多选题) 有关税法的法定解释, 下列表述正确的有( )。

A. 国务院制定的《企业所得税法实施条例》属于税法行政解释

B. 税法司法解释只能由最高人民法院和最高人民检察院共同作出

C. 字面解释是税法解释的基本方法

D. 国家税务总局制定的规范性文件可作为法庭判案的直接依据

E. 税法解释需要遵循的具体原则包括文义解释原则, 立法目的原则, 合法、合理性原则, 经济实质原则和诚实信用原则

## 考点四 税法与其他部门法的关系

1. (多选题) 关于税法与刑法、国际法的关系, 下列表述错误的有( )。

A. 税法原本是国内法, 是没有超越国家权力的约束力的, 但是在某些方面与国际法又有所交叉

B. 税法与国际法是相互影响、相互补充、相互配合的

C. 被一个国家承认的国际税法不是这个国家税法的组成部分

D. 税法与刑法都具备明显的强制性, 从一定意义上讲, 刑法是实现税法强制性最有力的保证

E. 刑法属于义务性法规, 主要用来建立正常的纳税义务关系, 其本身并不带有惩罚性

2. (多选题) 下列关于税法与民法关系的说法中, 错误的有( )。

A. 税法调整手段具有综合性, 民法调整手段主要为民事手段

B. 税法与民法调整的都是财产关系和人身关系

C. 税法中经常使用的居民概念借用了民法的概念

D. 税法借用了民法的原则和规则

E. 法律关系的建立及其调整适用的原则相同

## 考点五 税收法律关系

1. (单选题) 下列关于税收法律关系特点的说法中, 错误的是( )。

A．具有财产所有权或支配权单向转移的性质

B．主体的一方只能是国家

C．权利义务关系具有不对等性

D．税收法律关系的变更以主体双方意思表示一致为要件

2．(多选题·2022 年)下列属于引起税收法律关系变更原因的有(　　)。

A．纳税人自身组织状况发生变化　　　　B．纳税人履行了纳税义务

C．纳税人经营或财产情况发生变化　　　　D．纳税义务超过追缴期限

E．税法修订或调整

## 考点六　税收实体法

1．(单选题)下列税法要素中，区别增值税与消费税的重要标志是(　　)。

A．纳税地点　　　　　　　　　　　　B．纳税环节

C．课税对象　　　　　　　　　　　　D．纳税义务人

2．(单选题)下列税率中最能体现税收负担纵向公平的税率形式是(　　)。

A．行业比例税率　　　　　　　　　　B．超额累进税率

C．地区差别比例税率　　　　　　　　D．定额税率

3．(单选题)下列关于边际税率的说法，正确的是(　　)。

A．在累进税率的前提下，边际税率等于平均税率

B．边际税率的提高不会带动平均税率的上升

C．边际税率是指全部税额与全部收入之比

D．边际税率上升幅度越大，平均税率提高就越多

4．(多选题)下列减免税中，属于税额式减免的有(　　)。

A．起征点　　　　　　　　　　　　　B．免征额

C．抵免税额　　　　　　　　　　　　D．选用其他税率

E．减半征收

5．(多选题·2024 年)下列税收措施中，属于税收优惠形式的有(　　)。

A．起征点　　　　　　　　　　　　　B．即征即退

C．免征额　　　　　　　　　　　　　D．税收附加

E．税收加成

6．(多选题)在我国现行税法中，仅以价值形态作为计税依据的税种有(　　)。

A．消费税　　　　　　　　　　　　　B．环境保护税

C．车辆购置税　　　　　　　　　　　D．资源税

E．增值税

7．(多选题)对税收实体法要素中有关课税对象的表述，下列说法正确的有(　　)。

A．课税对象是国家据以征税的依据

B．税目是一种税区别于另一种税的最主要标志

C．以价格形态作为计税依据的，课税对象与计税依据一般是一致的

D．对于大多数税种来说，税源等于课税对象

E. 计税依据是从质的方面对课税作出的规定，课税对象是从量的方面对课税作出的规定

8. (多选题)下列说法正确的有(　　)。

A. 纳税义务人是直接负有纳税义务的单位和个人，包括法人和自然人

B. 实际负担税款的单位和个人是负税人

C. 造成纳税人与负税人不一致的主要原因是税负转嫁

D. 代扣代缴义务人是纳税人，不是负税人

E. 受托代征人是纳税人

## 考点七 税收程序法

(多选题)下列税收程序法的主要制度中，体现公正原则的有(　　)。

A. 职能分离制度　　　　　　　　　B. 听证制度

C. 表明身份制度　　　　　　　　　D. 回避制度

E. 时限制度

## 考点八 税收立法

1. (单选题·2019年)关于税务部门规章规定的事项，下列表述正确的是(　　)。

A. 可以自行设定减损税务行政相对人权利或者增加其义务的规范

B. 除另有规定外，税务部门规章不得溯及既往

C. 是指县以上税务机关依照法定职权制定并公布的事项

D. 可以重复法律已经明确规定的内容

2. (多选题)下列有关税收立法的说法，正确的有(　　)。

A. 通过的税收法律由全国人大常委会委员长签署决定予以公布

B. 税收法规的通过是采取表决方式进行的

C. 税务部门规章均不得溯及既往

D. 税务规范性文件签发后，必须以公告形式公布

E. 按照《立法法》规定，只能由全国人民代表大会及其常务委员会制定法律

3. (多选题)下列关于税收法规的说法，正确的有(　　)。

A. 税收行政法规应在公布的15日内报全国人大常委会备案

B. 税收法律的实施细则或实施条例，都是以税收行政法规的形式出现的

C. 《个人所得税法实施条例》属于税收法规

D. 有权制定税收行政法规的机关是财政部、国家税务总局

E. 根据《立法法》，行政法规由国务院负责起草，税收法规通常由国务院税务主管部门负责拟定

4. (多选题)下列有关税务规范性文件的说法，正确的有(　　)。

A. 税务规范性文件具有适用主体的特定性

B. 税务规范性文件与税务部门规章在制定程序和发布形式上存在区别

C. 纳税人在提请税务行政复议时，可附带提请对税务规范性文件的审查

D. 税务规范性文件具有向前发生效力的特征

E. 税务规范性文件应当以公告形式发布，未以公告形式发布的，不得作为税务机关执法依据

5.（多选题）按照《税务规范性文件制定管理办法》，无权以自己名义制定税务规范性文件的单位有（　　）。

A. 县级以下税务机关的临时性机构
B. 省级税务机关的内设机构
C. 市级税务机关
D. 省级税务机关
E. 市级税务机关的派出机构

6.（多选题·2021年）税务规范性文件的特征包括（　　）。

A. 适用主体的非特定性
B. 是法律行为的延伸
C. 属于行为规则
D. 与税务部门规章设定权一致
E. 不具有可诉性

## 考点九　税收执法

（多选题）关于税收执法，下列表述正确的有（　　）。

A. 税收执法监督的主体是司法机关、审计机关
B. 税收执法监督的对象是纳税人
C. 税收执法主体将内嵌于税法规范、法条中的国家意志及时贯彻落实，具体体现在社会经济生活与税收活动中
D. 税收执法的基本原则仅是合法性原则
E. 税收执法具有主动性

## 考点十　税收司法

（多选题）下列关于税收司法的说法中，正确的有（　　）。

A. 税收司法的基本原则有独立性原则和中立性原则
B. 独立自主地认定案件事实和适用法律是独立性原则的核心
C. 税收刑事司法以《刑法》和《刑事诉讼法》为法律依据
D. 税收行政司法仅包括涉税行政诉讼制度
E. 税收司法权行使的主体是税务机关

## ● 参考答案及解析

### 考点一　税法的概念与特点

1. A 【解析】全国人民代表大会常务委员会正式立法制定的是税收法律。
2. B 【解析】从法律性质上看，税法属于义务性法规，而不是授权性法规。
3. A 【解析】税法的特点：从立法过程来看，税法属于制定法；从法律性质来看，税法属于义务性法规；从内容来看，税法具有综合性。

### 考点二　税法原则

1. D 【解析】实体从旧，程序从新，是指实体法不具备溯及力，程序性税法在特定条件下具备一定的溯及力，即在纳税义务的确定上，以纳税义务发生时的税法规定

为准，实体性的税法不具备溯及力。

2. ACDE 【解析】选项 B，税收法定主义原则属于税法的基本原则。

3. ABC 【解析】选项 D，在诉讼发生时税收程序法优于税收实体法适用。选项 E，特别法优于普通法的原则打破了税法效力等级的限制。

### 考点三 税法的效力与解释

CE 【解析】选项 A，国务院是立法机关，国务院制定的，是税法立法解释。选项 B，司法解释可以由"两高"分别或共同作出。选项 D，国家税务总局制定的解释是税法行政解释，不可作为法庭判案的直接依据。

### 考点四 税法与其他部门法的关系

1. CE 【解析】选项 C，被一个国家承认的国际税法也应是这个国家税法的组成部分。选项 E，刑法不属于义务性法规，属于禁止性法规，目的在于明确什么是犯罪，对犯罪者应施以何种刑罚。

2. BE 【解析】选项 B，民法调整的是平等主体的财产关系和人身关系，而税法调整的是国家与纳税人之间的税收征纳关系。选项 E，法律关系的建立及其调整适用的原则不同。

### 考点五 税收法律关系

1. D 【解析】税收法律关系的成立、变更、消灭不以主体双方意思表示一致为要件。

2. ACE 【解析】选项 B、D，属于税收法律关系消灭的原因。

### 考点六 税收实体法

1. C 【解析】课税对象是一种税区别于另一种税的最主要标志，税种的不同最主要是起因于课税对象的不同，各种税的名称通常都是根据课税对象确定的。

2. B 【解析】累进税率可以更有效地调节纳税人的收入，正确处理税收负担的纵向公平问题。

3. D 【解析】选项 A，在累进税率条件下，边际税率往往要大于平均税率。选项 B，边际税率的提高会带动平均税率的上升。选项 C，边际税率是指在增加一些收入时，增加的这部分收入所对应的税额同增加收入之间的比例。平均税率则是指全部税额与全部收入之比。

4. CE 【解析】税额式减免包括全部免征、减半征收、核定减免率、抵免税额、另定减征税额等形式。选项 A、B，属于税基式减免。选项 D，属于税率式减免。

5. ABC 【解析】选项 D、E，税收附加和税收加成是加重纳税人负担的措施。

6. CE 【解析】选项 A，消费税有从量征收和复合征收。选项 B，环境保护税不同的污染物计税依据不同。选项 D，资源税有从量征收。

7. AC 【解析】选项 B，课税对象是一种税区别于另一种税的最主要标志。选项 D，对于大多数税种来说，税源不等于课税对象，当某些税种以国民收入分配中形成的各种收入为课税对象时，税源和课税对象就是一致的，如对各种所得课税。选项 E，课税对象从质的方面对征税所作的规定，计税依据从量的方面对征税所作的规定，是课税对象量的表现。

8. ABC 【解析】选项 D，代扣代缴义务人既不是纳税人，也不是负税人。选项 E，受托代征人是指根据税务机关的委托，依照法律规定代征零星、分散和异地缴纳税收的单位和人员。

## 考点七 税收程序法

ABD 【解析】职能分离制度、听证制度和回避制度对行政程序的公开、公平和公正起到重要的保障作用。

## 考点八 税收立法

1. B 【解析】选项 A，没有法律或者国务院的行政法规、决定、命令的依据，税务部门规章不得设定减损税务行政相对人权利或者增加其义务的规范。选项 C，国家税务总局根据法律和国务院的行政法规、决定、命令，在权限范围内制定对税务机关和税务行政相对人具有普遍约束力的税务部门规章。选项 D，税务部门规章原则上不得重复法律和国务院的行政法规、决定、命令已经明确规定的内容。

2. DE 【解析】选项 A，税收法律案的公布，经过全国人民代表大会及其常务委员会通过的税收法律案均应由国家主席签署主席令予以公布。选项 B，国务院通过行政法规实行的是决定制，由总理最终决定，并由总理签署国务院令公布实施。选项 C，税务部门规章不得溯及既往，但是为了更好地保护税务行政相对人权益而作出的特别规定除外。

3. BCE 【解析】选项 A，税收行政法规应在公布后 30 日内报全国人大常委会备案。选项 D，国务院是最高国家行政机关，依《宪法》和法律制定税收行政法规。

4. BCE 【解析】选项 A，税务规范性文件具有适用主体的非特定性。选项 D，税务规范性文件具有向后发生效力的特征。

5. ABE 【解析】各级税务机关的内设机构、派出机构和临时性机构，不得以自己的名义制定税务规范性文件。

6. ABCE 【解析】税务规范性文件的特征包括：①属于行为规则；②适用主体的非特定性；③不具有可诉性；④是法律行为的延伸。

## 考点九 税收执法

CE 【解析】选项 A，税收执法监督的主体是税务机关。选项 B，税收执法监督的对象是税务机关及其工作人员。选项 D，税收执法的基本原则是合法性原则和合理性原则。

## 考点十 税收司法

ABC 【解析】选项 D，税收行政司法包括涉税行政诉讼制度和强制执行程序制度。选项 E，从广义来理解，税收司法权行使的主体是人民法院、人民检察院和公安机关等国家司法机关。

亲爱的读者，你已完成本章10个考点的学习，本书知识点的学习进度已达7%。

# 第二章　增值税

重要程度：重点章节　分值：60分左右

## 考试风向

### 考情速递

得增值税者得"税法（Ⅰ）"，本章是全书的重点章节，非常重要。计算复杂，内容繁多，各种题型均会考核，且与消费税、资源税、土地增值税结合的计算题、综合分析题考查难度较大，考生学习过程中应重视细节，以理解为主，掌握计算逻辑。

### 2025 年考试变化

新增：（1）资源回收企业向自然人报废产品出售者"反向开票"有关规定。

　　　（2）跨境电商出口海外仓发展出口退（免）税政策。

　　　（3）铁路电子客票、航空运输电子客票行程单抵扣政策。

　　　（4）哈尔滨 2025 年第九届亚洲冬季运动会免税政策。

　　　（5）新型墙体材料即征即退政策。

调整：个人销售外购住房优惠政策。

删除：网络平台道路货物运输相关规定。

### 脉络梳理

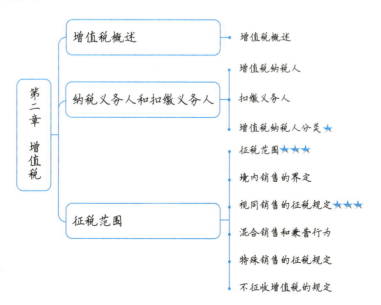

税率和征收率
- 增值税税率 ★★★
- 9%税率货物适用范围 ★★
- 零税率的跨境应税行为 ★
- 征收率

税收优惠
- 法定免税 ★
- 特定减免税项目 ★
- 临时减免税项目 ★
- 增值税即征即退 ★
- 增值税先征后退
- 扣减增值税规定
- 起征点和小规模纳税人免税规定 ★
- 减免税其他规定

第二章 增值税

增值税计税方法
- 增值税计税方法概述
- 一般计税方法之销项税额（一般规定）★★★
- 一般计税方法之销项税额（特殊销售）★★★
- 一般计税方法之销项税额（视同销售）★★★
- 一般计税方法之销项税额（差额计税）★★★
- 一般计税方法之进项税额（一般规定）★★★
- 一般计税方法之进项税额（计算抵扣）★★★
- 一般计税方法之进项税额（核定扣除）★
- 一般计税方法之进项税额（加计抵减）★★
- 一般计税方法之进项税额（不得抵扣）★★★
- 一般计税方法应纳税额的计算 ★★★
- 简易计税方法 ★★★

进出口环节增值税政策
- 进口环节增值税 ★
- 出口货物、劳务、服务的增值税政策 ★

特定企业（交易行为）的增值税政策
- 非房地产开发企业转让不动产增值税征收管理 ★★
- 房地产开发企业销售自行开发的房地产项目增值税征收管理 ★★
- 提供不动产经营租赁服务增值税征收管理 ★★
- 跨县（市、区）提供建筑服务增值税征收管理 ★★
- 资管产品增值税的征收管理 ★
- 成品油零售加油站增值税政策

征收管理及综合拓展
- 征收管理 ★

# 考点详解及精选例题

## 第一节　增值税概述

### 考点一　增值税概述

增值税是以单位和个人生产经营过程中取得的增值额为课税对象征收的一种税。

增值税概述，见表2-1。

表2-1　增值税概述

| 项目 | | 内容 |
|---|---|---|
| 增值税类型 | 生产型增值税 | 不允许扣除任何外购固定资产的价款 |
| | 收入型增值税 | 对外购固定资产价款只允许扣除当期计入产品价值的折旧费部分 |
| | 消费型增值税 | 允许将当期购入的固定资产价款一次全部扣除 1 |
| 增值税的性质 | 货物劳务税 | 都是以全部销售额为计税销售额 |
| | | 税负具有转嫁性。实行价外征税，税款最终由消费者承担 |
| | | 按产品或行业实行比例税率，而不能采取累进税率 |

## 第二节　纳税义务人和扣缴义务人

### 考点二　增值税纳税人　一学多考 | 注

凡在中华人民共和国境内销售货物或者加工、修理修配劳务（以下简称劳务），销售服务、无形资产或者不动产，以及进口货物的单位 2 和个人 3，为增值税的纳税人。

特殊情形下的增值税纳税人，见表2-2。

表2-2　特殊情形下的增值税纳税人

| 情形 | 纳税人 |
|---|---|
| 单位以承包、承租、挂靠方式经营 | 承包人、承租人、挂靠人（统称承包人）分别以发包人、出租人、被挂靠人（统称发包人）名义对外经营并由发包人承担相关法律责任的，以该发包人为纳税人。否则，以承包人为纳税人 |

知识点拨 1
我国：①自2009年1月1日起，一般固定资产可以抵扣进项税额；②自2013年8月1日起，购进摩托车、汽车、游艇的进项税额可以抵扣。

知识点拨 2
单位包括企业、行政单位、事业单位、军事单位、社会团体及其他单位。

知识点拨 3
个人包括个体工商户和其他个人。

（续表）

| 情形 | 纳税人 |
|---|---|
| 进口货物 | 以进口货物的收货人或办理报关手续的单位和个人为纳税人 |
| | 对代理进口货物，以海关开具的完税凭证上的纳税人为准 |
| 资管产品 | 运营过程中发生的增值税应税行为，以资管产品管理人为纳税人 |
| 建筑合同 | 建筑企业与发包方签订建筑合同后，以内部授权或者三方协议等方式，授权集团内其他纳税人（简称第三方）为发包方提供建筑服务，并由第三方直接与发包方结算工程款的，由第三方缴纳增值税，与发包方签订建筑合同的建筑企业不缴纳增值税 |

知识点拨

凡是海关的完税凭证开具给委托方的，对代理方不征增值税；凡是海关的完税凭证开具给代理方的，对代理方应按规定征收增值税。

### 考点三　扣缴义务人　一学多考|注

增值税扣缴义务人，见表2-3。

表2-3　增值税扣缴义务人

| 情形 | 扣缴义务人 |
|---|---|
| 境外的单位或个人在境内提供应税劳务，在境内未设有经营机构的 | 以境内代理人为扣缴义务人；境内没有代理人的，以购买者为扣缴义务人 |
| 境外单位或个人在境内销售服务、无形资产或者不动产，境内未设有经营机构的 | 以购买方为增值税扣缴义务人 |
| 财政部和国家税务总局另有规定的除外 | |

【例题1·单选题】（2022年）关于代理进口货物的增值税纳税人，下列说法正确的是（　　）。

A．代理进口货物的销售方是纳税人

B．代理进口货物的消费者是纳税人

C．海关完税凭证开具给购买方，销售方是纳税人

D．海关完税凭证开具给代理方，代理方是纳税人

解析　代理进口货物，以海关开具的完税凭证上的纳税人为增值税纳税人。

### 考点四　增值税纳税人分类★　一学多考|注

增值税纳税人分类，见表2-4。

表2-4　增值税纳税人分类

| 项目 | 内容 |
|---|---|
| 纳税人分类 | 一般纳税人适用一般计税方法和简易计税方法 |
| | 小规模纳税人适用简易计税方法 |

答案

例题1 | D

（续表）

| 项目 | 内容 |
|---|---|
| 一般规定 | 小规模纳税人标准统一为年❶应征增值税销售额❷500万元及以下。<br>**提示1** 销售服务、无形资产或者不动产有扣除项目的纳税人，年应税销售额按未扣除之前的销售额计算。<br>**提示2** 纳税人偶然发生的销售无形资产、转让不动产的销售额，不计入应税行为年应税销售额<br><br>增值税纳税人年应税销售额超过财政部、国家税务总局规定的小规模纳税人标准的，除按照政策规定选择按照小规模纳税人纳税的和年应税销售额超过规定标准的其他个人❸外，应当向主管税务机关办理一般纳税人登记 |
| 身份管理 | (1)年应税销售额未超过规定标准的纳税人，会计核算健全，能够提供准确税务资料的，可以向主管税务机关办理一般纳税人登记。<br>(2)超过标准但不经常发生应税行为的单位和个体工商户，可选择按照小规模纳税人纳税。非企业性单位、不经常发生应税行为的企业，可选择按照小规模纳税人纳税。<br>(3)除国家税务总局另有规定外，纳税人登记为一般纳税人后，不得转为小规模纳税人 |

**知识点拨❶** 连续不超过12个月或4个季度的经营期，"经营期"含未取得销售收入的月份或季度。

**知识点拨❷** 包括纳税申报销售额、稽查查补销售额、纳税评估调整销售额。"纳税申报销售额"包括免税销售额和税务机关代开发票销售额；"稽查查补销售额"和"纳税评估调整销售额"计入查补税款申报当期。

**知识点拨❸** 超过标准的其他个人按小规模纳税人纳税。

**【例题2·多选题】** 根据增值税纳税人登记管理的规定，下列说法正确的有(　　)。

A. 个体工商户应税销售额超过小规模纳税人标准的，不能申请登记为一般纳税人

B. 增值税纳税人应税销售额超过小规模纳税人标准的，除另有规定外，应当向主管税务机关办理一般纳税人登记

C. 非企业性单位、不经常发生应税行为的企业，可以选择按照小规模纳税人纳税

D. 纳税人登记时所依据的年应税销售额，不包括税务机关代开发票的销售额

E. 纳税人偶然发生的销售无形资产、转让不动产的销售额，不计入应税行为年应税销售额

**解析** 选项A，个体工商户年应税销售额超过小规模纳税人标准的，除另有规定外，应当向主管税务机关办理一般纳税人登记。如果属于年应税销售额超过规定标准但不经常发生应税行为的个体工商户，可选择按照小规模纳税人纳税。选项D，年应税销售额包括纳税申报销售额、稽查查补销售额、纳税评估调整销售额。其中，纳税申报销售额中包括免税销售额和税务机关代开发票销售额。

**答案**
例题2｜BCE

## 第三节　征税范围

### 考点五　征税范围 ★★★　一学多考|注

目前我国增值税征税范围包括：**境内销售货物或者劳务，销售服务、无形资产、不动产以及进口货物。**

1. 一般规定

增值税征税范围的一般规定，见表2-5。

表2-5　增值税征税范围的一般规定

| 项目及适用税率 | | 具体内容 |
|---|---|---|
| 销售货物<br>（9%、13%） | | 销售货物是指有偿转让货物的所有权 **1** |
| 销售劳务<br>（13%） | | 劳务是指加工和修理修配劳务。<br>**提示**（1）单位或个体工商户聘用的<u>员工为本单位或雇主</u>提供加工、修理修配劳务不包括在内。<br>（2）供电企业进行电力调压并按电量向电厂收取的并网服务费，供电企业利用自身输变电设备对并入电网的企业自备电厂生产的电力产品进行电压调节，属于提供加工劳务，应当征收增值税 |
| 销售服务<br>（13%、9%、6%） | | 交通运输服务、邮政服务、电信服务、建筑服务、现代服务、生活服务、金融服务 |
| 销售无形资产<br>（6%） | 技术 **2**、商标、著作权、商誉 | |
| | 自然资源使用权 | 包括土地使用权（9%）**3**、海域使用权、探矿权、采矿权、取水权和其他自然资源使用权 |
| | 其他权益性无形资产 | 包括基础设施资产经营权、公共事业特许权、配额经营权(特许经营权、连锁经营权、其他经营权)、经销权、分销权、代理权、会员权、席位权、网络游戏虚拟道具、域名、名称权、肖像权、冠名权、转会费等 |
| 销售不动产<br>（9%） | | 销售不动产，是指有偿转让不动产所有权的业务活动。<br>**提示** 转让建筑物或者构筑物时<u>一并转让</u>其所占土地的使用权的，按照销售不动产缴纳增值税 |
| 进口货物<br>（13%、9%） | | 进口货物是指申报进入我国海关境内的货物 |

2. 详解销售服务

增值税征税范围中的销售服务，见表2-6。

---

知识点拨 **1**

"有偿"既包括从购买方取得货币，还包括取得货物或其他经济利益。
"货物"是指有形动产，包括电力、热力和气体在内。

知识点拨 **2**

包括专利技术和非专利技术。

知识点拨 **3**

纳税人通过省级土地行政主管部门设立的交易平台转让补充耕地指标，按照销售无形资产缴纳增值税，税率为6%。

表2-6　增值税征税范围中的销售服务

| 服务项目 | | 具体细节 |
|---|---|---|
| 交通运输服务9% | 陆路运输服务 | 包括铁路运输服务、其他陆路运输服务(包括公路运输、缆车运输、索道运输、地铁运输、城市轻轨运输等)。<br>**提示** (1)出租车公司向使用本公司自有出租车的出租车司机收取的管理费用，按陆路运输服务征收增值税。<br>(2)缆车、索道如果作为交通运输工具，按陆路运输服务，如果是在游览场所经营，则是按文化体育服务征收增值税。<br>(3)无运输工具承运按陆路运输服务征收增值税 ❶ |
| | 水路运输服务 | 含水路运运的程租、期租业务。<br>**提示** (1)程租业务，是指运输企业为租船人完成某一特定航次的运输任务并收取租赁费的业务。<br>(2)期租业务，是指运输企业将配备有操作人员的船舶承租给他人使用一定期限，承租期内听候承租方调遣，不论是否经营，均按天向承租方收取租赁费，发生的固定费用均由船东负担的业务 |
| | 航空运输服务 | 含航空运输的湿租业务。<br>**提示** 湿租业务，是指航空运输企业将配备有机组人员的飞机承租给他人使用一定期限，承租期内听候承租方调遣，不论是否经营，均按一定标准向承租方收取租赁费，发生的固定费用均由承租方承担的业务 |
| | | 航天运输服务，适用零税率。<br>运输工具舱位承包业务中的发包方和承包方，运输工具舱位互换业务中，互换双方均按本项目征收增值税 |
| | 管道运输服务 | 通过管道设施输送气体、液体、固体物质的运输业务活动 |
| | 其他细则 | 逾期票证收入，按本项目征收增值税 |
| 邮政服务9% | 邮政普遍服务 | 函件、包裹等邮件寄递 ❷，邮票发行、报纸发行、邮政汇兑 |
| | 邮政特殊服务 | 义务兵平常信函、机要通信、盲人读物、烈士遗物的寄递 |
| | 其他邮政服务 | 邮册等邮品销售、邮政代理等业务活动 |
| 电信服务 | 基础电信服务(9%) | 利用固网、移动网、卫星、互联网提供语音通话服务，出租或者出售带宽、波长等网络元素的业务活动 |
| | 增值电信服务(6%) | 利用固网、移动网、卫星、互联网、有线电视网络，提供短信和彩信服务、电子数据和信息的传输及应用服务、互联网接入服务等业务活动 ❸。卫星电视信号落地转接服务 |

**知识点拨 ❶** 货物运输代理按"现代服务——经纪代理"缴纳增值税，适用6%的税率。

**知识点拨 ❷** 中国邮政速递物流股份有限公司及其子公司(含各级分支机构)，不属于中国邮政集团公司所属邮政企业。

**知识点拨 ❸** 纳税人通过楼宇、隧道等室内通信分布系统，为电信企业提供的语音通话和移动互联网等无线信号室分系统传输服务，分别按照基础电信服务和增值电信服务缴纳增值税。

（续表）

| 服务项目 | | 具体细节 |
|---|---|---|
| 建筑服务❶ 9% | 工程服务 | 新建、改建各种建筑物、构筑物的工程作业 |
| | 安装服务 | 生产设备、动力设备、起重设备、运输设备、传动设备、医疗实验设备以及其他各种设备、设施的装配、安置工程作业。固定电话、有线电视、宽带、水、电、燃气、暖气等经营者向用户收取的安装费、初装费、开户费、扩容费以及类似收费 |
| | 修缮服务 | 对建筑物、构筑物进行修补、加固、养护、改善 |
| | 装饰服务 | 对建筑物、构筑物进行修饰装修❷ |
| | 其他建筑服务 | 上述工程作业之外的各种工程作业服务，如钻井（打井）、拆除建筑物或者构筑物、平整土地、园林绿化、疏浚（不包括航道疏浚）、建筑物平移、搭脚手架、爆破、矿山穿孔、表面附着物剥离和清理等工程作业 |
| 现代服务 6% | 研发和技术服务 | 研发服务（技术开发服务）：使用新技术、新产品、新工艺或新材料及其系统进行研究与试验开发的业务活动 |
| | | 合同能源管理服务：节能服务公司与用能单位以契约形式约定节能目标，并提供必要的服务，用能单位以节能效果支付报酬的业务活动 |
| | | 工程勘察勘探服务：在采矿、工程施工前后，对地形、地质构造、地下资源蕴藏情况进行实地调查的业务活动 |
| | | 专业技术服务：气象服务、地震服务、海洋服务、测绘服务、城市规划、环境与生态监测服务等专项技术服务。 **提示** 纳税人受托对垃圾、污泥、污水、废气等废弃物进行专业化处理后：①未产生货物的，以及专业化处理后产生货物，且货物归属受托方的，受托方属于提供"专业技术服务"。②产生货物，且货物归属委托方的，受托方属于提供加工劳务。③货物归属受托方的，受托方将产生的货物用于销售时，属于销售货物 |
| | 租赁服务（不动产租赁9%，动产租赁13%） | 融资租赁服务、经营租赁服务 |
| | | 将建筑物、构筑物等不动产或者飞机、车辆等有形动产的广告位出租给其他单位或者个人用于发布广告 |
| | | 车辆停放服务、道路通行服务（包括过路费、过桥费、过闸费等） |
| | | 光租业务❸、干租业务❹ |

**知识点拨❶**

纳税人将建筑施工设备出租给他人使用并配备操作人员，按本项目缴纳增值税。

**知识点拨❷**

包含物业服务企业为业主提供的装修服务。

**知识点拨❸**

运输企业将船舶在约定的时间内出租给他人使用，不配备操作人员，不承担运输过程中发生的各项费用，只收取固定租赁费的业务活动。

**知识点拨❹**

航空运输企业将飞机在约定的时间内出租给他人使用，不配备机组人员，不承担运输过程中发生的各项费用，只收取固定租赁费的业务活动。

（续表）

| 服务项目 | | 具体细节 |
|---|---|---|
| 现代服务 6% | 信息技术服务 | 软件服务：软件开发、软件维护、软件测试 |
| | | 电路设计及测试服务：集成电路和电子电路产品设计、测试及相关技术支持 |
| | | 信息系统服务：信息系统集成、网络管理、网站维护、信息技术平台整合、数据中心、托管中心、信息安全、在线杀毒、虚拟主机，包括网站对非自有的网络游戏提供的网络运营服务 |
| | | 业务流程管理服务：人力资源管理、财务经济管理、审计管理、税务管理、物流信息管理、经营信息管理和呼叫中心等服务 |
| | | 信息系统增值服务：数据处理、分析和整合，数据库管理，数据备份，存储，容灾服务、电子商务平台等 |
| | 文化创意服务 | 设计服务：工业设计、内部管理设计、业务运作设计、供应链设计、造型设计、服装设计、环境设计、平面设计、包装设计、动漫设计、网游设计、展示设计、网站设计、机械设计、工程设计、广告设计、创意策划、文印晒图等 |
| | | 知识产权服务：包括对专利、商标、著作权、软件、集成电路布图设计的登记、鉴定、评估、认证、检索服务 |
| | | 广告服务：包括广告代理和广告的发布、播映、宣传、展示 |
| | | 会议展览服务 |
| | 物流辅助服务 | 航空服务 | 航空地面服务：旅客安检、停机坪管理、候机厅管理、飞机清洗消毒、空中飞行管理、飞机起降服务、飞机通讯服务、地面信号服务、飞机安全服务、飞机跑道管理、空中交通管理服务等 |
| | | | 通用航空服务：航空摄影、航空培训、航空测量、航空勘探、航空护林、航空吊挂播洒、航空降雨、航空气象探测、航空海洋监测、航空科学实验等 |
| | | 港口码头服务 | 船舶调度、船舶通信、航道管理、航道疏浚、灯塔管理、航标管理、船舶引航、理货、系解缆、停泊移泊、海上船舶溢油清除、水上交通管理、船只清洗消毒检测、防止船只漏油等为船只提供的服务，港口设施经营人收取的港口设施保安费 |

知识点拨 宾馆、旅馆、旅社、度假村等提供会议场地及配套服务的活动按会议展览服务缴纳增值税。

（续表）

| 服务项目 | | | 具体细节 |
|---|---|---|---|
| 现代服务 6% | 物流辅助服务 | 货运客运场站服务 | 货物配载、运输组织、中转换乘、车辆调度、票务服务、货物打包整理、铁路线路使用、加挂铁路客车服务、铁路行包专列发送、铁路到达和中转、铁路车辆编解、车辆挂运、铁路接触网、铁路机车牵引服务等 |
| | | 打捞救助服务 | 提供船舶人员救助、船舶财产救助、水上救助和沉船沉物打捞服务的业务活动 |
| | | 装卸搬运服务 | 使用装卸搬运工具或者人力、畜力将货物在运输工具之间、装卸现场之间或者运输工具与装卸现场之间进行装卸和搬运的业务活动 |
| | | 仓储服务 | 利用仓库、货场或者其他场所代客贮放、保管货物的业务活动 |
| | | 收派服务 | 收件服务：指从寄件人收取函件和包裹，并运送到服务提供方同城的集散中心的业务活动 |
| | | | 分拣服务：指服务提供方在其集散中心对函件和包裹进行归类、分发的业务活动 |
| | | | 派送服务：指服务提供方从其集散中心将函件和包裹送达同城的收件人的业务活动 |
| | 鉴证咨询服务 | | 认证服务：具有专业资质的单位利用检测、检验、计量等技术，证明产品、服务、管理体系符合相关技术规范、相关技术规范的强制性要求或者标准的业务活动 |
| | | | 鉴证服务：具有专业资质的单位受托对相关事项进行鉴证，发表具有证明力的意见的业务活动。包括会计鉴证、税务鉴证、法律鉴证、职业技能鉴定、工程造价鉴证、工程监理、资产评估、环境评估、房地产土地评估、建筑图纸审核、医疗事故鉴定等 |
| | | | 咨询服务 🔖：提供信息、建议、策划、顾问等服务的活动。包括金融、软件、技术、财务、税收、法律、内部管理、业务运作、流程管理、健康等方面的咨询 |
| | 广播影视服务 | | 广播影视节目(作品)制作服务：指进行专题(特别节目)、专栏、综艺、体育、动画片、广播剧、电视剧、电影等广播影视节目和作品制作的服务 |
| | | | 广播影视节目(作品)发行服务：指以分账、买断、委托等方式，向影院、电台、电视台、网站等单位和个人发行广播影视节目(作品)以及转让体育赛事等活动的报道及播映权的业务活动 |

知识点拨 ➕
翻译服务和市场调查服务按照咨询服务缴纳增值税。

（续表）

| 服务项目 | | 具体细节 |
|---|---|---|
| 现代服务 6% | 广播影视服务 | 广播影视节目(作品)播映服务：指在影院、剧院、录像厅及其他场所播映广播影视节目(作品)，以及通过电台、电视台、卫星通信、互联网、有线电视等无线或者有线装置播映广播影视节目(作品)的业务活动 |
| | 商务辅助服务 | 企业管理服务：指提供总部管理、投资与资产管理、市场管理、物业管理、日常综合管理等 |
| | | 经纪代理服务：指各类经纪、中介、代理服务。包括：金融代理、知识产权代理、货物运输代理、代理报关、法律代理、房地产中介、职业中介、婚姻中介、代理记账、拍卖 **1** 等 |
| | | 人力资源服务：指提供公共就业、劳务派遣、人才委托招聘、劳动力外包等服务 |
| | | 安全保护服务：指提供保护人身安全和财产安全，维护社会治安等的业务活动。包括场所住宅保安、特种保安、安全系统监控及其他安保服务 **2** |
| | 其他现代服务 | 除上述以外的其他现代服务，包括纳税人对安装运行后的机器设备提供的维护保养服务，纳税人为客户办理退票而向客户收取的退票费、手续费等收入按本项目计税 |
| 生活服务 6% | 文化体育服务 **3** | 文化服务：指文艺创作、文艺表演、文化比赛、图书馆的图书借阅、档案馆的档案管理、文物及非物质遗产保护、举办宗教活动、科技活动、文化活动，提供游览场所 |
| | | 体育服务：指举办体育比赛、体育表演、体育活动、提供体育训练、体育指导、体育管理 |
| | 教育医疗服务 | 教育：学历教育：指初等教育、初级中等教育、高级中等教育、高等教育等(颁发相应学历证书) |
| | | 非学历教育：指学前教育、各类培训、演讲、讲座、报告会等 |
| | | 教育辅助服务：指教育测评、考试、招生等 |
| | | 医疗：医学检查、诊断、治疗、康复、预防、保健、接生、计生、防疫及有关的提供药品、医用器具、救护车、病房住宿和伙食的业务 |

知识点拨 **1**

拍卖行受托拍卖取得的手续费或佣金收入，按经纪代理服务缴纳增值税。

知识点拨 **2**

提供武装守护押运服务收入，按安全保护服务缴纳增值税。

知识点拨 **3**

在游览场所经营索道、摆渡车、电瓶车、游船等取得的收入，按文化体育服务缴纳增值税。

（续表）

| 服务项目 | | 具体细节 |
|---|---|---|
| 生活服务 6% | 旅游娱乐服务 | (1)旅游：指组织安排交通、游览、住宿、餐饮、购物、文娱、商务等服务。<br>(2)娱乐：指歌厅、舞厅、夜总会、酒吧、台球、高尔夫球、游艺 |
| | 餐饮住宿服务 | (1)提供餐饮服务的纳税人销售的外卖食品，纳税人现场制作食品并直接销售给消费者，按餐饮服务纳税。<br>(2)住宿包括宾馆、旅馆、旅社、度假村和其他经营性住宿场所提供的住宿服务 **1** |
| | 居民日常服务 | 市政管理、家政、婚庆、养老、殡葬、照料和护理、救助救济、美容美发、按摩、桑拿、氧吧、足疗、沐浴、洗染、摄影扩印 |
| | 其他生活服务 | 除上述服务以外的生活服务 **2** |
| 金融服务 6% | 贷款服务 | 占用、拆借资金取得的收入，各种利息收入、融资性售后回租、押汇、罚息、票据贴现、转贷等业务取得的利息及利息性质的收入。<br>以货币资金投资收取的固定利润或者保底利润 **3** |
| | 直接收费金融服务 | 货币兑换、账户管理、电子银行、信用卡、信用证、财务担保、资产管理、信托管理、基金管理、金融交易场所(平台)管理、资金结算、资金清算、金融支付等服务 |
| | 保险服务 | 人身保险服务、财产保险服务 |
| | 金融商品转让 | 转让外汇、有价证券、非货物期货和其他金融商品 **4** |

**知识点拨 1**

包括纳税人以长（短）租形式出租酒店式公寓并提供配套服务。

**知识点拨 2**

纳税人提供植物养护服务，按其他生活服务缴纳增值税。

**知识点拨 3**

非固定、非保本的不征增值税。

**知识点拨 4**

纳税人购入基金、信托、理财产品等各类资产管理产品持有至到期，不属于金融商品转让。

● **得分高手**

本知识点的意义不仅在于单选、多选题中判断是否属于增值税的征税范围，在增值税的任何计算题中，第一步都是先判断征税范围，再根据范围找税率，确定税额。

**【例题3·多选题】**（2023年）下列服务按照租赁服务计算缴纳增值税的有( )。

A. 以长租形式出租酒店式公寓并提供配套服务

B. 融资性售后回租服务

C. 车辆停放服务

D. 道路通行服务

E. 融资租赁服务

**答案**↘
例题3丨CDE

**解析**↘选项A，以长租形式出租酒店式公寓并提供配套服务按照"住宿服务"计算缴纳增值税。选项B，融资性售后回租服务按照"金融服务"计算

缴纳增值税。

**【例题4·多选题】**（2020年）根据增值税征税范围的规定，下列说法正确的有(    )。

A.道路通行服务按"不动产租赁服务"缴纳增值税

B.向客户收取的退票费按"其他现代服务"缴纳增值税

C.融资租赁按"金融服务"缴纳增值税

D.车辆停放服务按"有形动产租赁服务"缴纳增值税

E.融资性售后回租按"租赁服务"缴纳增值税

**解析** ↘ 选项C，属于租赁服务。选项D，属于不动产租赁服务。选项E，属于贷款服务。

**【例题5·多选题】**（2022年）下列属于增值税"交通运输服务"征收范围的有(    )。

A.航空运输的干租业务　　　　B.水路运输的期租业务

C.航空运输的湿租业务　　　　D.水路运输的程租业务

E.水路运输的光租业务

**解析** ↘ 选项A、E，水路运输的光租业务、航空运输的干租业务，属于有形动产经营租赁，适用的增值税税率是13%。

### 考点六　境内销售的界定　一学多考|注 ◂

境内外的判定，见表2-7。

表2-7　境内外的判定

| 范围 | 具体 | 细节 |
|------|------|------|
| 境内 | 销售货物 | 货物的起运地或者所在地在境内 |
|      | 销售服务、无形资产或不动产 | (1)服务(租赁不动产除外)或者无形资产(自然资源使用权除外)的销售方或者购买方在境内。<br>(2)所销售或者租赁的不动产在境内。<br>(3)所销售自然资源使用权的自然资源在境内。<br>(4)财政部和国家税务总局规定的其他情形 |
| 境外 | 境外单位或者个人向境内单位或者个人 | (1)销售完全在境外发生的服务。<br>(2)销售完全在境外使用的无形资产。<br>(3)出租完全在境外使用的有形动产。<br>(4)财政部和国家税务总局规定的其他情形 |

**答案** ↘

例题4 | AB

例题5 | BCD

（续表）

| 范围 | 具体 | 细节 |
|---|---|---|
| 境外 | 境外单位或者个人 | (1)为出境的函件、包裹在境外提供的邮政服务、收派服务。<br>(2)向境内单位或者个人提供的工程施工地点在境外的建筑服务、工程监理服务。<br>(3)向境内单位或者个人提供的工程、矿产资源在境外的工程勘察勘探服务。<br>(4)向境内单位或者个人提供的会议展览地点在境外的会议展览服务 |

**【例题6·单选题】**（2023年）下列行为属于在我国境内销售无形资产、不动产或服务，应纳增值税的是（　　）。

A. 境外单位销售位于我国境内的不动产

B. 境外单位向境内单位提供会议展览地点在境外的会议展览服务

C. 境内单位销售位于境外的不动产

D. 境外单位向境内单位销售完全在境外使用的无形资产

**解析**↘选项A，所销售或者租赁的不动产在境内，属于在我国境内销售无形资产、不动产或服务。

### 考点七 视同销售的征税规定★★★ 一学多考|注

#### （一）视同销售货物

(1)将货物交付其他单位或者个人代销。

(2)销售代销货物。1

(3)设有两个以上机构并实行统一核算的纳税人，将货物从一个机构移送其他机构用于销售（向购货方开具发票或向购货方收取货款），但相关机构设在同一县（市）的除外。

(4)将自产或者委托加工的货物用于非增值税应税项目。

(5)将自产、委托加工的货物用于集体福利或个人消费。2

(6)将自产、委托加工或购进的货物作为投资，提供给其他单位或个体工商户。

(7)将自产、委托加工或购进的货物分配给股东或投资者。

(8)将自产、委托加工或购进的货物无偿赠送给其他单位或者个人。

#### （二）视同销售服务、无形资产或者不动产

(1)单位或者个体工商户向其他单位或者个人无偿提供服务，但用于公益事业或者以社会公众为对象的除外。

知识点拨1

代销双方货物都视同销售。受托方收取的代销手续费，按现代服务6%缴纳增值税。

知识点拨2

个人消费包括纳税人的交际应酬消费。

**答案**↘

例题6|A

（2）单位或者个人 🔷 向其他单位或者个人 无偿转让无形资产或者不动产，但用于公益事业或者以社会公众为对象的 除外。

**提示** 纳税人出租不动产，租赁合同中约定免租期的，不属于视同销售服务。

**【例题 7 · 单选题】** （2023 年）下列业务属于增值税视同销售的是（　　）。

A. 单位的员工为本单位提供取得工资的服务
B. 将不动产无偿转让用于公益事业
C. 将货物交付其他单位代销
D. 设有两个机构并实行统一核算的纳税人，将货物从一个机构移送同一县（市）其他机构用于销售

**解析** ↘ 选项 C 属于增值税视同销售行为。

### ● 得分高手

本知识点在各种题型都会涉及，题目常见"坑"点：

（1）自产货物用于办公经营不是视同销售。

（2）抵债、以物易物不是视同销售，而是特殊销售。计算题中都要计算销项税额，但文字性选择题中不属于视同销售。

（3）视同销售的意义是要计算销项税额，同时其对应的进项税额可以抵扣。

（4）货物用于公益性捐赠一般情况下需视同销售（有特殊政策的除外，如目标脱贫捐赠）。无偿提供服务的对象，如果是公益性或受益对象是社会公众，则不需要视同销售，不征增值税。

（5）个体工商户无偿提供（非公益）服务，需要视同销售，其他个人无偿提供（非公益）服务，不需要视同销售。

## 考点八 混合销售和兼营行为　一学多考 | 注 ◀

### （一）混合销售

一项销售行为如果既涉及货物又涉及服务，为混合销售。 🧭

**提示1** 处理原则——看人下菜，按主业走。

从事货物的生产、批发或者零售的单位和个体工商户的混合销售行为，按照销售货物缴纳增值税。

其他单位和个体工商户的混合销售行为，按照销售服务缴纳增值税。

**提示2** 例外政策：纳税人 销售活动板房、机器设备、钢结构件等自产货物的同时提供建筑、安装服务，不属于混合销售，应 分别核算货物（13%）和建筑服务（9%，安装机器设备按甲供工程选择简易计税征收率 3%）的销售额，分别适用不同的税率或者征收率。

**知识点拨** ✦

个人包括其他个人和个体工商户。所以第（1）条其他个人无偿提供服务，不视同销售。第（2）条其他个人无偿转让无形资产或不动产（非公益），需要视同销售。

**记忆 口诀**

完成一笔买卖，只有一个买家，涉及货物+服务。

**答案** ↘
例题 7 | C

57

## （二）兼营行为

兼营是在同一纳税人的经营范围中存在着不同类经营项目，但相关经营项目不是在同一项销售行为中发生。

**提示** 处理原则——分别核算，否则从高。

应当分别核算适用不同税率或者征收率的销售额，未分别核算销售额的，从高适用税率或征收率。

**【例题8·多选题】** 根据现行增值税的规定，下列属于混合销售行为的有(    )。

A. 移动公司销售移动电话的同时，还为购买移动电话的客户提供增值电信服务

B. 饭店为某客户提供餐饮服务的同时向该客户销售白酒饮料

C. 某药店销售药品，同时有测量血压血糖等医疗服务

D. 建材城销售建材并送货上门

E. 网校销售辅导书籍，同时对购书的客户以优惠价格提供辅导书籍的后续服务

**解析** ↘ 选项C，属于兼营行为。

## 考点九 特殊销售的征税规定 一学多考 | 注

### （一）执罚部门和单位查处的商品

执罚部门和单位查处的商品增值税政策，见表2-8。

表2-8 执罚部门和单位查处的商品增值税政策

| 情形 | 具体规定 |
|---|---|
| 执罚部门和单位查处属于一般商业部门经营的商品 | 公开拍卖，拍卖收入上缴财政，不予征税 |
| | 不具备拍卖条件的，按商定价格所取得的变价收入，上缴财政，不予征税 |
| 经营单位购入拍卖物品再销售的 | 照章征收增值税 |
| 国家指定销售单位销售罚没物品 | |

### （二）预付卡业务

#### 1. 单用途商业预付卡

**提示** 采取预收货款方式销售货物纳税义务发生时间为货物发出的当天。

单用途商业预付卡计税规则，见表2-9。

表 2-9　单用途商业预付卡计税规则

| 情形 | 具体规定 | 发票管理 |
| --- | --- | --- |
| 售卡方销售单用途卡，或者接受单用途卡持卡人充值取得的预收资金 | 不缴纳增值税 | 开具增值税普通发票，不得开具增值税专用发票 |
| 持卡人使用单用途卡购买货物或服务时 | 缴纳增值税 | 不得向持卡人开具增值税发票 |
| 售卡方因发行或者销售单用途卡并办理相关资金收付结算业务取得的手续费、结算费、服务费、管理费等收入 | 缴纳增值税 | — |
| 销售方与售卡方不是同一个纳税人的，销售方在收到售卡方结算的销售款时 | — | 销售方向售卡方开具增值税普通发票，并备注"收到预付卡结算款"，不得开具增值税专用发票 |

2. 支付机构预付卡（多用途卡）

与单用途商业预付卡计税规则基本一致。

3. 加油卡

发售加油卡、加油凭证销售成品油的纳税人在售卖加油卡、加油凭证时，应按预收账款方法进行相关账务处理，不征收增值税。

【例题9·单选题】（2022年）关于单用途卡业务增值税的规定，下列说法正确的是（　　）。

A. 持卡人使用单用途卡购进货物时，销售方不得向持卡人开具增值税专用发票

B. 持卡人使用单用途卡向特约商户购买货物，特约商户不缴纳增值税

C. 单用途卡售卡企业销售单用途卡取得的预收资金，缴纳增值税

D. 销售单用途卡并办理资金结算取得的手续费，不缴纳增值税

解析　选项B，持卡人使用单用途卡购买货物或服务时，货物或者服务的销售方应按照现行规定缴纳增值税。选项C，单用途卡发卡企业或者售卡企业销售单用途卡或者接受单用途卡持卡人充值取得的预收资金，不缴纳增值税。选项D，售卡方因发行或者销售单用途卡并办理相关资金收付结算业务取得的手续费、结算费、服务费、管理费等收入，应按照现行规定缴纳增值税。

### 考点十　不征收增值税的规定　一学多考注

下列情形不征收增值税：

（1）代为收取的同时满足以下条件的政府性基金或者行政事业性收费。

a. 由国务院或者财政部批准设立的政府性基金，由国务院或者省级人民政府及其财政、价格主管部门批准设立的行政事业性收费。

b. 收取时开具省级以上（含省级）财政部门监（印）制的财政票据。

答案

例题9｜A

59

c. 所收款项全额上缴财政。

（2）单位或者个体工商户聘用的员工为本单位或者雇主提供取得工资的服务。

（3）单位或者个体工商户为聘用的员工提供服务。

（4）各党派、共青团、工会、妇联、中科协、青联、台联、侨联收取党费、团费、会费，以及政府间国际组织收取会费，属于非经营活动，不征收增值税。

（5）存款利息。

（6）被保险人获得的保险赔付。

（7）纳税人根据国家指令无偿提供的铁路运输服务、航空运输服务。

（8）房地产主管部门或者其指定机构、公积金管理中心、开发企业以及物业管理单位代收的住宅专项维修资金。

（9）纳税人在资产重组过程中，通过合并、分立、出售、置换等方式，将全部或者部分实物资产以及与其相关联的债权、负债和劳动力一并转让给其他单位和个人，不属于增值税的征税范围（其中实物资产多次转让，最终的受让方与劳动力接收方为同一单位和个人的，也不属于增值税的征税范围）。

（10）纳税人取得的财政补贴。

a. 自2020年1月1日起，纳税人取得的财政补贴收入，与其销售货物、劳务、服务、无形资产、不动产的收入或者数量直接挂钩的，应按规定计算缴纳增值税（按其销售货物、劳务、服务、无形资产、不动产的适用税率计算缴纳增值税）。

b. 纳税人取得的其他情形的财政补贴收入，不属于增值税应税收入，不征收增值税。

## 第四节　税率和征收率

### 考点十一　增值税税率 ★★★　一学多考｜注

我国现行增值税税率，见表2-10。

表2-10　我国现行增值税税率

| 税率 | 适用范围 |
| --- | --- |
| 13% | （1）销售或进口货物（列举的9%税率除外）；<br>（2）加工、修理、修配劳务；<br>（3）提供有形动产租赁服务 |
| 9% | （1）销售或进口列举的9%税率货物；<br>（2）提供交通运输服务、邮政服务、基础电信服务。<br>转让土地使用权、建筑服务、销售不动产，不动产租赁服务 |

打电话约我去交
邮，结果看了了房
一生。

（续表）

| 税率 | 适用范围 |
|------|----------|
| 6% | 提供现代服务（租赁除外）、增值电信服务、金融服务、生活服务、销售无形资产（转让土地使用权除外） |
| 0 | 出口货物、劳务或者境内单位和个人发生的特定跨境应税行为 |

● **得分高手**

增值税税率试题中不提供，需要考生记忆，题目一般不会直接问税率，但每个增值税的计算都需要"根据范围找税率"，是正确计算税额的基础。

**【例题 10·单选题】** （2022 年）甲建筑施工企业为增值税一般纳税人，2024 年 3 月收入项目如下：平整土地收入 1 000 万元，塔吊出租收入 40 万元，建筑物外墙清理修复收入 60 万元。上述收入均不包含增值税。甲企业当月的增值税销项税额为（　　）万元。

A. 96　　　　　B. 68.8　　　　　C. 98.8　　　　　D. 100.6

**解析**↘甲企业当月的增值税销项税额＝（1 000＋60）×9%＋40×13%＝100.6（万元）。

### 考点十二 9%税率货物适用范围 ★★★　　一学多考|注

9%税率货物适用范围，见表 2-11。

表 2-11　9%税率货物适用范围

| 货物类别 | | 适用 9%税率的细分 | 例外（13%） |
|------|------|------|------|
| 农业产品 | 粮食 | 小麦——面粉——切面、饺子皮、馄饨皮、面皮；稻谷——米——米粉；玉米——玉米面、玉米渣、玉米胚芽；高粱、谷子、其他杂粮（如大麦、燕麦）等，粮食复制品（如挂面） | 玉米浆、玉米皮、玉米纤维（喷浆玉米皮）和玉米蛋白粉；速冻食品、方便面、副食品、熟食品及淀粉 |
| | 蔬菜 | 各种蔬菜、菌类植物和少数木科植物；腌菜、咸菜、酱菜和盐渍蔬菜等 | 各种蔬菜罐头 |
| | 烟叶 | 晾、晒烟叶，初烤烟叶 | 烟丝 |
| | 茶叶 | 各种毛茶 | 精制茶、边销茶、药茶和茶饮料 |

**答案**↘
例题 10 | D

（续表）

| 货物类别 | | 适用9%税率的细分 | 例外（13%） |
|---|---|---|---|
| 农业产品 | 园艺植物 | 可供食用的果实，如水果、果干、干果、果仁、果用瓜、胡椒、花椒、大料、咖啡豆等，也含经冷冻、冷藏、包装等工序加工的园艺植物 | 水果罐头、果脯、蜜饯、炒制的果仁、坚果、碾磨后的园艺植物（如胡椒粉、花椒粉等） |
| | 药用植物 | 用作中药原药的各种植物的根、茎、皮、叶、花、果实等，以及利用上述药用植物加工制成的片、丝、块、段等中药饮片 | 中成药 |
| | 油料植物 | 榨取油脂的各种植物的根、茎、叶、花或胚芽组织等初级产品；提取芳香物的芳香油料植物 | — |
| | 纤维植物 | 利用其纤维作纺织、造纸原料或绳索的植物，如棉、各类麻等；棉短绒和麻纤维经脱胶后的精干（洗）麻 | 棉纱 |
| | 糖料植物 | 用作制糖的各种植物，如甘蔗、甜菜等 | — |
| | 林业产品 | 乔木、灌木和竹类以及天然树脂、天然橡胶，包括原木、原竹、天然树脂和其他林业产品，以及盐水竹笋 | 锯材、竹笋罐头 |
| | 其他植物 | 其他人工或野生植物，如树苗、花卉、植物种子、植物叶子、草、麦秸、豆类、薯类、藻类植物，干花、干草、薯干、干制藻类，农业产品下脚料等 | — |
| | 水产品 | 人工放养和人工捕捞的鱼、虾、蟹、鳖、贝类、棘皮类、软体类、腔肠类、海兽类动物，也含干制的鱼、虾、蟹、贝类、棘皮类、软体类、腔肠类，如干鱼、干虾、干虾仁、干贝等，以及未加工成工艺品的贝壳、珍珠 | 熟制的水产品和各类水产品的罐头 |
| | 畜牧产品 | 各种兽类、禽类和爬行类动物及其肉产品，肉类生制品，如腊肉、腌肉、熏肉等；各种禽类动物和爬行类动物的卵，包括鲜蛋、冷藏蛋，也包括经加工的咸蛋、松花蛋、腌制的蛋等；鲜奶（含巴氏杀菌乳和灭菌乳） | 各种肉类罐头、肉类熟制品；各种蛋类的罐头；用鲜奶加工的各种奶制品，如酸奶、奶酪、奶油、调制乳 |

（续表）

| 货物类别 | | 适用9%税率的细分 | 例外(13%) |
|---|---|---|---|
| 农业产品 | 动物皮张、毛绒 | 从各种动物(兽、禽和爬行动物)身上直接剥取的，未经鞣制的生皮张；未经洗净的各种动物毛发、绒毛、羽毛 | 洗净毛、洗净绒 |
| | 其他动物组织 | 蚕茧、天然蜂蜜、鲜蜂王浆(未经加工的)、动物树脂(如虫胶)、动物骨、动物骨粒、壳、角、动物血液、动物分泌物、蚕种、人工合成牛胚胎 | — |
| 食用植物油 | | 芝麻油、花生油、豆油、菜籽油、米糠油、葵花子油、棉籽油、玉米胚油、茶油、胡麻油以及上述油为原料生产的混合油；棕榈油、核桃油、橄榄油、花椒油、杏仁油、葡萄籽油、牡丹籽油 | 皂脚、肉桂油、桉油、香茅油，环氧大豆油、氢化植物油 |
| 自来水 | | 自来水公司及工矿企业经抽取、过滤、沉淀、消毒等工序加工后，通过供水系统向用户供应的水 | 农业灌溉用水、引水工程输送的水(不征增值税) |
| 暖气、热水、冷气、煤气、石油液化气、天然气、沼气 | | 各种方式生成的及回收利用的暖气、热水、热气、天然沼气和人工沼气 | — |
| 居民用煤炭制品 | | 煤球、煤饼、蜂窝煤和引火炭 | 工业煤炭 |
| 图书、报纸、杂志、音像制品、电子出版物 | | 出版、标准书号或国内统一刊号 | — |
| 饲料 | | 单一大宗饲料、混合饲料、配合饲料、复合预混料、浓缩饲料，骨粉、鱼粉，豆粕、宠物饲料，饲用鱼油，矿物质微量元素舔砖，饲料级磷酸二氢钙 | 饲料添加剂 |
| 化肥、农药、农膜、农机(整机) | | 化肥、农药、农膜、拖拉机、农副产品加工机械、农业运输机械、畜牧业机械、渔业机械、林业机械、小农具、动物尸体降解处理机、蔬菜清洗机、卷帘机、三轮农用运输车、农用水泵等 | 日用卫生用药(如卫生杀虫剂、驱虫剂、驱蚊剂、蚊香、消毒剂等)；以农副产品为原料加工工业产品的机械，农用汽车，农用水泵以外的其他水泵，4缸以上(含4缸)柴油机，机动渔船，森林砍伐机械、集材机械，农机零部件 |

（续表）

| 货物类别 | 适用9%税率的细分 | 例外（13%） |
|---|---|---|
| 食用盐 | — | 食用盐以外的其他盐 |
| 二甲醚（有机化合物） | — | — |

● **得分高手**

本知识点内容琐碎，记忆难度大，在文字类选择题中常按货物名称判断是否属于9%税率范围考查，在计算类题目中常考查"农业产品"具体细节。

### 考点十三 零税率的跨境应税行为 ★  一学多考|注

1. 零税率的跨境应税行为

零税率的跨境应税行为，见表2-12。

按照国家有关规定应取得相关资质的国际运输服务项目，取得相关资质的适用零税率政策；未取得的，适用增值税免税政策。

表2-12 零税率的跨境应税行为

| 项目 | 零税率细则 | | |
|---|---|---|---|
| 交通运输 | 国际运输服务❶ | 载运旅客或者货物 | 出境 |
| | | | 入境 |
| | | | 境外—境外 |
| | 航天运输服务 | | |
| 出口部分现代服务 | 向境外单位提供完全在境外消费❷的下列服务：🔵<br>研发服务、信息系统服务；<br>转让技术、电路设计及测试服务；<br>离岸服务外包业务、合同能源管理服务；<br>设计服务、广播影视节目（作品）的制作和发行服务（无播映服务）；<br>软件服务、业务流程管理服务 | | |

**知识点拨❷**

完全在境外消费是指：①服务的实际接受方在境外，且与境内的货物和不动产无关。②无形资产完全在境外使用，且与境内的货物和不动产无关。

**记忆口诀**

坐飞机到境外，发信息，转技电，踩离合，去设（摄）影，在手机软件上按流程修图，最终一切归零。

2. 程租、期租和湿租业务零税率的适用

程租、期租和湿租业务零税率的适用，见表2-13。

表2-13 程租、期租和湿租业务零税率的适用

| 项目 | 具体业务 | 零税率的申请 |
|---|---|---|
| 交通运输 | 境内的单位或个人提供程租服务，如果租赁的交通工具用于国际运输服务和港澳台运输服务 | 出租方 |
| | 境内的单位和个人向境内单位或个人提供期租、湿租服务，如果承租方利用租赁的交通工具向其他单位或个人提供国际运输服务和港澳台运输服务 | 承租方 |
| | 境内的单位或个人向境外单位或个人提供期租、湿租服务 | 出租方 |

(续表)

| 项目 | 具体业务 | 零税率的申请 |
|------|---------|-------------|
| 交通运输 | 境内的单位或个人以无运输工具承运方式提供国际运输服务 | 境内实际承运人 |
| | 无运输工具承运业务的经营者适用增值税免税政策 | |

境内的单位和个人销售适用增值税零税率的服务或无形资产的，可以放弃适用增值税零税率，选择免税或按规定缴纳增值税。

放弃适用增值税零税率后，36个月内不得再申请适用增值税零税率。

【例题11·多选题】境内甲企业的下列经营行为中，由甲企业申请零税率的有(    )。

A．甲企业向境内乙公司提供天津港到美国波士顿的货轮程租服务

B．甲企业向境外丙公司提供天津港到美国波士顿的货轮程租服务

C．甲企业将货轮以期租的方式租赁给境内乙企业，用以从事天津港到美国波士顿的运输服务

D．甲企业将飞机以湿租的方式租赁给境内乙企业，用以从事天津港到美国波士顿的运输服务

E．甲企业将货轮以期租的方式租赁给境外丙企业，用以从事天津港到美国波士顿的期租服务

解析 选项C、D，乙企业申请零税率。选项E，丙企业为境外企业，应由甲企业申请零税率。

### 考点十四 征收率　一学多考|注

(1)小规模纳税人适用。

(2)一般纳税人简易计税。

增值税法定征收率为3%，简易计税情形下部分应税销售行为适用5%的征收率。(详见考点三十四 简易计税方法)

## 第五节 税收优惠

### 考点十五 法定免税★　一学多考|注

法定免税，见表2-14。

表2-14 法定免税

| 项目 | 内容 |
|------|------|
| 法定免税 | 农业生产者销售的自产农产品 |
| | 避孕药品和用具 |

知识点拨

符合条件的手工编筐、制种、"公司+农户"模式养殖属于本条。

答案

例题11 | ABE

（续表）

| 项目 | 内容 |
|------|------|
| 法定免税 | 古旧图书（向社会收购的古书和旧书） |
| | 外国政府、国际组织无偿援助的进口物资和设备 |
| | 由残疾人的组织直接进口供残疾人专用的物品 |
| | 销售的自己使用过的物品（其他个人使用过的物品） |

## 考点十六 特定减免税项目 ★　一学多考｜注

### 一、销售货物

销售货物特定免税项目，见表2-15。

**表2-15　销售货物特定免税项目**

| 项目 | 情形 |
|------|------|
| 粮油 | 承担粮食收储任务的国有粮食购销企业销售的粮食、大豆 |
| | 军队用粮、救灾救济粮、水库移民口粮、符合国家规定标准的退耕还林还草补助粮 |
| | 政府储备食用植物油的销售 |
| 饲料 **1** | 单一大宗饲料、混合饲料、配合饲料、复合预混料、浓缩饲料 |
| 蔬菜 | 从事蔬菜批发、零售的纳税人销售蔬菜 **2** |
| 肉蛋 | 从事农产品批发、零售的纳税人销售的部分鲜活肉蛋产品 **3** |
| 供热 | 供热企业向居民个人（以下称居民）供热而取得的采暖费收入 **4**。 |
| | **提示** 通过热力产品经营企业向居民供热的热力产品生产企业，应当根据热力产品经营企业实际从居民取得的采暖费收入占该经营企业采暖费总收入的比例确定免税收入比例 |
| 污水处理费 **新增** | 各级政府及主管部门和委托自来水厂（公司）随水费收取的污水处理费。 |
| | **提示** 纳税人为其他企业和个人集中处理生产和生活污水，属于提供委托加工性质劳务的，所收取的污水处理费应该依照规定缴纳增值税 |
| 滴灌 **新增** | 纳税人生产销售和批发、零售滴灌带和滴灌管产品 |

**知识点拨 1**

豆粕、宠物饲料不免税，适用9%税率。

**知识点拨 2**

经挑选、清洗、切分、晾晒、包装、脱水、冷藏、冷冻等工序加工的蔬菜，属于蔬菜的范围。

**知识点拨 3**

不包括《野生动物保护法》所规定的国家珍贵、濒危野生动物。

**知识点拨 4**

包括供热企业直接向居民收取的、通过其他单位向居民收取的和由单位代居民缴纳的采暖费。

### ● 得分高手

本知识点考查广泛，各类题型均有考核。

（1）文字性选择题直接考核哪些属于免税项目。

（2）计算类题目注意先判断是否免税，如不免，再"根据范围找税率"进一步区分是13%还是9%计算销项税额。如免税，则对应的进项税额不得抵扣。

**【例题12·单选题】**（2024年）下列行为免征增值税的是（ ）。

A．销售食用植物油

B．批发销售蔬菜

C．销售家用驱蚊剂

D．销售宠物饲料

**解析** 选项B，自2012年1月1日起，对从事蔬菜批发、零售的纳税人销售的蔬菜免征增值税。

## 二、销售服务

销售服务特定减免税政策，见表2-16。

表2-16 销售服务特定减免税政策

| 项目 | 免征增值税的项目 |
|---|---|
| 基本民生类 | 养老机构提供的养老服务 |
| | 托儿所、幼儿园提供的保育和教育服务 **1** |
| | 医疗机构提供的医疗服务，非营利性医疗机构自产自用的制剂。**提示** 自2019年2月1日至2027年12月31日，医疗机构接受其他医疗机构委托，按照不高于相关部门制定的医疗服务指导价格，提供规定的服务，免征增值税 |
| | 残疾人福利机构提供的育养服务，残疾个人提供的加工、修理修配劳务 |
| | 婚姻介绍服务、殡葬服务 |
| | 学生勤工俭学提供的服务 |
| | 农业机耕、排灌、病虫害防治、植物保护、农牧保险以及相关技术培训业务，家禽、牲畜、水生动物的配种和疾病防治 |
| 教科文类 | 纪念馆、博物馆、文化馆、文物保护单位管理机构、美术馆、展览馆、书画院、图书馆在自己的场所提供文化体育服务取得的第一道门票收入 |
| | 寺院、宫观、清真寺和教堂举办文化、宗教活动门票收入 |
| | 福利彩票、体育彩票发行收入 |
| | 社会团体收取的会费。**提示** 社会团体开展经营服务性活动取得的其他收入，一律照章缴纳增值税 |
| | 提供学历教育的学校 **2** 提供的教育服务收入 **3** |
| 随军家属、军转干 **4** | 为安置随军家属就业而新开办的企业 **5** |
| | 为安置自主择业的军队转业干部就业而新开办的企业 **6** |
| | 从事个体经营的随军家属、军队转业干部 |

**知识点拨 1**
托儿所、幼儿园实验班、特色班、兴趣班等费用、赞助费、支教费等超过规定的收入，不免征增值税。

**知识点拨 2**
包括中外合作办学和符合规定从事学历教育的民办学校，不包括职业培训机构等国家不承认学历的教育机构。

**知识点拨 3**
包括符合规定的学费、住宿费、课本费、作业本费、考试报名费、学校食堂的伙食费，不包括学校以各种名义收取的赞助费、择校费等。

**知识点拨 4**
自领取税务登记证之日起，其提供的应税服务3年内免征增值税。

**知识点拨 5**
随军家属必须占企业总人数的60%（含）以上。

**知识点拨 6**
安置自主择业的军队转业干部占企业总人数60%（含）以上。

**答案**
例题12｜B

67

（续表）

| 项目 | 免征增值税的项目 |
|---|---|
| 其他 | 符合条件的合同能源管理服务。<br>**提示** 节能服务公司实施符合条件的合同能源管理项目，将项目中的增值税应税货物转让给用能企业，暂免征收增值税 |
| | 台湾航运公司、航空公司从事海峡两岸海上直航、空中直航业务在大陆取得的运输收入 |
| | 纳税人提供的直接或者间接国际货物运输代理服务 |
| | 法律援助人员按照《法律援助法》规定获得的法律援助补贴 |
| | 铁路系统内部单位为本系统修理货车的业务 |

【例题13·单选题】（2024年）2024年3月，某博物馆（一般纳税人）取得第一道门票收入30万元，馆内主题展览收入300万元，文创工艺品销售收入240万元。以上应税收入均为含税收入，该博物馆当月应计算的增值税销项税额为（　　）万元。

A. 44.59
B. 46.29
C. 30.57
D. 27.61

**解析** ↘ 该博物馆当月应计算增值税销项税额 = 300÷（1+6%）×6%+240÷（1+13%）×13% = 44.59（万元）。

### 三、销售无形资产

下列项目免征增值税：

（1）个人转让著作权。

（2）纳税人提供技术转让、技术开发和与之相关的技术咨询、技术服务。

**提示** "与之相关"：①为帮助受让方（或者委托方）掌握所转让（或者委托开发）的技术，而提供的技术咨询、技术服务业务；②这部分技术咨询、技术服务的价款与技术转让、技术开发的价款应当开具在同一张发票上。

### 四、销售不动产及不动产租赁服务

销售不动产及不动产租赁服务特定减免税政策，见表2-17。

**答案** ↘
例题13｜A

表 2-17　销售不动产及不动产租赁服务特定减免税政策

| 类别 | 情形 | | 政策 |
|---|---|---|---|
| 卖房相关 | 涉及<u>家庭财产分割</u>的个人无偿转让不动产、土地使用权。<br>**提示** 家庭财产分割包含离婚、无偿赠与配偶、父母、子女、祖父母、外祖父母、孙子女、外孙子女、兄弟姐妹及抚养人或赡养人、房屋产权人死亡合法继承人依法取得房屋产权 | | 免征增值税 |
| | 个人销售<u>自建自用</u>住房 | | |
| | 个人将购买的住房对外销售（2024 年 12 月 1 日起执行）<br>**调整** | 购买<u>不足 2 年</u>的住房 | 5%<u>全额</u>缴 |
| | | 购买<u>2 年以上</u>（含）的住房 | <u>免</u>征 |
| 租房相关 | 个人<u>出租</u>住房 | | 5%征收率减按 1.5% |
| | 住房租赁企业向<u>个人出租住房</u> | 一般纳税人 | 可以选择简易计税，5%征收率减按 1.5% |
| | | | 可适用一般计税方法 |
| | | 小规模纳税人 | 5%征收率减按 1.5% |
| | 军队空余房产租赁收入 | | |
| 土地使用权相关 | 将土地使用权转让给农业生产者用于<u>农业生产</u> | | 免征增值税 |
| | 土地所有者出让土地使用权和土地使用者将土地使用权归还给土地所有者✦ | | |
| | 县级以上地方人民政府或自然资源行政主管部门出让、转让或收回自然资源使用权（不含土地使用权） | | |

> **知识点拨**
> 土地所有者依法征收土地，并向土地使用者支付土地及其相关有形动产、不动产补偿费的行为，属于土地使用者将土地使用权归还给土地所有者的情形。

【例题 14·单选题】2025 年 1 月，张某销售一套住房，取得含税销售收入 460 万元，该住房于 2023 年 3 月购进，购进时支付房价 100 万元，手续费 0.2 万元，契税 1.5 万元，张某销售住房应纳增值税（　　）万元。

A. 21.90　　　B. 17.14　　　C. 12.05　　　D. 0

**解析** ↘ 应纳增值税 = 460÷(1+5%)×5% = 21.90（万元）[1]。

## 五、金融服务

金融服务特定减免税，见表 2-18。

---

[1] 因考试时并不严格区分等号和约等号，故为了统一性，本书统一使用等号；另外，本书中计算结果除不尽的均保留两位小数。

表 2-18　金融服务特定减免税

| 类别 | 免征增值税的项目 |
|---|---|
| 利息收入 | (1) 国家助学贷款；<br>(2) 国债、地方政府债；<br>(3) 人民银行对金融机构的贷款；<br>(4) 住房公积金管理中心用住房公积金在指定的委托银行发放的个人住房贷款；<br>(5) 外汇管理部门在从事国家外汇储备经营过程中，委托金融机构发放的外汇贷款；<br>(6) 统借统还业务中，按不高于借款利率水平或债券票面利率水平，向企业集团或者集团内下属单位收取的利息；<br>(7) 金融同业往来利息收入 |
| 金融商品转让收入 | (1) 合格境外投资者（QFII）委托境内公司在我国从事证券买卖业务；<br>(2) 香港市场投资者(包括单位和个人)通过沪港通买卖上海证券交易所上市 A 股；<br>(3) 香港市场投资者(包括单位和个人)通过基金互认买卖内地基金份额；<br>(4) 证券投资基金(封闭式、开放式)管理人运用基金买卖股票、债券 |
| | 个人从事金融商品转让业务 |
| 金融机构撤销 | 被撤销金融机构2以货物、不动产、无形资产、有价证券、票据等财产清偿债务 |
| 保险 | 保险公司开办的 1 年期以上人身保险产品取得的保费收入 |
| | 境内保险公司向境外保险公司提供的完全在境外消费的再保险服务，免征增值税；<br>再保险合同对应多个原保险合同的，所有原保险合同均适用免征增值税政策时，该再保险合同适用免征增值税政策。否则，该再保险合同应按规定缴纳增值税 |
| 创新企业境内发行存托凭证（CDR）试点阶段 | 个人 暂免征收增值税 |
| | 单位 按金融商品转让政策规定征免增值税 |
| | 公募证券投资基金管理人 运营基金过程中转让 CDR 取得的差价收入，自 2023 年 9 月 21 日至 2025 年 12 月 31 日，暂免征收增值税 |
| | 合格境外机构投资者（QFII）、人民币合格境外机构投资者（RQFII） 委托境内公司转让 CDR 取得的差价收入，暂免征收增值税 |

知识点拨1

自 2019 年 2 月 1 日至 2027 年 12 月 31 日，对企业集团内单位（含企业集团）之间的资金无偿借贷行为，免征增值税。

知识点拨2

被撤销金融机构：被依法撤销的商业银行、信托投资公司、财务公司、金融租赁公司、城市信用社和农村信用社。

（续表）

| 类别 | 免征增值税的项目 |
|---|---|
| 社会保险基金投资业务 *新增* | 对全国社会保障基金理事会、全国社会保障基金投资管理人在运用全国社会保障基金投资过程中，提供贷款服务取得的全部利息及利息性质的收入和金融商品转让收入，免征增值税。<br>对全国社会保障基金理事会及养老基金投资管理机构在国务院批准的投资范围内，运用养老基金投资过程中，提供贷款服务取得的全部利息及利息性质的收入和金融商品转让收入，免征增值税 |

## 六、进口货物

进口货物特定减免税，见表2-19。

表2-19 进口货物特定减免税

| 项目 | 具体细节 | 政策 |
|---|---|---|
| 进口特定图书报纸 | 对特定单位为高校、科研单位、图书馆进口特定图书报纸 | 免征增值税 |
| 两种保命药 | 进口抗癌药品 | 减按3%征收进口环节增值税 |
| | 进口罕见病药品 | |

## 七、海南自由贸易港

离岛旅客每年每人免税购物额度为10万元人民币，不限次数。超出免税限额、限量的部分，照章征收进境物品进口税 。

**提示1** 离岛免税店销售非离岛免税商品，按现行规定向主管税务机关申报缴纳增值税和消费税。

**提示2** 离岛免税店兼营应征增值税、消费税项目的，应分别核算离岛免税商品和应税项目的销售额；未分别核算的，不得免税。

**提示3** 全岛封关运作前，允许进出海南岛国内航线航班  在岛内国家正式对外开放航空口岸加注保税航油，对其加注的保税航油免征关税、增值税和消费税，自愿缴纳进口环节增值税的，可在报关时提出。

## 八、哈尔滨2025年第九届亚洲冬季运动会免税政策（自2024年1月1日起执行） *新增*

（1）对第九届亚洲冬季运动会组织委员会（以下简称组委会）取得的电视转播权销售分成收入、赞助计划分成收入（货物和资金），免征增值税。

（2）对组委会市场开发计划取得的国内外赞助收入、转让无形资产（如标志）特许权收入、宣传推广费收入、销售门票收入及所发收费卡收入，免征增值税。

（3）对组委会取得的与中国集邮有限公司合作发行纪念邮票收入、与中

**知识点拨1**

离岛免税店销售离岛免税商品应开具增值税普通发票，不得开具增值税专用发票。已经购买的离岛免税商品属于消费者个人使用的最终商品，不得进入国内市场再次销售。

**知识点拨2**

进出海南岛国内航线航班，是指经民航主管部门批准的进出海南岛的境内飞行活动。

国人民银行合作发行纪念币收入，免征增值税。

（4）对组委会取得的来源于广播、互联网、电视等媒体收入，免征增值税。

（5）对组委会按亚洲奥林匹克理事会核定价格收取的运动员食宿费及提供有关服务取得的收入，免征增值税。

（6）对组委会赛后出让资产取得的收入，免征增值税。

### 考点十七 临时减免税项目 ★ 一学多考丨注

1. 临时减免税

临时减免税，见表2-20。

表2-20 临时减免税

| 行业 | 期间 | 免征增值税项目 |
|---|---|---|
| 孵化服务 | 自2019年1月1日至2027年12月31日 | 国家级、省级科技企业孵化器、大学科技园和国家备案众创空间向在孵对象提供孵化服务取得的收入 |
| 公租房 | 自2019年1月1日至2025年12月31日 | 对经营公租房所取得的租金收入 |
| 自贸区 | 自2020年10月1日至2025年12月31日 | 粤港澳大湾区建设：对注册在广州市的保险企业向注册在南沙自贸片区的企业提供国际航运保险业务取得的收入 |
| 教科文类 | 自2019年1月1日至2027年12月31日 | 对电影主管部门按照各自职能权限批准从事电影制片、发行、放映的电影集团公司（含成员企业）、电影制片厂及其他电影企业取得的销售电影拷贝（含数字拷贝）收入、转让电影版权（包括转让和许可使用）收入、电影发行收入以及在农村取得的电影放映收入 |
| | | 对广播电视运营服务企业收取的有线数字电视基本收视维护费和农村有线电视基本收视费 |
| | | 党报、党刊将其发行、印刷业务及相应的经营性资产剥离组建的文化企业，自注册之日起所取得的党报、党刊发行收入和印刷收入 |
| | 自2021年1月1日至2027年12月31日 | 图书批发、零售环节 |
| | 自2018年1月1日至2027年12月31日 | 对科普单位的门票收入，以及县级及以上党政部门和科协开展科普活动的门票收入 |
| 社区家庭服务 | 自2019年6月1日至2025年12月31日 | 提供社区养老、托育、家政服务取得的收入 |

知识点拨①

孵化服务，是指为在孵对象提供的经纪代理、经营租赁、研发和技术、信息技术、鉴证咨询等服务。

知识点拨②

一般纳税人提供的城市电影放映服务，可以选择按照简易计税办法计算缴纳增值税。

知识点拨③

需符合下列条件的家政服务企业：①与家政服务员、接受家政服务的客户就提供家政服务行为签订三方协议；②向家政服务员发放劳动报酬，并对家政服务员进行培训管理；③通过建立业务管理系统对家政服务员进行登记管理。

（续表）

| 行业 | 期间 | 免征增值税项目 | | |
|---|---|---|---|---|
| 医药 | 自 2019 年 1 月 1 日至 2027 年 12 月 31 日 | 抗艾滋病病毒药品 | 国产 | 免征生产和流通环节增值税 |
| | 自 2021 年 1 月 1 日至 2030 年 12 月 31 日 | | 卫生健康委委托进口的 | 免征进口关税和进口环节增值税 |
| 少数民族 | 自 2021 年 1 月 1 日至 2027 年 12 月 31 日 | 边销茶生产企业销售自产的边销茶及经销企业销售的边销茶，免征增值税 | | |
| 农业 | 自 2019 年 1 月 1 日至 2027 年 12 月 31 日 | 农村饮水安全工程，饮水工程运营管理单位向农村居民提供生活用水取得的自来水销售收入 | | |
| | 自 2021 年 1 月 1 日至 2025 年 12 月 31 日 | 对符合《进口种子种源免征增值税商品清单》的进口种子种源免征进口环节增值税 | | |
| 扶贫 | 自 2019 年 1 月 1 日至 2025 年 12 月 31 日 | 扶贫货物捐赠。<br>提示1 对单位或者个体工商户将自产、委托加工或购买的货物通过公益性社会组织、县级及以上人民政府及其组成部门和直属机构，或直接无偿捐赠给目标脱贫地区的单位和个人免征增值税。<br>提示2 在政策执行期限内，目标脱贫地区实现脱贫的，可继续适用免征增值税政策 | | |
| 国有公益性收藏单位进口藏品 新增 | 自 2024 年 5 月 1 日至 2027 年 12 月 31 日 | 国有公益性收藏单位以从事永久收藏、展示和研究等公益性活动为目的，通过接受境外捐赠、归还、追索和购买等方式进口的藏品，以及外交部、国家文物局进口的藏品，免征进口关税、进口环节增值税和消费税 | | |
| 消防 | 自 2023 年 1 月 1 日至 2025 年 12 月 31 日 | 对国家综合性消防救援队伍进口国内不能生产或性能不能满足需求的消防救援装备，免征关税和进口环节增值税、消费税 | | |
| 普惠金融 | 至 2027 年 12 月 31 日 | 发放小额贷款取得利息收入免征增值税，细节详见表 2-21 | | |
| 金融 | 自 2018 年 11 月 7 日至 2025 年 12 月 31 日 | 对境外机构投资境内债券市场取得的债券利息收入 | | |
| | 自 2018 年 11 月 30 日至 2027 年 12 月 31 日 | 货物期货交割：对经国务院批准对外开放的货物期货品种保税交割业务 | | |
| 保险 | 自 2022 年 1 月 1 日至 2025 年 12 月 31 日 | 对境内单位和个人发生的下列跨境应税行为：<br>(1) 以出口货物为保险标的的产品责任保险；<br>(2) 以出口货物为保险标的的产品质量保证保险 | | |

普惠金融临时性减免税，见表 2-21。

表 2-21　普惠金融临时性减免税

| 金融机构 | 贷款对象 | 小额贷额度 | 政策（暂截至 2027 年 12 月 31 日） |
|---|---|---|---|
| 小额贷款公司 **1** | 农户 | 单笔且该农户贷款余额总额在 10 万元（含本数）以下贷款 | 免征增值税 |
| 金融机构 | 农户、小型企业、微型企业及个体工商户 | 单户授信小于 100 万元（含本数） | 免征增值税 |
| | 小型企业、微型企业和个体工商户 | 单户授信小于 1 000 万元（含本数）**2** | a. 利率不高于 LPR **3** 150%（含）的，免；<br>高于 LPR150%的，缴纳增值税(6%税率)。<br>b. 取得的利息收入中，不高于该笔贷款按 LPR150%（含本数）计算的利息收入部分，免；<br>超过部分按照现行政策规定缴纳增值税(6%税率) |

知识点拨 **1**

经省级金融管理部门批准成立。

知识点拨 **2**

两选一，一经选定，会计年度内不得变更。

知识点拨 **3**

全国银行间同业拆借中心公布的贷款市场报价利率。

**提示1** 中国邮政储蓄银行纳入"三农金融事业部"改革的各省、自治区、直辖市、计划单列市分行下辖的县域支行，提供农户贷款、农村企业和农村各类组织贷款取得的利息收入，可以选择适用简易计税方法按照 3% 的征收率计算缴纳增值税。

**提示2** 纳税人为农户、小型企业、微型企业及个体工商户借款、发行债券提供融资担保取得的担保费收入，以及为上述融资担保（以下称原担保）提供再担保取得的再担保费收入，免征增值税。再担保合同对应多个原担保合同的，原担保合同应全部适用免征增值税政策。否则，再担保合同应按规定缴纳增值税。

**2. 二手车临时性减征政策**

二手车临时性减征政策，见表 2-22。

表 2-22　二手车临时性减征政策

| 行业 | 期间 | 减征增值税项目 | 备注 |
|---|---|---|---|
| 二手车经销企业销售旧车 | 自 2020 年 5 月 1 日至 2027 年 12 月 31 日 | 从事二手车经销的纳税人销售其收购的二手车 **4** | 减按销售额 0.5% 征收增值税 |
| | **提示** 应纳增值税=含税销售额÷(1+0.5%)×0.5% | | |

知识点拨 **4**

二手车，是指从办理完注册登记手续至达到国家强制报废标准之前进行交易并转移所有权的车辆。

● **得分高手**

增值税税收优惠比较琐碎，要关注细节，文字类选择题以及计算类题目均会在此处挖"坑"，不仅要知道某项业务是否免税，还要知道此项业务包含的内容，以及免税的条件或不同的免税对象等细节。

【例题15·单选题】（2023年）甲企业为增值税一般纳税人、省级科技企业孵化器。2024年3月将园区内办公楼（2022年接受投资转入）出租给在孵企业，取得租金收入20万元。另外提供其他服务，取得经纪代理服务收入8万元，餐饮服务收入6万元，打字复印服务收入5万元，上述收入均为含税金额。甲企业应缴纳的增值税为（　　）万元。

A. 2.73　　　　　　　　　　B. 2.27
C. 2.44　　　　　　　　　　D. 0.62

**解析** 应缴纳增值税＝（6＋5）÷（1＋6%）×6%＝0.62（万元）。

【例题16·单选题】（2023年）某森林公园为增值税一般纳税人，2024年3月取得第一道门票含税收入62万元，在景区经营摆渡车取得含税收入6万元，景区停车场（2017年自建）收取含税停车费4万元，该公园上述业务应确认销项税额（　　）万元。

A. 1.02　　　　　　　　　　B. 4.18
C. 0.67　　　　　　　　　　D. 4.53

**解析** 应确认的销项税额＝62÷（1＋6%）×6%＋6÷（1＋6%）×6%＋4÷（1＋9%）×9%＝4.18（万元）。

【例题17·单选题】（2022年）某企业为增值税一般纳税人，2024年3月外购一批货物直接捐赠给甲县某扶贫项目，该批货物购买价格80万元。通过公益性社会团体将自产康复器材一批捐赠给某老年福利院，成本价30万元，同类货物售价50万元，上述价格均不含税，成本利润均为10%。甲县属于目标脱贫地区国家扶贫开发工作重点县，该企业当月应计算的增值税销项税额为（　　）万元。

A. 15.73　　　　　　　　　　B. 6.5
C. 17.94　　　　　　　　　　D. 16.9

**解析** 现阶段非扶贫捐赠货物视同销售，与是否通过公益性团体无关。该企业当月应计算增值税销项税额＝50×13%＝6.5（万元）。

### 考点十八 增值税即征即退 ★ 一学多考｜注

增值税即征即退，见表2-23。

**答案**
例题15｜D
例题16｜B
例题17｜B

**表 2-23　增值税即征即退**

| 项目 | 细节 | 政策 |
|---|---|---|
| 资源综合利用产品和劳务 | 纳税人销售自产的资源综合利用产品和提供资源综合利用劳务。<br>**提示** 纳税人从事《资源综合利用产品和劳务增值税优惠目录(2022年版)》所列的资源综合利用项目，其申请享受增值税即征即退政策时，应同时符合下列条件：<br>(1)取得合规票据。<br>(2)建立再生资源收购台账，留存备查。<br>(3)不属于淘汰类、限制类项目。<br>(4)不属于"高污染、高环境风险"产品或重污染工艺。<br>(5)属于危险废物的，应当取得《危险废物经营许可证》。<br>(6)纳税信用级别不为C级或D级。<br>(7)申请退税税款所属期前6个月(含所属期当期)不得：①因违反生态环境保护的法律法规受到行政处罚(警告、通报批评或单次10万元以下罚款、没收违法所得、没收非法财物除外；单次10万元以下含本数，下同)。②因违反税收法律法规被税务机关处罚(单次10万元以下罚款除外)，或发生骗取出口退税、虚开发票的情形 | 增值税按比例即征即退30%、50%、70%、90%、100% |
| 飞机维修 | 对飞机维修劳务 | 实际税负超过6%的部分即征即退 |
| 管道运输服务 | 一般纳税人提供管道运输服务。<br>**提示** 属于交通运输服务，税率9% | 增值税实际税负超过3%的部分实行增值税即征即退政策 |
| 有形动产融资租赁和售后回租服务 | 经人民银行、银监会(现为国家金融监督管理总局)或者商务部批准从事融资租赁业务的试点纳税人中的一般纳税人，提供有形动产融资租赁服务和有形动产融资性售后回租服务 | |
| 安置残疾人 | (1)对安置残疾人的单位和个体工商户，按安置人数，限额即征即退增值税。<br>(2)满足条件的特殊教育学校举办的企业 | 限额即征即退增值税 |
| | 本期应退增值税税额=本期所含月份每月应退增值税税额之和<br>月应退增值税税额=纳税人本月安置残疾人员人数×本月月最低工资标准×4 | |

（续表）

| 项目 | 细节 | 政策 |
|------|------|------|
| 安置残疾人 | 享受税收优惠政策的适用范围：仅适用于生产销售货物，提供劳务，以及提供现代服务和生产服务（不含文化体育服务和娱乐服务）范围的服务取得的收入之和，占其增值税收入比例达到50%的纳税人，但不适用于上述纳税人直接销售外购货物以及销售委托加工货物取得的收入 | 限额即征即退增值税 |
| 软件产品 | （1）增值税一般纳税人销售其自行开发生产的软件产品。<br>（2）增值税一般纳税人将进口软件产品进行本地化改造❶后对外销售。<br>（3）软件产品（含嵌入式软件产品）<br><br>当期软件产品增值税应纳税额＝当期软件产品销项税额－当期软件产品可抵扣进项税额<br>当期嵌入式软件产品销售额＝当期嵌入式软件产品与计算机硬件、机器设备销售额合计－当期计算机硬件、机器设备销售额<br>即征即退税额＝当期软件产品增值税应纳税额－当期软件产品销售额×3%<br>**提示1** 计算机硬件、机器设备销售额按照下列顺序确定：①按纳税人最近同期同类货物的平均销售价格计算确定；②按其他纳税人最近同期同类货物的平均销售价格计算确定；③按计算机硬件、机器设备组成计税价格计算确定。<br>计算机硬件、机器设备组成计税价格＝计算机硬件、机器设备成本×（1+10%）<br>**提示2** 增值税一般纳税人在销售软件产品的同时销售其他货物或者应税劳务的，对于无法划分的进项税额，应按照实际成本或销售收入比例确定软件产品应分摊的进项税额；对专用于软件产品开发生产设备及工具❷的进项税额，不得进行分摊 | 按13%税率征收增值税后，对其实际税负超过3%的部分实行即征即退政策 |
| 黄金期货交易 | 上海期货交易所会员和客户：通过上海期货交易所销售标准黄金，发生实物交割但未出库的 | 免征增值税 |
| | 发生实物交割并已出库的，由税务机关按照实际交割价格代开增值税专用发票 | 增值税即征即退❸ |

**知识点拨❶**
本地化改造是指对进口软件产品进行重新设计、改进、转换等，单纯对进口软件产品进行汉字化处理不包括在内。

**知识点拨❷**
专用于软件产品开发生产的设备及工具，包括但不限于用于软件设计的计算机设备、读写打印器具设备、工具软件、软件平台和测试设备。

**知识点拨❸**
同时免征城市维护建设税和教育费附加。

（续表）

| 项目 | 细节 | | 政策 |
|---|---|---|---|
| 铂金交易 | 进口铂金 | | 免征进口环节增值税 |
| | 对中博世金科贸有限责任公司 | 通过上海黄金交易所销售的进口铂金 | 增值税即征即退 |
| | | 没有通过上海黄金交易所销售的进口铂金 | 不得享受增值税即征即退政策 |
| | 国内铂金生产企业自产自销的铂金 | | 增值税即征即退 |
| 风力发电 | 对纳税人销售自产的利用风力生产的电力产品 | | 增值税即征即退 |
| 新型墙体材料 新增 | 对符合条件的纳税人销售自产的列入《享受增值税即征即退政策的新型墙体材料目录》的新型墙体材料 | | 增值税即征即退50% |

● **得分高手**

近年来题目考查角度更趋于细化，考生不仅要知道某项业务有即征即退政策，还要会计算。另外，在计算题或综合分析题中，还会将某项业务的即征即退条件隐藏在题干中，增加应试难度。

【例题18·单选题】（2022年）一般纳税人的下列行为中，享受增值税实际税负超过6%的部分即征即退优惠政策的是（　　）。

A. 销售软件产品　　　　　　B. 安置残疾人员

C. 提供飞机维修劳务　　　　D. 提供管道运输服务

**解析** 对飞机维修劳务增值税实际税负超过6%的部分即征即退。选项A、D，属于对其增值税实际税负超过3%的部分，实行即征即退政策。选项B，按安置残疾人的人数，限额即征即退增值税。

【例题19·单选题】国内某软件开发企业为增值税一般纳税人，2024年8月销售生产的嵌入式软件产品与计算机设备硬件共取得不含税销售额168 000元，已开具增值税专用发票，其中计算机硬件最近同类产品不含税平均售价68 000元。本月购进电脑专用于软件设计取得增值税专用发票注明的税额1 346元。支付无法划分的不含税运输费用100元，取得增值税专用发票。进口软件的增值税为8 425元。该企业2024年8月即征即退的增值税为（　　）元。

A. 10 200　　　B. 3 000　　　C. 9 060　　　D. 223.64

**解析** 软件产品销售额=168 000−68 000=100 000（元），当期软件产品可抵扣进项税额=1 346+8 425+100×9%×100 000÷168 000=9 776.36（元），当期销售软件产品增值税应纳税额=100 000×13%−9 776.36=3 223.64（元），即征即退税额=3 223.64−100 000×3%=223.64（元）。

**答案**

例题18｜C
例题19｜D

【例题20·单选题】某中国人民银行批准设立的融资租赁企业为一般纳税人，2024年2月取得有形动产融资租赁业务不含税收入100万元（不考虑

支付的利息及车辆购置税），当月购进融资租赁业务相关材料及服务，取得增值税专用发票，金额 40 万元，税额 5.2 万元，当月抵扣进项税额，该企业当月实际负担的增值税为（　　）万元。

A. 3.8　　　　　　B. 4.2　　　　　　C. 7.8　　　　　　D. 3

**解析** ↘ 有形动产融资租赁业务属于租赁，适用税率 13%。应纳增值税税额 = 100×13%-5.2 = 7.8（万元）。

即征即退税额 = 7.8-100×3% = 4.8（万元）。

实际负担增值税税额 = 100×3% = 3（万元）。

### 考点十九 增值税先征后退 一学多考|注 ◢

增值税先征后退，见表 2-24。

**表 2-24 增值税先征后退** ⏳

（自 2021 年 1 月 1 日至 2027 年 12 月 31 日）

| 环节 | 出版环节 | | 印刷、制作业务 |
|---|---|---|---|
| 政策 | 100% 先征后退 | 50% 先征后退 | 100% 先征后退 |
| 项目 | 党团机关、新华社、军事部门期刊 | 各类图书、期刊、音像制品、电子出版物，规定执行增值税 100% 先征后退的出版物除外 | （1）对少数民族文字出版物的印刷或制作业务。（2）列入财政部、税务总局 2023 年第 60 号公告附件 3 的新疆维吾尔自治区印刷企业的印刷业务 |
| | 少年儿童报纸期刊，中小学学生教科书 | | |
| | 老年人报纸和期刊 | | |
| | 少数民族文字出版物 | | |
| | 盲文图书和盲文期刊 | | |
| | 5 个自治区内注册的出版物 | | |
| | 列入财政部、税务总局 2023 年第 60 号公告附件名单的图书、报纸、期刊 | | |

📌 **记忆口诀**

党军新老少儿盲，
自治区内出版物，
少民印制新疆印，
先征后退百分百。

**【例题 21·单选题】**（2023 年）下列关于增值税先征后退的说法中，正确的是（　　）。

A. 外文图书出版适用增值税 100% 先征后退政策

B. 少数民族文字出版物印刷业务适用增值税 50% 先征后退政策

C. 少年儿童期刊适用增值税 50% 先征后退政策

D. 盲文印刷出版物适用增值税 100% 先征后退政策

**解析** ↘ 选项 A，没有先征后退 100% 的规定。选项 B，出版环节和印刷、制作都可以执行增值税 100% 先征后退的政策。选项 C，出版环节执行增值税 100% 先征后退的政策。

### 考点二十 扣减增值税规定 一学多考|注 ◢

1. 退役士兵、重点群体创业就业扣减增值税规定

退役士兵、重点群体创业就业扣减增值税规定，见表 2-25。

**答案** ↘

例题 20 | D

例题 21 | D

表 2-25 退役士兵、重点群体创业就业扣减增值税规定

| 类别 | 政策 |
|---|---|
| 创业 | 自办理个体工商户登记当月起，在 3 年（36 个月，下同）内按每户每年 20 000 元为限额依次扣减其当年实际应缴纳的增值税、城市维护建设税、教育费附加、地方教育附加和个人所得税。限额标准最高可上浮 20% |
| 就业 | 企业招用与其签订 1 年以上期限劳动合同并依法缴纳社会保险费的，自签订劳动合同并缴纳社会保险当月起，在 3 年内按实际招用人数予以定额依次扣减增值税、城市维护建设税、教育费附加、地方教育附加和企业所得税优惠。定额标准为每人每年 6 000 元 🔢1 |

**提示1** 实际经营期不足 1 年的（重点群体人员工作不满 1 年的），应当以实际月数换算其减免税总额。当年扣减不完的，不得结转下年使用。

**提示2** 城市维护建设税、教育费附加、地方教育附加的计税依据是享受本项税收优惠政策前的增值税应纳税额。

**提示3** 同一重点群体人员或自主就业退役士兵开办多家个体工商户的，择其一作为政策享受主体；在多家企业就业的，由与其签订 1 年以上劳动合同并为其缴纳养老、工伤、失业保险的企业作为政策享受主体。

企业同时招用多个不同身份的就业人员，分别适用对应政策。企业招用的同一就业人员如同时具有多重身份，选定一个身份享受政策，不得重复享受。对于企业因以前年度符合政策条件但未及时申报享受的，可依法申请退税；如申请时该重点群体或自主就业退役士兵已从企业离职，不再追溯执行。新增

2. 增值税纳税人购买税控系统专用设备和技术维护费用扣减增值税规定

税控系统专用设备和技术维护费用扣减增值税规定，见表 2-26。

表 2-26 税控系统专用设备和技术维护费用扣减增值税规定

| 项目 | 凭据 | 政策 |
|---|---|---|
| 初次购买增值税税控系统专用设备 2 支付的费用 | 凭购买增值税税控系统专用设备取得的增值税专用发票 | 全额抵减（抵减额为价税合计额），不足抵减的可结转下期继续抵减 |
| 缴纳的技术维护费 | 凭技术维护服务单位开具的技术维护费发票 | |

**提示1** 全额抵减的，进项税额不得从销项税额中抵扣。

**提示2** 非首次购买，由纳税人自行负担，不得在增值税应纳税额中抵减。

## 考点二十一 起征点和小规模纳税人免税规定 ★ 一学多考｜注

### （一）个人销售起征点

个人销售起征点政策，见表 2-27。

表 2-27 个人销售起征点政策

| 项目 | 政策 |
|------|------|
| 含义 | 对个人销售额未达到规定起征点的,免征增值税 |
| 适用 | 仅限于个人,不包括认定为一般纳税人的个体工商户 |
| 规定 | (1)按期纳税的,为月销售额 5 000~20 000 元(含本数)。<br>(2)按次纳税的,为每次(日)销售额 300~500 元(含本数) |
| 调整 | 起征点的调整由财政部和国家税务总局规定 |
| 执行 | 省、自治区、直辖市财政厅(局)和国家税务局应当在规定的幅度内,根据实际情况确定本地区适用的起征点,并报财政部和国家税务总局备案 |

### (二)小规模纳税人免征增值税政策

免:自 2023 年 1 月 1 日至 2027 年 12 月 31 日,增值税小规模纳税人发生增值税应税销售行为,合计月销售额未超过 10 万元(以 1 个季度为 1 个纳税期的,季度销售额未超过 30 万元,下同)的,免征增值税。凡在预缴地实现的月销售额未超过 10 万元的,当期无须预缴税款。

减:自 2023 年 1 月 1 日至 2027 年 12 月 31 日,增值税小规模纳税人适用 3% 征收率的应税销售收入,减按 1% 征收率征收增值税;在预缴地实现的月销售额超过 10 万元的适用 3% 预征率的预缴增值税项目,减按 1% 预征率预缴增值税。

**提示1** 月销售额超过 10 万元,但在扣除本期发生的销售不动产的销售额后未超过 10 万元的,其销售货物、劳务、服务、无形资产取得的销售额,免征增值税。适用增值税差额征税政策的,以差额后的余额为销售额,确定其是否可享受免税政策。

**提示2** 小规模纳税人取得应税销售收入,适用以上免征增值税政策的,纳税人可以根据实际经营需要,就部分业务放弃上述减免税政策,按照 1% 或者 3% 征收率计算缴纳增值税,并开具相应征收率的增值税普通发票或专用发票。

> **● 得分高手**
>
> 近年考核小规模纳税人的题目有两种情况,一是题目有标注"(不考虑阶段性减免)",计算时无须考虑本知识点;二是题目无标注,时间又在减免阶段内,则需要考虑减免政策计算税额。

【例题 22·多选题】(2024 年)2024 年 1—3 月,某企业(小规模纳税人)各月取得不含税销售收入依次为 7 万元、9 万元和 24 万元(含当月销售不动产取得不含税销售收入 15 万元),上述业务的增值税处理方法中,正确的有( )。

A. 纳税期限,一经选择,一个会计年度内不得变更

B. 如果放弃免税,可以就放弃免税的该笔销售收入开具增值税专用发票

C. 如果按月纳税,销售不动产应在不动产所在地预缴税款

D. 如果按月纳税，1—3月全部销售额均可享受免税政策

E. 如果按季纳税，第一季度全部销售额不享受免税政策

**解析** ↘ 选项D，当月销售不动产取得销售收入15万元，应该纳税。选项E，销售货物、劳务、服务、无形资产取得的销售额免征增值税。

**【例题23·单选题】**某便利店为增值税小规模纳税人，2024年4月销售货物取得含税收入40 000元，代收水电煤等公共事业费共计50 000元，取得代收手续费收入1 500元，该便利店以1个月为1个纳税期。该便利店2024年4月应纳增值税(   )元。

A. 0 　　　　　　B. 1 208.74 　　C. 1 236.48 　　D. 2 664.05

**解析** ↘ 自2023年1月1日至2027年12月31日，小规模纳税人发生增值税应税销售行为，合计月销售额未超过10万元的，免征增值税。该便利店当月应纳增值税为0。

### 考点二十二 减免税其他规定 一学多考|注 ▷

（1）纳税人兼营免税、减税项目的，应当分别核算免税、减税项目的销售额；未分别核算销售额的，不得免税、减税。

（2）纳税人发生应税销售行为适用免税规定的，可以放弃免税，按照规定缴纳增值税。纳税人放弃免税优惠后，在 36个月内 不得再申请免税。

其他个人 代开增值税发票时，放弃免税权不受"36个月不得享受减免税优惠限制"，仅对当次代开发票有效，不影响以后申请免税代开。

（3）纳税人发生应税行为同时适用免税和零税率规定的，纳税人可以选择适用免税或者零税率。

（4）纳税人要求放弃免税权，应当以书面形式提交放弃免税权声明，报主管税务机关备案。（次月起，计算缴纳增值税）

（5）放弃免税权的纳税人符合一般纳税人认定条件的，按规定认定为一般纳税人，可开具增值税专用发票。

（6）纳税人一经放弃免税权，全部增值税应税货物或劳务均征税，不得选择某一免税项目放弃免税权，也不得根据不同的销售对象选择部分货物或劳务放弃免税权。

## 第六节　增值税计税方法

### 考点二十三 增值税计税方法概述 一学多考|注 ▷

1. 一般计税方法

适用：一般纳税人应税销售行为，除适用简易计税方法的，均应采用一般计税方法计算缴纳增值税。

**答案** ↘
例题22 | ABC
例题23 | A

当期应纳增值税税额＝当期销项税额－当期进项税额

2. 简易计税方法

适用：小规模纳税人和一般纳税人发生特定销售行为。

当期应纳增值税税额＝当期销售额(不含税)×征收率 **1**

3. 扣缴计税方法

适用：扣缴义务人。

应扣缴税税额＝接受方支付的价款÷(1+税率)×税率 **2**

**【例题24·单选题】** 境外自然人为境内单位提供宣传画册设计服务，境内单位支付含税服务费10 300元，境内单位应扣缴增值税(　　)元。

A. 0 　　　　　 B. 300 　　　　　 C. 618 　　　　　 D. 583.02

**解析** ↘ 境外自然人为境内单位提供的宣传画册设计服务，适用增值税税率为6%。应扣缴税额＝10 300÷(1+6%)×6%＝583.02(元)。

### 考点二十四 一般计税方法之销项税额（一般规定）★★★ 一学多考|注

纳税人销售货物、劳务、服务、无形资产或者不动产，按照销售额和税法规定的税率计算收取的增值税税额，为销项税额。 **3**

销项税额＝销售额×税率

销项税额＝组成计税价格×税率

### （一）纳税义务发生时间

纳税义务发生时间，解决当期销项税额的计算期间问题。纳税义务发生时间，见表2-28。

表2-28 纳税义务发生时间

| 项目 | 情形 | 纳税义务发生时间 |
|---|---|---|
| 货物 | 采取直接收款方式销售货物 | 不论货物是否发出，均为收到销售额或取得索取销售额凭据的当天 |
| | 采取托收承付和委托银行收款方式销售货物 | 为发出货物并办妥托收手续的当天 |
| | 采取赊销和分期收款方式销售货物 | 为书面合同约定的收款日期的当天；无书面合同或合同没有收款日期，为货物发出当天 |
| | 采取预收货款方式销售货物 | 为货物发出的当天 **4** |
| | 委托其他纳税人代销货物 | 收到代销单位销售的代销清单或收到全部或部分货款的当天；未收到代销清单及货款的，为发出代销商品满180天的当天 |
| | 纳税人发生委托代销和销售代销货物之外的视同销售货物行为 | 货物移送的当天 |

**知识点拨 1**

不可抵扣进项税额。

**知识点拨 2**

税率的适用和国内相关服务、无形资产、不动产税率相同，不区分小规模纳税人和一般纳税人。

**知识点拨 3**

(1)销项税额不是应纳增值税税额。

(2)销售额是不含税的销售额，销项税额是从购买方收取的。

**知识点拨 4**

生产销售生产工期超过12个月的大型机械设备、船舶、飞机等货物，为收到预收款或者书面合同约定的收款日期的当天。

**答案** ↘

例题24 | D

（续表）

| 项目 | 情形 | 纳税义务发生时间 |
|------|------|----------------|
| 货物 | 进口货物 | 报关进口的当天 |
| 劳务 | 销售应税劳务 | 提供劳务同时收讫销售款或者取得索取销售款的凭据的当天 |
| 服务 | 提供租赁服务采取预收款方式 | 收到预收款的当天 |
| | 纳税人发生视同销售服务、无形资产或者不动产情形 | 服务、无形资产转让完成的当天或者不动产权属变更的当天 |
| | 纳税人从事金融商品转让 | 金融商品所有权转移的当天 ✦ |

金融企业发放贷款后，自结息日起90天内发生的应收未收利息按现行规定缴纳增值税，自结息日起90天后发生的应收未收利息暂不缴纳增值税，待实际收到利息时按规定缴纳增值税。

**提示** （1）先开具发票的，为开具发票的当天。

（2）增值税扣缴义务发生时间为纳税人增值税纳税义务发生的当天。

● **得分高手**

本知识点重在应用，在所有计算类题目中都要注意题干描述，首先判断纳税义务是否发生，是否需要计算销项税额。

【例题25·单选题】某工厂为增值税一般纳税人，所生产商品适用13%税率，无税收减免。2024年2月采用分期收款方式销售商品，合同约定不含税销售额150万元，当月收款60%，次月收款40%。由于购货方资金周转困难，本月实际收到货款50万元，该工厂按实际收款额开具了增值税专用发票，当月该工厂的增值税销项税额应为（　　）万元。

A. 11.7　　　　B. 19.5　　　　C. 6.5　　　　D. 0

**解析** 当月该工厂增值税销项税额 = 150×60%×13% = 11.7（万元）。

【例题26·多选题】（2024年）下列关于增值税纳税义务发生时间的说法，正确的有（　　）。

A. 采取直接收款方式销售货物，为收到销售款或取得索取销售款凭据的当天

B. 采取赊销方式销售货物，无书面合同的，为货物发出的当天

C. 采取预收款方式提供租赁服务，为收到预收款的当天

D. 采取分期收款方式销售货物，书面合同没有约定收款日期的，为货物发出的当天

E. 采取托收承付方式销售货物，为办妥托收手续的当天

**解析** 选项E，采取托收承付和委托银行收款方式销售货物，为发出货物并办妥托收手续的当天。

## （二）销售额的一般规定

销售额为纳税人发生应税销售行为收取的全部价款和价外费用，但是不包括收取的销项税额。

**答案**
例题25 | A
例题26 | ABCD

应税销售额包括：

（1）销售货物、劳务、服务、无形资产、不动产向购买方收取的全部价款；

（2）向购买方收取的各种价外费用🔖；

（3）消费税税金。

**提示1** 价外费用不包括：①受托加工应征消费税的货物，而由受托方向委托方代收代缴的消费税。②同时符合以下两个条件的代垫运费，即承运部门的运费发票开具给购买方，并且由纳税人将该项发票转交给购买方的。③销售货物的同时代办保险等而向购买方收取的保险费，以及向购买方收取的代购买方缴纳的车辆购置税、车辆牌照费。

**提示2** 根据国家税务总局规定，纳税人向购买方收取的价外费用和包装物押金，应视为含税收入。

**提示3** 销售额以人民币计算。纳税人以人民币以外的货币结算销售额的，应当折合成人民币计算。折合率可以选择销售额发生的当天或者当月1日的人民币汇率中间价。纳税人应事先确定采用何种折合率，确定后1年内不得变更。

> 💧 **得分高手**
>
> 应试的关键是正确理解与应用，在所有计算类题目中均要关注是否需要计算销项税额，是否需要换算为不含税收入。

> 知识点拨✦
>
> 价外费用包括：手续费、补贴、基金、集资费、返还利润、奖励费、违约金、延期付款利息、滞纳金、赔偿金、包装费、包装物租金、储备费、优质费、运输装卸费、代收款项、代垫款项及其他各种性质的价外收费。

**【例题27·单选题】**（2021年）某汽车生产企业为增值税一般纳税人，2024年3月销售一批小汽车，开具增值税专用发票注明金额1 200万元，另收取汽车内部装饰和设备费用价税合计金额为50万元，该笔业务应计算销项税额（　　）万元。

A. 161.75　　　B. 143.81　　　C. 5.75　　　D. 156

**解析** 该笔业务应计算销项税额＝［1 200＋50÷（1＋13%）］×13%＝161.75（万元）。

### 考点二十五 一般计税方法之销项税额（特殊销售）★★★ 　一学多考|注

特殊销售方式的销售额，见表2-29。

表2-29　特殊销售方式的销售额

| 项目 | 具体规定 |
| --- | --- |
| 折扣销售 | 销售额和折扣额在同一张发票"金额"栏上分别注明，按折扣后的销售额征收增值税。如果将折扣额另开发票，不论其在财务上如何处理，均不得从销售额中减除折扣额 |
| 销售折扣 | 销售折扣不得从销售额中减除 |

**答案** ↘

（续表）

| 项目 | 具体规定 | |
|---|---|---|
| 销售折让/销售退回 | 销货退回和销售折让：从发生销货退回或折让**当期**的销项税额中扣减。未按规定开具红字增值税专用发票**❶**的，不得扣减销项税额或销售额 | |
| | 购货方在一定时期内累计购买货物达到一定数量，或者由于市场价格下降等原因：销货方给予购货方相应的**价格优惠或补偿等折扣、折让行为**，销货方可按现行规定开具红字增值税专用发票 | |
| 以旧换新 | 一般货物 | 按新货物的同期销售价格确定销售额 |
| | **金银首饰** | 按销售方**实际收取**的不含税价款确定销售额 |
| 还本销售 | 按新货物的同期销售价格确定销售额，**不得**从销售额中减除还本支出 | |
| 以物易物 | 销项税额：以各自发出的货物核算销售额并计算销项税额。<br>进项税额：以各自收到的货物核算购货额及进项税额（需符合进项税额可以抵扣的要求） | |
| 直销企业 | 直销企业先将货物销售给直销员，直销员再将货物销售给消费者 | 直销企业的销售额为其向直销员收取的全部价款和价外费用 |
| | | 直销员将货物销售给消费者时，应按照现行规定缴纳增值税 |
| | 直销企业通过直销员向消费者销售货物，直接向消费者收取货款 | 直销企业的销售额为其向消费者收取的全部价款和价外费用 |
| 包装物押金 | 一般货物（酒类商品除外）、啤酒、黄酒 | 收取时，不征增值税；<br>逾期时，征收增值税 |
| | 白酒、其他酒 | 收取时，征收增值税；<br>逾期时，不征增值税**❷** |
| 贷款服务 | 提供贷款服务取得的**全部利息及利息性质的收入**为销售额 | |
| | 银行提供贷款服务按期计收利息的，结息日当日计收的**全部利息收入**，均应计入结息日所属期的销售额 | |
| | 金融机构开展贴现、转贴现业务，以其实际持有票据期间取得的利息收入作为贷款服务销售额**❸** | |
| 直接收费金融服务 | 以提供直接收费金融服务收取的手续费、佣金、酬金、管理费、服务费、经手费、开户费、过户费、结算费、转托管费等各类费用为销售额 | |

**知识点拨❶**
开具红字增值税专用发票要按原适用税率。

**知识点拨❷**
（1）"逾期"指按合同约定实际逾期或超过1年（12个月）的期限。
（2）包装物押金属于含税收入，价税分离适用对应货物税率。

**知识点拨❸**
此前贴现机构已就贴现利息收入**全额缴纳**增值税的票据，转贴现机构转贴现利息收入继续**免征增值税**。

● **得分高手**

本知识点任何题型均会涉及，考核频次较高，需要理解应用。

【例题28·单选题】某商场为增值税一般纳税人，2024年6月举办促销活动，全部商品八折销售。实际取得含税收入380 000元，销售额和折扣额均在同一张发票上分别注明。为鼓励买方及早付款，给予现金折扣N/90，1/45，2/30，买方于第45天付款。上月销售商品本月发生退货，向消费者退款

680元(开具了红字增值税专用发票),该商场当月的销项税额为( )元。

    A. 43 638.58    B. 43 716.81    C. 54 567.79    D. 54 646.02

**解析** 当月销项税额 $=380\ 000\div(1+13\%)\times13\%-680\div(1+13\%)\times13\%=$ $43\ 638.58$(元)。

**【例题29·单选题】** (2021年)某金店为增值税一般纳税人,2024年3月采取以旧换新方式零售金银首饰,向顾客收取差价款为35万元,已知旧金银首饰回收折价15万元,该店当月应计算的销项税额为( )万元。

    A. 1.73    B. 4.03    C. 4.55    D. 5.75

**解析** 该店当月应计算销项税额 $=35\div(1+13\%)\times13\%=4.03$(万元)。

**【例题30·单选题】** (2022年)甲企业2024年3月以含税价格65 540元(成本价为45 666元)的自产产品与乙公司换取含税价格为47 460元的原材料一批,乙企业另支付其交换差价18 080元,交换货物均适用13%增值税税率,成本利润率8%。双方均为增值税一般纳税人,均开具了增值税专用发票。甲企业该业务应计算增值税销项税额( )元。

    A. 7 540    B. 9 620    C. 6 318    D. 2 080.6

**解析** 甲企业应确认的销项税额 $=65\ 540\div(1+13\%)\times13\%=7\ 540$(元)。

**【例题31·单选题】** (2022年)某酒厂增值税一般纳税人,2024年5月销售啤酒200吨,取得不含税销售额40万元。另外收取包装物押金0.5万元。当日销售白酒10吨,取得不含税销售额80万元。另外收取包装物押金0.3万元,包装物押金均单独分别计税,还款期限为6个月。该酒厂当月应计算的销项税额为( )万元。

    A. 15.63    B. 15.69    C. 15.66    D. 15.6

**解析** 当月应确认的销项税额 $=[80+0.3\div(1+13\%)]\times13\%+40\times13\%=$ $15.63$(万元)。

**【例题32·单选题】** 某食品生产企业为增值税一般纳税人,2024年4月销售货物,开具的增值税专用发票上注明金额120万元。开收据收取包装物押金3万元、优质费2万元。包装物押金单独记账核算。该企业当月的增值税销项税额为( )万元。

    A. 15.6    B. 15.83    C. 15.95    D. 16.18

**解析** 该企业当月增值税销项税额 $=[120+2\div(1+13\%)]\times13\%=$ $15.83$(万元)。

**【例题33·单选题】** 某商业银行(增值税一般纳税人)2024年第一季度提供贷款服务取得含税利息收入5 300万元,提供直接收费金融服务取得含税收入106万元,开展贴现业务取得含税利息收入500万元。以上收入开具增值税普通发票,该银行上述业务的销项税额为( )万元。

    A. 157.46    B. 172.02    C. 306    D. 334.3

**答案**

例题28 | A
例题29 | B
例题30 | A
例题31 | A
例题32 | B
例题33 | D

**解析** ↘ 该银行上述业务的销项税额 =（5 300+106+500）÷（1+6%）×6% = 334.3（万元）。

### 考点二十六 一般计税方法之销项税额（视同销售）★★★ 一学多考|注

纳税人发生应税销售行为，价格明显偏低且无正当理由，视同销售无销售额的，主管税务机关有权按照下列顺序核定其计税销售额：

（1）按**纳税人**最近时期同类货物、服务、无形资产或者不动产的**平均**销售价格确定。

（2）按**其他纳税人**最近时期同类货物、服务、无形资产或者不动产的**平均**销售价格确定。

（3）用以上两种方法均不能确定其销售额的情况下，可按**组成计税价格**确定销售额。

组成计税价格 = 成本×（1+成本利润率）

属于应征消费税的货物，其组成计税价格应加计消费税税额。计算公式为：

组成计税价格 = 成本×（1+成本利润率）÷（1−消费税税率）

● **得分高手**

> 本知识点要结合征税范围"视同销售"模块学习，这里解决的是计算问题，考试要先判断属于"视同销售"再计算。

**【例题34·单选题】** 2024年6月，某企业（一般纳税人）研制一种新型普通化妆品，为了进行市场推广和宣传，无偿赠送100件给消费者试用，该化妆品无同类产品市场价，生产成本500元/件，成本利润率为10%。该企业当月的增值税销项税额为（　　）元。

A. 0　　　　B. 6 300　　　　C. 4 500　　　　D. 7 150

**解析** ↘ 增值税销项税额 = 100×500×（1+10%）×13% = 7 150（元）。

**【例题35·单选题】** 2024年5月，某运输公司（增值税一般纳税人）为灾区无偿提供运输服务，发生运输服务成本2万元，成本利润率10%，无最近同期提供同类服务的平均价格；当月为A企业提供运输服务，取得含税收入5.5万元。该运输公司当月上述业务的销项税额为（　　）万元。

A. 0.45　　　　B. 0.5　　　　C. 0.77　　　　D. 0.55

**解析** ↘ 该运输公司当月的销项税额 = 5.5÷（1+9%）×9% = 0.45（万元）。

### 考点二十七 一般计税方法之销项税额（差额计税）★★★ 一学多考|注

差额征税，见表2-30。

**答案** ↘

例题34 | D
例题35 | A

表 2-30　差额征税

| 项目 | | 按差额确定销售额 |
|---|---|---|
| 经纪代理 6% | 经纪代理服务 | 全部价款和价外费用，扣除向委托方收取并代为支付的政府性基金或者行政事业性收费（不得开具增值税专用发票）后的余额为销售额 |
| | 人力资源外包服务 | 销售额不包括受客户单位委托代为向客户单位员工发放的工资和代理缴纳的社会保险费、住房公积金① |
| | 签证代理服务 | 全部价款和价外费用，扣除向服务接受方收取并代为支付给外交部和外国驻华使（领）馆的签证费、认证费后的余额为销售额② |
| | 纳税人代理进口按规定免征进口增值税的货物 | 销售额不包括向委托方收取并代为支付的货款③ |
| | 航空运输销售代理企业 | 境外航段机票代理服务：全部价款和价外费用，扣除向客户收取并支付给其他单位或者个人的境外航段机票结算款和相关费用后的余额为销售额 |
| | | 境内机票代理服务：全部价款和价外费用，扣除向客户收取并支付给航空运输企业或其他航空运输销售代理企业的境内机票净结算款和相关费用后的余额为销售额 |
| 交通运输 9% | 航空运输服务 | 销售额不包括代收的机场建设费和代售其他航空运输企业客票而代收转付的价款 |
| 现代服务 6% | 客运场站服务（一般纳税人） | 全部价款和价外费用，扣除支付给承运方运费后的余额为销售额 |
| 生活服务 6% | 教育辅助服务 | 境外单位通过教育部考试中心及其直属单位在境内开展考试，以取得的考试费收入扣除支付给境外单位考试费后的余额为销售额④ |
| | 旅游服务 | （1）可以选择以取得的全部价款和价外费用，扣除向旅游服务购买方收取并支付给其他单位或者个人的住宿费、餐饮费、交通费、签证费、门票费和支付给其他接团旅游企业的旅游费用。⑤<br>（2）选择上述办法的上述费用，不得开具增值税专用发票，可以开具增值税普通发票 |

知识点拨 ①

向委托方收取并代为发放的工资和代理缴纳的社会保险费、住房公积金，不得开具增值税专用发票，可以开具增值税普通发票。

知识点拨 ②

向服务接受方收取并代为支付的签证费、认证费，不得开具增值税专用发票，可以开具增值税普通发票。

知识点拨 ③

向委托方收取并代为支付的款项，不得开具增值税专用发票，可以开具增值税普通发票。

知识点拨 ④

教育部考试中心及其直属单位代为收取并支付给境外单位的考试费，应统一扣缴增值税，不得开具增值税专用发票，可以开具增值税普通发票。

知识点拨 ⑤

不能扣除未列明的费用，比如：导游费、司机费。

（续表）

| 项目 | | 按差额确定销售额 |
|---|---|---|
| 转让不动产9% | 房地产开发企业中的一般纳税人销售其开发的房地产项目（一般计税方法） | 以取得的全部价款和价外费用，扣除受让土地时向政府部门支付的土地价款后的余额为销售额🖊。<br>**提示1** "向政府部门支付的土地价款"，包括土地受让人向政府部门支付的征地和拆迁补偿费用、土地前期开发费用和土地出让收益等。<br>**提示2** 扣除项目不含契税、手续费 |
| 金融商品转让6% | | 销售额＝卖出价－买入价（不得扣除买卖交易中的其他税费）🖊<br>**提示** 出现的正负差，按盈亏相抵后的余额为销售额。若相抵后出现负差，可结转下一纳税期，但年末仍出现负差，不得转入下年。<br>(1)买入价，可以选择加权平均法或者移动加权平均法进行核算，选择后36个月内不得变更。<br>(2)单位将其持有的限售股在解禁流通后对外转让，按相关规定确定的买入价，低于该单位取得限售股的实际成本价的，以实际成本价为买入价计算缴纳增值税。<br>(3)纳税人无偿转让股票时，转出方以该股票的买入价为卖出价缴纳增值税；在转入方将该股票再转让时，以原转出方的卖出价为买入价计算缴纳增值税。<br>(4)金融商品转让，不得开具增值税专用发票 |
| 租赁服务9%或13% | 融资租赁 | 全部价款和价外费用，扣除支付的借款利息（包括外汇借款和人民币借款利息）、发行债券利息和车辆购置税后的余额为销售额🖊 |
| 金融服务6% | 融资性售后回租 | 全部价款和价外费用（不含本金），扣除对外支付的借款利息（包括外汇借款和人民币借款利息）、发行债券利息后的余额作为销售额🖊 |

**记忆口诀** 房开卖新房，一般计税减地款。

**记忆口诀** 卖价－买价－不过年差。

**记忆口诀** 融资租赁是租赁，含本全款减息减税。

**记忆口诀** 售后回租是贷款，不含本金只减息。

● **得分高手**

本知识点常常以文字类多选题出现，细节考查要求高，注意关键字，另外，在计算类题目中考查政策应用。

【例题36·单选题】玉宝公司以每股21元的价格取得葛格公司原始股100万股。2020年葛格公司上市，股票首次公开发行价为18元/股，玉宝公司持有上述原始股转为限售股。2024年1月1日限售股解禁，玉宝公司以每股50元将其全部卖出，共支付手续费1万元。该金融商品转让业务的销项税额为（　　）万元。（以上价格均为含税价）

　　A. 164.15　　　B. 164.09　　　C. 181.08　　　D. 181.13

**解析** 销项税额＝（50×100－21×100）÷（1+6%）×6%＝164.15（万元）。

**【例题 37·多选题】**（2024年）2024年第二季度至第四季度，某商业银行（增值税一般纳税人）转让金融商品有关情况如下：第二季度卖出价100万元，买入价80万元；第三季度卖出价70万元，买入价80万元；第四季度卖出价90万元，买入价95万元。上述价款均为含税金额，下列增值税处理正确的有（    ）。

A. 第四季度金融商品卖出价和买入价的负差可结转2025年第一季度

B. 第二季度增值税销项税额1.13万元

C. 第四季度无须缴纳增值税

D. 第三季度无须缴纳增值税

E. 第三季度金融商品卖出价和买入价的负差可结转第四季度

**解析** 选项A、E，金融商品转让年末出现的负差，不得结转下一个会计年度；在同一个会计年度内，本纳税期产生的负差可以结转到下一纳税期进行相抵。选项B，第二季度缴纳增值税销项＝（100−80）÷（1+6%）×6%＝1.13（万元）。

### 考点二十八 一般计税方法之进项税额（一般规定）★★★ 一学多考|注

看人：一般纳税人的一般计税方法才存在进项抵扣问题。

看票：合规的扣税凭证。

看业务：不属于不得抵扣的业务事项才可以抵扣进项税额。

**（一）进项税额抵扣时间问题**

取消认证确认、稽核比对、申报抵扣的期限。

**（二）进项税额一般规定**

1. 准予从销项税额中抵扣的进项税额

凭票抵扣，见表2−31。

表2−31 凭票抵扣

| 抵扣依据 | 抵扣金额 | 备注 |
|---|---|---|
| 从销售方取得的增值税专用发票、税控机动车销售统一发票 | 注明的增值税税额 | 一般纳税人开具或小规模纳税人开具或税务机关代开均可 |
| 从海关取得的海关进口增值税专用缴款书 | | 由取得专用缴款书原件的单位抵扣税款 |
| 自境外单位或者个人购进劳务、服务、无形资产或者境内的不动产，从税务机关或者扣缴义务人取得的代扣代缴税款的完税凭证 | | 扣缴税款时不考虑纳税人身份，按国内相应征税范围对应的税率价税分离计算扣缴 |

**答案**
例题37 | BCDE

91

（续表）

| 抵扣依据 | 抵扣金额 | 备注 |
|---|---|---|
| 收费公路通行费增值税电子普通发票 | 注明的增值税税额 | 2018年1月1日起可抵扣 |
| 购进国内旅客运输服务取得增值税电子普通发票 | | 2019年4月1日起可抵扣 |
| 购进境内民航旅客运输服务取得的航空运输电子客票行程单 *新增* 《 | | 2024年12月1日起施行 |
| 购进境内铁路旅客运输服务取得的铁路电子客票 *新增* 《 | 税务数字账户中列示的对应税额 | 2024年11月1日起施行 |
| 自然人报废产品出售者（以下简称出售者）向资源回收企业销售报废产品，符合条件的资源回收企业可以向出售者开具发票（以下称"反向开票"） *新增* 《 | 资源回收企业可以抵扣反向开具的增值税专用发票上注明的税款 | 2024年4月29日起施行 |

**提 示** 自然人销售报废产品连续12个月"反向开票"累计销售额超过500万元的，资源回收企业不得再向其"反向开票"。资源回收企业销售报废产品适用增值税简易计税方法的，可以反向开具普通发票，不得反向开具增值税专用发票；适用增值税一般计税方法的，可以反向开具增值税专用发票和普通发票。资源回收企业向出售者"反向开票"时，应当按规定为出售者代办增值税及附加税费、个人所得税的申报事项。出售者通过"反向开票"销售报废产品，可按规定享受小规模纳税人月销售额10万元以下免征增值税和3%征收率减按1%计算缴纳增值税等税费优惠政策。

2. 特殊事项或特殊行业进项税额政策

特殊事项或特殊行业进项税额政策，见表2-32。

表2-32 特殊事项或特殊行业进项税额政策

| 项目 | 情形 | 政策 |
|---|---|---|
| 特殊事项 | 固定资产、不动产、无形资产混用可全抵 | 固定资产、不动产、无形资产，既用于一般计税方法计税项目，又用于简易计税方法计税项目、免征增值税项目、集体福利或个人消费的，其进项税额准予从销项税额中全额抵扣 |
| | 登记为一般纳税人前进项税额抵扣 | 纳税人自办理税务登记至认定或登记为一般纳税人期间，未取得生产经营收入，未按照销售额和征收率简易计算应纳税额申报缴纳增值税的，可以在认定或登记为一般纳税人后抵扣进项税额 |

（续表）

| 项目 | 情形 | 政策 |
|------|------|------|
| 特殊行业 | 建筑业 | 由第三方直接与发包方结算工程款的，由第三方向发包方开具增值税发票，发包方可抵扣进项税额，详见表2-2 |
| | 煤炭采掘企业 | 允许抵扣：①巷道附属设备及其相关的应税货物、劳务和服务；②用于除开拓巷道以外的其他巷道建设和掘进，或者用于巷道回填、露天煤矿生态恢复的应税货物、劳务和服务 |
| | 保险服务 | (1)提供保险服务的纳税人以实物赔付方式承担机动车辆保险责任的，自行向车辆修理劳务提供方购进的车辆修理劳务，其进项税额可以抵扣。<br>(2)提供保险服务的纳税人以现金赔付方式承担机动车辆保险责任的，将应付给被保险人的赔偿金直接支付给车辆修理劳务提供方，不属于保险公司购进车辆修理劳务，其进项税额不得抵扣。<br>(3)纳税人提供的其他财产保险服务，比照上述规定执行 |

### 考点二十九 一般计税方法之进项税额（计算抵扣）★★★ 一学多考|注

1. 国内旅客运输服务及通行费

国内旅客运输服务及通行费扣除政策，见表2-33。

表2-33 国内旅客运输服务及通行费扣除政策

| 交通工具 | 计算抵扣 | 备注 |
|---------|---------|------|
| 取得乘机日期在2025年9月30日前的纸质航空运输电子客票行程单（简称纸质行程单） | （票价+燃油附加费）÷（1+9%）×9% | 注明旅客身份信息（签劳动合同或劳务派遣） |
| 取得乘车日期在2025年9月30日前的铁路车票 | 票面金额÷（1+9%）×9% | |
| 公路、水路等其他客票 | 票面金额÷（1+3%）×3% | |
| 桥、闸通行费发票（不含财政票据，下同） | 发票金额÷（1+5%）×5% | — |
| 增值税专用发票 | 凭票勾选抵扣 | 单位信息一致（公司抬头） |
| 增值税电子普通发票 | | |
| 航空运输电子客票行程单 | | |
| 铁路运输电子客票 | | |

**记忆口诀**

大9小3桥闸5，专票电普凭票扣。劳动劳务签合同，不然您别抵进项。

**知识点拨**

不包括机场建设费、民航发展基金。

**提示** 国内旅客运输服务，限于与本单位签订了劳动合同的员工，以及本单位作为用工单位接受的劳务派遣员工发生的国内旅客运输服务。

**【例题38·单选题】**（2020年）某生产企业为增值税一般纳税人，2024年4月其员工因公出差取得如下票据：注明本单位员工身份信息的铁路车票，票价共计10万元；注明本单位员工身份信息的公路客票，票价共计3万元；道路通行费增值税电子普通发票，税额共计2万元。该企业当月可以抵扣增值税进项税额（　　）万元。

A. 0.83　　　　B. 2.91　　　　C. 0.91　　　　D. 3.07

**解析** ↘ 该企业当月可以抵扣增值税进项税额＝10÷（1＋9%）×9%＋3÷（1＋3%）×3%＋2＝2.91（万元）。

2. 购进农产品进项税额的扣除

购进农产品进项税额的扣除，见表2-34。

表2-34　购进农产品进项税额的扣除

| 情形 | 计算 | 深加工 |
|---|---|---|
| 取得一般纳税人开具的增值税专用发票（9%专票） | 进项税额＝发票上的税额＝不含税价×9%<br>采购成本＝不含税价 | 进项税额＝不含税价×（9%+1%）<br>采购成本＝含税价−不含税价×10%＝不含税价×99% |
| 取得海关进口专用缴款书 | 进项税额＝进口环节增值税＝（关税计税价格＋关税）×9%<br>采购成本＝关税计税价格＋关税 | 进项税额＝（关税计税价格＋关税）×（9%+1%）<br>采购成本＝（关税计税价格＋关税）×99% |
| 取得小规模纳税人开具的增值税专用发票（3%征收率） | 进项税额＝不含税价×9%<br>采购成本＝含税价−不含税价×9%＝不含税价×94% | 进项税额＝不含税价×（9%+1%）<br>采购成本＝含税价−不含税价×10%＝不含税价×93% |
| 取得农产品的销售发票或开具收购发票 | 进项税额＝买价×9%<br>采购成本＝买价−进项税额＝买价×91% | 进项税额＝买价×（9%+1%）<br>采购成本＝买价−进项税额＝买价×90% |
| 取得小规模纳税人开具的增值税专用发票（1%征收率） | 凭票抵扣1%，不适用计算抵扣，进项税额＝不含税价×1%<br>采购成本＝不含税价 | |
| 取得批发零售环节纳税人销售免税农产品开具的免税发票<br><br>取得小规模纳税人开具的增值税普通发票 | 不得凭票抵扣进项税额，不得计算抵扣进项税额 | |

（续表）

| 情形 | 计算 | 深加工 |
|---|---|---|
| 按照规定收购烟叶实际支付的价款总额和烟叶税以及法定扣除率 | 进项税额=（收购烟叶价款+价外补贴❶+烟叶税）×9% ❷<br>采购成本=（收购烟叶价款+价外补贴+烟叶税）×91% | 进项税额=（收购烟叶价款+价外补贴+烟叶税）×（9%+1%）<br>采购成本=（收购烟叶价款+价外补贴+烟叶税）×90% |

● **得分高手**

本知识点属于重点内容，题型多样，文字类的选择题或者计算题、综合分析题均会出现，考生应能准确计算进项税额，同时，为以后学习打基础，还要掌握成本的计算。

**【例题39·单选题】**（2024年）2024年3月，某食品公司（一般纳税人）生产销售以粮食为原料加工的速冻食品取得不含税销售额300万元，从农业生产公司购入其自产农产品80万元，向从事蔬菜批发的小规模纳税人购入蔬菜50万元，均取得普通发票，当月均未领用。当月可抵扣的进项税额已申报抵扣。该公司当月应纳增值税(　　)万元。

A. 31.8　　　　B. 27.3　　　　C. 31　　　　D. 19.8

**解析** ↘ 该公司当月应纳增值税=300×13%−80×9%=31.8（万元）。

**【例题40·单选题】**（2022年）关于增值税一般纳税人购进农产品时，可以扣除的进项税额（不考虑核定扣除情形），下列说法正确的是(　　)。

A. 已开具的农产品收购发票上注明的买价和10%的扣除率计算进项税额

B. 购进用于生产13%税率货物的农产品，按13%扣除进项税额

C. 从小规模纳税人购进农产品取得3%征收率的增值税专用发票，按照发票上注明的税额为进项税额

D. 购进用于生产低税率货物的农产品，取得的农产品销售发票注明的农产品买价和9%的扣除率计算进项税额

**解析** ↘ 选项A，已开具的农产品收购发票上注明的买价和9%的扣除率计算进项税额。选项B，购进用于生产13%税率货物的农产品，按10%扣除进项税额。选项C，从按照简易计税方法依照3%征收率计算缴纳增值税的小规模纳税人取得增值税专用发票的，以增值税专用发票上注明的金额和9%的扣除率计算进项税额。

## 考点三十 一般计税方法之进项税额（核定扣除）★ 一学多考|注

试点范围：以购进农产品为原料生产销售液体乳及乳制品、酒及酒精、植物油的增值税一般纳税人。

**提示** 试点纳税人购进农产品不再凭增值税扣税凭证抵扣增值税进项税额，购进除农产品以外的货物、应税劳务和应税服务，增值税进项税额仍按

**知识点拨❶**
（1）计算烟叶税时，价外补贴固定为收购价款的10%。
（2）计算进项税额时，烟叶买价中的价外补贴按实际支付金额计算。

**知识点拨❷**
烟叶税应纳税额=收购烟叶实际支的价款总额×烟叶税税率（20%）。

**答案** ↘
例题39|A
例题40|D

现行有关规定抵扣。

农产品核定扣除增值税进项税额计算，见表2-35。

**表2-35　农产品核定扣除增值税进项税额计算**

**记忆口诀**

等销抵进，以销定率。

| 核定方法 | | 当期允许抵扣农产品增值税进项税额 | 备注 |
|---|---|---|---|
| 以购进农产品为原料生产货物 | 投入产出法 | 当期允许抵扣农产品增值税进项税额 = 当期销售货物数量×农产品单耗数量×农产品平均购买单价**❶**÷（1+扣除率）×扣除率 | 扣除率为销售货物的适用税率 |
| | 成本法 | 当期允许抵扣农产品增值税进项税额 = 当期主营业务成本×农产品耗用率÷（1+扣除率）×扣除率<br>农产品耗用率 = 上年投入生产的农产品外购金额÷上年生产成本**❷** | |
| | 参照法 | 新办试点纳税人或新增产品，可参照所属行业或者生产结构相近的其他试点纳税人确定农产品单耗数量或者农产品耗用率 | |
| 购进农产品直接销售 | | 当期允许抵扣农产品增值税进项税额 = 当期销售农产品数量÷（1-损耗率）×农产品平均购买单价×适用税率÷（1+适用税率）<br>损耗率 = 损耗数量÷购进数量 | 适用税率为9% |
| 购进农产品用于生产经营且不构成货物实体 | | 当期允许抵扣农产品增值税进项税额 = 当期耗用农产品数量×农产品平均购买单价×适用税率÷（1+适用税率） | 产出对象的税率为6%或9%，适用税率为9%；产出对象的税率为13%，适用税率为10% |

**知识点拨❶**

农产品平均购买单价，指购买农产品期末平均（加权平均）买价，不包括买价之外单独支付的运费和入库前的整理费用。

**知识点拨❷**

农产品耗用率由试点纳税人向主管税务机关申请核定，考试中如果已知条件未给出，则用此公式计算。

● **得分高手**

本知识点重在理解，近年考查题型以单选题和多选题为主。

**【例题41·单选题】**（2020年）根据增值税农产品进项税额核定办法的规定，说法正确的是（　　）。

A. 扣除率为购进货物的适用税率

B. 耗用率由试点纳税人向主管税务机关申请核定

C. 核定扣除的纳税人购进农产品可选择凭扣税凭证抵扣

D. 卷烟生产属于核定扣除试点范围

**解析** 选项A，扣除率为销售货物的适用税率。选项C，核定扣除的纳税人购进农产品不再凭增值税扣税凭证抵扣增值税进项税额。选项D，卷烟生产不属于核定扣除试点范围。

**答案**
例题41｜B

**【例题 42·单选题】**（2022 年）某酒厂为增值税一般纳税人，2024 年 3 月销售食用酒精 1 万公斤，税务机关公布的玉米单耗数量是 2.2。该企业月初库存玉米 10 万公斤，平均单价为 2.39 元。本月购进 20 万公斤，平均单价为 2.42 元。上述价格均是含税价格。该厂生产销售货物均适用 13% 增值税税率。农产品进项税额采用投入产出法核定扣除。该酒厂当月允许扣除农产品增值税进项税额( )元。

　　A. 4 368.72　　B. 4 377.8　　C. 6 086.99　　D. 6 099.65

　　**解析** 期末平均买价 = ( 100 000×2.39+200 000×2.42 )÷( 100 000+200 000 ) = 2.41( 元 )。当期允许抵扣农产品增值税进项税额 = 10 000×2.2×2.41×13%÷(1+13%) = 6 099.65( 元 )。

**【例题 43·单选题】**某公司(增值税一般纳税人)2024 年 6 月销售巴氏杀菌乳，主营业务成本为 700 万元，公司农产品耗用率为 80%，按照成本法，该公司当期允许抵扣的进项税额为( )万元。

　　A. 50.4　　　B. 50.91　　　C. 46.24　　　D. 63.63

　　**解析** 该公司当期允许抵扣的进项税额 = 700×80%÷(1+9%)×9% = 46.24( 万元 )。

### 考点三十一 一般计税方法之进项税额（加计抵减）★ ★　一学多考|注

1. 三项加计抵减政策

三项加计抵减政策，见表 2-36。

表 2-36　三项加计抵减政策

| 时间 | 享受主体 | | 政策 | 计算 |
|---|---|---|---|---|
| 自 2023 年 1 月 1 日至 2027 年 12 月 31 日 | 集成电路 | 集成电路设计、生产、封测、装备、材料企业（清单管理） | 15% 加计抵减 | 当期计提加计抵减额 = 当期可抵扣进项税额×5%（15%） 当期可抵减加计抵减额 = 上期末加计抵减额余额+当期计提加计抵减额-当期调减加计抵减额 当期调减加计抵减额 = 当期进项税额转出×5%（15%） |
| | 工业母机 | 对生产销售先进工业母机主机、关键功能部件、数控系统(清单管理) | | |
| | 先进制造业企业 | 高新技术企业中的制造业（清单管理） | 5% 加计抵减 | |

2. 计算细节

（1）一般规定：①不得从销项税额中抵扣的进项税额，不得计提加计抵减额。②已计提加计抵减额的进项税额，按规定作进项税额转出的，应在进项税额转出当期，相应调减加计抵减额。③可计提但未计提的加计抵减额，可在确定适用加计抵减政策当期一并计提。④加计抵减额只可以抵减一般计税方法对

**记忆口诀**

合规进项攒积分，集母 15 先进 5，进项转出退积分，出口简易无积分。

**知识点拨**

集成电路企业，外购芯片的进项税额不得计提加计抵减额。

**答案**

例题 42 | D
例题 43 | C

应的应纳税额。简易计税方法对应的应纳税额，不可以抵减加计抵减额。

**提示** a. 抵减前的应纳税额等于零的，当期可抵减加计抵减额全部结转下期抵减。

b. 抵减前的应纳税额大于零，且大于当期可抵减加计抵减额的，当期可抵减加计抵减额全额从抵减前的应纳税额中抵减。

c. 抵减前的应纳税额大于零，且小于或等于当期可抵减加计抵减额的，以当期可抵减加计抵减额抵减应纳税额至零。未抵减完的当期可抵减加计抵减额，结转下期继续抵减。

（2）出口货物劳务税务处理：出口货物劳务、发生跨境应税行为不适用加计抵减政策，其对应的进项税额不得计提加计抵减额。

（3）享受多重优惠的处理：①同时符合多项增值税加计抵减政策的，可以择优选择适用，但在同一期间不得叠加适用。②纳税人可以同时享受加计抵减政策和即征即退政策。③纳税人可以同时享受先进制造业加计抵减政策和农产品加计抵扣政策。④符合现行留抵退税政策条件的纳税人，无论是否享受过加计抵减政策，均可申请办理留抵退税。

（4）不再符合政策或纳税人注销的处理：①纳税人不再符合政策条件时，前期符合政策条件时已计提但尚未抵减完毕结余的加计抵减额可以继续抵减。已计提加计抵减额的进项税额发生进项税额转出，应相应调减加计抵减额，如结余的加计抵减额不足以调减，则需按规定补征相应税款。②纳税人注销，结余的加计抵减额停止抵减。

● **得分高手**

本知识点近年以文字类题目考核为主，但建议考生应掌握计算逻辑，如果在计算题、综合分析题中出现，影响全局计算。

【例题 44 · 多选题】（2024 年）关于先进制造业增值税加计抵减政策说法正确的有（　　）。

A. 当期可抵扣进项加计 5% 抵减应纳增值税税额

B. 按规定不得从销项税额中抵扣的进项税额不得计提加计抵减额

C. 同时符合多项增值税加计抵减政策的，不同政策不得叠加使用

D. 当期未抵扣完的可抵减加计抵减，不得结转下期抵减

E. 按规定做进项税额转出的，应在进项税额转出中调减加计抵减额

**解析** 选项 D，当期未抵扣完的可抵减加计抵减，可结转下期继续抵减。选项 E，按照现行规定不得从销项税额中抵扣的进项税额，不得计提加计抵减额；如果已计提加计抵减额的进项税额，按规定作进项税额转出的，应在进项税额转出当期，相应调减加计抵减额。

**答案**
例题 44 | ABC

【例题 45 · 单选题】某集成电路企业为增值税一般纳税人，2024 年度列入加计抵减政策的集成电路企业清单。2024 年 2 月销售集成电路产品，开具

增值税专用发票注明税额 15 万元；购进原材料取得增值税专票发票上注明税额 13 万元，其中 10% 的原材料用于提供适用简易计税的服务；进项税额上期末加计抵减余额为 3 万元。假设当月取得增值税专用发票当月勾选抵扣。该企业当月应缴纳增值税( )万元。

A. 4.76　　　　B. 3.3　　　　C. 8.54　　　　D. 0

**解析** ↘ 当期可抵减加计抵减额 = 3 + 13 × (1 − 10%) × 15% = 4.76(万元)。

抵减前应纳税额 = 15 − 13 × (1 − 10%) = 3.3(万元)。

应纳增值税 = 3.3 − 3.3 = 0。

### 考点三十二 一般计税方法之进项税额（不得抵扣）★★★ 一学多考|注

(1)有下列情形之一者，应按销售额依照增值税税率计算应纳税额，不得抵扣进项税额，也不得使用增值税专用发票：①一般纳税人会计核算不健全，不能准确提供税务资料；②除另有规定的外，纳税人销售额超过小规模纳税人标准，未申请办理一般纳税人认定或登记手续的。

(2)纳税人取得的增值税扣税凭证不符合法律、行政法规或者国家税务总局有关规定的，其进项税额不得从销项税额中抵扣。比如题目中"取得增值税普通发票"则不可抵扣。资料不全的，其进项税额不得从销项税额中抵扣。

(3)不得从销项税额中抵扣的进项税额，见表 2-37。

**表 2-37 不得从销项税额中抵扣的进项税额**

| 情形 | 细节 |
|---|---|
| 链条终端 | (1)用于简易计税方法计税项目、免征增值税项目、集体福利或者个人消费的购进货物、劳务、服务、无形资产和不动产。<br>**提示1** 纳税人的交际应酬消费属于个人消费。<br>**提示2** 其中涉及的固定资产、无形资产、不动产，仅指专用于上述项目的固定资产、无形资产(不包括其他权益性无形资产)、不动产。发生兼用于增值税应税项目和上述项目情况的，该进项税额准予全部抵扣。<br>**提示3** 纳税人购进其他权益性无形资产无论是专用于简易计税方法计税项目、免征增值税项目、集体福利或者个人消费，还是兼用于上述项目，均可以抵扣进项税额 |
| 非正常损失  | (2)非正常损失的购进货物，以及相关的劳务和交通运输服务 |
| | (3)非正常损失的在产品、产成品所耗用的购进货物(不包括固定资产)、劳务和交通运输服务 |
| | (4)非正常损失的不动产，以及该不动产所耗用的购进货物、设计服务和建筑服务 |
| | (5)非正常损失的不动产在建工程所耗用的购进货物、设计服务和建筑服务 |
| | **提示** 自然灾害和正常损耗，进项税额可以抵扣 |

**知识点拨 1**

非正常损失，是指因管理不善造成货物被盗、丢失、霉烂变质，以及因违反法律法规造成货物或者不动产被依法没收、销毁、拆除的情形。

**知识点拨 2**

第(4)项、第(5)项所称货物，是指构成不动产实体的材料和设备，包括建筑装饰材料和给排水、采暖、卫生、通风、照明、通讯、煤气、消防、中央空调、电梯、电气、智能化楼宇设备及配套设施。

**答案** ↘
例题 45 | D

（续表）

| 情形 | 细节 |
|---|---|
| 贷款服务和终端消费 | （6）购进的贷款服务、餐饮服务、居民日常服务和娱乐服务。<br>**提示1** 纳税人接受贷款服务向贷款方支付的与该笔贷款直接相关的投融资顾问费、手续费、咨询费等费用，其进项税额不得从销项税额中抵扣。<br>**提示2** 生活服务中的旅游服务、住宿服务符合条件可以抵扣进项税额 |

（4）不得抵扣的进项税额的计算，见表2-38。

表2-38　不得抵扣的进项税额的计算

| 情形 | | 计算方式 |
|---|---|---|
| 购进时不得抵扣 | | 进项税额直接计入购货成本或费用 |
| 购进时可以抵扣，已经抵扣后发生改变用途、非正常损失等属于不得抵扣事项，现进项税额转出 | 当初凭票抵扣 | 按发票税额直接转出<br>进项税额转出＝价款×税率或征收率 |
| | 计算抵扣情况（免税农产品） | 进项税额转出＝成本÷（1-扣除率）×扣除率 |
| | 无法划分 | 不得抵扣的进项税额＝当期无法划分的全部进项税额×（当期简易计税方法计税项目销售额+免征增值税项目销售额）÷当期全部销售额❶ |
| | 已抵扣转不得抵扣 | 不得抵扣的进项税额＝已抵扣进项税额×不动产净值率<br>不动产净值率＝（不动产净值÷不动产原值）×100% |
| | 不得抵扣转可抵扣 | 可抵扣进项税额＝增值税扣税凭证注明或计算的进项税额×不动产净值率<br>或：可以抵扣的进项税额＝固定资产、无形资产、不动产净值÷（1+适用税率）×适用税率❷<br>**提示** 在改变用途的次月按规定计算可抵扣的进项税额 |
| 平销返利 | | 对商业企业向供货方收取的与商品销售量、销售额挂钩的各种返还收入，应冲减当期增值税进项税额。<br>冲减进项税额＝当期取得的返还资金÷（1+税率）×税率<br>**提示** 商业企业向供货方收取的各种返还收入，一律不得开具增值税专用发票 |
| 进货退回或折让 | | 购货方冲减当期进项税额。<br>**提示** 销售方开具红字发票，销售方冲减当期销项税额 |

**知识点拨❶**

主管税务机关可按上述公式依据年度数据对不得抵扣的进项税额进行清算，差异进行调整。

**知识点拨❷**

遇到税率调整变化，按原税率抵扣。

● **得分高手**

本知识点为重点内容，各题型均会考核，并且年年必考，考生不仅要掌握文字类内容，更要会灵活应用。

**【例题 46·单选题】**（2024 年）关于准予从增值税销项税额中抵扣的进项税额，下列说法正确的是(    )。

A. 纳税人自办理税务登记至登记为一般纳税人期间取得的增值税扣税凭证，一律不得在登记为一般纳税人后抵扣进项税额

B. 纳税人自境外单位购进服务，从税务机关取得的完税凭证上注明的增值税准予抵扣

C. 纳税人租入固定资产，既用于简易计税方法项目又用于集体福利的，准予全额抵扣

D. 纳税人取得不动产的进项税额可以按折旧年限分期抵扣

**解析** ↘ 选项 A，纳税人自办理税务登记至认定或登记为一般纳税人期间，未取得生产经营收入，未按照销售额和征收率简易计算应纳税额申报缴纳增值税的，其在此期间取得的增值税扣税凭证，可以在认定或登记为一般纳税人后抵扣进项税额。选项 C，纳税人租入固定资产用于简易计税方法计税项目、免征增值税项目、集体福利，或者个人消费的，不得抵扣进项税额。选项 D，纳税人可在购进不动产的当期一次性抵扣进项税额，不用分期抵扣。

**【例题 47·单选题】**（2022 年）增值税一般纳税人购进货物后，因质量原因发生进货退回的增值税处理正确的是(    )。

A. 冲减购进货物当期的进项税额

B. 根据纳税人的财务核算确定冲减进项税额的时间

C. 冲减进货退回当期的进项税额

D. 从当期销项税额中扣减

**解析** ↘ 税法规定，一般纳税人因进货退回而从销售方收回的增值税税额，应从发生进货退回当期的进项税额中扣减。

**【例题 48·单选题】** 某生产企业为增值税一般纳税人，货物适用增值税税率 13%，2024 年 3 月月末盘点库存材料时发现，上月购进的已抵扣进项税额的免税农产品(未纳入核定扣除)发生非正常损失，该批农产品成本 80 万元(含一般纳税人运输企业提供的运输服务成本 1.5 万元)，当月应转出的进项税额为(    )万元。

A. 8.86　　　　B. 7.9　　　　C. 7.2　　　　D. 8

**解析** ↘ 应转出的进项税额 = ( 80 - 1.5 ) ÷ ( 1 - 9% ) × 9% + 1.5 × 9% = 7.9（万元）。

**【例题 49·单选题】**（2024 年）2024 年 3 月某企业 (一般纳税人) 将 2022 年 4 月购入作为民宿经营的酒店改为职工宿舍，酒店原值 500 万元，已计提折旧 50 万元。购入时取得增值税专用发票税额 45 万元，已申报抵扣，当月应转出的进项税额为(    )万元。

A. 45　　　　B. 4.5　　　　C. 40.5　　　　D. 0

**解析** ↘ 不动产净值率 [ ( 500 - 50 ) ÷ 500 ] × 100% = 90%。不得抵扣的进项

**答案** ↘

例题 46 | B

例题 47 | C

例题 48 | B

例题 49 | C

税额 = 45×90% = 40.5（万元）。

**【例题50·单选题】**（2024年）某医疗企业（一般纳税人），2024年3月业务如下：免税基础医疗销售额30万元，整形美容销售额800万元，领用上月已抵扣进项税额26万元的材料，该企业应纳增值税（　　）万元。

A. 46.27　　　　B. 45.28　　　　C. 92.04　　　　D. 93.03

**解析** ↘ 进项税额转出金额 = 26×30÷[30+800÷（1+6%）] = 0.99（万元）。

该企业应纳增值税 = 800÷（1+6%）×6%-（0-0.99）= 46.27（万元）。

## 考点三十三 一般计税方法应纳税额的计算 ★★★ 一学多考|注

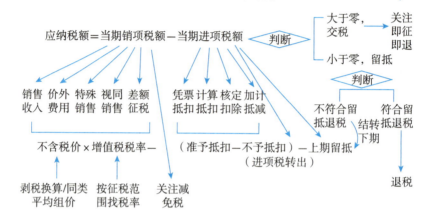

### （一）即征即退优惠政策的计算

**【例题51·计算题】**（2022年）某软件公司为增值税一般纳税人，2024年3月的经营业务如下：

（1）向境外某公司购买特许权专用于软件开发，支付特许权使用费含税金额150万元，已按税法规定扣缴相应税款，并取得税收完税凭证。

（2）外购与嵌入式软件产品生产相关的计算机软件机器设备，取得的增值税专用发票上注明金额50万元，税额6.5万元。

（3）当月本公司员工因公出差报销管理旅客运输服务的票据情况如下：航空运输电子客票行程单上注明票价合计82万元、燃油附加费5万元、基建费3万元、保险费1.8万元。铁路客票上注明票面金额合计51万元，并支付保险费1万元，并由本单位劳务派遣员工报销路费的公路客票，票面金额2万元。上述票据均注明旅客身份信息。

（4）随同计算机硬件机器设备一并销售嵌入式软件产品，合计取得不含税销售额1 500万元，其中分别核算的计算机硬件机器设备不含税销售额900万元。已知涉及的相关扣税凭证均已按规定申报抵扣。

要求：根据上述资料，回答下列问题。

（1）业务（1）应代扣代缴的增值税为（　　）万元。

A. 12.39　　　　B. 4.37　　　　C. 8.74　　　　D. 8.49

**解析** ↘ 代扣代缴的增值税 = 150÷(1+6%)×6% = 8.49(万元)。

(2)当月可抵扣的增值税进项税额为( )万元。

A. 22.74　　　　B. 26.44　　　　C. 26.55　　　　D. 30.82

**解析** ↘ 航空运输电子客票行程单进项税额 = (82+5)÷(1+9%)×9% = 7.18(万元)。

铁路车票进项税额 = 51÷(1+9%)×9% = 4.21(万元)。

公路客票进项税额 = 2÷(1+3%)×3% = 0.06(万元)。

当月可抵扣的增值税进项税额 = 8.49+6.5+7.18+4.21+0.06 = 26.44(万元)。

(3)当月软件产品的增值税销项税额为( )万元。

A. 36　　　　B. 78　　　　C. 90　　　　D. 195

**解析** ↘ 软件产品的增值税销项税额 = (1 500−900)×13% = 78(万元)。

(4)当月软件产品的增值税即征即退税额为( )万元。

A. 119.18　　　　B. 37.26　　　　C. 33.56　　　　D. 40.43

**解析** ↘ 软件产品可以抵扣的进项税额 = 8.49+6.5+(7.18+4.21+0.06)× (1 500−900)÷1 500 = 19.57(万元)。

当期软件产品增值税应纳税额 = 78−19.57 = 58.43(万元)。

即征即退税额 = 58.43−(1 500−900)×3% = 40.43(万元)。

## (二)增值税留抵退税制度

### 1. 增值税期末留抵税额退税制度

2019年3月31日,即试行留抵退税制度前一日是基准日,后续的增量留抵税额、存量留抵税额都与这一日该企业期末留抵税额相比。

增值税留抵退税政策,见表2-39。

表2-39 增值税留抵退税政策

| 项目 | 普通行业 | 特殊行业  |
|---|---|---|
| 条件 | 自2019年4月税款所属期起,连续6个月(按季纳税的,连续两个季度)增量留抵税额均大于零,且第6个月增量留抵税额不低于50万元 | 无 |
| | (1)纳税信用等级为A级或者B级;<br>(2)申请退税前36个月未发生骗取留抵退税、出口退税或虚开增值税专用发票情形的;<br>(3)申请退税前36个月未因偷税被税务机关处罚两次及以上的;<br>(4)自2019年4月1日起未享受即征即退、先征后返(退)政策的 | 与普通行业一致 |

知识点拨

特殊行业是指符合条件的小微企业(含个体工商户)、制造业、批发零售业等行业(含个体工商户)。

**答案** ↘

例题51(2) | B

例题51(3) | B

例题51(4) | D

（续表）

| 项目 | 普通行业 | 特殊行业 |
|---|---|---|
| 计算 | 允许退还的增量留抵税额＝增量留抵税额×进项构成比例📌×60% | 允许退还的增量留抵税额＝增量留抵税额×进项构成比例×100%<br>允许退还的存量留抵税额＝存量留抵税额×进项构成比例×100% |
| 其他 | （1）纳税人取得退还的留抵税额后，应相应调减当期留抵税额。<br>（2）纳税人出口货物劳务、发生跨境应税行为，适用免抵退税办法的，可以在同一申报期内，既申报免抵退税又申请办理留抵退税。<br>（3）纳税人既有增值税欠税，又有期末留抵税额的，按最近一期申报表期末留抵税额，抵减增值税欠税后的余额确定允许退还的增量留抵税额。<br>（4）纳税人申请办理留抵退税，应在符合条件的次月起，在申报期内完成本期申报后通过电子税务局或办税服务厅提交《退（抵）税申请表》。<br>（5）纳税人按照规定取得增值税留抵退税款的，不得再申请享受增值税即征即退、先征后返（退）政策 | |

**【例题52·单选题】** 某小微企业2019年3月31日的期末留抵税额为10万元，2024年4月期末留抵税额为12万元，2019年4月至2024年3月已抵扣增值税专用发票注明增值税税额50万元，道路通行费电子普通发票注明增值税税额10万元，海关进口增值税专用缴款书注明增值税税额20万元，农产品收购发票抵扣进项税额20万元。按规定该小微企业在2024年4月向税务机关申请退还的存量留抵税额和增量留抵税额分别为（　　）万元。

A. 8；1.6
B. 10；2
C. 1.6；8
D. 10；2

**解析** 进项构成比例＝（50＋10＋20）÷（50＋10＋20＋20）×100%＝80%。

允许退还的存量留抵税额＝10×80%×100%＝8（万元）。

允许退还的增量留抵税额＝（12－10）×80%×100%＝1.6（万元）。

● **得分高手**

本知识点以往常常以多选题形式考查不同纳税人留抵退税的条件，也可以考查计算题，考生应注意政策应用。

2. 与飞机相关的留抵退税政策

与飞机相关的留抵退税政策，见表2-40。

表 2-40 与飞机相关的留抵退税政策

| 时 间 | 政 策 |
|---|---|
| 暂截至 2027 年 12 月 31 日 | 对纳税人从事大型民用客机发动机、中大功率民用涡轴涡桨发动机研制项目而形成的增值税期末留抵税额予以退还 |
| | 对纳税人生产销售新支线飞机和空载重量大于 25 吨的民用喷气式飞机暂减按 5% 征收增值税，并对其因生产销售新支线飞机和空载重量大于 25 吨的民用喷气式飞机而形成的增值税期末留抵税额予以退还 |
| | 对纳税人从事空载重量大于 45 吨的民用客机研制项目而形成的增值税期末留抵税额予以退还 |

3. 纳税人资产重组增值税留抵税额处理

增值税一般纳税人在资产重组过程中，将全部资产、负债和劳动力一并转让给其他增值税一般纳税人，并按程序办理注销税务登记的，其在办理注销登记前尚未抵扣的进项税额可结转至新纳税人处继续抵扣。

### (三) 研发机构采购国产设备增值税退税政策

研发机构采购国产设备增值税退税政策，见表 2-41。

表 2-41 研发机构采购国产设备增值税退税政策

| 项目 | 具体内容 |
|---|---|
| 期间 | 自 2024 年 1 月 1 日至 2027 年 12 月 31 日 |
| 政策 | 符合条件的研发机构采购国产设备全额退还增值税 |
| 应退税额 | 增值税专用发票上注明的税额 |
| 退抵二选一 | 研发机构采购国产设备取得的增值税专用发票，已用于进项税额抵扣的，不得申报退税；已用于退税的，不得用于进项税额抵扣 |
| 办理资料 | (1)《购进自用货物退税申报表》；<br>(2) 采购国产设备合同；<br>(3) 增值税专用发票  |
| 监管(3 年) | 已办理增值税退税的国产设备，自增值税专用发票开具之日起 3 年内，设备所有权转移或移作他用的，研发机构须向主管税务机关补缴已退税款。<br>应补缴税款＝增值税专用发票上注明的税额×(设备折余价值÷设备原值)<br>设备折余价值＝增值税专用发票上注明的金额－累计已提折旧  |

【例题 53·单选题】(2024 年)下列关于研发机构采购国产设备抵扣增值税的说法，正确的是( )。

A. 均可全额抵扣

B. 已用于进项税额抵扣的，不得申报退税

C. 研发机构采购国产设备的应退税额，为增值税发票上注明的金额

D. 已办理退税的，研发机构在第五年设备所有权转移，研发机构须补缴

知识点拨 1

增值税专用发票，应当已通过电子发票服务平台税务数字账户或者增值税发票综合服务平台确认用途为"用于出口退税"。

知识点拨 2

累计已提折旧按照企业所得税法的有关规定计算。

全部已退税款

**解析** ↘ 选项A、C，研发机构采购国产设备的应退税额，为增值税专用发票上注明的税额。研发机构采购国产设备取得的增值税专用发票，已用于进项税额抵扣的，不得申报退税；已用于退税的，不得用于进项税额抵扣。选项D，已办理增值税退税的国产设备，自增值税专用发票开具之日起3年内，设备所有权转移或移作他用的，研发机构须向主管税务机关补缴已退税款。

## （四）增值税汇总纳税

增值税汇总纳税，见表2-42。

表2-42　增值税汇总纳税

**知识点拨**

预征率由财政部和国家税务总局规定，并适时予以调整。

| 项目 | | 政策内容 |
|---|---|---|
| 总分机构试点纳税人增值税的计算缴纳 | 分支机构预缴 | 发生《应税服务范围注释》所列业务 |
| | | 应预缴的增值税 = 应征增值税销售额 × 预征率 |
| | 销售货物、提供加工修理修配劳务 | 按照《增值税暂行条例》及相关规定**就地申报**缴纳增值税 |
| | 总机构汇总缴纳 | 销项税额为总机构及其分支机构发生的《应税服务范围注释》所列业务应征增值税销售额乘以适用税率 |
| | | 进项税额为总机构及其分支机构因发生《应税服务范围注释》所列业务而购进货物或者接受加工修理修配劳务和应税服务，支付或者负担的增值税税额 |
| | | 分支机构发生《应税服务范围注释》所列业务当期已预缴的增值税税款，在总机构当期增值税应纳税额中抵减不完的，可以结转下期继续抵减 |
| | | 每年的第一个纳税申报期结束后，对上一年度总分机构汇总纳税情况进行清算（按照各自销售收入占比和总机构汇总的上一年度应缴增值税税额计算）。<br>情形一：分支机构预缴 > 应缴，暂停预缴。<br>情形二：分支机构预缴 < 应缴，补缴入库 |

**【例题54·单选题】**（2020年）下列关于增值税汇总纳税的说法，正确的是（　　）。

A. 分支机构发生当期已预缴税款，在总机构当期应纳税额抵减不完的，可以结转下期继续抵扣

B. 总机构汇总的销售额，不包括总机构本身的销售额

C. 总机构汇总的进项税额，为各分支机构发生的进项税额

D. 分支机构预缴税款的预征率由国务院确定，不得调整

解析 选项 B，总机构汇总的销售额，为总机构及其分支机构按照增值税现行规定核算汇总的销售额，包括总机构本身的销售额。选项 C，总机构汇总的进项税额，是指总机构及其分支机构因发生《应税服务范围注释》所列业务而购进货物或者接受加工修理修配劳务和应税服务，支付或者负担的增值税税额。选项 D，分支机构预征率由财政部和国家税务总局规定，并适时予以调整。

## 考点三十四 简易计税方法★★★ 一学多考|注

应纳税额计算公式：

应纳税额＝销售额×征收率

### （一）一般纳税人适用3%征收率的范围

一般纳税人简易计税，见表2-43。

表2-43 一般纳税人简易计税

| 项目 | | 可选择简易计税3% |
|---|---|---|
| 货物 | 纳税人自产货物 | 自来水 |
| | | 县级及县级以下小型水力发电单位生产的电力 |
| | | 建筑用和生产建筑材料所用的砂、土、石料 |
| | | 以自己采掘的砂、土、石料或其他矿物连续生产的砖、瓦、石灰（不含黏土实心砖、瓦） |
| | | 商品混凝土（仅限于以水泥为原料生产的水泥混凝土） |
| | | 用微生物、微生物代谢产物、动物毒素、人或动物的血液或组织制成的生物制品 |
| | 药/生物 | 药品经营企业销售生物制品 |
| | | 兽用药品经营企业销售兽用生物制品 |
| | | 生产销售和批发、零售罕见病药品及抗癌药 |
| | | 单采血浆站销售非临床用人体血液 |
| | 寄售典当 | 寄售商店代销寄售物品（包括居民个人寄售的物品在内） |
| | | 典当业销售死当物品 |
| | 再生资源 | 从事再生资源回收的增值税一般纳税人销售其收购的再生资源  |
| 现代服务、生活服务 | 小交通 | 公共交通运输服务，包括轮客渡、公交客运、地铁、城市轻轨、出租车、长途客运、班车 |
| | 动漫 | 经认定的动漫企业为开发动漫产品提供的动漫脚本编撰、形象设计、背景设计、动画设计、分镜、动画制作、摄制、描线、上色、画面合成、配音、配乐、音效合成、剪辑、字幕制作、压缩转码（面向网络动漫、手机动漫格式适配）服务，以及在境内转让动漫版权（包括动漫品牌、形象或者内容的授权及再授权） |

> 知识点拨
>
> 再生资源，是指在社会生产和生活消费过程中产生的，已经失去原有全部或部分使用价值，经过回收、加工处理，能够使其重新获得使用价值的各种废弃物。其中，加工处理仅限于清洗、挑选、破碎、切割、拆解、打包等改变再生资源密度、湿度、长度、粗细、软硬等物理性状的简单加工。

（续表）

| 项目 | | 可选择简易计税 3% |
|---|---|---|
| 现代服务、生活服务 | 其他 | 电影放映服务、仓储服务、装卸搬运服务、收派服务和文化体育服务 |
| | | 一般纳税人提供非学历教育服务、教育辅助服务 |
| | | 非企业性单位中的一般纳税人提供的研发和技术服务、信息技术服务、鉴证咨询服务，以及销售技术、著作权等无形资产，技术转让、技术开发和与之相关的技术咨询、技术服务 |
| | 营改增试点前 | 取得的有形动产为标的物提供的经营租赁服务 |
| | | 签订的尚未执行完毕的有形动产租赁合同 |
| | | 公路经营企业中的一般纳税人收取营改增试点前开工的高速公路的车辆通行费 |
| 建筑服务 | 清包工 | 一般纳税人以清包工方式提供的建筑服务 |
| | 甲供工程 | 一般纳税人为甲供工程提供的建筑服务 🔹 |
| | 老项目 | 一般纳税人为建筑工程老项目提供的建筑服务 |
| | 机器设备销售并安装 | 一般纳税人销售自产机器设备的同时提供安装服务，应分别核算销售额，安装服务可以按照甲供工程选择适用简易计税方法。<br>**提示** 销售外购机器设备的同时提供安装服务，若已按兼营处理的，安装服务可以按照甲供工程选择适用简易计税方法 |
| | 跨县(市) | 一般纳税人跨县(市)提供建筑服务，选择适用简易计税方法计税的，应以取得的全部价款和价外费用扣除支付的分包款后的余额为销售额，按照3%的征收率计算应纳税额 |
| 金融服务 | 助农金融 | 符合条件的农村合作银行和农村商业银行提供金融服务收入 |
| | | 符合条件的"三农金融事业部"提供农户贷款、农村企业和农村各类组织贷款取得的利息收入 |
| | 资管 | 资管产品管理人运营资管产品过程中发生的增值税应税行为，暂适用简易计税方法，按照3%征收率缴纳增值税 |
| 物业收水费 | | 提供物业管理服务的纳税人，向服务接受方收取的自来水水费 扣除其对外支付的自来水水费(不含污水处理费)后的余额为销售额，简易计税方法，3%的征收率。<br>**提示** 可以向服务接受方全额开具增值税专用发票 |

**知识点拨** 建筑工程总承包单位为房屋建筑的地基与基础、主体结构提供工程服务，建设单位自行采购全部或部分钢材、混凝土、砌体材料、预制构件的，适用简易计税方法。

**记忆口诀** 物业收水费，差额按3征。

● **得分高手**

　　一般纳税人简易计税可以单独成题，也可以在计算题、综合分析题中与一般计税方法混搭，近年来题目已知条件多数不明确告知选择简易计税方法，而是由考生自己判断是否可以简易计税再计算，难度加大，应给予重视。

【**例题55·单选题**】（2022 年）某物业管理企业为增值税一般纳税人，

2024年3月向业主收取物业管理费220万元，收取自来水水费35万元，同时向自来水公司支付水费30万元，已取得发票。为业主提供装修服务，取得装修费50万元，当月可抵扣进项税额8万元，上述价格均为含税价格。向服务接受方收取自来水水费，选择简易计税方法计税。该企业当月应缴纳的增值税为（ ）万元。

    A. 10.17        B. 8.73        C. 7.43        D. 7.57

**解析** ↘ 应缴纳的增值税=220÷（1+6%）×6%+50÷（1+9%）×9%−8+（35−30）÷（1+3%）×3%=8.73（万元）。

### （二）纳税人销售自己使用过的物品政策

纳税人销售自己使用过的物品，见表2−44。

表2−44　纳税人销售自己使用过的物品

| 纳税人 | 物品 | 政策 | |
|---|---|---|---|
| 一般纳税人 | 固定资产 | 2008年12月31日以前取得的固定资产（2013年8月1日前购进的摩托车、汽车、游艇） | 可以选择3%减按2% ✦ |
| | | 纳入营改增试点前取得的固定资产 | |
| | | 纳税人购进或者自制固定资产时为小规模纳税人，认定为一般纳税人后销售该固定资产 | |
| | | 购入固定资产不得抵扣且未抵扣（用于简易计税、免征增值税、集体福利、个人消费） | |
| | | 自己使用过的在本地区扩大增值税抵扣范围试点以后购进或者自制的固定资产 | 税率13%，可开增值税专用发票或增值税普通发票 |
| | 除固定资产以外的物品 | 按照适用税率征收增值税 | |
| 小规模纳税人 | 固定资产 | 简易计税按照3%减按2%征收。**提示** 现阶段，考虑小规模纳税人减免税政策，含税价÷（1+1%）×1%，可以1%开增值税专用发票（除固定资产以外的物品，同） | |
| | 除固定资产以外的物品 | 按3%的征收率征收 | |
| 其他个人 | 物品 | 法定免税 | |

**知识点拨** ✦

适用简易办法依照3%征收率减按2%征收增值税的，开具增值税普通发票。放弃减税，按照简易办法依照3%征收率缴纳增值税，可以开具增值税专用发票。

**答案** ↘
例题55 | B

（续表）

| 纳税人 | 物品 | 政策 |
|---|---|---|
| 纳税人销售旧货 | | 适用3%减按2%征收（开增值税普通发票）。<br>应纳税额＝含税销售额÷（1+3%）×2% |
| 二手车经销企业<br>销售二手车 | | 应纳税额＝含税销售额÷（1+0.5%）×0.5% |

【例题56·单选题】（2024年）2024年3月，某信息技术公司（一般纳税人）提供信息技术服务取得不含税销售额150万元，出售自己使用过的设备取得含税收入20万元，该公司放弃减税优惠，适用简易计税方法计税，开具增值税专用发票。支付云服务器使用费、打印机租赁费，取得按适用税率开具的增值税专用发票，注明金额分别为30万元、10万元。该公司当期应纳增值税（　　）万元。

A. 6.4　　　　　　　　　　　B. 4.59

C. 6.48　　　　　　　　　　　D. 6

解析 ↘ 该公司当期应纳增值税＝$150×6\%-30×6\%-10×13\%+20÷(1+3\%)×3\%=6.48$（万元）。

【例题57·单选题】（2021年）关于二手车购销业务的增值税处理，下列说法正确的是（　　）。

A. 单位销售自己使用过的二手车，不征收增值税

B. 从事二手车经销的纳税人销售其收购的二手车，按简易办法征收增值税

C. 从事二手车经销的纳税人销售其收购的二手车，减按2%征收增值税

D. 从事二手车经销的纳税人不得为购买方开具增值税专用发票

解析 ↘ 选项A，属于纳税人销售自己使用过的固定资产，需要按规定缴纳增值税。选项C，自2020年5月1日至2027年12月31日，从事二手车经销的纳税人销售其收购的二手车，减按0.5%征收增值税。选项D，纳税人应当开具二手车销售统一发票，当购买方（消费者个人除外）索取增值税专用发票的，应当再开具征收率为0.5%的增值税专用发票。

### （三）5%征收率适用情形

5%征收率适用情形，见表2-45。

**答案** ↘

例题56 | C

例题57 | B

表 2-45　5% 征收率适用情形

| 情形 | 可选择简易计税适用 5% 征收率 | | |
|---|---|---|---|
| 与租房卖房或地相关 | 一般纳税人销售不动产或经营租赁不动产 | | |
| | 营改增前 | | 一般纳税人 2016 年 4 月 30 日前签订的不动产融资租赁合同，或以 2016 年 4 月 30 日前取得的不动产提供的融资租赁服务 |
| | | | 房地产开发企业的一般纳税人销售自行开发的房地产老项目❶ |
| | | | 纳税人转让 2016 年 4 月 30 日前取得的土地使用权，以取得的全部价款和价外费用减去取得该土地使用权的原价后的余额为销售额 |
| | | | 一般纳税人收取试点前开工的一级公路、二级公路、桥、闸通行费 |
| | 住房租赁企业向个人出租住房❷ | 一般纳税人 | 可以选择适用简易计税方法，按照 5% 的征收率减按 1.5% 计算缴纳增值税 |
| | | 小规模纳税人 | 按照 5% 的征收率减按 1.5% 计算缴纳增值税 |
| | 个人出租 | 住房 | 按照 5% 的征收率减按 1.5% 计算应纳税额 |
| | | 非住房 | 按照 5% 的征收率计算应纳税额 |
| 劳务派遣、安全保护服务 | 一般纳税人 | 全额纳税：全额❸×6%-进项税额 | |
| | | 差额纳税：差额❹×5% | |
| | 小规模纳税人 | 差额纳税：差额×5% | |
| | | 全额纳税：全额×3%（现阶段考虑小规模纳税人减免：全额×1%） | |
| | 选择差额纳税的纳税人，向用工单位收取用于支付给劳务派遣员工工资、福利和为其办理社会保险及住房公积金的费用，不得开具增值税专用发票，可以开具增值税普通发票 | | |
| 人力资源外包服务 | 一般纳税人 | 差额一般计税：差额×6%-进项税额 | |
| | | 差额简易计税：差额×5% | |
| | 小规模纳税人 | 差额纳税：差额×3%（现阶段考虑小规模纳税人减免：差额×1%） | |
| 货物 | 新支线飞机 | 纳税人生产销售新支线飞机暂减按 5% 征收增值税 | |
| | 原油天然气 | 中外合作油(气)田开采的原油、天然气按实物征收增值税，征收率为 5% | |

**知识点拨❶** 房地产老项目，是指：①《建筑工程施工许可证》注明的合同开工日期在 2016 年 4 月 30 日前的房地产项目；②《建筑工程施工许可证》未注明合同开工日期或者未取得《建筑工程施工许可证》但建筑工程承包合同注明的开工日期在 2016 年 4 月 30 日前的建筑工程项目。

**知识点拨❷** 住房租赁企业向个人出租住房，适用上述简易计税方法并进行预缴的，减按 1.5% 预征率预缴增值税。

**知识点拨❸** 取得的全部价款和价外费用为销售额。

**知识点拨❹** 取得的全部价款和价外费用，扣除代用工单位支付给劳务派遣员工的工资、福利和为其办理社会保险及住房公积金后的余额为销售额。

【例题 58·多选题】（2021 年）一般纳税人提供劳务派遣服务，选择差额纳税时允许扣除的项目有(　　)。

A. 代用工单位支付给劳务派遣员工的福利

B. 代用工单位支付给劳务派遣员工的工资

C. 劳务派遣公司收取的管理费

D. 为劳务派遣人员办理的住房公积金

E. 为劳务派遣人员办理的社会保险费

**解析** ↘一般纳税人提供劳务派遣服务，也可以选择差额纳税，以取得的全部价款和价外费用，扣除代用工单位支付给劳务派遣员工的工资、福利和为其办理社会保险及住房公积金后的余额为销售额。

**【例题59·单选题】**（2020年）一般纳税人提供下列服务，可以选择简易计税方法按5%征收率计算缴纳增值税的是（　　）。

A. 公共交通运输服务　　　B. 不动产经营租赁

C. 建筑服务　　　D. 文化体育服务

**解析** ↘选项A、C、D，可以选择简易计税方法按照3%的征收率计算缴纳增值税。

**【例题60·多选题】**（2022年）增值税一般纳税人销售下列货物，可选择适用简易计税方法的有（　　）。

A. 以水泥为原料生产的混凝土

B. 典当业销售的死当物品

C. 用木料生产的家具

D. 建筑用的生产材料所用的砂、土、石料

E. 县级及县级以下小型水力发电单位生产的电力

**解析** ↘选项C，不适用可选择简易计税方法的规定。

**【例题61·单选题】**（2020年）某网约车电商平台为增值税一般纳税人，2024年1月提供网约车服务，开具普通发票不含税收入额5 000万元，支付网约车司机服务费3 800万元。网约车服务选择简易计税，该电商平台当月应缴纳增值税（　　）万元。

A. 60　　　B. 33　　　C. 250　　　D. 150

**解析** ↘网约车属于公共交通运输服务，可以选择简易计税，适用3%征收率。应纳税额＝5 000×3%＝150（万元）。

**【例题62·计算题】**（2024年）甲咨询服务公司为增值税一般纳税人，2024年11月发生下列业务：

（1）提供境内咨询服务，取得含税收入1 272万元；向境外客户提供完全在境外消费的业务流程管理服务，取得收入50万元。

（2）甲公司将2015年购置的办公用房对外出租，租赁期自2024年10月1日起算，每月租金21万元（含税），首月免租金，11月租金已收取，甲公司选择按简易计税方法申报增值税。

（3）外购一批货物，取得增值税专用发票注明金额30万元，税额3.9万元。将其直接捐赠给目标脱贫地区某县儿童福利院。（该县2020年3月完成整体脱贫目标）

（4）自境外某公司购入一项"连锁经营权"，支付含税使用费63.6万元，

**答案** ↘
例题58｜ABDE
例题59｜B
例题60｜ABDE
例题61｜D

取得代扣代缴增值税完税凭证。"连锁经营权"10%的部分用于本企业免税项目使用。

（5）当月其他购进取得增值税专用发票注明税额16.03万元，其中准予抵扣的金额为15.67万元。

假设本月购进项目负担的进项税额都在本月抵扣。

要求：根据上述资料，回答下列问题。

（1）甲公司2024年10—11月出租办公用房应纳增值税（　　）万元。

A. 1.22　　　　B. 0.61　　　　C. 1　　　　　D. 2

**解析** ↘ 应纳增值税=21÷（1+5%）×5%=1（万元）。

（2）业务（4）可抵扣的进项税额为（　　）万元。

A. 3.60　　　　B. 3.24　　　　C. 1.85　　　　D. 1.67

**解析** ↘ 进项税额=63.6÷（1+6%）×6%=3.60（万元）。"连锁经营权"属于其他权益性无形资产，其他权益性无形资产无论用于一般计税项目还是免税项目，进项税额均可全额抵扣。

（3）当月准予从销项税额中抵扣的进项税额为（　　）万元。

A. 19.27　　　　B. 21.42　　　　C. 22.81　　　　D. 23.53

**解析** ↘ 业务（3）直接捐赠给目标脱贫地区免增值税，进项税额不得抵扣。准予从销项税额中抵扣的进项税额=3.60+15.67=19.27（万元）。

（4）甲企业当月应纳增值税（　　）万元。

A. 51.19　　　　B. 51.6　　　　C. 50.41　　　　D. 53.73

**解析** ↘ 业务（1）销项税额=1 272÷（1+6%）×6%=72（万元）。向境外客户提供完全在境外消费的业务流程管理服务适用增值税零税率。当期应纳税增值税=（72-19.27）+1=53.73（万元）。

### （四）小规模纳税人简易计税方法

**1. 计算公式**

应纳税额=不含税销售额×征收率=含税销售额÷（1+征收率）×征收率

**提示** 不得抵扣进项税额。

**2. 小规模纳税人的征收率**

征收率一共有两档：3%和5%。

**3. 小规模纳税人购进税控收款机的进项税额抵扣**

可凭购进税控收款机取得的增值税专用发票上注明的增值税税额，抵免当期应纳增值税税额，或者按照购进税控收款机取得的普通发票上注明的价款，依下列公式计算可抵免税额：

可抵免税额=价款÷（1+13%）×13%

当期应纳税额不足抵免的，未抵免部分可在下期继续抵免。

**【例题63·单选题】** （2023年）甲个体工商户为小规模纳税人，2024年

自2023年1月1日至2027年12月31日，征收率减按1%计算。

**答案** ↘

例题62（1）｜C

例题62（2）｜A

例题62（3）｜A

例题62（4）｜D

3月出租住房取得含税租金2万元，出租门市房取得含税租金16万元，上述业务应缴的增值税为（　　）万元。

A. 0　　　　B. 0.27　　　　C. 0.79　　　　D. 1.86

**解析** ↘ 应纳的增值税 = 2÷（1+5%）×1.5% + 16÷（1+5%）×5% = 0.79（万元）。

**【例题64·单选题】**（2020年）关于小规模纳税人增值税的税务处理，下列说法正确的是（　　）。

A. 购进复印纸可以凭取得的增值税电子普通发票抵扣进项税额

B. 销售使用过的固定资产按照5%征收率减按1.5%计算应纳税额

C. 计税销售额为不含税销售额

D. 购进税控收款机支付的增值税不得抵减当期应纳增值税

**解析** ↘ 选项A，小规模纳税人适用增值税简易计税办法计征增值税，不涉及抵扣增值税进项税额。选项B，小规模纳税人销售使用过的固定资产按照3%征收率减按2%计算应纳税额。选项D，小规模纳税人购置税控收款机，可按照增值税发票上注明的增值税税额，抵免当期应纳增值税。

**【例题65·单选题】**（2020年）某企业为增值税小规模纳税人，2024年11月出售作为固定资产使用过的卡车和电脑，分别取得含税收入3万和1.5万，开具增值税普通发票。销售边角料取得含税收入2万元，该企业当月应缴纳的增值税为（　　）万元。（假设不考虑小规模纳税人阶段性减免税优惠政策）

A. 0.13　　　　B. 0.19　　　　C. 0.15　　　　D. 0.16

**解析** ↘ 应缴纳增值税 = （3+1.5）÷（1+3%）×2% + 2÷（1+3%）×3% = 0.15（万元）。

**【例题66·单选题】** 某生产企业为增值税小规模纳税人，按季度缴纳增值税，2024年4月无销售，2024年5月销售A货物取得含税收入20.6万元，当月购进货物3万元。2024年6月销售自建厂房一栋，取得含税销售额500万元，该企业二季度应缴纳的增值税税额为（　　）万元。

A. 0　　　　B. 23.81　　　　C. 24.41　　　　D. 15.16

**解析** ↘ 应纳税额 = 500÷（1+5%）×5% = 23.81（万元）。

## 第七节　进出口环节增值税政策

答案 ↘
例题63 | C
例题64 | C
例题65 | C
例题66 | B

114

### 考点三十五　进口环节增值税 ★　　一学多考|注

1. 进口环节增值税

进口环节增值税，见表2-46。

表2-46 进口环节增值税

| 项目 | 具体规定 |
|---|---|
| 纳税人 | 进口货物的**收货人**或**办理报关手续**的单位和个人<br>**代理**进口货物以海关开具的**完税凭证上的纳税人**为增值税纳税人 |
| 征税范围 | 申报进入中华人民共和国海关境内的货物，均应缴纳增值税 |
| 税率 | 与增值税一般纳税人在国内销售同类货物的税率相同 ✿ |
| 应纳税额的计算 | 组成计税价格＝关税计税价格＋关税＋消费税<br>从价计征消费税情形下的组成计税价格＝（关税计税价格＋关税）÷（1－消费税税率）<br>应纳税额＝组成计税价格×税率<br>**提示1** 进口时，不得抵扣任何税额，包括发生在我国境外的各种税金。<br>**提示2** 进口后，在海关缴纳的增值税，符合抵扣范围的，凭借海关进口增值税专用缴款书，可以从当期销项税额中抵扣 |

【例题67·多选题】某商贸公司当期进口货物（非应税消费品）一批，海关审定该批货物的关税计税价格为100万元。货物报关后，公司按规定缴纳了进口环节的增值税并取得了海关开具的海关进口增值税专用缴款书。当期在国内销售该批货物，取得不含税销售额180万元。相关货物进口关税税率为10%，增值税税率为13%。下列说法正确的有（　　）。

A. 进口环节应纳进口关税10万元

B. 进口环节应纳增值税的组成计税价格为110万元

C. 进口环节应缴纳增值税13万元

D. 国内销售环节的销项税额为23.4万元

E. 国内销售环节应缴纳增值税税额23.4万元

解析 ➘ 应缴纳进口关税＝100×10%＝10（万元）。

进口环节应纳增值税的组成计税价格＝100＋10＝110（万元）。

进口环节应缴纳增值税＝110×13%＝14.3（万元）。

国内销售环节的销项税额＝180×13%＝23.4（万元）。

国内销售环节应缴纳增值税税额＝23.4－14.3＝9.1（万元）。

2. 跨境电子商务零售进口商品征税方法

跨境电子商务零售进口商品征税方法，见表2-47。

表2-47 跨境电子商务零售进口商品征税方法

| 项目 | 细节 |
|---|---|
| 政策适用范围 | （1）所有通过与海关联网的电子商务交易平台交易，能够实现交易、支付、物流电子信息"三单"比对的跨境电子商务零售进口商品。<br>（2）未通过与海关联网的电子商务交易平台交易，但快递、邮政企业能够统一提供交易、支付、物流等电子信息，并承诺承担相应法律责任进境的跨境电子商务零售进口商品 |

**答案 ➘**
例题67 | ABD

（续表）

| 项目 | 细节 |
|---|---|
| 纳税义务人 | 购买跨境电子商务零售进口商品的个人 |
| 代收代缴义务人 | 电子商务企业、电子商务交易平台企业或物流企业 |
| 计税价格 | 实际交易价格（包括货物零售价格、运费和保险费） |
| 限值 | 单次交易限值　人民币5 000元 |
| | 个人年度交易限值　人民币26 000元 |
| | 限值以内进口　关税税率暂设为0 |
| | 　进口环节增值税、消费税暂按法定应纳税额的70%征收 |
| | 限值以上进口　全额征收关税、进口环节增值税和消费税（按一般贸易管理） |
| 退货退税 | 跨境电子商务零售进口商品自海关放行之日起30日内退货的，可申请退税，并相应调整个人年度交易总额 |
| 纳税人身份验证 | 跨境电子商务零售进口商品购买人（订购人）的身份信息应进行认证；未进行认证的，购买人（订购人）身份信息应与付款人一致 |

**【例题68·多选题】**（2023年）关于跨境电子商务零售进口商品，征收增值税，下列说法正确的有（　　）。

A. 购买跨境电子商务零售进口商品的个人作为纳税义务人

B. 电子商务企业、电子商务交易平台企业或物流企业作为代收代缴义务人

C. 跨境电子商务企业、电子商务交易平台企业或物流企业，商品自海关放行之日起60日内退货的，可以申请退税

D. 超过单次交易限值、累加后超过个人年度交易限值的单次交易，按一般贸易方式全额征税

E. 已购买的电商进口商品可以进入国内市场再次销售

**解析**　选项C，跨境电子商务零售进口商品自海关放行之日起30日内退货的，可申请退税，并相应调整个人年度交易总额。选项E，已经购买的电商进口商品属于消费者个人使用的最终商品，不得进入国内市场再次销售。

**考点三十六　出口货物、劳务、服务的增值税政策** ★　一学多考|注

**（一）出口政策及适用范围**

出口政策及适用范围，见表2-48。

**答案**
例题68｜ABD

表 2-48　出口政策及适用范围

| 政策 | "货"的适用范围 |
|---|---|
| 出口退（免）税政策——免税又退税 | （1）出口企业出口货物（自营出口货物和委托出口货物）。出口自产货物和视同自产货物及对外提供加工修理修配劳务。<br>（2）出口企业或其他单位视同出口货物。<br>（3）出口企业对外提供（对进境复出口货物或从事国际运输的运输工具）加工修理修配劳务。<br>（4）一般纳税人提供适用增值税零税率的应税服务。<br>【链接】国际运输、航天运输、出口服务（10项现代服务，详见考点十三 零税率的跨境应税行为） |
| 免税政策——只免税不退税① | 出口企业或其他单位出口规定的货物：<br>（1）增值税小规模纳税人出口货物。<br>（2）避孕药品和用具，古旧图书。<br>（3）软件产品。<br>（4）含黄金、铂金成分的货物，钻石及其饰品。<br>（5）国家计划内出口的卷烟。<br>（6）已使用过的设备。<br>（7）非出口企业委托出口的货物。<br>（8）非列名生产企业出口的非视同自产货物。<br>（9）农业生产者自产农产品。<br>（10）油画、花生果仁、黑大豆等财政部和国家税务总局规定的出口免税的货物。<br>（11）外贸企业取得普通发票、废旧物资收购凭证、农产品收购发票、政府非税收入票据的货物。<br>（12）来料加工复出口货物。<br>（13）特殊区域内的企业出口特殊区域内的货物。<br>（14）以人民币现金作为结算方式的边境地区出口企业从所在省（自治区）的边境口岸出口到接壤国家的一般贸易和边境小额贸易出口货物。<br>（15）以旅游购物贸易方式报关出口的货物。<br>【提示】适用增值税免税政策的出口货物劳务服务，其进项税额不得抵扣和退税，应当转入成本 |
| 征税政策——不免不退要征税② | （1）出口企业出口或视同出口国家明确取消出口退（免）税的货物（不包括来料加工复出口货物、中标机电产品、列名原材料、输入特殊区域的水电气、海洋工程结构物）。<br>（2）出口企业或其他单位销售给特殊区域内的生活消费用品和交通运输工具。<br>（3）出口企业或其他单位因骗取出口退税被税务机关停止办理增值税退（免）税期间出口的货物。<br>（4）出口企业或其他单位提供虚假备案单证的货物。<br>（5）出口企业或其他单位增值税退（免）税凭证有伪造或内容不实的货物。<br>（6）经主管税务机关审核不予免税核销的出口卷烟。<br>（7）出口企业或其他单位具有未实质性出口的出口货物劳务 |

知识点拨① 出口免税政策适用于出口货物劳务服务在以往环节未纳过税而无须退税、以往环节税金缴纳情况不明无法准确计算退税等情况。

知识点拨② 主要涉及以下三个方面：①国家明确取消出口退税(限制出口)的货物劳务服务；②有出口违规行为的企业出口的货物劳务服务；③未从事实质性出口经营活动。

（续表）

| 政策 | "货"的适用范围 |
|---|---|
| 征税政策——不免不退要征税 | 征税计算。<br>（1）一般纳税人：<br>销项税额=（出口货物离岸价-出口货物耗用的进料加工保税进口料件金额）÷（1+适用税率）×适用税率。<br>（2）小规模纳税人：<br>应纳税额=出口货物离岸价÷（1+征收率）×征收率 |

1. 视同自产货物的具体范围

（1）持续经营以来从未发生税收违法行为且同时符合下列条件的生产企业出口的外购货物，可视同自产货物适用增值税退（免）税政策：①已取得增值税一般纳税人资格；②已持续经营2年及2年以上；③纳税信用等级A级；④上一年度销售额5亿元以上；⑤外购出口的货物与本企业自产货物同类型或具有相关性。

（2）持续经营以来从未发生税收违法行为但不能同时符合上述第（1）条规定的条件的生产企业，出口的外购货物符合下列条件之一的，可视同自产货物申报适用增值税退（免）税政策。

a. 同时符合3个条件的外购货物：第一，与本企业生产的货物名称、性能相同。第二，使用本企业注册商标或境外单位或个人提供给本企业使用的商标。第三，出口给进口本企业自产货物的境外单位或个人。

b. 与本企业所生产的货物属于配套出口，且出口给进口本企业自产货物的境外单位或个人的外购货物，符合下列条件之一：第一，用于维修本企业出口的自产货物的工具、零部件、配件。第二，不经过本企业加工或组装，出口后能直接与本企业自产货物组合成成套设备的货物。

c. 经集团公司总部所在地的地级以上税务局认定的集团公司，其控股的生产企业之间收购的自产货物以及集团公司与其控股的生产企业之间收购的自产货物。

d. 同时符合下列条件的委托加工货物：第一，与本企业生产的货物名称、性能相同，或者是用本企业生产的货物再委托深加工的货物。第二，出口给进口本企业自产货物的境外单位或个人。第三，委托方与受托方必须签订委托加工协议，且主要原材料必须由委托方提供，受托方不垫付资金，只收取加工费，开具加工费（含代垫的辅助材料）的增值税专用发票。

e. 用于本企业中标项目下的机电产品。

f. 用于对外承包工程项目下的货物。

g. 用于境外投资的货物。

h. 用于对外援助的货物。

i. 生产自产货物的外购设备和原材料（农产品除外）。

2. 出口企业或其他单位视同出口货物

（1）出口企业对外援助、对外承包、境外投资的出口货物。

（2）出口企业经海关报关进入国家批准特殊区域（各类保税区）并销售给特殊区域内单位或境外单位、个人的货物。

（3）免税品经营企业销售的货物（各类免税店）（不允许经营和限制出口的货物、卷烟和超出免税品经营范围除外）。

（4）出口企业或其他单位销售给用于国际金融组织或外国政府贷款国际招标建设项目的中标机电产品。

（5）生产企业销售的自产的海洋工程结构物，但购买方或者承租方需为按实物征收增值税的中外合作油（气）田开采企业。

（6）出口企业或其他单位销售给国际运输企业用于国际运输工具上的货物（如国内航空供应公司生产销售给国际航班的航空食品）。

（7）出口企业或其他单位销售特殊区域内生产企业生产耗用且不向海关报关而输入特殊区域的水（包括蒸汽）、电力、燃气。

除另有规定外，视同出口货物适用出口货物的各项规定。

**【例题 69·多选题】**（2023 年）下列出口货物适用增值税免税政策的有（　　）。

A. 国家计划内出口的卷烟

B. 出口企业提供虚假备案单证的货物

C. 增值税小规模纳税人出口的货物

D. 以旅游购物贸易方式报关出口的货物

E. 农业生产者出口的自产农产品

**解析** ↘ 选项 B，出口企业或其他单位提供虚假备案单证的货物，适用增值税征税政策。

### （二）增值税退（免）税办法

退（免）税办法的适用，见表 2-49。

表 2-49　退（免）税办法的适用

| 政策 | | "人"的适用范围 |
|---|---|---|
| 出口退（免）税政策——免税又退税 | 免抵退税 | 生产企业 |
| | | 出口自产货物和视同自产货物及对外提供加工修理修配劳务 |
| | | 列名的生产企业出口非自产货物（财税〔2012〕39 号文件附件 5） |
| | | 适用一般计税方法的生产企业提供适用零税率的应税服务和无形资产  |
| | 外贸企业 | 适用一般计税方法的外贸企业直接将服务或自行研发的无形资产出口 |

**知识点拨**

实行免抵退税办法的增值税零税率应税服务提供者如果同时出口货物劳务且未分别核算的，应一并计算免抵退税。税务机关在审批时，应按照增值税零税率应税服务、出口货物劳务免抵退税额的比例划分其退税额和免抵税额。

**答案** ↘

例题 69｜ACDE

（续表）

| 政策 | | "人"的适用范围 |
|---|---|---|
| 出口退（免）税政策——免税又退税 | 免退税 外贸企业或其他单位 | 不具有生产能力的出口企业（以下称外贸企业）或其他单位出口货物、劳务 |
| | | 适用一般计税方法的外贸企业外购服务或无形资产出口 |
| | **提示** 境内的单位和个人提供适用增值税零税率的服务或者无形资产，可以放弃适用增值税零税率，选择免税或按规定缴纳增值税。放弃适用增值税零税率后，36个月内不得再申请适用增值税零税率 | |

### （三）增值税出口退税率——考试已知

增值税出口退税率政策，见表2-50。

表2-50　增值税出口退税率政策

| 情形 | 具体规定 |
|---|---|
| 一般规定 | 除财政部和国家税务总局根据国务院决定而明确的增值税出口退税率（以下称退税率）外，出口货物的退税率为其适用税率 |
| 特殊规定 | 外贸企业购进按简易办法征税的出口货物、从小规模纳税人购进的出口货物，其退税率分别为简易办法实际执行的征收率、小规模纳税人征收率 |
| | 出口企业委托加工修理修配货物，其加工修理修配费用的退税率，为出口货物的退税率 |
| 其他 | 适用不同退税率的货物劳务，应分开报关、核算并申报退（免）税，未分开报关、核算或划分不清的，从低适用退税率 |

### （四）增值税退（免）税的计税依据

增值税退（免）税的计税依据，见表2-51。

表2-51　增值税退（免）税的计税依据

| 纳税人 | 情形 | 计税依据 |
|---|---|---|
| 生产企业 | 出口货物劳务（进料加工复出口货物除外） | 出口货物劳务的实际离岸价（FOB） |
| | 进料加工复出口货物 | 出口货物的离岸价（FOB）扣除出口货物所含的海关保税进口料件的金额 |
| | 国内购进无进项税额且不计提进项税额的免税原材料加工后出口的货物 | 出口货物的离岸价（FOB）扣除出口货物所含的国内购进免税原材料的金额 |

（续表）

| 纳税人 | 情形 | 计税依据 |
|---|---|---|
| 外贸企业 | 出口货物（委托加工修理修配货物除外） | 购进出口货物的增值税专用发票注明的金额或海关进口增值税专用缴款书注明的完税价格 |
| | 出口委托加工修理修配货物 | 加工修理修配费用增值税专用发票注明的金额 |

**（五）增值税免抵退税和免退税的计算**

1."免、抵、退"计算步骤（基础五步法）

（1）剔税：免抵退税不得免征和抵扣的税额（进项税额转出）＝出口离岸价格×外汇牌价×（出口货物征税率－退税率）。

（2）抵税：当期应纳税额＝内销销项税额－（进项税额－免抵退税不得免征和抵扣的税额）－上期末留抵税额，通常结果小于0。

（3）限额：免抵退税额（限额）＝出口离岸价格×外汇牌价×退税率。

（4）比较：应退税额选（2）与（3）中较小者退税。

（5）倒挤免抵税额或继续留抵税额。

2. 有免税料件购进的情形下，"免、抵、退"计算步骤（修正五步法）

（1）剔税：免抵退税不得免征和抵扣的税额（进项税额转出）＝（出口离岸价格×外汇牌价－当期免税购进原材料价格）×（出口货物征税率－出口货物退税率）。

（2）抵税：当期应纳税额＝内销销项税额－（进项税额－免抵退税不得免征和抵扣的税额）－上期末留抵税额，通常结果小于0。

（3）退税限额：免抵退税额（限额）＝（出口离岸价格×外汇牌价－当期免税购进原材料价格）×出口货物退税率。

（4）比较：应退税额选（2）与（3）中较小者退税。

（5）倒挤免抵税额或继续留抵税额。

其中，免税购进原材料有两种计算方法：

计算方法一：实耗法，即耗用多少，减除多少。

组成计税价格＝当期进料加工出口货物离岸价×外汇人民币折合率×计划分配率

计划分配率＝计划进口总值÷计划出口总值×100%

计算方法二：购进法，即购进多少，减除多少。

组成计税价格＝进口料件到岸价格＋海关实征关税＋海关实征消费税

**【链接】** 生产企业出口实行"免抵退"办法后，经税务局正式审核批准的当期增值税免抵税额应计入城市维护建设税计税依据。

知识点拨

国内购进无进项税额且不计提进项税额的免税料件或进料加工保税料件。

● **得分高手**

出口退税计算属于本科目难点，考生应掌握计算步骤，并灵活应用，如果题目只问当期"出口货物应退增值税"，算到第(4)步比出大小，孰小退谁即可。

此类题目也可深入问"免抵税额"，就是限额与退税额之差。

再深入问"城市维护建设税应纳税额"记得要加上"免抵税额"。

如果题目在第(4)步比较出来是限额小，按孰小退谁原则就是退限额，退税后继续留抵，不存在免抵税额问题。

**【例题70·单选题】**（2020年）2024年3月，某生产企业出口自产货物销售额折合人民币2 000万元，内销货物不含税销售额800万元。为生产货物购进材料取得增值税专用发票注明金额为4 600万元、税额为598万元，已知该企业出口货物适用税率为13%，出口退税率为11%，当月取得的增值税专用发票已勾选抵扣进项税额，期初无留抵税额。该公司当月出口货物应退增值税（　　）万元。

A. 338　　　　B. 454　　　　C. 598　　　　D. 220

**解析** ↘ 当月不得免征和抵扣税额 = 2 000×（13%－11%）= 40（万元）。当期应纳税额 = 800×13%－（598－40）= －454（万元）。当期免抵退税额 = 2 000×11% = 220（万元）。当期免抵退税额220万元<当期期末留抵税额454万元，则当期应退增值税220万元。

**【例题71·多选题】** 某化工生产企业为增值税一般纳税人，兼营内销与外销，2024年6月发生以下业务：①国内采购原料，取得增值税专用发票上注明价款100万元，进项税额13万元；②当月进料加工保税进口料件的组成计税价格50万元；③内销货物不含税价80万元，外销货物销售额120万元。该出口货物退税率为10%，上期末留抵税额2万元。关于上述业务，下列表述正确的有（　　）。

A. 当期应退税额为0

B. 当期免抵税额为4.5万元

C. 因为当期应纳税额为正数，所以不退税

D. 当期应退税额为2.5万元

E. 免抵退税不得免征和抵扣税额为2.1万元

**解析** ↘ 免抵退税不得免征和抵扣税额 =（120－50）×（13%－10%）= 2.1（万元）。当期应纳税额 = 80×13%－（13－2.1）－2 = －2.5（万元）。免抵退税额 =（120－50）×10% = 7（万元）。应退税额 = 2.5（万元）。当期免抵税额 = 7－2.5 = 4.5（万元）。

**答案** ↘
例题70｜D
例题71｜BDE

**【例题72·单选题】** 某自营出口生产企业是增值税一般纳税人，从事进料加工业务，按实耗法计算，计划分配率为30%，出口货物的征税率为13%，退税率为10%。2024年6月购进原材料一批，取得的增值税专用发票

注明的价款 200 万元。上期末留抵税额 6 万元。本月内销货物不含税销售额 100 万元，收款 113 万元存入银行。本月进料加工出口货物离岸价折合人民币 210 万元。该企业当月的增值税免抵税额为（　　）万元。

A. 17.59　　　B. 0.11　　　C. 4.41　　　D. 0

**解析** ↘ 当期免抵退税不得免征和抵扣税额 = 210×（1−30%）×（13%−10%）= 4.41（万元）。

当期应纳税额 = 100×13%−（200×13%−4.41）−6 = −14.59（万元）。

免抵退税额 = 210×（1−30%）×10% = 14.7（万元）。

当期应退税额为 14.59 万元。

当期免抵税额 = 当期免抵退税额−当期应退税额 = 14.7−14.59 = 0.11（万元）。

3. 外贸企业出口货物劳务服务增值税免退税

（1）外贸企业在国内直接采购货物（委托加工修理修配货物除外）出口：

增值税应退税额 = 购进出口货物的增值税专用发票注明的金额×出口货物退税率

（2）外贸企业出口委托加工修理修配货物：

增值税应退税额 = 委托加工修理修配增值税退（免）税计税依据×出口货物退税率

4. 其他规定

退税率低于适用税率的，相应计算出的差额部分的税款计入出口货物劳务成本。

**【例题 73·单选题】** 甲外贸公司是增值税一般纳税人，2024 年 3 月从生产企业购进纺织品，取得增值税专用发票上注明价款 5 万元，增值税税额 0.65 万元；当月将纺织品出口取得销售收入 8 万元人民币。已知纺织品的增值税退税率为 13%，甲外贸公司出口纺织品应退的增值税税额为（　　）万元。

A. 0.8　　　B. 0.65　　　C. 1.04　　　D. 1.72

**解析** ↘ 甲外贸公司出口纺织品应退的增值税税额 = 5×13% = 0.65（万元）。

### （六）出口货物劳务增值税的其他规定

（1）适用增值税退（免）税或免税政策的出口企业或其他单位，应办理退（免）税备案。

（2）经过认定的出口企业及其他单位，应在规定的增值税纳税申报期内申报退（免）税。委托出口的货物，由委托方申报退（免）税。输入特殊区域的水电气，由作为购买方的特殊区域内生产企业申报退税。

（3）出口企业或其他单位骗取国家出口退税款的，经省级以上税务机关批准可以停止其退（免）税资格。

**答案** ↘
例题 72 | B
例题 73 | B

### （七）境外旅客购物离境退税

境外旅客购物离境退税，见表2-52。

表2-52 境外旅客购物离境退税

| 情形 | 具体规定 |
|---|---|
| 离境退税 | 境外旅客❶在离境口岸离境时，对其在退税商店购买的退税物品❷退还增值税的政策 |
| 申请条件（同时符合） | (1)同一境外旅客同一日在同一退税商店购买的退税物品金额达到500元人民币；<br>(2)退税物品尚未启用或消费；<br>(3)离境日距退税物品购买日不超过90天；<br>(4)所购退税物品由境外旅客本人随身携带或随行托运出境 |
| 退税率 | 适用13%税率的境外旅客购物离境退税物品，退税率为11%；<br>适用9%税率的境外旅客购物离境退税物品，退税率为8% |
| 退税计算 | 应退增值税税额=退税物品销售发票金额(含增值税)×退税率 |
| 退税方式 | 退税币种为人民币。退税方式包括现金退税和银行转账退税两种方式。<br>退税额未超过10 000元的，可自行选择退税方式。<br>退税额超过10 000元的，以银行转账方式退税 |

**知识点拨❶**

境外旅客，是指在中华人民共和国境内连续居住不超过183天的外国人和港澳台同胞。

**知识点拨❷**

退税物品不包括下列物品：①《禁止、限制进出境物品表》所列的禁止、限制出境物品；②退税商店销售的适用增值税免税政策的物品；③财政部、海关总署、国家税务总局规定的其他物品。

**【例题74·单选题】**（2024年）关于境外旅客购物离境退税，说法错误的是（　　）。

A. 离境日距退税物品购买日不超过183天可退税

B. 退税商店销售的适用增值税免税政策的物品不可退税

C. 退税率的执行时间，以退税物品增值税普通发票开具日期为准

D. 退税物品是指由境外旅客本人在退税商店购买且符合退税条件的个人物品

**解析** ↘境外旅客购物离境退税满足的条件之一是"离境日距退税物品购买日不超过90天"。

### （八）陆路启运港退税试点政策 **调整**

对符合条件的出口企业从启运地启运报关出口，由中国国家铁路集团有限公司及其下属公司承运，从铁路转关运输直达离境地离境的集装箱货物，实行启运港退税政策。危险品不适用启运港退税政策。

### （九）跨境电商出口海外仓发展出口退（免）税政策 **新增**

对纳税人以跨境电商出口海外仓（以下简称出口海外仓）方式出口的货物实行"离境即退税"。纳税人以出口海外仓方式出口的货物，在货物报关离境

**答案** ↘
例题74 | A

后，即可申报办理出口退（免）税。纳税人在办理出口退（免）税申报时，货物已实现销售的，按照现行规定申报办理出口退（免）税；货物尚未实现销售的，按照"离境即退税、销售再核算"方式申报办理出口退（免）税，即：在货物报关离境后，即可预先申报办理出口退（免）税，后续再根据货物销售情况进行税款核算。

## 第八节 特定企业（交易行为）的增值税政策

### 考点三十七 非房地产开发企业转让不动产增值税征收管理 ★★ 一学多考｜注

#### （一）适用范围

适用：纳税人转让其取得的不动产。

不适用：房地产开发企业销售自行开发的房地产项目。

#### （二）计税方法及应纳税额计算

1. 非房地产开发企业转让其取得的不动产

非房地产开发企业转让其取得的不动产，见表2-53。

表2-53 非房地产开发企业转让其取得的不动产

| 纳税人 | 情形 | | 计税方法 | 不动产所在地预缴5% | 机构所在地申报 |
|---|---|---|---|---|---|
| 小规模纳税人 | 转让不动产 | 非自建 | 适用简易计税方法 | （全部价款+价外费用−购置原价）÷(1+5%)×5% | 与预缴相同 |
| | | 自建 | | （全部价款+价外费用）÷(1+5%)×5% | |
| 一般纳税人 | 转让老不动产 | 非自建 | 选择简易计税方法 | （全部价款+价外费用−购置原价）÷(1+5%)×5% | 与预缴相同 |
| | | 自建 | | （全部价款+价外费用）÷(1+5%)×5% | |
| | | 非自建 | 选择一般计税方法 | （全部价款+价外费用−购置原价）÷(1+5%)×5% | （全部价款+价外费用）÷(1+9%)×9%−进项−预缴 |
| | | 自建 | | （全部价款+价外费用）÷(1+5%)×5% | |
| | 转让新不动产 | 非自建 | 适用一般计税方法 | （全部价款+价外费用−购置原价）÷(1+5%)×5% | |
| | | 自建 | | （全部价款+价外费用）÷(1+5%)×5% | |

知识点拨

不动产，包括以直接购买、接受捐赠、接受投资入股、自建以及抵债等各种形式取得的不动产。

记忆口诀

普企卖房预缴5，外购找差额，自建按全额。

2. 个人转让其购买的住房

个人转让其购买的住房，详见表2-17。

### （三）纳税人以契税计税金额进行差额扣除的规定

（1）2016年4月30日及以前缴纳契税的：

增值税应纳税额=［全部交易价格（含增值税）-契税计税金额（含营业税）］÷（1+5%）×5%

（2）2016年5月1日及以后缴纳契税的：

增值税应纳税额=［全部交易价格（含增值税）÷（1+5%）-契税计税金额（不含增值税）］×5%

**【例题75·单选题】**（2020年）根据一般纳税人转让取得不动产的增值税管理办法规定，下列说法中正确的是（　　）。

A. 取得的不动产，包括抵债取得的不动产

B. 转让2015年取得的不动产，以取得的全部价款和价外费用扣除不动产购置原价后的余额为计税销售额

C. 转让2018年自建的不动产，可以选择适用简易计税方法

D. 取得不动产转让收入，应向不动产所在地主管税务机关申报纳税

**解析** ↘ 选项B，转让2015年取得的不动产，可以选择适用简易计税方法计税，以取得的全部价款和价外费用扣除不动产购置原价或者取得不动产时的作价后的余额为销售额，按照5%的征收率计算应纳税额；选择适用一般计税方法计税的，以取得的全部价款和价外费用为销售额计算应纳税额。选项C，一般纳税人转让其2016年5月1日后自建的不动产，适用一般计税方法。选项D，应向机构所在地主管税务机关申报纳税。

**【例题76·单选题】**（2021年）甲省A市某生产企业为增值税一般纳税人，2024年3月将2017年购置的不动产出售，取得含税收入3 500万元，该不动产位于乙省B市，购置原价为1 600万元。该企业转让不动产应在乙省B市预缴增值税（　　）万元。

A. 34.86　　　　B. 90.48　　　　C. 52.29　　　　D. 166.67

**解析** ↘ 预缴增值税=（3 500-1 600）÷（1+5%）×5%=90.48（万元）。

### 考点三十八 房地产开发企业销售自行开发的房地产项目增值税征收管理 ★★　一学多考｜注

#### （一）适用范围

房地产开发企业销售自行开发的房地产项目（含接盘购入未完工的房地产项目继续开发销售），即销售自行开发房产。

## (二)房地产开发企业销售自行开发的房地产政策

房地产开发企业销售自行开发房地产政策 🔗，见表 2-54。

**表 2-54　房地产开发企业销售自行开发房地产政策**

| 情形 | | 计税方法 | 收到预收款时预缴 3% | 申报缴纳 9%/5% |
|---|---|---|---|---|
| 一般纳税人 | 新 | 一般计税方法 | 应预缴税款 = 预收款÷(1+9%)×3% | (全部价款和价外费用-当期允许扣除的土地价款 🔖)÷(1+9%)×9%-进项税额-已预缴税款 |
| | 老 | | | |
| 小规模纳税人 | 适用 | 简易计税方法 | 应预缴税款 = 预收款÷(1+5%)×3% | 全部价款和价外费用÷(1+5%)×5%-已预缴税款 |

**提示1** 当期允许扣除的土地价款 = (当期销售房地产项目建筑面积÷房地产项目可供销售建筑面积)×支付的土地价款

**提示2** 一般纳税人销售自行开发的房地产老项目，可以选择适用简易计税方法按照 5% 的征收率计税。一经选择简易计税方法计税的，36 个月内不得变更为一般计税方法计税，另有规定的除外

**提示3** 销售不动产发票开具基本规定：①在发票"货物或应税劳务、服务名称"栏填写不动产名称及房屋产权证书号码(无房屋产权证书的可不填写)，"单位"栏填写面积单位，备注栏注明不动产的详细地址。②房地产开发企业一般纳税人销售自行开发的房地产项目，自行开具增值税发票。③向其他个人销售自行开发的房地产项目，不得开具增值税专用发票

### ● 得分高手

房地产转让业务常与土地增值税的计算搭配考核计算题或综合分析题，此处先明确不同情况下增值税的预缴和计算，后续学习土地增值税时再将两个税种结合。

【例题 77·多选题】(2024 年)某房地产开发企业为增值税一般纳税人，2024 年 11 月采取预收款方式销售自行开发的 A 项目(合同开工日期为 2021 年 1 月)，采取直接收款方式销售自行开发的 B 项目(合同开工日期为 2016 年 1 月)，下列增值税处理正确的有( )。

A. 销售 A 项目，简易计税方法下的计税销售额为不扣除对应土地价款的全部价款和价外费用

B. 销售 B 项目，仅适用简易计税方法

C. 销售 A 项目，仅适用一般计税方法

记忆口诀
房开卖房预缴3，一般计税减地款，简易计税不减地。

知识点拨
向政府部门支付的土地价款，包括土地受让人向政府部门支付的征地和拆迁补偿费用、土地前期开发费用和土地出让收益等。

D．收到的 A 项目预收款应适用 5% 的预征率预缴

E．销售 A 项目应在取得预收款的次月纳税申报期预缴

**解析** ↘ 选项 B，合同开工日期在 2016 年 4 月 30 日前的建筑工程项目为老项目，房地产开发企业一般纳税人销售自行开发的老项目可以选择适用简易计税方法。选项 A、C，A 项目不属于老项目，按照一般计税方法计税。选项 D、E，一般纳税人采取预收款方式销售自行开发的房地产项目，应在收到预收款时按照 3% 预征率预缴增值税，在取得预收款的次月纳税申报期预缴税款。

### 考点三十九 提供不动产经营租赁服务增值税征收管理 ★★ 一学多考 | 注 ◀

#### （一）适用范围

适用：纳税人以经营租赁方式出租其取得的不动产💎。

不适用：纳税人提供道路通行服务不在适用范围内。

#### （二）计税方法和应纳增值税计算📌

1．一般纳税人出租不动产

一般纳税人出租不动产，见表 2-55。

表 2-55　一般纳税人出租不动产

| 情形 | 方式 | 不动产所在地预缴 | 机构所在地申报 |
|---|---|---|---|
| 2016 年 4 月 30 日及以前取得 | 可以选择简易计税 5% | 含税租金÷（1+5%）×5% | 与预缴相同 |
| 2016 年 5 月 1 日及以后 | 适用一般计税 | 含税租金÷（1+9%）×3% | 含税租金÷（1+9%）×9%-进项税额-预缴税款 |

**提示** 不动产所在地与机构所在地不在同一县（市、区）存在预缴问题，在同一县市向机构所在地申报

2．小规模纳税人出租不动产

小规模纳税人出租不动产，见表 2-56。

表 2-56　小规模纳税人出租不动产

| 情形 | 不动产所在地 | 机构所在地 |
|---|---|---|
| 单位和个体工商户出租不动产（不含住房） | 预缴：含税销售额÷（1+5%）×5% | 申报：同预缴税款 |
| 个体工商户出租住房 | 预缴：含税销售额÷（1+5%）×1.5% | |

取得的不动产，包括以直接购买、接受捐赠、接受投资入股、自建以及抵债等各种形式取得的不动产。

**记忆口诀**

3515 租，一般剥 9 乘 3，简易剥 5 乘 5，住房剥 5（乘）1.5。

**答案** ↘

例题 77 | CE

（续表）

| 情形 | 不动产所在地 | 机构所在地 |
|------|-------------|-----------|
| 其他个人出租不动产（不含住房） | 申报：含税销售额÷(1+5%)×5% | 其他个人无须预缴 |
| 其他个人出租住房 | 申报：含税销售额÷(1+5%)×1.5% | |

**提示1** 纳税人出租不动产，租赁合同中约定免租期的，不属于视同销售服务。

**提示2** 自 2023 年 1 月 1 日起，其他个人采取一次性收取租金的形式出租不动产，租金收入在租赁期内平均分摊，分摊后的月租金收入不超过 10 万元的，可享受免征增值税优惠政策

### 3. 发票的开具

小规模纳税人中的单位和个体工商户出租不动产，不能自行开具增值税发票的，可向不动产所在地主管税务机关申请代开增值税发票。

其他个人出租不动产，可向不动产所在地主管税务机关申请代开增值税发票。

纳税人向其他个人出租不动产，不得开具或申请代开增值税专用发票。

● **得分高手**

房屋租赁业务可以单独考核，也可以在计算题、综合分析题中放在任意一个纳税主体下考查，影响整体得分，应牢记预缴与计算规则。

【例题78·多选题】（2023年）关于不动产租赁服务的增值税处理，正确的有(    )。

A. 个体工商户异地出租不动产，在不动产所在地预缴增值税款，可在当期增值税税款中抵减

B. 以经营租赁方式将土地出租给他人使用，按不动产经营租赁缴纳增值税

C. 一般纳税人出租其 2016 年 5 月 1 日前取得的不动产可选简易计税

D. 其他个人异地出租不动产，向不动产所在地预缴税款，向居住所在地申报纳税

E. 纳税人向其他个人出租不动产，可以开具增值税专用发票

**解析** 选项 D，其他个人异地出租不动产，无须预缴增值税。选项 E，纳税人向其他个人出租不动产，不得开具增值税专用发票。

【例题79·单选题】（2020年）甲个体工商户（小规模纳税人）出租住房，2024 年 3 月一次性收取全年租金 120 万元（含税），甲当月应缴纳增值税(    )万元。

A. 9.91　　　B. 0　　　C. 5.17　　　D. 1.71

**答案**
例题 78 | ABC
例题 79 | D

129

**解析** ↘ 应缴纳增值税=120÷（1+5%）×1.5%=1.71（万元）。

**【例题80·单选题】** （2024年）2024年3月，已办理临时税务登记的自由职业者张某，取得含税收入8万元，按3%征收率开具增值税专用发票。将自有房屋对外出租，一次性取得年租金20万元，未放弃免税优惠。张某当月应纳增值税（　　）万元。

A. 0.23　　　　B. 0.36　　　　C. 0　　　　D. 0.52

**解析** ↘ 张某当月应纳增值税=8÷（1+3%）×3%=0.23（万元）。

### 考点四十 跨县（市、区）提供建筑服务增值税征收管理 ★★ 一学多考│注

#### （一）适用范围

适用：单位和个体工商户在其机构所在地以外的县（市、区）提供建筑服务。

不适用：其他个人跨县（市、区）提供建筑服务。

**记忆口诀**
23差后盖，一般差后剥9乘2，简易差后3。

**知识点拨**
纳税人跨县（市、区）提供建筑服务，同一地级行政区范围内的跨县（市、区）除外，按规定预缴税款。

#### （二）跨县（市、区）提供建筑服务计税政策

跨县（市、区）提供建筑服务计税政策，见表2-57。

表2-57　跨县（市、区）提供建筑服务计税政策

| 纳税人 | 计税方法 | 建筑服务发生地预缴 | 机构所在申报 |
|---|---|---|---|
| 一般纳税人 | 一般计税 | （全部价款和价外费用-支付的分包款）÷（1+9%）×2% | 全部价款和价外费用÷（1+9%）×9%-进项税额-已预缴税款 |
| | 选择简易计税（清包工、甲供、老项目） | （全部价款和价外费用-支付的分包款）÷（1+3%）×3% | （全部价款和价外费用-支付的分包款）÷（1+3%）×3%-已预缴税款 |
| 小规模纳税人 | 简易计税 | | |

**提示** 开票规定：

在发票的备注栏注明建筑服务发生地县（市、区）名称及项目名称。

小规模纳税人跨县（市、区）提供建筑服务，不能自行开具增值税发票的，可向建筑服务发生地主管税务机关按照其取得的全部价款和价外费用申请代开增值税发票

**【例题81·单选题】** （2020年）某建筑企业为增值税一般纳税人，2024年12月取得跨县市建筑工程服务含税价款1 500万元；支付含税分包工程款600万元，分包款取得合法有效凭证。该建筑服务项目选用一般计税方法。该企业当月应在劳务发生地预缴增值税（　　）万元。

A. 17.48　　　　B. 18　　　　C. 26.21　　　　D. 16.51

**答案** ↘
例题80│A
例题81│D

**解析** ↘ 应预缴税款 =（1 500-600）÷（1+9%）×2% = 16.51（万元）。

【**例题82·单选题**】某建筑工程公司为甲市增值税一般纳税人，2024 年 6 月到乙市提供建筑劳务（建筑用主要材料由建设单位提供），取得含税价款 5 768 万元，该建筑工程公司将承包工程中的电梯安装业务分包给某电梯安装企业，支付含税分包款 618 万元，取得合法有效凭证。建筑工程公司购进建筑用辅助材料的进项税额为 20 万元，该工程公司上述业务税务处理正确的是（  ）。

A. 可以选择简易方法计算增值税，在乙市预缴增值税 150 万元

B. 应按一般计税方法计算增值税，在乙市预缴增值税 280 万元

C. 应按一般计税方法计算增值税，在甲市预缴增值税 280 万元

D. 可以选择简易方法计算增值税，在甲市预缴增值税 150 万元

**解析** ↘ 一般纳税人为甲供工程提供的建筑服务，可以选择简易计税，在建筑服务发生地预缴。在乙市预缴税款 =（5 768-618）÷（1+3%）×3% = 150（万元）。

【**例题83·综合分析题**】某建筑企业为增值税一般纳税人，位于 A 市市区，2024 年 5 月发生如下业务：

（1）在机构所在地提供建筑服务，开具增值税专用发票注明金额 400 万元，税额 36 万元。另在 B 市提供建筑服务，取得含税收入 222 万元，其中支付分包商工程价款取得增值税专用发票注明金额 50 万元，税额 4.5 万元。上述建筑服务均适用一般计税方法。

（2）购买一批建筑材料，用于一般计税方法项目，取得增值税专用发票注明金额 280 万元，税额 36.4 万元。

（3）在机构所在地提供建筑服务，该项目为老项目，企业选择适用简易计税方法，开具增值税专用发票注明金额 200 万元。

（4）购买 1 台专业设备，取得增值税专用发票注明金额 3 万元，税额 0.39 万元。该设备用于建筑工程老项目，该老项目选择适用简易计税方法。

（5）购买 1 台办公用固定资产，取得增值税专用发票注明金额 10 万元，税额 1.3 万元。无法划分清是用于一般计税项目还是简易计税项目。

（6）购买办公用品，取得增值税专用发票注明金额 5 万元，税额 0.65 万元。无法划清是用于一般计税项目还是简易计税项目。

已知：假定本月取得相关票据符合税法规定，并在本月按照规定勾选抵扣进项税额。

要求：根据上述资料，回答下列问题。

（1）该企业在 B 市提供建筑服务应预缴增值税（  ）万元。

A. 4.55　　　B. 3.07　　　C. 4.44　　　D. 0

**解析** ↘ 该企业在 B 市提供建筑服务应预缴增值税 =（222-54.5）÷（1+9%）×2% = 3.07（万元）。

（2）关于业务（4）的增值税处理，下列说法正确的有（　　）。

A. 若该设备将来转用于一般计税方法项目，按原值计算抵扣进项税额

B. 该设备进项税额由纳税人自行决定是否抵扣

C. 购买时抵扣进项税额0.39万元

D. 若该设备将来转用于一般计税方法项目，按净值计算抵扣进项税额

E. 购买时不得抵扣进项税额

**解析** ↳ 购买专业设备用于适用简易计税项目的建筑工程老项目，购买时不得抵扣进项税额。不得抵扣且未抵扣进项税额的固定资产，发生用途改变，用于允许抵扣进项税额的应税项目，按净值计算抵扣进项税额。

（3）业务（5）中可以从销项税额中抵扣进项税额（　　）万元。

A. 1.31　　　　B. 1.28　　　　C. 1.3　　　　D. 0

**解析** ↳ 业务（5）中可以从销项税额中抵扣的进项税额为1.3万元。

（4）业务（6）中可以从销项税额中抵扣进项税额（　　）万元。

A. 0.65　　　　B. 0.49　　　　C. 0.8　　　　D. 0

**解析** ↳ 业务（6）中可以从销项税额中抵扣进项税额＝0.65－0.65×200÷［400＋222÷（1＋9%）＋200］＝0.49（万元）。

（5）该企业当月在A市申报缴纳增值税（　　）万元。

A. 15.26　　　　B. 14.57　　　　C. 16.56　　　　D. 13.35

**解析** ↳ 业务（1）销项税额＝36＋222÷（1＋9%）×9%＝54.33（万元）；可抵扣进项税额＝4.5（万元）。

业务（2）可抵扣进项税额为36.4万元。

业务（3）简易计税应缴纳增值税额＝200×3%＝6（万元）。

业务（4）无可抵扣进项税额。

业务（5）可抵扣进项税额为1.3万元。

业务（6）可抵扣进项税额为0.49万元。

一般计税应纳税额＝54.33－4.5－36.4－1.3－0.49－3.07＝8.57（万元）。

该企业当月在A市申报缴纳增值税＝8.57＋6＝14.57（万元）。

（6）该企业当月在A市申报缴纳城市维护建设税（　　）万元。

A. 1.01　　　　B. 1.02　　　　C. 1.16　　　　D. 0.93

**解析** ↳ 该企业当月在A市申报缴纳城市维护建设税＝14.57×7%＝1.02（万元）。

### 考点四十一　资管产品增值税的征收管理 ★　　一学多考|注

资管产品增值税政策，见表2-58。

**答案** ↳
例题83（2）|DE
例题83（3）|C
例题83（4）|B
例题83（5）|B
例题83（6）|B

132

表 2-58　资管产品增值税政策

| 项目 | 内容 |
|------|------|
| 资管产品 | 包括银行理财产品、资金信托(包括集合资金信托、单一资金信托)、财产权信托、公开募集证券投资基金、特定客户资产管理计划、集合资产管理计划、定向资产管理计划、私募投资基金、债权投资计划、股权投资计划、股债结合型投资计划、资产支持计划、组合类保险资产管理产品、养老保障管理产品以及财政部和国家税务总局规定的其他资管产品 |
| 纳税人 | 资管产品运营过程中发生的增值税应税行为,以资管产品管理人为增值税纳税人 |
| 计税方法的选择 | 资管产品管理人运营资管产品过程中发生的增值税应税行为,暂适用简易计税方法,按照3%的征收率缴纳增值税 |
| | 其他增值税应税行为,按照现行规定缴纳增值税 |
| 销售额的确定 | 提供贷款服务:以2018年1月1日起产生的利息及利息性质的收入为销售额 |
| | 转让2017年12月31日前取得的股票(不包括限售股)、债券、基金、非货物期货:①可以选择按实际买入价计算销售额;②2017年最后一个交易日的收盘价、债券估值、基金份额净值、非货物期货结算价格作为买入价计算销售额 |
| 其他规定 | (1)管理人应分别核算资管产品运营业务和其他业务的销售额和增值税应纳税额;未分别核算的,资管产品运营业务不得适用简易方法计税。<br>(2)管理人可选择分别或汇总核算资管产品运营业务销售额和增值税应纳税额。<br>(3)管理人应按照规定的纳税期限,汇总申报缴纳资管产品运营业务和其他业务增值税 |

**【例题 84·多选题】**（2022 年）关于资管产品增值税征收管理,下列说法正确的有(　　)。

A. 管理人可选择分别或汇总核算资管产品运营业务销售额和增值税应纳税额

B. 管理人应按照规定的纳税期限分别申报缴纳资管产品运营业务和其他业务增值税

C. 管理人应分别核算资管产品运营业务和其他业务的销售额和增值税应纳税额

D. 资管产品管理人提供的资产管理服务一律适用一般计税方法

E. 资管产品管理人运营资管产品过程中发生的增值税应税行为,暂适用简易计税方法,按照3%的征收率缴纳增值税

**解析** ↘选项 B,管理人应按照规定的纳税期限,汇总申报缴纳资管产品运营业务和其他业务增值税。选项 D,资管产品管理人运营资管产品过程中发生

**答案** ↘
例题 84 | ACE

的增值税应税行为，暂适用简易计税方法，按照3%的征收率缴纳增值税。

**【例题85·单选题】**（2024年）2024年1季度，某信托理财机构（一般纳税人）收取管理费600万元，其管理的信托1号产品取得利息收入2 000万元，2号产品转让收益800万元。上述收入均为含税收入，该机构选择分别核算资管产品运营业务和其他业务的销售额和应纳税额，假设无进项税额，该机构上述业务应纳增值税（　　）万元。

A. 115.52　　　　B. 99.03　　　　C. 192.45　　　　D. 170.47

**解析**↘ 该机构上述业务应纳增值税=（2 000+800）÷（1+3%）×3%+600÷（1+6%）×6%=115.52（万元）。

### 考点四十二 成品油零售加油站增值税政策

自2002年5月1日起，凡经批准从事成品油零售业务，并已办理市场主体登记、税务登记，有固定经营场所，使用加油机自动计量销售成品油的单位和个体经营者（以下简称加油站），一律按增值税一般纳税人征税。

成品油零售加油站计税政策，见表2-59。

表2-59　成品油零售加油站计税政策

| 项目 | 内容 | | |
|---|---|---|---|
| 核算方式 | 统一配送成品油方式设立的非独立核算的加油站 | 同一县市的 | 总机构汇总缴纳 |
| | | 同一省内跨县市经营 | 是否汇总缴纳增值税，由省级税务机关确定 |
| | | 跨省经营 | 是否汇总缴纳增值税，由国家税务总局确定 |
| | 统一核算，且经税务机关批准汇总缴纳增值税的成品油销售单位跨县市调配成品油 | | 不征收增值税 |
| 结算方式 | 无论以何种结算方式[如收取现金、支票、汇票、加油凭证（簿）、加油卡等]收取售油款 | | 均应征收增值税 |
| | 发售加油卡、加油凭证销售成品油的纳税人在售卖加油卡、加油凭证时，应按预收账款方法进行相关账务处理 | | 不征收增值税 |
| 开票问题 | 以收取加油凭证（簿）、加油卡方式销售成品油 | | 不得向用户开具增值税专用发票 |
| 应税销售额计算 | 加油站应税销售额包括当月成品油应税销售额和其他应税货物及劳务的销售额。销售成品油必须按不同品种分别核算，准确计算应税销售额 | | |
| | 成品油应税销售额=（当月全部成品油销售数量-允许扣除的成品油数量）×油品单价 | | |

（续表）

| 项目 | 内容 |
|------|------|
| 应税销售额计算 | **提示** 加油站通过加油机加注成品油属于以下情形的，允许在当月成品油销售数量中扣除：①经主管税务机关确定的加油站自有车辆自用油。②外单位购买的，利用加油站的油库存放的代储油。③加油站本身倒库油。④加油站检测用油（回罐油） |

**【例题86·多选题】**下列关于成品油零售加油站增值税政策的说法，正确的有(　　)。

A. 成品油零售加油站根据小规模纳税人标准来决定是否认定为增值税一般纳税人

B. 采取统一配送成品油方式设立的非独立核算的加油站，在同一县市的，由总机构汇总缴纳增值税

C. 对统一核算，且经税务机关批准汇总缴纳增值税的成品油销售单位跨县市调配成品油的，按规定征收增值税

D. 加油站应税销售额为当月成品油应税销售额

E. 经主管税务机关确定的加油站自有车辆自用油允许在当月成品油销售数量中扣除

**解析** ↘ 选项A，凡经批准从事成品油零售业务，并已办理市场主体登记、税务登记，有固定经营场所，使用加油机自动计量销售成品油的单位和个体经营者，一律按增值税一般纳税人征税。选项C，对统一核算，且经税务机关批准汇总缴纳增值税的成品油销售单位跨县市调配成品油的，不征收增值税。选项D，加油站应税销售额包括当月成品油应税销售额和其他应税货物及劳务的销售额。

## 第九节 征收管理及综合拓展

### 考点四十三 征收管理★

#### （一）纳税期限的规定

增值税的纳税期规定为1日、3日、5日、10日、15日、1个月、1个季度。纳税人的具体纳税期限由主管税务机关根据纳税人应纳税额的大小分别核定。

按固定期限纳税的小规模纳税人可以选择以1个月或1个季度为纳税期限，一经选择，一个会计年度内不得变更。不能按照固定期限纳税的，可以按次纳税。

**知识点拨**

以1个季度为纳税期限的规定适用于小规模纳税人、银行、财务公司、信托投资公司、信用社，以及财政部和国家税务总局规定的其他纳税人。

**答案** ↘
例题86 | BE

## （二）增值税报缴税款期限的规定

以 1 个月或者 1 个季度为纳税期：自期满之日起 15 日内。

进口货物：海关填发海关进口增值税专用缴款书之日起 15 日内。

## （三）纳税地点

纳税地点，见表 2-60。

表 2-60　纳税地点

| 类型 | 纳税地点 | |
|---|---|---|
| 固定业户 | 原地经营，一般为机构所在地 | |
| | 总、分机构不在同一县（市） | 分别向各自所在地主管税务机关申报纳税 |
| | | 经批准可由总机构汇总纳税的，向总机构所在地主管税务机关申报纳税 |
| | 到外县（市）销售货物或提供应税劳务 | （1）向机构所在地报告，向机构所在地申报纳税。<br>（2）未报告的，向销售地或者劳务发生地申报纳税。<br>（3）未向销售地或者劳务发生地申报的，由其机构所在地主管税务机关补征税款 |
| 非固定业户 | 销售地或应税行为发生地主管税务机关 | |
| 进口货物 | 报关地海关 | |
| 扣缴义务人 | 机构所在地或者居住地的主管税务机关 | |

【例题 87·单选题】（2021 年）下列关于增值税税款缴纳期限的说法，正确的是（　　）。

A. 以 15 日为缴纳周期的，缴纳周期届满后，25 日内进行缴纳

B. 以 10 日为缴纳周期的，缴纳周期届满后，15 日内进行缴纳

C. 以一个季度为缴纳周期的，缴纳周期届满后，35 日内进行缴纳

D. 以一个月为缴纳周期的，缴纳周期届满后，15 日内进行缴纳

解析 ↘ 纳税人以 1 个月或者 1 个季度为 1 个纳税期的，自期满之日起 15 日内申报纳税；以 1 日、3 日、5 日、10 日或 15 日为 1 个纳税期的，自期满之日起 5 日内预缴税款，于次月 1 日起 15 日内申报纳税并结清上月应纳税款。

【例题 88·多选题】（2021 年）关于增值税纳税地点，下列说法正确的有（　　）。

A. 固定业户到外县（市）销售货物或劳务的，应当向其机构所在地主管税务机关报告外出经营事项，并向其机构所在地主管税务机关申报纳税

B. 固定业户应当向其机构所在地主管税务机关申报纳税

答案 ↘
例题 87 | D

C. 扣缴义务人应当向其机构所在地或者居住地的主管税务机关申报缴纳其扣缴的税款

D. 进口货物，应当由进口人或其代理人向报关地海关申报纳税

E. 非固定业户销售货物或劳务，应当向居住地主管税务机关申报纳税

**解析** ↘ 选项 E，非固定业户销售货物或者劳务，应当向销售地或者劳务发生地的主管税务机关申报纳税；未向销售地或者劳务发生地的主管税务机关申报纳税的，由其机构所在地或者居住地的主管税务机关补征税款。

**【例题89·综合分析题】**（2022 年）甲公司为增值税一般纳税人，主要经营交通运输服务，内部设有驾驶员培训部等部门。2024 年 3 月发生如下业务：

（1）购进经营用油料及其他物料，取得增值税专用发票注明金额为 12 万元，税额 1.56 万元。

（2）购进一栋写字楼取得增值税专用发票注明金额 200 万元，税额 18 万元。装修该写字楼购进材料，取得增值税专用发票注明金额 50 万元、税额 6.5 万元。装修后 80%用作运输部办公室，其余 20%用作驾驶员培训部办公室。驾驶员培训部购进办公用品取得增值税专用发票注明金额 6 万元、税额 0.78 万元。

（3）运输部更新运输车辆，自汽车厂（一般纳税人）购进货车取得机动车销售统一发票，发票上注明的金额为 80 万元，另支付牌照费 0.8 万元和保险费 1 万元，取得公司开具的普通发票。

（4）为客户提供货物运输服务与装卸搬运服务共取得服务费 460 万元。其中，运输服务费 400 万元、装卸搬运服务费 60 万元。

（5）与具有运输资质的乙公司（一般纳税人）建立合作关系，乙公司以自己的名义承揽公路货物运输服务并承担运输人责任，取得服务费 100 万元。甲公司完成乙公司承揽的公路货物运输服务，取得乙公司支付的运输保险费 90 万元，并向乙公司开具增值税专用发票。

（6）驾驶员培训部取得培训收入 60 万元。

（7）为支援灾区，甲公司组成车队为当地民生工作无偿提供运输服务，车队成本为 35 万元，同类运输服务销售额为 42 万元。

已知：甲公司取得的相关凭证全符合税法规定并在当月勾选抵扣。上述收入均为不含税收入。上述业务中可选择简易计税方法计税的，均已选择。

要求：根据以上资料回答下列问题。

（1）甲公司业务（2）准予从销项税额中抵扣的进项税额为（　　）万元。

A. 24.5　　　B. 25.28　　　C. 19.6　　　D. 20.38

**解析** ↘ 业务（2）准予从销项税额中抵扣的进项税额 = 18 + 6.5 = 24.5（万元）。

（2）甲公司业务（4）应计算增值税销项税额（　　）万元。

A. 41.46　　　B. 39.6　　　C. 36　　　D. 29.46

**解析** ↘装卸搬运服务选择简易计税方法计算应纳税额。

**答案** ↘
例题 88｜ABCD
例题 89（1）｜A
例题 89（2）｜C

业务(4)应计算增值税销项税额=400×9%=36(万元)。

(3)关于业务(5)的税务处理，下列说法正确的有(        )。

A. 乙公司应计算增值税销项税额9万元

B. 乙公司承揽公路货物运输业务取得的收入，应按照"信息中介服务"计算缴纳增值税

C. 乙公司承揽公路货物运输业务取得的收入，应按照"交通运输服务"计算缴纳增值税

D. 乙公司可以从销项税额中抵扣进项税额8.1万元

E. 甲公司应计算增值税销项税额8.1万元

**解析** ➘ 选项B，乙公司承揽公路货物运输业务取得的收入，应按照"交通运输服务"计算缴纳增值税。

(4)关于业务(6)和业务(7)的税务处理，下列说法正确的有(        )。

A. 驾驶员培训业务收入应缴纳增值税1.8万元

B. 为支援灾区无偿提供运输服务的进项税额不得从销项税额中抵扣

C. 为支援灾区民生工作无偿提供运输服务应计算增值税销项税额3.78万元

D. 为支援灾区民生工作无偿提供运输服务免征增值税

E. 驾驶员培训业务的进项税额不得从销项税额中抵扣

**解析** ➘ 选项A，驾驶员培训业务收入属于非学历教育，可以选择简易计税，征收率3%，应缴纳的增值税=60×3%=1.8(万元)。选项B、C、D，甲公司为支援灾区无偿提供运输服务，属于无偿提供服务用于公益事业或者以社会公众为对象，无须视同销售，不缴纳增值税。选项E，驾驶员培训业务选择简易计税，其进项税额不得从销项税额中抵扣。

(5)甲公司本月不得抵扣的进项税额为(        )万元。

A. 9.25        B. 5.83        C. 1.09        D. 7.33

**解析** ➘ 甲公司本月不得抵扣的进项税额=1.56×(60+60)÷(400+60+90+60)+0.78=1.09(万元)。

(6)甲公司本月应缴纳增值税(        )万元。

A. 15.02        B. 11.55        C. 22.35        D. 18.57

**解析** ➘ 业务(4)销项税额=400×9%=36(万元)。

业务(5)销项税额=90×9%=8.1(万元)。

本月可以抵扣的进项税额合计=1.25+18+6.5+80×13%=36.15(万元)。

业务(1)分摊的可以抵扣进项税额=1.56×(400+90)÷(400+60+90+60)=1.25(万元)。

一般计税方法下应缴纳的增值税=36+8.1-36.15=7.95(万元)。

简易计税方法应缴纳的增值税=60×3%+60×3%=3.6(万元)。

甲公司本月应缴纳增值税=7.95+3.6=11.55(万元)。

**答案** ➘

例题89(3)丨ACDE

例题89(4)丨AE

例题89(5)丨C

例题89(6)丨B

# 同步训练

DATE

## 考点一 增值税概述； 考点二 增值税纳税人

(单选题)关于增值税纳税人的规定，说法正确的是(    )。

A. 单位以承包方式经营的，承包人以发包人名义对外经营并由发包人承担相关法律责任的，以承包人为纳税人

B. 资管产品运营过程中发生的增值税行为，以资管产品管理人为纳税人

C. 境外单位在境内提供应税劳务，一律以购买者为纳税人

D. 报关进口货物，以进口货物的发货人为纳税人

## 考点三 扣缴义务人

(多选题)依据增值税相关规定，境外单位或个人在境内发生的增值税应税劳务而在境内未设立经营机构的，增值税的扣缴义务人有(    )。

A. 代理人
B. 境外单位
C. 境外个人
D. 购买者
E. 银行

## 考点四 增值税纳税人分类

(多选题)根据增值税纳税人登记管理的规定，下列说法正确的有(    )。

A. 年应税销售额未超过规定标准的纳税人，会计核算健全，能够提供准确税务资料的，可以向主管税务机关办理一般纳税人登记

B. 增值税纳税人应税销售额超过小规模纳税人标准的，除另有规定外，应当向主管税务机关办理一般纳税人登记

C. 除国家税务总局另有规定外，纳税人登记为一般纳税人后，不得转为小规模纳税人

D. 销售服务、无形资产或者不动产有扣除项目的纳税人，年应税销售额按扣除之后的销售额计算

E. 纳税人偶然发生的销售无形资产、转让不动产的销售额，不计入应税行为年应税销售额

## 考点五 征税范围

1. (单选题·2021年)下列行为不属于增值税"现代服务"征收范围的是(    )。

A. 在游览场所经营索道、摆渡车业务

B. 度假村提供会议场地及配套服务

C. 将建筑物广告位出租给其他单位用于发布广告

D. 为电信企业提供基站天线等塔类站址管理业务

2. (多选题)下列属于增值税征税范围的有(    )。

A. 单位聘用的员工为本单位提供取得工资的服务

B. 航空运输企业提供的湿租业务

C. 出租车公司向使用本公司自有出租车的司机收取的管理费用

D. 广告公司提供的广告代理服务

E. 房地产评估咨询公司提供的房地产评估服务

3. （多选题）下列应按照"有形动产租赁服务"缴纳增值税的有（　　　）。

A. 航空运输的干租业务　　　　　　B. 有形动产经营性租赁

C. 远洋运输的期租业务　　　　　　D. 水路运输的程租业务

E. 有形动产融资租赁

4. （多选题·2022年）下列服务属于增值税建筑服务征收范围的有（　　　）。

A. 平整土地　　　　　　　　　　　B. 修缮服务

C. 建筑物平移　　　　　　　　　　D. 工程监理

E. 园林绿化

## 考点六　境内销售的界定

（单选题）根据增值税现行政策规定，下列业务属于在境内销售服务、无形资产或不动产的是（　　　）。

A. 境外单位为境内单位提供境外矿山勘探服务

B. 境外单位向境内单位出租境外的厂房

C. 境外单位向境内单位销售在境外的不动产

D. 境外单位向境内单位提供运输服务

## 考点七　视同销售的征税规定

1. （单选题）下列各项中，应视同销售货物或服务，征收增值税的是（　　　）。

A. 王某无偿向其他单位转让无形资产（用于非公益事业）

B. 某公司将外购饮料用于职工福利

C. 某建筑公司外购水泥发生非正常损失

D. 个人股东无偿借款给单位

2. （单选题·2021年）下列项目中，不属于增值税视同销售行为的是（　　　）。

A. 将购进的货物无偿赠送他人　　　B. 将购进的货物作为福利分配给职工

C. 将委托加工收回的货物用于个人消费　　D. 将自制的货物用于对外投资

## 考点八　混合销售和兼营行为

（单选题）下列经营行为中，属于增值税混合销售行为的是（　　　）。

A. 汽车店销售汽车及内饰用品　　　B. 商场销售空调并提供运输服务

C. 销售服装的同时，为其他客户改裤脚　　D. 酒店提供住宿及机场接送服务

## 考点九　特殊销售的征税规定

1. （单选题·2022年）关于增值税特殊销售业务的税务处理，下列说法正确的是（　　　）。

A. 经营单位购入拍卖物品再销售的应缴纳增值税

B. 发售加油卡销售成品油的纳税人在售卖加油卡时取得预售资金应缴纳增值税

C. 单用途卡售卡企业销售单用途卡取得预售资金应缴纳增值税

D. 持卡人使用多用途卡向特约商户购买物品时，特约商户不缴纳增值税

2. (单选题)位于市区的某餐饮企业为增值税一般纳税人，2024年12月向消费者发行餐饮储值卡(单用途卡)3 000张，取得货币资金300万元；当月消费者使用储值卡购买了该餐饮企业委托外部工厂生产的点心礼盒，确认不含税收入100万元。该纳税人当期的销项税额为(　　)万元。

A. 39　　　　　　B. 13　　　　　　C. 27　　　　　　D. 9

## 考点十 不征收增值税的规定

(多选题)下列情形不征收增值税的有(　　)。

A. 纳税人取得与销售收入直接挂钩的财政补贴收入

B. 个人存款利息

C. 工会收取的会费

D. 被保险人获得的保险赔款

E. 珠宝公司购入执罚部门拍卖的罚没珠宝再销售

## 考点十一 增值税税率

(单选题)正保企业为增值税一般纳税人，2024年3月销售自产塔吊取得收入1 000万元，同时取得安装费收入100万元。当月对安装运行后的塔吊提供维护保养取得收入50万元，提供其他建筑设备维修服务取得收入20万元，上述收入均为不含税收入，会计上均分别核算。采用一般计税方法。甲企业当月的增值税销项税额为(　　)万元。

A. 144.6　　　　　B. 148.6　　　　　C. 146.1　　　　　D. 145.3

## 考点十二 9%税率货物适用范围

1. (单选题)根据增值税规定，自2019年4月1日起，下列产品适用9%税率的是(　　)。

A. 酸奶　　　　　B. 鱼罐头　　　　　C. 茶饮料　　　　　D. 玉米胚芽

2. (多选题)下列货物，适用9%增值税税率的有(　　)。

A. 利用工业余热生产的热水　　　　B. 石油液化气

C. 饲料添加剂　　　　　　　　　　D. 棉纱

E. 食用盐

## 考点十三 零税率的跨境应税行为；　考点十四 征收率

1. (单选题)境内单位和个人发生的下列跨境应税行为中，适用增值税零税率的是(　　)。

A. 向境外单位转让的完全在境外使用的技术

B. 在境外提供的广播影视节目的播映服务

C. 无运输工具承运业务的经营者提供的国际运输服务

D. 向境外单位提供的完全在境外消费的电信服务

2. (多选题·2023年) 境内单位或个人发生的下列行为适用增值税零税率的有(    )。

A. 在境内运载旅客出境

B. 无运输工具承运国际运输业务

C. 航天运输服务

D. 在境外运载货物入境

E. 向境外提供完全在境外消费的设计服务

### 考点十五 法定免税；考点十六 特定减免税项目；考点十七 临时减免税项目

1. (单选题·2023年) 下列选项免征增值税的是(    )。

A. 供热企业向高新技术企业供热

B. 专业培训机构提供培训服务

C. 从事蔬菜批发的纳税人销售的蔬菜

D. 个人出租住房

2. (单选题) 某超市为增值税一般纳税人，2024年6月销售蔬菜取得零售收入24 000元，销售肉蛋取得零售收入20 000元，销售粮食、食用植物油取得零售收入10 000元，销售日化商品取得零售收入50 000元，该超市当月销项税额为(    )元。

A. 6 902.65      B. 6 577.9      C. 10 210.93      D. 11 964.6

3. (单选题) 根据增值税政策的规定，下列项目免征增值税的是(    )。

A. 销售不动产

B. 退役士兵创业就业

C. 个人转让著作权

D. 飞机修理业务

4. (单选题) 下列项目中，免征增值税的是(    )。

A. 婚姻介绍服务

B. 个人销售受赠的住房

C. 职业培训机构提供的非学历教育服务

D. 个人提供修理修配劳务

5. (单选题) 位于市区的某集团总部为增值税一般纳税人。2024年6月取得统借统还利息收入50万元(集团总部按不高于支付给金融机构的借款利率水平向集团内下属单位收取的利息)，保本理财产品利息收入10.6万元。该纳税人当期增值税销项税额为(    )万元。

A. 3.43      B. 3.64      C. 0.6      D. 0

6. (单选题) 某高校科技园为增值税一般纳税人，符合省级科技、教育部门认定和管理办法。2024年5月将园区内当月购置的办公楼出租给在孵企业，取得租金收入100万元。另外提供其他服务，取得代理记账服务收入10万元，餐饮服务收入6万元，软件维护服务收入5万元，广告设计服务收入5万元，会计鉴证服务2万元，上述收入均为含税金额。甲企业应缴纳的增值税税额为(    )万元。

A. 2.73      B. 2.27      C. 0      D. 0.62

7. (单选题)正保野生动物园兴建于 2023 年,为增值税一般纳税人,2024 年 8 月取得第一道门票含税收入 60 万元,在景区经营观光车取得含税收入 12 万元,景区停车场收取含税停车费 4 万元,景区餐饮店取得含税收入 10 万元,景区商店销售纪念品取得含税收入 9 万元。该动物园上述业务应确认的销项税额为( )万元。

    A. 6.01          B. 4.18          C. 0.67          D. 4.53

8. (单选题)正保公司(一般纳税人、非科普单位)开展科普活动,取得科普讲座门票收入含税金额 5.3 万元,应确认的销项税额为( )万元。

    A. 0          B. 4.18          C. 0.3          D. 4.53

9. (单选题)甲工业企业(增值税一般纳税人)在 2024 年 12 月 8 日,通过所在市政府教育局,向多所贫困学校直接捐赠其自产货物一批,并取得合规票据,该批货物的生产成本 300 000 元,当月市场销售价格 375 000 元(不含增值税),其中 1/3 捐赠给目标脱贫地区;12 月 18 日将另一批货物直接捐赠给某幼儿园,该批货物生产成本 100 000 元,当月市场销售价格 125 000 元(不含增值税)。该纳税人当期的增值税销项税额为( )万元。(成本利润率 10%)

    A. 57 200          B. 65 000          C. 16 250          D. 48 750

10. (单选题)某农业公司(一般纳税人)2024 年 4 月利用自有土地,雇佣农户进行种子繁育后销售种子取得销售收入 10 万元;提供亲本种子委托农户繁育并从农户手中收回,再经烘干、脱粒、风筛等深加工后销售种子取得销售收入 15 万元;提供畜鸭苗、饲料等(所有权属于公司),委托农户饲养至成鸭后交付公司回收,公司将回收的成鸭用于销售取得销售收入 20 万元;利用公司自有农机进行农业机耕,取得销售收入 5 万元,将国有农用土地建造蔬菜大棚后出租给村民种植蔬菜取得销售收入 6 万元。该纳税人当期的增值税销项税额为( )万元。

    A. 0          B. 3.72          C. 5.18          D. 0.83

11. (单选题)正保服装厂(一般纳税人)为安置随军家属就业而新开办的企业(随军家属≥60%,其他相关条件均符合),成立于 2023 年 1 月 1 日,2024 年 3 月销售自产服装一批,取得不含税销售收入 10 万元,为客户进行服装设计,取得不含税销售收入 3 万元。购进布料一批支付不含税金额 5 万元,该批布料用于生产服装,取得增值税专用发票。当期的增值税应纳税额为( )万元。

    A. 0          B. 1.04          C. 0.83          D. 0.65

12. (单选题·2022 年)下列行为属于增值税特定减免税优惠项目的是( )。

    A. 民办幼儿园开设特色收费的项目          B. 残疾人家属为社会提供的服务

    C. 养老机构提供的养老服务          D. 个人出租商业用房

13. (单选题)位于市区的某电脑生产企业为增值税一般纳税人,兼营电脑技术研发和技术服务。2024 年 3 月为客户提供技术开发服务以及与之相关的技术咨询服务,开具的同一张增值税普通发票上分别注明价款 1 000 万元和 159 万元。将 C 型电脑的境外经销权转让给境外某公司,取得价款 200 万元。该经销权完全在境外使用。采用赊销方式销售 B 型电脑 5 000 台,不含增值税价格 0.5 万元/台。签订的书面合同中未约定收款日期,电脑已发出。该企业当期的增值税销项税额为( )

万元。

    A. 325　　　　　　B. 390.6　　　　　C. 401.92　　　　　D. 0

14. （单选题）2024 年 7 月 1 日，张某销售天津一套住房，取得含税销售收入 460 万元，该住房于 2022 年 7 月 1 日购进，购进时支付房价 100 万元，手续费 0.2 万元，契税 1.5 万元，张某销售住房应纳增值税（　　）万元。

    A. 21.9　　　　　　B. 17.14　　　　　C. 12.05　　　　　D. 0

15. （多选题）下列选项中属于免征增值税的项目有（　　）。

    A. 承担粮食收储任务的国有粮食购销企业销售大豆

    B. 一般商贸企业销售大豆

    C. 农场销售由自产大豆生产的自榨豆油

    D. 农场销售由自产大豆生产的豆粕

    E. 农场销售自产大豆

## 考点十八　增值税即征即退

1. （单选题·2023 年）网络游戏开发公司为增值税一般纳税人，2024 年 3 月，销售自行开发的网络游戏软件取得不含税销售额 900 万元，自行开发软件运维服务不含税销售额 100 万元。本月购进材料取得增值税专用发票上注明税额 40 万元。本月即征即退增值税（　　）万元。

    A. 60　　　　　　B. 54　　　　　C. 53　　　　　D. 50

2. （多选题）一般纳税人的下列行为中，享受增值税实际税负超过 3% 的部分即征即退优惠政策的有（　　）。

    A. 有形动产融资租赁　　　　　　　　B. 销售自产的利用风力生产的电力产品

    C. 飞机维修劳务　　　　　　　　　　D. 提供管道运输服务

    E. 国内铂金生产企业自产自销的铂金

3. （多选题）位于市区的某食品加工厂（一般纳税人）在职的残疾工作人员有 10 名（非本年招录）。当月从农户手中购入一批鸡蛋，开具农产品收购发票注明的金额为 100 万元，当月全部领用制成蛋黄酱。当月销售蛋黄酱开具增值税专用发票销售收入 150 万元。当地月最低工资标准 1 600 元。下列说法正确的有（　　）。

    A. 蛋黄酱增值税税率 9%

    B. 对安置残疾人的单位按安置人数，限额即征即退增值税

    C. 农户销售鸡蛋免征增值税

    D. 当期购入鸡蛋可以计算抵扣 10%

    E. 当期实际负担增值税 3.1 万元

## 考点十九　增值税先征后退

（多选题）下列关于纳税人享受现行增值税优惠的表述中，符合税法规定的有（　　）。

    A. 对出版社专为儿童出版的报纸取得的收入增值税 100% 先征后退

    B. 对金融机构向农户发放小额贷款取得的利息收入免征增值税

C. 对经营公租房取得的租金收入减半征收增值税

D. 对一般纳税人提供管道运输服务收入免征增值税

E. 对少数民族文字出版物的印刷或制作业务增值税100%先征后退

### 考点二十 扣减增值税规定

(多选题·2021年)关于增值税税收优惠,下列说法正确的有( )。

A. 对纳税人销售自产的利用风力生产的电力产品,实行增值税即征即退50%的政策

B. 纳税人初次购买增值税税控系统专用设备支付的费用以及纳税人缴纳的技术维护费可在增值税应纳税额中全额抵减

C. 对安置残疾人的单位和个体工商户,由税务机关按纳税人安置残疾人的人数,限额扣减增值税

D. 自主就业退役士兵从事个体经营的,自办理个体工商户登记当月起,在3年内予以先征后返增值税

E. 自2022年1月1日至2025年12月31日,对境内单位和个人以出口货物为保险标的的产品责任保险免征增值税

### 考点二十一 起征点和小规模免税规定；考点二十二 减免税其他规定

1. (多选题·2023年)下列关于增值税起征点的说法,正确的有( )。

A. 起征点的调整由当地人民政府规定

B. 按期纳税的,起征点为月销售额5 000~20 000元(含本数)

C. 按次纳税的,起征点为每次(日)销售额300~500元(含本数)

D. 适用范围包括认定为一般纳税人的个体工商户

E. 对销售额超过起征点的,对超过部分征收增值税

2. (单选题)某食品厂为增值税小规模纳税人,2024年4月购进一批模具,取得的增值税普通发票注明含税金额4 000元；以赊销方式销售一批饼干,货已发出,开具了增值税普通发票,含税金额200 000元,截至当月末收到150 000元的含税货款。该食品厂以1个月为1个纳税期。当月该食品厂应纳增值税( )元。

A. 4 248.93 B. 5 705.24 C. 1 980.20 D. 5 825.24

### 考点二十三 增值税计税方法概述

(单选题)位于市区的某小规模纳税人,2024年9月聘请境外公司来华提供商务咨询并支付费用20万元,合同约定增值税由支付方承担,当期应代扣代缴的增值税税额为( )万元。

A. 0 B. 0.2 C. 0.6 D. 1.2

### 考点二十四 一般计税方法之销项税额(一般规定)

1. (单选题)某货物运输企业为增值税一般纳税人,2024年6月提供货物运输服务,取得不含税收入480 000元；出租闲置车辆取得含税收入68 000元；提供车辆停放服务,取得含税收入26 000元。以上业务均适用一般计税方法,该企业当月应确认

销项税额(　　)元。

A. 53 169.80　　　　B. 65 256.92　　　　C. 94 056.92　　　　D. 95 258.12

2.（单选题）某配件厂为增值税一般纳税人，2024年9月采用分期收款方式销售配件，合同约定不含税销售额150万元，当月应收取60%的货款。由于购货方资金周转困难，本月实际收到货款50万元，并按合同约定收取了延期付款违约金1万元，配件厂按照实际收款额开具了增值税专用发票。上年未决诉讼判决，收到由于对方一直未能交货而产生的违约金10万元。当月厂房装修，从一般纳税人处购进中央空调，取得增值税专用发票，注明不含税价款10万元。当月该配件厂应纳增值税(　　)万元。

A. 18.2　　　　B. 11.7　　　　C. 10.52　　　　D. 10.4

3.（单选题）某企业为增值税一般纳税人，对外出租房屋（2020年购置），由于承租方（增值税一般纳税人）提前解除租赁合同，收取承租方的违约金。关于收取的违约金，下列税务处理正确的是(　　)。

A. 不需要缴纳增值税

B. 按照5%征收率缴纳增值税

C. 按照9%税率缴纳增值税

D. 需要缴纳增值税，不得开具增值税专用发票

4.（单选题·2023年）某大数据科技公司为增值税一般纳税人，收入来自数据信息技术服务。2024年3月，为大型企业提供数据采集及公司网络运营服务，取得不含税收入860万元。购进办公用品等固定资产，取得增值税专用发票注明的税额为16万元，该公司当期应缴纳增值税(　　)万元。

A. 34.8　　　　B. 33.2　　　　C. 35.6　　　　D. 34

5.（单选题·2023年）甲公司为增值税一般纳税人，2024年2月基于社会责任将职工食堂改造成对外开放的社区食堂，对孤寡老人以低价提供餐饮服务，取得含税收入40万元，本月取得与收入直接挂钩的财政补贴5万元；对其他社会人员按市场价格提供餐饮服务，取得含税收入135万元；为职工提供免费餐饮服务，成本45万元。甲公司上述业务的销项税额为(　　)万元。

A. 13.16　　　　B. 10.61　　　　C. 12.88　　　　D. 10.19

6.（单选题·2022年）某航空公司为一般纳税人，具有国际运输经营资质，2024年5月购进飞机零配件，取得的增值税专用发票，注明金额600万元，税额78万元；开展航空运输服务，开具增值税普通发票，取得的收入，包括国内运输收入2 000万元，国际运输收入500万元；为客户办理退票，向客户收取退票费收入10万元。上述收入均分别核算，其中以上收入均含税，该航空公司应缴纳增值税(　　)万元。

A. 128.99　　　　B. 129.25　　　　C. 87.70　　　　D. 87.96

7.（单选题·2020年）某企业为增值税一般纳税人，2024年11月销售建材，提供运输服务。取得建材不含税销售款100万元，运输服务不含税销售额3万元，当期允许抵扣的进项税额6.5万元，则本期应缴纳增值税(　　)万元。

A. 6.77          B. 2.77          C. 18          D. 16.89

8. (单选题)正保企业为增值税一般纳税人，2024年10月提供汽车租赁服务，开具增值税专用发票，注明金额为100万元。提供汽车车身广告位出租服务，开具增值税专用发票，注明金额为50万元。出租上月购置房屋并一次性收取当年租金，开具增值税专用发票，注明金额120万元。提供房屋外墙广告出租服务，开具增值税专用发票，注明金额30万元。以融资性售后回租形式融资，作为承租人向出租人出售一台设备，设备公允价值为1000万元。该企业上述业务的增值税销项税额为(     )万元。

A. 31          B. 23.1          C. 33          D. 39

9. (多选题)关于增值税纳税义务和扣缴义务发生时间，下列说法正确的有(     )。

A. 从事金融商品转让的，为收到销售额的当天

B. 赠送不动产的，为不动产权属变更的当天

C. 以预收款方式提供租赁服务的，为服务完成的当天

D. 以预收款方式销售货物(除特殊情况外)的，为货物发出的当天

E. 扣缴义务发生时间为纳税人增值税纳税义务发生的当天

## 考点二十五 一般计税方法之销项税额（特殊销售）

1. (单选题)甲服装厂为增值税一般纳税人，2024年9月销售给乙企业300套服装，不含税价格为700元/套。由于乙企业购买数量较多，甲服装厂给予乙企业7折的优惠，并按原价开具了增值税专用发票，折扣额在同一张发票的"金额"栏注明。甲服装厂当月的销项税额为(     )元。

A. 19 110          B. 27 300          C. 36 890          D. 47 600

2. (单选题)某工艺品厂为增值税一般纳税人，2024年6月2日销售给甲企业200套工艺品，每套不含税价格600元。由于部分工艺品存在瑕疵，该工艺品厂给予甲企业15%的销售折让，已开具红字增值税专用发票。为了鼓励甲企业及时付款，该工艺品厂提出2/20，N/30的付款条件，甲企业于当月15日付款。该工艺品厂此项业务的销项税额为(     )元。

A. 15 600          B. 16 320          C. 13 260          D. 20 400

3. (单选题)某企业为增值税一般纳税人，2024年3月销售钢材一批取得含税销售额58万元。2024年5月因质量问题该批钢材被全部退回，企业按规定开具红字发票。5月销售钢材取得不含税销售额150万元。该企业5月的增值税销项税额为(     )万元。

A. 11.5          B. 11.96          C. 12.83          D. 13

4. (单选题·2022年)某金饰商店为增值税一般纳税人，2024年2月采取以旧换新方式向消费者销售金项链3 000条，新项链每条零售价0.55万元，旧项链每条作价0.48万元，每条项链取得的差价款0.07万元。将上述旧项链翻新后，当月向消费者销售600条，每条零售价0.53万元。该首饰商店当月应缴纳的增值税销项税额为(     )万元。

A. 36.59          B. 41.35          C. 60.74          D. 226.41

5. (单选题)2024年7月，某冰箱生产企业为增值税一般纳税人，响应政府号召开展

节能冰箱以旧换新业务，销售冰箱 30 台，新冰箱含增值税价格 4 000 元/台，旧冰箱折价 200 元/台，另当地政府给予 200 元/台的政府补贴，则当月该企业的增值税销项税额为(  )元。

A. 15 600

B. 14 495.58

C. 13 805.31

D. 13 115.04

6. (单选题) 正保金店为增值税一般纳税人，2024 年 8 月销售金项链，取得不含税销售额 800 万元，收取包装费 10 万元，收取包装物押金 1 万元，本月逾期未退还包装物押金 1.5 万元。该金店 2024 年 8 月的增值税销项税额为(  )万元。

A. 105.32

B. 136

C. 136.07

D. 145.95

## 考点二十六 一般计税方法之销项税额（视同销售）

1. (单选题) 正保汽车制造公司为增值税一般纳税人，2024 年 2 月将 100 辆 A 型电动车作价投资网约车运营公司，本月销售 A 型电动车 10 辆，每辆不含税价 10 万元。另将新研发的 3 辆 B 型电动车奖励研发人员，1 辆 B 型电动车管理部门自用，B 型电动车没有同类销售价，成本 6 万元/辆，成本利润率 10%，该公司当期的增值税销项税额为(  )万元。

A. 260.86

B. 143.86

C. 145.57

D. 146.43

2. (单选题·2023 年) 甲公司为增值税一般纳税人，2024 年 1 月出租 2018 年购置的仓库，租期为 1 年。第 1 个月免租期，租金 2 万元/月（不含税），每季度初支付。1 月收到首季度租金 4 万元，上述业务甲公司应确认的销项税额为(  )万元。

A. 2.16

B. 1.98

C. 0.54

D. 0.36

## 考点二十七 一般计税方法之销项税额（差额计税）

1. (单选题) 正保公司(一般纳税人)因业务开展需要接受劳务派遣，支付格葛人力资源公司劳务派遣费用 90 万元，其中 80 万元为派遣人员的工资、社保费。格葛公司(一般纳税人)选择差额纳税，差额部分开具增值税普通发票，其他部分开具增值税专用发票，以上金额均为价税合计数。该业务中，正保公司可抵扣的进项税额为(  )万元。

A. 0.57

B. 0.48

C. 4.29

D. 5.09

2. (单选题) 正保餐饮企业为增值税一般纳税人。2024 年 12 月转让其拥有的一个餐饮品牌的连锁经营权，取得不含税收入 300 万元。另将其拥有的某上市公司限售股在解禁流通后对外转让，相关收入和成本情况如下：

| 股数 | 初始投资成本 ( 元/股 ) | IPO 发行价 ( 元/股 ) | 售价 ( 元/股 ) |
|---|---|---|---|
| 500 000 | 1.20 | 6.82 | 10.00 |

下列说法正确的是(  )。

A. 转让限售股不征收增值税

B. 转让品牌连锁经营权不征收增值税

C. 该企业当期销项税额 27 万元

D. 转让限售股买入价按初始投资成本 1.20 元/股计算

3. (单选题·2020 年)金融机构提供贷款服务，增值税的计税销售额是(  )。

A. 贷款利息收入扣除金融服务收取的手续费的余额

B. 取得的全部利息收入扣除借款利息后的余额

C. 取得的全部利息及利息性质的收入

D. 结息当日收取的全部利息应计入下期销售额

4. (单选题)某商业银行为增值税一般纳税人，2024 年第二季度提供贷款服务取得含税利息收入 5 300 万元(其中，收到自结息日起 90 天后发生的应收未收利息 300 万元)，利息支出 1 000 万元，提供直接收费服务取得含税收入 106 万元，开展贴现业务取得含税利息收入 500 万元，提供国家助学贷款业务取得利息收入 10 万元，金融同业往来利息收入 50 万元，该银行第二季度上述业务的销项税额为(  )万元。

A. 157.46　　　　B. 306.06　　　　C. 334.30　　　　D. 173.03

5. (单选题)IMA(美国注册管理会计师协会)通过教育部考试中心直属单位在境内组织 CMA 证书认证考试，该单位(一般纳税人)共收取考生考试费 100 万元，支付给境外 IMA 协会考试费 80 万元，已代扣代缴增值税，取得代扣代缴税款的完税凭证，购进考试物料用品，取得增值税专用发票上注明税额 0.13 万元，无其他业务，该公司当期应纳增值税(  )万元。

A. 1　　　　B. 0　　　　C. 1.13　　　　D. 5.53

6. (单选题)某客运站(试点纳税人中的一般纳税人)2024 年 11 月共收取县际班车旅客运输收入 100 万元，支付给实际承运人 80 万元，购进一台安检机，取得增值税专用发票上注明金额 4 万元，该公司当期应纳增值税(  )万元。

A. 0.61　　　　B. 1.13　　　　C. 0.58　　　　D. 0

7. (多选题·2022 年)关于增值税一般纳税人计税销售额，下列说法正确的有(  )。

A. 金融商品转让按照卖出价扣除买入价后的余额为销售额

B. 提供物业管理服务的纳税人向服务接受方收取的自来水水费，以扣除其对外支付的自来水水费后的余额为销售额

C. 经纪代理服务以取得的全部价款和价外费用，扣除佣金和手续费后的余额为销售额

D. 提供客运场站服务以其取得的全部价款和价外费用，扣除支付给承运方运费的余额为销售额

E. 航空运输企业以其取得的收入扣除航空燃油费的余额为销售额

8. (多选题)某企业为增值税一般纳税人，2024 年 5 月买入 A 上市公司股票，买入价 300 万元，支付手续费 0.1 万元。当月卖出其中的 60%，卖出价 140 万元。2024 年 6 月，卖出剩余的 40%，卖出价 200 万元，支付手续费 0.06 万元，印花税 0.2 万元。下列说法正确的有(  )。(已知 2023 年末该企业有金融商品转让负差 20 万元未扣除。以上价格均为含税价格。)

A. 该企业在 2024 年 5 月计算金融商品转让时可以扣除上年未扣除的 20 万元负差

    B. 该企业 2024 年 5 月应缴纳增值税 0 万元

    C. 该企业 2024 年 6 月应缴纳增值税 2.26 万元

    D. 该企业转让金融商品可以开具增值税专用发票

    E. 该企业转让金融商品免征增值税

## 考点二十八 一般计税方法之进项税额（一般规定）

1. （单选题·2020 年）下列项目，允许抵扣增值税进项税额的是（    ）。

    A. 纳税人取得收费公路通行费增值税电子普通发票的道路通行费

    B. 用于个人消费的购进货物

    C. 纳税人购进的娱乐服务

    D. 纳税人支付的贷款利息

2. （多选题）增值税一般纳税人发生的下列行为，不可以抵扣进项税额的有（    ）。

    A. 将外购货物既用于一般计税方法计税项目，又用于免税项目

    B. 将外购货物专用于免税项目

    C. 保险公司现金赔付直接支付给汽修厂

    D. 被拆除违章建筑所耗用的建筑服务

    E. 向社会公众无偿提供服务时消耗的外购货物

## 考点二十九 一般计税方法之进项税额（计算抵扣）； 考点三十 一般计税方法之进项税额（核定扣除）； 考点三十一 一般计税方法之进项税额（加计抵减）

1. （单选题·2023 年）甲烟厂为增值税一般纳税人，2024 年 3 月从烟农处收购烟叶，实际支付价款总额 50 万元，开具收购发票，支付运费取得增值税专用发票，税额为 0.36 万元，本月领用上月购进账面成本 20 万元库存烟叶和本月购进烟叶的 80% 生产卷烟。甲烟厂本月可以从销项税额中抵扣的进项税额为（    ）万元。

    A. 6.24        B. 6.44        C. 5.46        D. 6.46

2. （单选题·2022 年）关于增值税一般纳税人购进农产品时，可以扣除的进项税额（不考虑核定扣除情形），下列说法正确的是（    ）。

    A. 已开具的农产品收购发票上注明的买价和 10% 的扣除率计算进项税额

    B. 购进用于生产 13% 税率货物的农产品，按 13% 扣除进项税额

    C. 从小规模纳税人购进农产品取得 3% 征收率的增值税专用发票，按照发票上注明的税额为进项税额

    D. 购进用于生产低税率货物的农产品，取得的农产品销售发票注明的农产品买价和 9% 的扣除率计算进项税额

3. （单选题·2021 年）某生产企业为增值税一般纳税人（未实行农产品进项税额核定扣除），2024 年 10 月，从小规模纳税人处购入初级农业产品，取得增值税专用发票上注明金额 100 000 元、税额 1 000 元，当月全部领用生产适用税率 13% 的货物。该批农产品可抵扣进项税额（    ）元。

    A. 13 000        B. 9 000        C. 10 000        D. 1 000

4. （单选题·2021 年）某企业为增值税一般纳税人，2024 年 5 月员工报销的交通费和

通行费合计 75 万元(含税),其中:45 万元(不含机场建设费)为注明员工身份信息的航空运输电子客票行程单,25 万元为出租车车票,4 万元为注明旅客信息的公路客票,1 万元为桥梁通行费普通发票。该企业上述票据可抵扣进项税额( )万元。

A. 3.89      B. 4.22      C. 5.93      D. 6.47

5. (单选题·2021 年)关于试点纳税人农产品核定扣除进项税额,下列说法错误的是( )。

A. 农产品指的是初级农业产品

B. 投入产出法是农产品增值税进项税额核定扣除方法之一

C. 购进农产品及应税服务不再凭增值税扣税凭证抵扣增值税进项税额

D. 进项税额核定扣除试点范围包括以农产品为原料生产销售液体乳及乳制品、酒及酒精、植物油

6. (单选题)某果汁加工厂为增值税一般纳税人,2024 年 8 月盘点时发现之前外购的一批尚未生产领用的免税农产品因管理不善全部毁损,农产品账面成本 22 620 元,外购库存的一批包装物因发生自然灾害全部毁损,账面成本 32 000 元,农产品和包装物的进项税额均已抵扣,该加工厂 2024 年 8 月应转出进项税额( )元。

A. 2 940.6      B. 2 237.14      C. 8 380.6      D. 8 820

7. (单选题)某制药厂为增值税一般纳税人,2024 年 5 月销售应税药品取得不含税收入 100 万元,销售免税药品取得收入 50 万元。当月购入原材料一批,取得增值税专用发票,注明税款 6.8 万元;从小规模纳税人购入农产品,取得增值税专用发票,注明金额 8 万元、税额 0.24 万元,当月未生产领用。应税药品与免税药品无法划分耗料情况。该制药厂当月应缴纳增值税( )万元。

A. 6.20      B. 7.99      C. 10.73      D. 13

8. (单选题)某牛乳品厂为增值税一般纳税人,2024 年 3 月销售食用巴氏杀菌乳 25 万千克,税务机关公布的原乳单耗数量是 1.055。该企业月初库存原乳 10 万千克,平均单价为 4.1 元。本月购进原乳 20 万千克,平均单价为 4.2 元。上述价格均是含税价格。农产品进项税额采用投入产出法核定扣除。该乳品厂当月允许扣除的农产品增值税进项税额为( )元。

A. 126 529.98          B. 99 985.23

C. 100 902.52          D. 90 812.27

9. (单选题)某先进制造业企业为增值税一般纳税人,符合进项税额加计抵减政策条件。2025 年 3 月采购生产用原材料,从一般纳税人处取得增值税专用发票注明金额 200 万元;购买某科技公司(一般纳税人)ERP 系统维护服务,取得增值税专用发票注明金额 20 万元;上月购进的成本 40 万元原材料因管理不善毁损(已抵扣进项税额并享受加计抵减政策);2022 年采购的厂房维修服务因服务商违约解除合同,转出进项税额 10 万元;当月销售货物产生销项税额 200 万元。该企业当月应缴纳增值税( )万元。

A. 186.9      B. 190      C. 180.5      D. 199.18

10. （多选题）关于增值税加计抵减政策说法正确的有（　　）。

    A. 集成电路企业当期可抵扣进项税额加计5%抵减应纳增值税税额

    B. 可计提但未计提的加计抵减额，可在确定适用加计抵减政策当期一并计提

    C. 实行加计抵减政策前的进项税额，按规定作进项税额转出的，应在进项税额转出当期，相应调减加计抵减额

    D. 加计抵减额抵减的是当期应纳增值税税额，包括简易计税方法对应的应纳税额

    E. 纳税人可以同时享受加计抵减政策和即征即退政策

## 考点三十二 一般计税方法之进项税额（不得抵扣）

1. （单选题）2019年5月，某增值税一般纳税人购入不动产作为办公楼用于办公，取得增值税专用发票上注明金额2 000万元，税额100万元，进项税额已按规定申报抵扣。2024年5月，该办公楼改用于职工宿舍，累计已计提折旧200万元。该办公楼应转出的进项税额为（　　）万元。

    A. 85.71        B. 100        C. 198        D. 90

2. （单选题）位于市区的某电脑生产企业为增值税一般纳税人。2024年3月购买电脑配件一批，取得的增值税专用发票上注明的价款为1 500万元、税额195万元。该批配件入库后因管理不善损毁10%，用于职工福利发放10%，用于老用户样品试用10%。该业务可抵扣的进项税额为（　　）万元。

    A. 195        B. 175.5        C. 156        D. 136.5

3. （单选题·2021年）一般纳税人购进货物发生下列情况，其进项税额不得从销项税额中抵扣的是（　　）。

    A. 用于分配给股东            B. 用于集体福利

    C. 用于对外投资            D. 发生正常损失

4. （单选题·2021年）某生产企业为增值税一般纳税人，2024年6月因违反法律规定部分货物被依法没收。该货物购进时已抵扣进项税额，账面成本为309万元（其中含一般纳税人提供的运输服务成本9万元，货物适用税率13%）。该批货物应转出进项税额（　　）万元。

    A. 27.81        B. 35.26        C. 39.81        D. 40.17

5. （多选题·2022年）下列项目中，增值税进项税额不得从销项税额中抵扣的有（　　）。

    A. 非正常损失的不动产在建工程所耗用的购进货物、设计服务和建筑服务

    B. 提供保险服务的纳税人以实物赔付方式承担机动车辆保险责任的，自行向车辆修理劳务提供方购进的车辆修理劳务

    C. 用于简易计税方法计税项目的购进货物

    D. 用于集体福利的购进货物

    E. 用于免征增值税项目的购进货物

## 考点三十三 一般计税方法应纳税额的计算

1. （单选题·2022年）关于增值税留抵退税有关政策，下列说法正确的是（　　）。

A. 纳税人出口货物适用免抵退税办法的，应先申请退还留抵退税额

B. 纳税人自 2019 年 4 月 1 日起，已取得留抵退税额的，可以再申请增值税即征即退

C. 纳税人已享受增值税即征即退政策的，可以在 2022 年 10 月 31 日以前一次性将已退还的即征即退税款全部缴回后，按规定申请退还留抵税额

D. 纳税人出口货物适用免退税办法的，相关进项税额可以用于退还留抵税额

2. (单选题) 某企业为增值税一般纳税人，2024 年 8 月，该企业销售旧设备 1 台，取得不含税收入 60 万元，该设备 2009 年购进时取得了增值税专用发票，注明价款 75 万元，已抵扣进项税额。该企业销售此设备应纳增值税(  )万元。

A. 0          B. 1.2          C. 2.4          D. 7.8

3. (单选题) 正保中介公司(一般纳税人)提供婚姻介绍和职业介绍业务，2023 年购进复印机一台，会计上作为固定资产核算，折旧期 5 年，兼用于上述两项服务，取得增值税专用发票列明金额 1 万元，于当月认证抵扣。至 2024 年 12 月，复印机已折旧 12 个月，该纳税人将上述复印机移送至婚姻介绍部门，专用于婚姻介绍业务。当期纳税人取得婚姻介绍和职业介绍收入各 5 万元，无其他业务，分开核算，当期应纳增值税(  )万元。

A. 0.39          B. 1.15          C. 0.68          D. 0

4. (多选题) 下列关于研发机构采购国产设备抵扣增值税的说法，正确的有(  )。

A. 符合条件的研发机构采购国产设备全额退还增值税

B. 已用于进项税额抵扣的，可以在限定期限内申报退税

C. 研发机构采购国产设备的应退税额，为增值税专用发票上注明的税额

D. 已抵扣进项税额的国产设备，监管期内设备移作他用的，应当全额补缴相应税款

E. 主管税务机关应建立台账，记录国产设备的型号、发票开具时间、价格、已退税额等情况

5. (多选题) 根据小微企业和制造业等行业企业现行留抵退税政策，下列凭证在计算进项构成比例时，列入分子的有(  )。

A. 增值税专用发票

B. 收费公路通行费增值税电子普通发票

C. 海关进口增值税专用缴款书

D. 解缴税款完税凭证

E. 农产品收购发票

6. (多选题·2021 年) 关于中国铁路总公司(现为中国国家铁路集团有限公司)汇总缴纳增值税，下列说法正确的有(  )。

A. 所属运输企业提供铁路运输及辅助服务取得的全部收入应预缴税额，不得抵扣进项税额

B. 总公司及其所属运输企业用于铁路运输及辅助服务以外的进项税额不得汇总

C. 汇总的进项税额为总公司及其所属运输企业支付的全部增值税税额

D. 汇总的销售额为总公司及其所属运输企业提供铁路运输及辅助服务的销售额

E. 总公司的增值税纳税期限为1个季度

7. (计算题)甲技术开发咨询公司(以下简称甲公司)为增值税一般纳税人，2024年8月发生下列业务：

(1)为我国境内乙企业(小规模纳税人)提供产品研发服务并提供培训业务，取得含税研发服务收入30万元，含税培训收入10万元，发生业务支出7.2万元(未取得增值税专用发票)。

(2)为我国境内丙公司提供技术项目论证服务，开具增值税专用发票注明金额为120万元。

(3)向我国境内丁企业转让一项专利技术取得转让收入240万元，取得与之相关的技术咨询收入60万元，已履行相关备案手续；为我国境内戊企业提供技术服务，取得技术服务费，开具增值税专用发票注明金额80万元。

(4)从一般纳税人处购进电脑及办公用品，取得增值税专用发票注明金额为50万元，支付运费，取得一般纳税人运输企业开具的增值税专用发票注明金额1万元。

当月取得凭证符合税法规定，与免税项目无关。

要求：根据上述资料，回答下列问题。

(1)业务(1)、(2)应确认销项税额( )万元。

A. 8.37　　　　　　B. 8.49　　　　　　C. 9.46　　　　　　D. 9.06

(2)业务(3)应确认销项税额( )万元。

A. 6.4　　　　　　B. 21.18　　　　　　C. 3　　　　　　D. 4.8

(3)甲公司当月准予从销项税额中抵扣的进项税额为( )万元。

A. 7.38　　　　　　B. 7.34　　　　　　C. 6.59　　　　　　D. 17

(4)甲公司当月应缴纳增值税( )万元。

A. 7.34　　　　　　B. 7.67　　　　　　C. 6.68　　　　　　D. 2.16

## 考点三十四　简易计税方法

1. (单选题·2023年)增值税一般纳税人的下列行为，可以选择简易计税方法计算增值税的是( )。

A. 影视节目制作服务　　　　　　B. 文化体育服务

C. 医疗防疫服务　　　　　　　　D. 客运场站服务

2. (单选题)某建筑安装公司为增值税一般纳税人，2024年5月，以清包工方式提供建筑服务，取得含税收入1 000万元；销售2016年4月30日前自建的不动产，取得含税收入800万元。上述业务均选择简易计税方法计税。该公司当月应纳增值税( )万元。

A. 52.43　　　　　　B. 70.92　　　　　　C. 85.72　　　　　　D. 67.22

3. (单选题·2018年)位于天津市的某设计公司为增值税小规模纳税人，2024年5月提供设计服务，取得含税收入18万元，销售自己使用过的固定资产，取得含税收

入 1 万元。该公司以 1 个月为 1 个纳税期。该公司当月上述业务应纳增值税为（   ）万元。

A. 0      B. 0.19      C. 0.55      D. 0.54

## 考点三十五　进口环节增值税

1. （单选题）某商贸公司为增值税一般纳税人，2024 年 12 月进口高档化妆品一批，关税计税价格为 170 万元。已知高档化妆品关税税率 50%。该批高档化妆品已报关，取得海关开具的进口增值税专用缴款书。该公司当期的进项税额为（   ）万元。

A. 85      B. 45      C. 39      D. 0

2. （单选题·2022 年）关于跨境电子商务零售进口商品税收征管，下列说法错误的是（   ）。

A. 跨境电子商务零售进口商品自海关放行之日起 30 日内退货的可申请退税

B. 单次交易限值以内进口的商品按法定应纳税额的 50% 征收消费税或增值税

C. 进口商品的关税计税价格为实际交易价款，包括货物零售价格、运费和保险费

D. 跨境电子商务零售进口商品购买的个人为纳税人

3. （多选题·2024 年）2024 年 11 月，某消费者当年首次通过跨境电子商务交易平台购买一套零售进口高档化妆品，该套化妆品关税计税价格 5 700 元，关税 2 850 元，下列税务处理正确的有（   ）。

A. 进口环节增值税按法定应纳税额的 70% 缴纳

B. 关税按法定应纳税额 70% 缴纳

C. 该电子商务交易平台可为代收代缴义务人

D. 进口环节增值税计税依据为 5 700 元

E. 该消费者为纳税义务人

## 考点三十六　出口货物、劳务、服务的增值税政策

1. （单选题·2023 年）关于增值税出口退税，正确的是（   ）。

A. 纳税人提供零税率服务，适用简易计税的，可适用免抵退政策

B. 适用不同退税率的货物劳务，未分开报关、核算的，从低适用退税率

C. 生产企业进料加工复出口货物，增值税退税计税依据按出口货物离岸价确定

D. 出口企业既适用增值税免抵退，也适用即征即退，增值税即征即退可参与免抵退计算

2. （单选题）某钢厂为增值税一般纳税人，增值税税率 13%，退税率 10%。2024 年 6 月外购料件一批，取得的增值税专用发票注明价款 200 万元，增值税 26 万元，货已入库。当月进口料件一批，已按购进法向税务机关办理了《生产企业进料加工贸易免税证明》，当期免税购进原材料价格为 25 万美元。当月进料加工复出口钢配件的离岸价格 75 万美元，内销配件不含税销售额 80 万元。该钢厂上期期末留抵税额 5 万元。假设美元对人民币的汇率为 1 : 6.4，钢厂进料加工复出口符合相关规定。该钢厂当期的应退税额为（   ）万元。

A. 0      B. 11      C. 32      D. 72.8

3. （单选题·2020年）下列关于增值税境外旅客购物离境退税政策，说法正确的是（　　）。

A. 一次购买金额达到300元可以退税

B. 退税币种为退税者所在国货币

C. 退税物品不包括退税商店销售的增值税免税物品

D. 境外旅客是指在中国境内居住满365天的个人

4. （多选题）下列情形不适用增值税出口免税并退税政策的有（　　）。

A. 一般纳税人提供适用增值税零税率的应税服务

B. 增值税小规模纳税人出口的货物

C. 出口企业出口货物

D. 出口企业对外提供加工、修理修配劳务

E. 特殊区域内的企业出口的特殊区域内的货物

### 考点三十七 非房地产开发企业转让不动产增值税征收管理；考点三十八 房地产开发企业销售自行开发的房地产项目增值税征收管理

1. （单选题·2020年）某生产企业为增值税一般纳税人，2024年12月销售其2016年5月购入的不动产，开具增值税专用发票，注明不含税金额为4 500万元；该不动产与企业在同一县市，购入时取得的增值税专用发票上注明不含税金额为2 300万元，税额为253万元(已抵扣进项税额)，缴纳契税69万元。该企业2024年12月销售不动产确认的增值税销项税额为（　　）万元。

A. 108.71　　　　　B. 152　　　　　C. 405　　　　　D. 296.29

2. （综合分析题）甲市H宾馆为增值税一般纳税人，主要从事住宿、餐饮、会议场地出租及配套服务。2024年2月发生如下业务：

（1）提供住宿服务取得不含税销售额3 000万元，提供餐饮服务取得不含税销售额420万元(含外卖食品不含税收入20万元)，提供会议场地及配套服务取得不含税收入300万元。

（2）当月购进业务发生进项税额共计162万元，取得增值税专用发票，按规定申报抵扣进项税额。当月因非正常损失进项税额转出2万元。当月从某农场购进农产品200万元，取得农产品销售发票，当月已由餐饮部门全部领用。

（3）为调整经营结构，将位于邻省乙市的一处酒店房产出售，取得含税收入9 980万元。该酒店房产于2015年4月购进，购房发票上注明金额1 260万元，已缴纳契税。没有评估价格。H宾馆选择按照简易方法计算缴纳增值税。

（4）将位于邻省丙市的一处酒店式公寓房产投资于K物业管理公司，该房产在2017年购置时取得的增值税专用发票上注明价款1 200万元、税款132万元。评估机构给出的评估价格为1 500万元(含税)，双方约定以此价格投资入股并办理房产产权变更手续。K公司当月以长租形式出租酒店式公寓取得不含税租金500万元(含配套服务不含税收入60万元)。

要求：根据上述资料，回答下列问题。

(1)业务(1)的销项税额为(　　)万元。

A. 219.6　　　　B. 231　　　　C. 223.2　　　　D. 232.2

(2)业务(2)可以抵扣的进项税额为(　　)万元。

A. 178　　　　B. 180　　　　C. 182　　　　D. 176

(3)业务(3)H宾馆应在乙市预缴增值税(　　)万元。

A. 496　　　　B. 457.8　　　　C. 415.24　　　　D. 520.8

(4)业务(4)H宾馆应在丙市预缴增值税(　　)万元。

A. 8.81　　　　B. 68.81　　　　C. 11.43　　　　D. 8

(5)H宾馆当月应在甲市申报缴纳增值税(　　)万元。

A. 130.92　　　　B. 85.03　　　　C. 86　　　　D. 161.05

(6)关于H宾馆、K公司上述业务的税务处理,下列说法正确的有(　　)。

A. H宾馆提供的会议场地及配套服务,按"会议展览服务"缴纳增值税

B. H宾馆转让乙市酒店房产计算缴纳土地增值税时,可按发票所载金额,按8年计算加计扣除金额

C. H宾馆提供餐饮服务时销售的外卖食品收入,按"餐饮服务"缴纳增值税

D. K公司以长租形式出租酒店式公寓并提供配套服务,按"不动产经营租赁服务"缴纳增值税

E. H宾馆将丙市酒店式公寓房产投资于K公司,应计算缴纳土地增值税

## 考点三十九　提供不动产经营租赁服务增值税征收管理

1. (单选题)某市一家进出口公司为增值税一般纳税人,2024年7月将2017年购置的一处位于外省某市的房产出租,取得收入(含增值税)110万元。该公司在不动产所在地应预缴的增值税和城市维护建设税合计(　　)万元。

   A. 3.03　　B. 3.24　　C. 2.16　　D. 2.02

2. (单选题)正保公司(一般纳税人)2024年10月签订3年期租赁合同,出租上月在邻省购置的写字楼。合同约定租赁期3年,租金合计360万元(含税),当月一次性预收1年租金120万元,尚未开具发票。为该写字楼购买财产保险,取得增值税专用发票注明金额8万元、税额0.48万元。下列说法正确的是(　　)。

   A. 收到租金应在邻省税务机关预缴3.3万元

   B. 可以选择按简易计税,适用5%征收率申报缴纳增值税

   C. 为该写字楼购入的财产保险进项税额不可抵扣

   D. 当期在机构所在地申报应纳增值税税额9.43万元

3. (单选题)甲个体工商户为小规模纳税人,2024年5月出租住房取得含税租金3万元,出租门市房取得含税租金15万元,上述业务应缴纳的增值税税额为(　　)万元。

   A. 40.26　　B. 0.27　　C. 0.76　　D. 0

4. (单选题)葛女士出租住房,2024年3月一次性收取全年租金120万元(含税),当月应缴纳增值税(　　)万元。

A. 9.91           B. 0           C. 5.17           D. 1.71

5. (多选题)下列各项中，关于提供不动产经营租赁服务的增值税政策表述正确的有(　　)。

A. 纳税人以经营租赁方式将土地出租给他人使用，按照销售无形资产缴纳增值税

B. 其他个人出租不动产均按5%征收率计算应纳税额

C. 纳税人向其他个人出租不动产，不得开具或申请代开增值税专用发票

D. 其他个人出租不动产，向不动产所在地主管税务机关申请代开增值税专用发票

E. 出租不动产，租赁合同中约定免租期的，不属于视同销售服务

## 考点四十 跨县（市、区）提供建筑服务增值税征收管理

1. (单选题·2022年)甲建筑公司与乙房地产公司均为增值税一般纳税人，于2024年2月签订建筑施工合同，建筑工程费为8 938万元(含税)，甲公司将该项目部分业务分包给无关联的B建筑公司(一般纳税人)支付含税分包款7 632万元，取得增值税专用发票。甲建筑公司当月的增值税销项税额为(　　)万元。

A. 1 772        B. 738        C. 804        D. 1 008

2. (多选题)关于跨县(不在同一地级行政区域内)提供建筑服务增值税征收管理，下列表述正确的有(　　)。

A. 纳税人应按照工程项目分别计算应预缴税款并分别预缴

B. 跨县提供建筑服务是指纳税人在其机构所在地以外的县提供建筑服务

C. 纳税人以预缴税款抵减应纳税额，应以完税凭证作为合法有效凭证

D. 一般纳税人以取得的全部价款和价外费用扣除支付的分包款后的余额为计税依据计算应预缴税款

E. 小规模纳税人以取得的全部价款和价外费用为计税依据计算应预缴税款

3. (综合分析题)位于甲省某市区的一家建筑企业为增值税一般纳税人，在乙省某市区提供写字楼和桥梁建造业务，2024年12月，具体经营业务如下：

（1）该建筑企业对写字楼建造业务选择一般计税方法。按照工程进度及合同约定，本月取得含税金额3 000万元并给业主开具了增值税专用发票。由于该建筑企业将部分业务进行了分包，本月支付分包含税金额1 200万元，取得分包商(采用一般计税方法)开具的增值税专用发票。

（2）桥梁建造业务为甲供工程，该建筑企业对此项目选择了简易计税方法。本月收到含税金额4 000万元并开具了增值税普通发票。该建筑企业将部分业务进行了分包，本月支付分包含税金额1 500万元，取得分包商开具的增值税普通发票。

（3）从国外进口1台机器设备，国外买价折合人民币80万元，运抵我国入关前支付的运费折合人民币4.2万元、保险费折合人民币3.8万元；入关后运抵企业所在地，取得运输公司开具的增值税专用发票注明运费1万元、税额0.09万元。该进口设备既用于一般计税项目也用于简易计税项目，该企业未分开核算。

（4）将购进的一批瓷砖用于新建的自建综合办公大楼在建工程。该批瓷砖为2021年10月购进，取得增值税专用发票注明增值税税额为40万元，已计入

2021 年 10 月的进项税额进行抵扣。

（5）发生外地出差住宿费支出价税合计 6.36 万元，取得增值税一般纳税人开具的增值税专用发票。发生餐饮费支出价税合计 3 万元，取得增值税普通发票。

已知：假定关税税率为 10%，上述业务涉及的相关票据均已申报抵扣。

要求：根据上述资料，回答下列问题。

（1）业务（1）企业在乙省应预缴的增值税税额为（　　）万元。

A. 55.04　　　　　B. 33.03　　　　　C. 49.54　　　　　D. 52.43

（2）业务（1）企业的增值税销项税额为（　　）万元。

A. 148.62　　　　B. 247.71　　　　C. 162　　　　　　D. 270

（3）业务（2）企业在乙省预缴的增值税税额为（　　）万元。

A. 116.5　　　　　B. 72.82　　　　　C. 45.87　　　　　D. 48.54

（4）业务（3）企业进口设备应缴纳的关税、增值税共（　　）万元。

A. 8.8　　　　　　B. 21.38　　　　　C. 12.58　　　　　D. 19.44

（5）企业当月准予抵扣的增值税进项税额合计（　　）万元。

A. 152.11　　　　B. 112.11　　　　C. 152.02　　　　　D. 99.44

（6）企业应向总部机构所在地主管税务机关缴纳的增值税税额为（　　）万元。

A. 208.42　　　　B. 102.57　　　　C. 0　　　　　　　D. 62.57

### 考点四十一　资管产品增值税的征收管理

（多选题·2021 年）关于资管产品增值税的征收管理，正确的有（　　）。

A. 管理人应按照规定的纳税期限，汇总申报缴纳资管产品运营业务和其他业务增值税

B. 管理人运营资管产品提供贷款服务，以产生的利息及利息性质的收入为销售额

C. 管理人可选择分别或汇总核算资管产品运营业务销售额和增值税应纳税额

D. 资管产品包括银行理财产品

E. 管理人运营资管产品过程中发生的增值税应税行为不适用简易计税方法

### 考点四十二　成品油零售加油站增值税政策

（多选题）下列关于成品油零售加油站增值税政策说法正确的有（　　）。

A. 成品油零售加油站一律按增值税一般纳税人征税

B. 采取统一配送成品油方式设立的非独立核算的加油站，在同一县市的，由总机构汇总缴纳增值税

C. 采取统一配送成品油方式设立的非独立核算的加油站，同省内跨县市经营的，由国家税务总局确定是否汇总缴纳增值税

D. 对统一核算，且经税务机关批准汇总缴纳增值税的成品油销售单位跨县市调配成品油的，按规定征收增值税

E. 加油站无论以何种结算方式收取售油款，均应征收增值税

### 考点四十三　征收管理

1.（单选题）关于增值税纳税地点，下列说法不正确的是（　　）。

A. 固定业户应当向其机构所在地主管税务机关申报纳税

B. 扣缴义务人应当向其机构所在地或者居住地的主管税务机关申报缴纳其扣缴的税款

C. 进口货物，应当由进口人或其代理人向报关地海关申报纳税

D. 非固定业户销售货物或劳务，应当向居住地主管税务机关申报纳税

2. (多选题)下列关于增值税纳税期限说法正确的有(    )。

A. 增值税的纳税期限分别为1日、3日、5日、10日、15日、1个月或者1个季度

B. 纳税人的具体纳税期限，由主管税务机关根据纳税人应纳税额的大小分别核定

C. 按固定期限纳税的小规模纳税人可以选择以1个月或1个季度为纳税期限

D. 纳税人以1个月或者1个季度为1个纳税期的，自期满之日起15日内申报纳税

E. 以1个季度为纳税期限的规定仅适用于小规模纳税人

**综合拓展**[①]

1. (多选题)某市石化企业为增值税一般纳税人，2024年3月销售柴油90 000升，每升不含税金额为6元，其中包括调合用生物柴油10 000升，以及由废弃动物油和植物油(占比70%以上)生产的且符合国家《柴油机燃料调合用生物柴油(BD100)》标准的生物柴油30 000升。当月购进设备1台取得增值税专用发票，税额900元。产品各品种已分别核算，下列说法正确的有(    )。(消费税税率1.2元/升，增值税退税比例70%)

A. 当期应纳消费税72 000元
B. 当期应纳消费税60 000元
C. 当期应退增值税16 170元
D. 当期实纳增值税53 130元
E. 当期应缴纳城市维护建设税8 759.1元

2. (多选题)某白酒厂为增值税一般纳税人，2024年2月销售粮食白酒5吨，开具的增值税专用发票上注明金额为20万元。另收取包装物押金1万元，包装物租金1万元，包装费1万元，没收白酒逾期包装物押金1.5万元。下列说法正确的有(    )。

A. 2024年2月没收逾期包装物押金不缴纳增值税和消费税

B. 2024年2月收取的包装物租金不缴纳增值税和消费税

C. 2024年2月收取的包装费不缴纳增值税和消费税

D. 2024年2月该白酒厂增值税销项税额为2.95万元

E. 2024年2月该白酒厂应纳消费税为6.53万元

3. (多选题)正保化妆品厂为增值税一般纳税人，2025年2月，从农民手中收购鲜花，开具的农产品收购发票上注明买价500万元。从小规模纳税人手中购入鲜花，取得3%征收率的增值税专票注明金额600万元，并用当月从农民手中收购鲜花的80%和从小规模纳税人手中购入鲜花的60%委托B化妆品厂加工高档化妆品，支付加工费100万元，取得增值税专用发票。当月将加工的高档化妆品收回后50%用于连续加工高档化妆品。B化妆品厂无同类产品。2025年3月，正保化妆品厂将其余鲜花

---

① 本模块同步训练多为跨章节结合考查，各位读者可以学习完相关章节后再来做部分的题目。

全部领用生产化妆品。下列说法正确的有(    )。

A. 正保化妆品厂 2 月准予从销项税额中抵扣的进项税额 119.6 万元

B. B 厂代收代缴消费税,组成计税价格中材料成本为 684 万元

C. B 厂应代收代缴消费税 138.35 万元

D. 正保化妆品厂 2 月可扣除消费税 70.13 万元

E. 3 月将其余农产品均领用,可以抵扣增值税 3.6 万元

4. (多选题)2025 年 7 月,甲企业从农户购入高粱一批,支付高粱总价款 42 万元。该企业纳入农产品增值税进项税额核定扣除试点范围,采取成本法扣除,税务机关核定农产品耗用率 0.85。委托乙白酒加工厂(一般纳税人)生产白酒 35 吨,乙加工厂收取含税加工费 4.52 万元,代垫含税辅料 1.13 万元。乙加工厂无同类白酒销售价。当月甲公司收回白酒后全部销售,开具增值税专用发票销售收入 100 万元,结转主营业务成本 65 万元,当期没有其他经济业务,下列说法正确的有(    )。

A. 乙加工厂代收代缴消费税,组成计税价格中材料成本为 36.96 万元

B. 乙加工厂代收代缴消费税 16.13 万元

C. 乙加工厂已代收代缴消费税,甲企业收回后再销售无须缴纳消费税

D. 甲企业当期可抵扣购入高粱的进项税额 4.2 万元

E. 甲企业当期应缴纳增值税 5.99 万元

5. (综合分析题·2022 年)某汽车制造企业为增值税一般纳税人,主要生产乘用车。2024 年 3 月,生产经营情况如下:

(1)购进汽车零配件支付不含税货款 3 000 万元,支付设计服务费不含税金额为 200 万元,支付车站服务费不含税金额为 1.89 万元。上述业务均取得一般纳税人开具的增值税专用发票。

(2)支付贷款利息 20 万元,取得一般纳税人开具的增值税普通发票。

(3)采取预收款方式销售自产 A 型乘用车 500 辆,其中 480 辆已于本月发货。A 型乘用车不含税售价为 12 万元/辆。

(4)将自产 B 型乘用车其中 15 辆发放给企业优秀员工,5 辆留作企业管理部门自用。于当月办理完毕车辆登记手续。B 型乘用车当期无同类产品市场对外售价,生产成本为 8 万元/辆。

(5)进口两辆 C 型乘用车自用。关税计税价格合计 150 万元,关税税率 10%,取得海关签发的增值税专用缴款书和消费税专用缴款书。

已知:该企业取得相关票据均符合规定,并于当月勾选抵扣进项税额。A 型乘用车消费税税率为 5%,B 型乘用车消费税税率为 9%、成本利润率为 8%,C 型乘用车消费税税率为 40%。

要求:根据以上资料,回答下列问题。

(1)进口环节应纳消费税(    )万元。

A. 110           B. 137.5           C. 66           D. 60

(2)该企业当月准予从销项税额中抵扣的进项税额为(    )万元。

A. 402.11        B. 403.25          C. 437.86        D. 439

（3）该企业当月应纳增值税（　　）万元。（不含进口环节增值税）

A. 748.8　　　　　　　B. 654.52　　　　　　C. 329.45　　　　　　D. 254.65

（4）该企业当月应纳消费税（　　）万元。（不含进口环节消费税）

A. 288　　　　　　　　B. 296.52　　　　　　C. 305.09　　　　　　D. 356.12

（5）该企业当月应纳车辆购置税（　　）万元。

A. 37.75　　　　　　　B. 46.49　　　　　　C. 51.99　　　　　　D. 32.25

（6）关于该企业上述业务的税务处理下列说法正确的有（　　）。

A. 企业管理部门自用的车辆应缴纳车辆购置税

B. 贷款利息可以凭普通发票申报抵扣进项税额

C. 奖励给优秀员工的车辆应缴纳车辆购置税，由企业代扣代缴

D. 奖励给优秀员工的车辆应缴纳增值税和消费税

E. 企业管理部门自用的车辆要缴纳消费税，无须缴纳增值税

## ●● 参考答案及解析

### 考点一　增值税概述；　考点二　增值税纳税人

B　【解析】选项A，单位以承包方式经营的，承包人以发包人名义对外经营并由发包人承担相关法律责任的，以发包人为纳税人。选项C，境外的单位或个人在境内提供应税劳务，在境内未设有经营机构的，其应纳税款以境内代理人为扣缴义务人；在境内没有代理人的，以购买者为扣缴义务人，境外单位为纳税人。选项D，对报关进口的货物，以进口货物的收货人或办理报关手续的单位和个人为进口货物的纳税人。

### 考点三　扣缴义务人

AD　【解析】境外单位或个人在境内提供应税劳务，在境内未设有经营机构的，其应纳税款以境内代理人为扣缴义务人；境内没有代理人的，以购买者为扣缴义务人。

### 考点四　增值税纳税人分类

ABCE　【解析】选项D，销售服务、无形资产或者不动产有扣除项目的纳税人，年应税销售额按未扣除之前的销售额计算。

### 考点五　征税范围

1. A　【解析】纳税人在游览场所经营索道、摆渡车、电瓶车、游船等取得的收入，按照"生活服务——文化体育服务"缴纳增值税。

2. BCDE　【解析】选项A，单位聘用的员工为本单位或者雇主提供取得工资的服务，属于非营业活动，不征收增值税。

3. ABE　【解析】选项C、D，远洋运输的期租业务和水路运输的程租业务，按照交通运输服务缴纳增值税。

4. ABCE　【解析】建筑服务包括工程服务、安装服务、修缮服务、装饰服务和其他

建筑服务。其他建筑服务,是指上述工程作业之外的各种工程作业服务,如钻井(打井)、拆除建筑物或者构筑物、平整土地、园林绿化、疏浚(不包括航道疏浚)、建筑物平移、搭脚手架、爆破、矿山穿孔、表面附着物(包括岩层、土层、沙层等)剥离和清理等工程作业。工程监理属于现代服务中的鉴证咨询服务。

## 考点六 境内销售的界定

D 【解析】选项D,属于在境内销售服务,需要缴纳增值税。

## 考点七 视同销售的征税规定

1. A 【解析】选项A,单位或者个人向其他单位或者个人无偿转让无形资产或者不动产(未用于公益事业或者以社会公众为对象),应视同销售征收增值税。选项B、C、D,不视同销售,无须缴纳增值税。

2. B 【解析】将购进的货物作为福利分配给职工属于进项税额不得抵扣的行为,不属于视同销售行为。

## 考点八 混合销售和兼营行为

B 【解析】混合销售行为,必须是一项销售行为既涉及服务又涉及货物。选项A,销售汽车以及内饰,均属于销售货物,不属于混合销售行为。选项C属于兼营。选项D,住宿服务及机场接送服务,均属于销售服务,不属于混合销售行为。

## 考点九 特殊销售的征税规定

1. A 【解析】选项B,发售加油卡、加油凭证销售成品油的纳税人在售卖加油卡、加油凭证时,应按预收账款方法进行相关账务处理,不征收增值税。选项C,单用途卡发卡企业或者售卡企业销售单用途卡,或者接受单用途卡持卡人充值取得的预收资金,不缴纳增值税。选项D,持卡人使用多用途卡,向与支付机构签署合作协议的特约商户购买货物或服务,特约商户应按照现行规定缴纳增值税,且不得向持卡人开具增值税发票。

2. B 【解析】当期销项税额=100×13%=13(万元)。

## 考点十 不征收增值税的规定

BCD 【解析】选项A,自2020年1月1日起,纳税人取得的财政补贴收入,与其销售货物、劳务、服务、无形资产、不动产的收入或者数量直接挂钩的,应计算增值税。纳税人取得其他情形的财政补贴收入,不属于增值税应税收入,不征收增值税。选项E,执罚部门和单位查处属于一般商业部门经营的商品,公开拍卖,拍卖收入上缴财政,不予征税。经营单位购入拍卖物品再销售的,照章征收增值税。

## 考点十一 增值税税率

A 【解析】正保企业当月增值税销项税额=1 000×13%+100×9%+50×6%+20×13%=144.6(万元)。

## 考点十二 9%税率货物适用范围

1. D 【解析】玉米胚芽属于初级农产品,适用9%的增值税税率。酸奶、鱼罐头、茶

饮料都适用 13% 的增值税税率。

2．ABE 【解析】选项 C、D，饲料添加剂、棉纱不属于 9% 增值税税率的范围。

### 考点十三 零税率的跨境应税行为； 考点十四 征收率

1．A 【解析】选项 B、D，不属于零税率中列举的情形，均属于出口免税政策，注意播映服务不属于广播影视节目（作品）的制作和发行服务。选项 C，境内单位和个人以无运输工具承运方式提供的国际运输服务，由境内实际承运人适用增值税零税率；无运输工具承运业务的经营者适用增值税免税政策。

2．ACDE 【解析】零税率的跨境应税行为包括国际运输服务、航天运输服务和向境外单位提供的完全在境外消费的下列服务：①研发服务；②合同能源管理服务；③设计服务；④广播影视节目（作品）的制作和发行服务；⑤软件服务；⑥电路设计及测试服务；⑦信息系统服务；⑧业务流程管理服务；⑨离岸服务外包业务；⑩转让技术。无运输工具承运国际业务的经营者适用增值税免税政策。

### 考点十五 法定免税； 考点十六 特定减免税项目； 考点十七 临时减免税项目

1．C 【解析】自 2012 年 1 月 1 日起，对从事蔬菜批发、零售的纳税人销售的蔬菜，免征增值税。

2．B 【解析】销项税额 = $10\,000 \div (1+9\%) \times 9\% + 50\,000 \div (1+13\%) \times 13\% = 6\,577.9$（元）。

3．C 【解析】根据增值税政策的规定，个人转让著作权免征增值税。

4．A 【解析】选项 B，个人销售自建自用住房，免征增值税。选项 C，一般纳税人提供非学历教育服务，可以选择适用简易计税方法按照 3% 征收率计算应纳税额。选项 D，个人提供修理修配劳务征收增值税。

5．C 【解析】统借统还业务的利息收入免征增值税。
当期增值税销项税额 = $10.6 \div (1+6\%) \times 6\% = 0.6$（万元）。

6．D 【解析】应缴纳增值税 = $(6+5) \div (1+6\%) \times 6\% = 0.62$（万元）。

7．A 【解析】应确认的销项税额 = $60 \div (1+6\%) \times 6\% + 12 \div (1+6\%) \times 6\% + 4 \div (1+9\%) \times 9\% + 10 \div (1+6\%) \times 6\% + 9 \div (1+13\%) \times 13\% = 6.01$（万元）。

8．C 【解析】销项税额 = $5.3 \div (1+6\%) \times 6\% = 0.3$（万元）。

9．D 【解析】增值税销项税额 = $(375\,000 \div 3 \times 2) \times 13\% + 125\,000 \times 13\% = 48\,750$（元）。

10．A 【解析】题干描述销售种子及成鸭为农业生产者销售自产农产品，免征增值税。农业机耕为免税农业服务。纳税人将国有农用地出租给农业生产者用于农业生产，免征增值税。

11．D 【解析】为安置随军家属就业而新开办的企业（随军家属 ≥ 60%），自领取税务登记证之日起，其提供的应税服务 3 年内免征增值税。
应纳税额 = $10 \times 13\% - 5 \times 13\% = 0.65$（万元）。

12．C 【解析】选项 A、B、D，为增值税应税项目。

13．A 【解析】销项税额 = $5\,000 \times 0.5 \times 13\% = 325$（万元）。

14．D 【解析】个人将购买 2 年以上（含）的住房对外销售的，免征增值税。

15. AE 【解析】选项 B，其他粮食企业经营粮食、销售食用植物油、其他销售食用油的业务一律征收增值税。选项 C、D，不属于农业生产者销售自产农产品，豆油不属于初级农产品，豆粕不属于免税饲料。

## 考点十八 增值税即征即退

1. B 【解析】销售软件产品应缴纳的增值税 = 900×13% − 40×900÷(900+100) = 81（万元），即征即退税额 = 81−900×3% = 54（万元）。

2. AD 【解析】选项 B，销售自产的利用风力生产的电力产品即征即退 50%。选项 C，对飞机维修劳务增值税实际税负超过 6% 的部分即征即退。选项 E，国内铂金生产企业自产自销的铂金，实行即征即退政策。

3. BCDE 【解析】选项 A，蛋黄酱不属于初级农产品，适用税率 13%。选型 E，食品加工成实际负担增值税 = 150×13% − 100×10% − 1 600×10×4÷10 000 = 3.1（万元）。

## 考点十九 增值税先征后退

ABE 【解析】选项 C，对经营公租房取得的租金收入，免征增值税。选项 D，对一般纳税人提供管道运输服务收入，增值税实际税负超过 3% 的部分实行增值税即征即退政策。

## 考点二十 扣减增值税规定

ABE 【解析】选项 C，对安置残疾人的单位和个体工商户，由税务机关按纳税人安置残疾人的人数，限额即征即退增值税。选项 D，自主就业退役士兵从事个体经营的，自办理个体工商户登记当月起，在 3 年（36 个月）内按每户每年 20 000 元为限额依次扣减其当年实际应缴纳的增值税、城市维护建设税、教育费附加、地方教育附加和个人所得税。

## 考点二十一 起征点和小规模纳税人免税规定； 考点二十二 减免税其他规定

1. BC 【解析】选项 A，起征点的调整由财政部和国家税务总局规定。选项 D，增值税起征点的适用范围限于个人，不包括认定为一般纳税人的个体工商户。选项 E，销售额超过起征点的，全额纳税。

2. C 【解析】应纳增值税 = 200 000÷(1+1%)×1% = 1 980.20（元）。

## 考点二十三 增值税计税方法概述

D 【解析】境外自然人为境内单位提供的商务咨询服务，适用增值税税率为 6%。当期代扣代缴的增值税税额 = 20×6% = 1.2（万元）。

## 考点二十四 一般计税方法之销项税额（一般规定）

1. A 【解析】当月应确认销项税额 = 480 000×9% + 68 000÷(1+13%)×13% + 26 000÷(1+9%)×9% = 53 169.80（元）。

2. C 【解析】当月该配件厂应纳增值税 = 150×60%×13% + 1÷(1+13%)×13% − 10×13% = 10.52（万元）。

3. C 【解析】增值税的计税销售额为纳税人发生应税销售行为收取的全部价款和价外费用，但是不包括增值税。价外费用按其所属项目的适用税率或征收率计算缴纳

增值税，出租房屋于 2020 年购置，适用一般计税方法，税率为 9%，故违约金按照 9% 税率缴纳增值税。

4. C 【解析】应缴纳增值税 $=860×6\%-16=35.6$（万元）。

5. D 【解析】甲公司上述业务销项税额 $=(40+5+135)÷(1+6\%)×6\%=10.19$（万元）。

6. C 【解析】该航空公司应缴纳的增值税 $=2\,000÷(1+9\%)×9\%+10÷(1+6\%)×6\%-78=87.70$（万元）。

7. A 【解析】本期应缴纳的增值税 $=100×13\%+3×9\%-6.5=6.77$（万元）。

8. C 【解析】该企业当月上述业务增值税销项税额 $=(100+50)×13\%+(120+30)×9\%=33$（万元）。

9. BDE 【解析】选项 A，纳税人从事金融商品转让的，为金融商品所有权转移的当天。选项 C，纳税人提供租赁服务采取预收款方式的，其纳税义务发生时间为收到预收款的当天。

**考点二十五 一般计税方法之销项税额（特殊销售）**

1. A 【解析】甲服装厂当月的销项税额 $=300×700×70\%×13\%=19\,110$（元）。

2. C 【解析】销项税额 $=600×200×(1-15\%)×13\%=13\,260$（元）。

3. C 【解析】该企业5月增值税销项税额 $=150×13\%-58÷(1+13\%)×13\%=12.83$（万元）。

4. C 【解析】增值税销项税额 $=0.07×3\,000÷(1+13\%)×13\%+600×0.53÷(1+13\%)×13\%=60.74$（万元）。

5. B 【解析】销项税额 $=4\,000×30÷(1+13\%)×13\%+200×30÷(1+13\%)×13\%=14\,495.58$（元）。

6. A 【解析】销项税额 $=800×13\%+10÷(1+13\%)×13\%+1.5÷(1+13\%)×13\%=105.32$（万元）。

**考点二十六 一般计税方法之销项税额（视同销售）**

1. C 【解析】销项税额 $=100×10×13\%+10×10×13\%+3×6×(1+10\%)×13\%=145.57$（万元）。

2. D 【解析】应确认的销项税额 $=4×9\%=0.36$（万元）。纳税人出租不动产，租赁合同中约定免租期的，不属于视同销售服务。

**考点二十七 一般计税方法之销项税额（差额计税）**

1. B 【解析】可以抵扣的进项税额 $=(90-80)÷(1+5\%)×5\%=0.48$（万元）。

2. C 【解析】转让限售股业务销项税额 $=(10-6.82)×500\,000÷(1+6\%)×6\%÷10\,000=9$（万元）。连锁经营权属于无形资产中的其他权益性无形资产，适用 6% 的税率。转让品牌连锁经营权销项税额 $=300×6\%=18$（万元）。合计销项税额 $9+18=27$（万元）。

3. C 【解析】贷款服务，以提供贷款服务取得的全部利息及利息性质的收入为销售额。

4. C 【解析】该银行第二季度销项税额 $=(5\,300+106+500)÷(1+6\%)×6\%=334.30$（万元）。

5. A 【解析】当期应纳增值税 $=(100-80)÷(1+6\%)×6\%-0.13=1$（万元）。

6. A 【解析】当期应纳增值税 = $(100-80) \div (1+6\%) \times 6\% - 4 \times 13\% = 0.61$（万元）。

7. ABD 【解析】选项C，经纪代理服务以取得的全部价款和价外费用，扣除向委托方收取并代为支付的政府性基金或者行政事业性收费后的余额为销售额。选项E，航空运输企业的销售额，不包括代收的机场建设费和代售其他航空运输企业客票而代收转付的价款。

8. BC 【解析】5月金融商品转让差额 = $140 - 300 \times 60\% = -40$（万元）。
该企业6月应缴纳增值税 = $(200 - 300 \times 40\% - 40) \div (1+6\%) \times 6\% = 2.26$（万元）。

### 考点二十八 一般计税方法之进项税额（一般规定）

1. A 【解析】选项A，纳税人支付的道路通行费，按照收费公路通行费增值税电子普通发票上注明的增值税税额抵扣进项税额。选项B，购进货物用于个人消费，不得抵扣进项税额。选项C、D，纳税人购进贷款服务、娱乐服务，不得抵扣进项税额。

2. BCD 【解析】选项A，纳税人外购货物既用于一般计税方法计税项目，又用于简易计税方法计税项目、免征增值税项目、集体福利或者个人消费的，其进项税额准予按照销售比例从销项税额中抵扣。选项B，不可以抵扣进项税额。选项C，提供保险服务的纳税人以现金赔付方式承担机动车辆保险责任的，将应付给被保险人的赔偿金直接支付给车辆修理劳务提供方，不属于保险公司购进车辆修理劳务，其进项税额不得从保险公司销项税额中抵扣。选项D，属于非正常损失，不可以抵扣进项税额。选项E，属于不征收增值税，其进项税额可以抵扣。

### 考点二十九 一般计税方法之进项税额（计算抵扣）；考点三十 一般计税方法之进项税额（核定扣除）；考点三十一 一般计税方法之进项税额（加计抵减）

1. D 【解析】可以抵扣进项税额 = $50 \times 1.2 \times 9\% + 50 \times 1.2 \times 80\% \times 1\% + 20 \div (1-9\%) \times 1\% + 0.36 = 6.46$（万元）。

2. D 【解析】选项A，已开具的农产品收购发票上注明的买价和9%的扣除率计算进项税额。选项B，购进用于生产13%税率货物的农产品，按10%扣除进项税额。选项C，从按照简易计税方法依照3%征收率计算缴纳增值税的小规模纳税人取得增值税专用发票的，以增值税专用发票上注明的金额和9%的扣除率计算进项税额。

3. D 【解析】纳税人购进农产品，从依照3%征收率计算缴纳增值税的小规模纳税人取得3%征收率增值税专用发票的，以增值税专用发票上注明的金额和9%的扣除率计算进项税额；纳税人购进农产品用于生产或者委托加工13%税率货物的，按照10%的扣除率计算进项税额。
本题该小规模纳税人开具的是1%征收率的增值税专用发票，故不适用上述计算抵扣进项税额的政策，但可以凭票面税额1 000元抵扣进项税额。

4. A 【解析】出租车票，无法抵扣进项税额。民航旅客运输服务可抵扣进项税额 = $45 \div (1+9\%) \times 9\% = 3.72$（万元），桥、闸通行费可抵扣进项税额 = $1 \div (1+5\%) \times 5\% = 0.05$（万元），注明旅客身份信息的公路客票可以抵扣的进项税额 = $4 \div (1+3\%) \times 3\% = 0.12$（万元），准予抵扣的进项税额 = $3.72 + 0.05 + 0.12 = 3.89$（万元）。

5. C 【解析】选项C，试点纳税人购进农产品不再凭增值税扣税凭证抵扣增值税进项

税额，购进除农产品以外的货物、应税劳务和应税服务，增值税进项税额仍按现行有关规定抵扣。

6. B 【解析】自然灾害造成的损失不必做进项税额转出。该加工厂 2024 年 8 月应转出进项税额 = 22 620÷（1-9%）×9% = 2 237.14（元）。

7. B 【解析】农产品计算抵扣进项税额 = 8×9% = 0.72（万元）。

不得抵扣的进项税额 = （6.8+0.72）×50÷（100+50） = 2.51（万元）。

当期准予抵扣的进项税额 = （6.8+0.72）-2.51 = 5.01（万元）。

当期应纳增值税 = 100×13%-5.01 = 7.99（万元）。

8. D 【解析】期末平均买价 = （100 000×4.1+200 000×4.2）÷（100 000+200 000） = 4.17（元）。

当期耗用原乳进项税额 = 250 000×1.055×4.17÷（1+9%）×9% = 90 812.27（元）。

9. A 【解析】可加计抵减的进项税额 = 200×13%+20×6% = 27.2（万元）。

计提加计抵减额 = 27.2×5% = 1.36（万元）。

调减加计额 = 40×13%×5% = 0.26（万元）（2022 年抵扣的进项税额未享受加计抵减，无须调减）。

可加计抵减额 = 1.36-0.26 = 1.1（万元）。

进项税额转出 = 40×13%+10 = 15.2（万元）。

应纳增值税税额 = 200-（27.2-15.2）-1.1 = 186.9（万元）。

10. BE 【解析】选项 A，集成电路企业当期可抵扣进项税额加计 15% 抵减增值税应纳税税额。选项 C，已计提加计抵减额的进项税额，按规定作进项税额转出的，应在进项税额转出当期，相应调减加计抵减额。选项 D，简易计税方法对应的应纳税额，不可以抵减加计抵减额。

### 考点三十二 一般计税方法之进项税额（不得抵扣）

1. D 【解析】不动产净值率 = （2 000-200）÷2 000×100% = 90%。

该办公楼应转出进项税额 = 100×90% = 90（万元）。

2. C 【解析】可抵扣的进项税额 = 195×（1-10%-10%） = 156（万元）。

3. B 【解析】选项 A、C，属于增值税视同销售货物，购进的货物准予抵扣进项税额。选项 D，发生正常损失，准予抵扣进项税额；发生非正常损失，是不得抵扣进项税额的。

4. C 【解析】被依法没收属于"非正常损失"，非正常损失的购进货物，以及相关的劳务和交通运输服务进项税额不得抵扣，该批货物应转出的进项税额 = （309-9）×13%+9×9% = 39.81（万元）。

5. ACDE 【解析】选项 B，提供保险服务的纳税人以实物赔付方式承担机动车辆保险责任的，自行向车辆修理劳务提供方购进的车辆修理劳务，其进项税额可以按规定从保险公司销项税额中抵扣。

### 考点三十三 一般计税方法应纳税额的计算

1. C 【解析】选项 A，纳税人出口货物劳务、发生跨境应税行为，适用免抵退税办

法的，应先办理免抵退税。免抵退税办理完毕后，仍符合规定条件的，可以申请退还留抵税额。选项 B，纳税人按照规定取得增值税留抵退税款的，不得再申请享受增值税即征即退、先征后返（退）政策。选项 D，适用免退税办法的，相关进项税额不得用于退还留抵税额。

2. D 【解析】一般纳税人销售自己使用过的 2009 年 1 月 1 日以后购进已抵扣进项税额的固定资产，按照适用税率征收增值税。应纳增值税 = 60×13% = 7.8（万元）。

3. A 【解析】固定资产净值 = 1×4÷5 = 0.8（万元）。

进项税额转出 = 0.8×13% = 0.104（万元）。

应纳税额 = 5÷(1+6%)×6% - (0-0.8×13%) = 0.39（万元）。

4. ACE 【解析】选项 B，研发机构采购国产设备的应退税额，为增值税专用发票上注明的税额。研发机构采购国产设备取得的增值税专用发票，已用于进项税额抵扣的，不得申报退税；已用于退税的，不得用于进项税额抵扣。选项 D，已办理增值税退税的国产设备，自增值税专用发票开具之日起 3 年内，设备所有权转移或移作他用的，研发机构须按照下列计算公式，向主管税务机关补缴已退税款。应补缴税款 = 增值税专用发票上注明的税额×（设备折余价值÷设备原值），设备折余价值 = 增值税专用发票上注明的金额 - 累计已提折旧。

5. ABCD 【解析】根据现行增值税政策规定，进项构成比例，为 2019 年 4 月至申请退税前一税款所属期已抵扣的增值税专用发票（含带有"增值税专用发票"字样全面数字化的电子发票、税控机动车销售统一发票）、收费公路通行费增值税电子普通发票、海关进口增值税专用缴款书、解缴税款完税凭证注明的增值税税额占同期全部已抵扣进项税额的比重。

6. BDE 【解析】选项 A，中国铁路总公司所属运输企业（现为中国国家铁路集团有限公司及其分支机构）提供铁路运输及辅助服务，按照除铁路建设基金以外的销售额和预征率计算应预缴税额，按月向主管税务机关申报纳税，不得抵扣进项税额。选项 C，中国国家铁路集团汇总的进项税额，是指中国国家铁路集团及其分支机构为提供铁路运输及辅助服务而购进货物、劳务、服务、无形资产、不动产，支付或者负担的增值税税额。

7. （1）C 【解析】业务（1）、（2）应确认的销项税额 = (30+10)÷(1+6%)×6% + 120×6% = 9.46（万元）。

（2）D 【解析】纳税人提供技术转让、技术开发和与之相关的技术咨询、技术服务，免征增值税。销项税额 = 80×6% = 4.8（万元）。

（3）C 【解析】业务（1）发生业务支出没有取得增值税专用发票，所以不能抵扣进项税额。当月准予从销项税额中抵扣的进项税额 = 50×13% + 1×9% = 6.59（万元）。

（4）B 【解析】应纳增值税 = 9.46+4.8-6.59 = 7.67（万元）。

**考点三十四 简易计税方法**

1. B 【解析】一般纳税人提供电影放映服务、仓储服务、装卸搬运服务、收派服务和文化体育服务，可以选择简易计税方式计税，征收率为 3%。

2. D 【解析】应纳增值税 = 1 000÷(1+3%)×3%+800÷(1+5%)×5% = 67.22(万元)。

3. B 【解析】应纳增值税 = 18÷(1+1%)×1%+1÷(1+1%)×1% = 0.19(万元)。

考点三十五 进口环节增值税

1. C 【解析】应缴纳的关税 = 170×50% = 85(万元)。

当期进项税额 = 进口环节应缴纳的增值税 = (170+85)÷(1−15%)×13% = 39(万元)。

2. B 【解析】在限值以内进口的跨境电子商务零售进口商品，关税税率暂设为零；进口环节增值税、消费税取消免征税额，暂按法定应纳税额的70%征收。

3. CE 【解析】选项A、B，计税价格超过5 000元单次交易限值但低于26 000元年度交易限值，且订单下仅一件商品时，可以自跨境电商零售渠道进口，按照货物税率全额征收关税和进口环节增值税、消费税。选项D，增值税计税依据 = 组成计税价格 = (关税计税价格+关税)÷(1−消费税比例税率) = (5 700+2 850)÷(1−15%) = 10 058.82(元)。

考点三十六 出口货物、劳务、服务的增值税政策

1. B 【解析】选项A，适用简易计税方法的，实行免征增值税办法。选项C，生产企业进料加工复出口货物增值税退(免)税的计税依据，按出口货物的离岸价(FOB)扣除出口货物所含的海关保税进口料件的金额后确定。选项D，出口企业既有适用增值税免抵退项目，也有增值税即征即退、先征后退项目的，增值税即征即退和先征后退项目不参与出口项目免抵退税计算。

2. B 【解析】当期免抵退税不得免征和抵扣税额 = 75×6.4×(13%−10%)−25×6.4×(13%−10%) = 9.6(万元)，当期应纳税额 = 80×13%−(26−9.6)−5 = −11(万元)，免抵退税额 = 75×6.4×10%−25×6.4×10% = 32(万元)，应退税额为11万元。

3. C 【解析】选项A，境外旅客申请退税，应当同时符合以下条件：①同一境外旅客同一日在同一退税商店购买的退税物品金额达到500元人民币；②退税物品尚未启用或消费；③离境日距退税物品购买日不超过90天；④所购退税物品由境外旅客本人随身携带或随行托运出境。选项B，退税币种为人民币。选项D，境外旅客，是指在中华人民共和国境内连续居住不超过183天的外国人和港澳台同胞。

4. BE 【解析】选项B、E，属于增值税只免不退政策。

考点三十七 非房地产开发企业转让不动产增值税征收管理；考点三十八 房地产开发企业销售自行开发的房地产项目增值税征收管理

1. C 【解析】销项税额 = 4 500×9% = 405(万元)。

2. (1)C 【解析】业务(1)销项税额 = (3 000+420+300)×6% = 223.2(万元)。

(2)A 【解析】取得农产品销售发票的，以农产品销售发票上注明的农产品买价和9%的扣除率计算进项税额。本题用于销售6%的餐饮业，生产领用不能加计1%。可以抵扣的进项税额 = (162−2)+200×9% = 178(万元)。

(3)C 【解析】业务(3)H宾馆应在乙市预缴增值税 = (9 980−1 260)÷(1+5%)×5% = 415.24(万元)。

（4）D　【解析】业务（4）H宾馆应在丙市预缴增值税 = （1 500 - 1 200 - 132）÷（1+5%）×5% = 8（万元）。

（5）D　【解析】H宾馆当月应在甲市申报缴纳增值税（一般计税）= 223.2 + 1 500÷（1+9%）×9% - 178 - 8 = 161.05（万元）。

H宾馆当月应在甲市申报缴纳增值税（简易计税）= （9 980 - 1 260）÷（1+5%）×5% - 415.24 = 0。

（6）ACE　【解析】选项B，纳税人转让旧房及建筑物，凡不能取得评估价格，但能提供购房发票的，可按发票所载金额并从购买年度起至转让年度止每年加计5%计算扣除。计算扣除项目时"每年"按购房发票所载日期起至售房发票开具之日止，每满12个月计1年；超过1年，未满12个月但超过6个月的，可以视同为1年。本题中2015年4月购入，2024年2月转出，按照9年计算加计扣除金额。选项D，纳税人以长（短）租形式出租酒店式公寓并提供配套服务的，按照"住宿服务"缴纳增值税。

## 考点三十九 提供不动产经营租赁服务增值税征收管理

1. B　【解析】应预缴的增值税 = 110÷（1+9%）×3% = 3.03（万元）。
应预缴的城市维护建设税 = 3.03×7% = 0.21（万元）。该公司在不动产所在地应预缴的增值税和城市维护建设税合计 = 3.03 + 0.21 = 3.24（万元）。

2. A　【解析】选项A，预缴增值税 = 120÷（1+9%）×3% = 3.3（万元）。选项B，一般纳税人出租营改增后购入的不动产不可以选择适用简易计税，应按一般计税方法计算。选项C，一般纳税人购入生产经营用财产保险的进项税额可以抵扣。选项D，应纳增值税 = 120÷（1+9%）×9% - 0.48 - 3.3 = 6.13（万元）。

3. C　【解析】自然人和个体工商户（小规模纳税人）出租住房，按照5%的征收率减按1.5%计算应纳税额。应纳的增值税 = 3÷（1+5%）×1.5% + 15÷（1+5%）×5% = 0.76（万元）。

4. B　【解析】其他个人采取一次性收取租金的形式出租不动产，取得的租金收入可在租金对应的租赁期内平均分摊，分摊后的月租金收入不超过10万元的，可享受小规模纳税人免征增值税优惠政策，本政策执行至2027年12月31日。

5. CDE　【解析】选项A，纳税人以经营租赁方式将土地出租给他人使用，按照不动产经营租赁服务缴纳增值税。选项B，其他个人出租住房，按照5%的征收率减按1.5%计算应纳税额。

## 考点四十 跨县（市、区）提供建筑服务增值税征收管理

1. B　【解析】甲建筑公司当月增值税销项税额 = 8 938÷（1+9%）×9% = 738（万元）。

2. ABCD　【解析】选项E，小规模纳税人跨县（市、区）提供建筑服务，以取得的全部价款和价外费用扣除支付的分包款后的余额，按照3%的征收率计算应预缴税款。

3. （1）B　【解析】在乙省应预缴的增值税 = （3 000 - 1 200）÷（1+9%）×2% = 33.03（万元）。

（2）B　【解析】销项税额 = 3 000÷（1+9%）×9% = 247.71（万元）。

（3）B　【解析】应预缴税款 = （4 000 - 1 500）÷（1+3%）×3% = 72.82（万元）。

（4）B 【解析】应缴纳关税=（80+4.2+3.8）×10%=8.8（万元）。

应缴纳增值税=（80+4.2+3.8+8.8）×13%=12.58（万元）。

企业进口设备应缴纳的关税、增值税=8.8+12.58=21.38（万元）。

（5）B 【解析】业务（1）可抵扣的进项税额=1 200÷（1+9%）×9%=99.08（万元）。

业务（3）可抵扣的进项税额=12.58+0.09=12.67（万元）。

业务（5）可抵扣的增值税进项税额=6.36÷（1+6%）×6%=0.36（万元）。

企业当月增值税进项税额合计=99.08+12.67+0.36=112.11（万元）。

（6）B 【解析】企业应向总部机构所在地主管税务机关缴纳的增值税=247.71-112.11-33.03+72.82-72.82=102.57（万元）。

## 考点四十一 资管产品增值税的征收管理

ABCD 【解析】选项E，资管产品管理人运营资管产品过程中发生的增值税应税行为，暂适用简易计税方法，按照3%的征收率缴纳增值税。

## 考点四十二 成品油零售加油站增值税政策

ABE 【解析】选项C，采取统一配送成品油方式设立的非独立核算的加油站，同省内跨县市经营的，是否汇总缴纳增值税，由省级税务机关确定。选项D，对统一核算，且经税务机关批准汇总缴纳增值税的成品油销售单位跨县市调配成品油的，不征收增值税。

## 考点四十三 征收管理

1. D 【解析】选项D，非固定业户销售货物或者劳务，应当向销售地或者劳务发生地的主管税务机关申报纳税；未向销售地或者劳务发生地的主管税务机关申报纳税的，由其机构所在地或者居住地的主管税务机关补征税款。

2. ABCD 【解析】选项E，以1个季度为纳税期限的规定适用于小规模纳税人、银行、财务公司、信托投资公司、信用社，以及财政部和国家税务总局规定的其他纳税人。

## 综合拓展

1. ACD 【解析】应纳消费税=（90 000-30 000）×1.2=72 000（元）。

普通柴油应纳增值税税额=60 000×6×13%-900×60 000÷90 000=46 200（元）。

生物柴油应纳增值税税额=30 000×6×13%-900×30 000÷90 000=23 100（元）。

即征即退税额=23 100×70%=16 170（元）。

生物柴油实际负担税额=23 100-16 170=6 930（元）。

当期实际缴纳增值税=46 200+6 930=53 130（元）。

应纳市维护建设税=（46 200+23 100+72 000）×7%=9 891（元）。

2. AD 【解析】增值税销项税额=［20+（1+1+1）÷（1+13%）］×13%=2.95（万元）。

应纳消费税=5×2 000×0.5÷10 000+［20+（1+1+1）÷（1+13%）］×20%=5.03（万元）。

3. AD 【解析】选项A，从农民手中收购的鲜花计算抵扣的进项税额=500×20%×9%+500×80%×10%=49（万元）。

从小规模纳税人购入的鲜花计算抵扣的进项税额=600×40%×9%+600×60%×

$10\% = 57.6$（万元）。加工费进项税额 $=100×13\% = 13$（万元）。

A 化妆品厂 2 月准予从销项税额中抵扣的进项税额合计 $=49+57.6+13=119.6$（万元）。

选项 B，委托加工的鲜花成本 $=500×80\%×90\%+600×(1+3\%)×60\%-600×60\%×10\% = 694.8$（万元）。

选项 C，B 厂应代收代缴消费税 $=(694.8+100)÷(1-15\%)×15\% = 140.26$（万元）。

选项 D，正保将委托加工的高档化妆品收回后 50% 用于连续加工高档化妆品，可扣除的消费税 $=140.26×50\% = 70.13$（万元）。

选项 E，2 月已经抵扣 9%，3 月生产领用可以加计抵扣 1%，可抵扣的增值税进项税额 $=500×20\%×1\%+600×40\%×1\% = 3.4$（万元）。

4. BE 【解析】选项 A，农产品核定扣除体系下，采购农产品以外购价税合计数计入原材料成本，销售终端产品时倒推进项税额。乙加工厂代收代缴消费税，组成计税价格中材料成本为 42 万元。选项 B，加工费 $=(4.52+1.13)÷(1+13\%) = 5$（万元）。组成计税价格 $=(42+5+35×2\,000×0.5÷10\,000)÷(1-20\%) = 63.13$（万元）。乙加工厂代收代缴消费税 $=63.13×20\%+35×2\,000×0.5÷10\,000 = 16.13$（万元）。选项 C，乙代收代缴消费税的计税价格为 63.13 万元，甲收回后加价销售，需要缴纳消费税。选项 D，当期允许抵扣农产品增值税进项税额 = 当期主营业务成本×农产品耗用率÷(1+扣除率)×扣除率 $=65×0.85÷(1+13\%)×13\% = 6.36$（万元）。选项 E，应纳增值税 $=100×13\%-6.36-(4.52+1.13)÷(1+13\%)×13\% = 5.99$（万元）。

5. （1）A 【解析】进口环节应纳消费税 $=150×(1+10\%)÷(1-40\%)×40\% = 110$（万元）。

（2）C 【解析】业务(1)可以抵扣的进项税额 $=3\,000×13\%+200×6\%+1.89×6\% = 402.11$（万元）。

业务(5)进口环节允许抵扣的进项税额 $=150×(1+10\%)÷(1-40\%)×13\% = 35.75$（万元）。合计 $=402.11+35.75 = 437.86$（万元）。

（3）C 【解析】业务(3)销项税额 $=480×12×13\% = 748.8$（万元）。

业务(4)奖励员工视同销售增值税销项税额 $=15×8×(1+8\%)÷(1-9\%)×13\% = 18.51$（万元）。应纳增值税 $=748.8+18.51-437.86 = 329.45$（万元）。

（4）C 【解析】业务(3)应纳消费税 $=480×12×5\% = 288$（万元）。

业务(4)奖励员工视同销售应纳消费税 $=15×8×(1+8\%)÷(1-9\%)×9\% = 12.82$（万元）。

管理部门自用视同销售应纳消费税 $=5×8×(1+8\%)÷(1-9\%)×9\% = 4.27$（万元）。

合计 $=288+12.82+4.27 = 305.09$（万元）。

（5）D 【解析】应纳车辆购置税 $=5×8×(1+8\%)÷(1-9\%)×10\%+150×(1+10\%)÷(1-40\%)×10\% = 32.25$（万元）。

（6）ADE 【解析】选项 B，贷款利息不得抵扣进项税额。选项 C，奖励员工的车辆，应由员工自行缴纳车辆购置税。

亲爱的读者，你已完成本章 43 个考点的学习，本书知识点的学习进度已达 37%。

# 第三章 消费税

重要程度：次重点章节　　分值：20分左右

## 考试风向

### ◤◢◢◢ 考情速递

消费税属于教材第二层级内容，中等偏难，具体来说理解难度大于记忆难度，建议重点理解几种特殊应税消费品的计算与几种特殊情况的应纳税额的计算，各题型均可能出现，近年来常与增值税结合考查综合分析题。

### ◤◢◢◢ 2025年考试变化

调整：消费税纳税义务人表述。

删除：（1）白酒生产企业申报最低计税价格的具体表述。

（2）委托方补缴税款的计税依据。

### ◤◢◢◢ 脉络梳理

## 考点详解及精选例题

### 第一节　消费税概述

#### 考点一　消费税概述★

消费税的特点，见表 3-1。

表 3-1　消费税的特点

| 特点 | 解释 |
|---|---|
| 征税范围具有选择性 | 目前有 15 个消费税税目 |
| 征税环节具有单一性 | 通常一次课征制（卷烟、电子烟和超豪华小汽车除外） |
| 征收方法具有多样性 | 从价定率（比例税率）、从量定额（定额税率）、从价定率和从量定额（复合计征） |
| 税收调节具有特殊性 | 不同的征税项目税负差异较大；配合增值税实行双重征收 |
| 消费税具有转嫁性 | 最终都要转嫁到消费者身上，由消费者负担，税负具有转嫁性（纳税人≠负税人） |

### 第二节　纳税义务人、扣缴义务人和纳税环节

#### 考点二　纳税义务人、扣缴义务人和纳税环节★★　一学多考｜注

1. 纳税义务人

在中华人民共和国境内生产、委托加工和进口应税消费品的单位和个人，国务院确定的销售应税消费品的其他单位和个人，为消费税的纳税人。

调整

提示　进口的应税消费品，由从事进口应税消费品的进口人或其代理人按照规定缴纳消费税。个人携带或者邮寄入境的应税消费品的消费税，连同关税一并计征，由携带入境者或者收件人缴纳消费税。

知识点拨

"单位"是指企业、行政单位、事业单位、军事单位、社会团体及其他单位。

"个人"是指个体工商户及其他个人。

"在中华人民共和国境内"是指生产、委托加工、进口属于应当缴纳消费税的消费品的起运地或所在地在境内。

2. 纳税环节

纳税环节，见表3-2。

表3-2　纳税环节

| 项目 | 生产（进口）、委托加工 | 批发 | 零售 |
| --- | --- | --- | --- |
| 一般应税消费品 | 征 | — | — |
| 卷烟、电子烟 | 征 | 加征 | — |
| 超豪华小汽车 | 征 | — | 加征 |
| 金银、铂金、钻石首饰饰品 | — | — | 征 |

**提示** 自产自用应税消费品，用于连续生产应税消费品的，不纳税；自产的应税消费品用于其他方面🔹，于移送使用时纳税。

指用于生产非应税消费品、在建工程、管理部门、非生产机构、提供劳务、馈赠、赞助、集资、广告、样品、职工福利、奖励等方面。

3. 扣缴义务人

（1）委托加工的应税消费品，委托方为消费税纳税人，其应纳消费税由受托方（受托方为个人除外）在向委托方交货时代收代缴税款。

（2）跨境电子商务零售进口商品按照货物征收进口环节消费税，购买跨境电子商务零售进口商品的个人作为纳税义务人，电子商务企业、电子商务交易平台企业或物流企业为代收代缴义务人。

**【例题1·单选题】**（2024年）下列单位属于消费税纳税义务人的是（　　）。

A. 烟酒零售商店　　　　　　B. 金银首饰零售商店

C. 跨境电子商务企业　　　　D. 高档手表零售商店

**解析** 金银首饰在零售环节缴纳消费税，所以金银首饰零售商店属于消费税纳税义务人。

**【例题2·单选题】**（2024年）关于消费税的征收环节，下列说法正确的是（　　）。

A. 烟酒在生产（进口）和批发环节征收

B. 超豪华小汽车只在零售环节征收

C. 成品油在生产（进口）环节征收

D. 贵重首饰及珠宝玉石在零售环节征收

**解析** 选项A，酒在生产（进口）环节征收消费税，在批发环节不征收消费税。选项B，超豪华小汽车在生产（进口）环节和零售环节征收消费税。选项D，金银首饰、铂金首饰和钻石及钻石饰品在零售环节征收消费税，其他贵重首饰和珠宝玉石在生产（进口）环节征收消费税。

● **得分高手**（2022年单选；2024年单选）

考试出题形式通常为客观题，会直接考查纳税人、扣缴义务人，也会结合消费税税目、纳税环节一起考查。

**答案**
例题1｜B
例题2｜C

## 第三节　税目与税率

### 考点三　税目 ★★　一学多考|注

税目及细节，见表3-3。

表3-3　税目及细节

| 税目 | 子目 | 考点细节 |
|---|---|---|
| 贵重首饰及珠宝玉石 | (1)金银首饰、铂金首饰和钻石及钻石饰品。<br>(2)其他贵重首饰和珠宝玉石 | (1)金银首饰、铂金首饰、钻石及钻石饰品(含人造金银、合成金银首饰等)，在零售环节征收消费税。<br>(2)其他贵重首饰及珠宝玉石(含宝石坯、合成刚玉、合成宝石、双合石、玻璃仿制品、镀金银、包金银首饰，及镀金银、包金银的镶嵌首饰等)在生产、进口、委托加工环节征收消费税 |
| 高档手表 | 不含增值税价格在10 000元(含)以上的各类手表 | 不包括：机芯、零件、维修高档手表 |
| 木制一次性筷子 | 各种规格的木制一次性筷子 | 包括：未经打磨、倒角的木制一次性筷子。<br>不包括：竹制筷子、木制工艺筷子 |
| 酒 | (1)白酒。<br>(2)黄酒。<br>(3)啤酒。<br>(4)其他酒 | (1)其他酒：指除白酒、黄酒、啤酒以外，酒度在1度以上的各种酒。葡萄酒按照"其他酒"征收消费税。<br>(2)饮食业、商业、娱乐业举办的啤酒屋(啤酒坊)自制的啤酒，征收消费税。<br>(3)无醇啤酒、啤酒源、菠萝啤酒和果啤比照啤酒征收消费税。<br>(4)配制酒：符合国家标准的以蒸馏酒或食用酒精为酒基(酒精度38度及以下)和以发酵酒为酒基(酒精度20度及以下)的配制酒按"其他酒"征收消费税。其他配制酒，按白酒税率征收消费税。<br>(5)不包括：调味料酒、酒精 |
| 烟 | (1)卷烟。<br>(2)雪茄烟。<br>(3)烟丝。<br>(4)电子烟 | (1)不包括：烟叶。<br>(2)电子烟：包括烟弹、烟具以及烟弹与烟具组合销售的电子烟产品 |

（续表）

| 税目 | 子目 | 考点细节 |
|------|------|----------|
| 高档化妆品 | 高档美容、修饰类化妆品、高档护肤类化妆品和成套化妆品 | （1）高档：生产（进口）环节销售（计税）价格（不含增值税）在 10 元/毫升（克）或 15 元/片（张）及以上。<br>（2）美容、修饰类化妆品：香水、香水精、香粉、口红、指甲油、胭脂、眉笔、唇笔、蓝眼油、眼睫毛以及成套化妆品。<br>（3）不包括：普通美容、修饰类化妆品，舞台戏剧影视演员化妆用的上妆油、卸妆油、油彩、发胶和头发漂白剂等 |
| 高尔夫球及球具 | 高尔夫球、高尔夫球杆、高尔夫球包（袋） | 包括：高尔夫球杆的杆头、杆身、握把。<br>不包括：高尔夫球衣、球帽、球鞋、高尔夫车等 |
| 游艇 | 8 米≤游艇长度≤90 米，主要用于水上运动和休闲娱乐等非营利活动的各类机动艇 | 不包括：无动力艇、帆艇 |
| 摩托车 | 气缸容量在 250 毫升（含）以上的摩托车 | 不包括：电动摩托车、气缸容量在 250 毫升（不含）以下的小排量摩托车 |
| 小汽车 | （1）乘用车（含驾驶员座位在内的座位数≤9 座）。<br>（2）中轻型商用客车（10 座≤含驾驶员座位在内的座位数≤23 座）。<br>（3）超豪华小汽车（不含税零售价在 130 万元/辆及以上的乘用车和中轻型商用客车） | （1）电动汽车、沙滩车、雪地车、卡丁车、高尔夫车不属于消费税征税范围，不征消费税。<br>（2）购进乘用车或中轻型商用客车整车改装生产的汽车，征收消费税。购进货车或厢式货车改装生产的商务车、卫星通讯车不征消费税 |

（续表）

| 税目 | 子目 | 考点细节 | | |
|---|---|---|---|---|
| 成品油 | （1）汽油。<br>（2）柴油。<br>（3）航空煤油。<br>（4）石脑油。<br>（5）溶剂油。<br>（6）润滑油。<br>（7）燃料油 | 免征、缓征、不征 | （1）符合国家标准且生产原料中废弃动植物油用量比重不低于70%的纯生物柴油免征消费税。<br>（2）对成品油生产过程中，作燃料、动力及原料消耗掉的自产成品油，免征消费税。<br>（3）纳税人以回收的废矿物油为原料生产的润滑油基础油、汽油、柴油等工业油料免征消费税。<br>（4）航空煤油、航天煤油暂缓征收消费税。<br>（5）变压器油、导热类油等绝缘油类产品不属于应征消费税的"润滑油"，不征消费税 | |
| | | 征收 | 汽油 | 以汽油、汽油组分调和生产的"甲醇汽油"和"乙醇汽油"属于"汽油" |
| | | | | 烷基化油（异辛烷）属于"汽油" |
| | | | 柴油 | 以柴油、柴油组分调和生产的"生物柴油"属于"柴油" |
| | | | 溶剂油 | 橡胶填充油、溶剂油原料，石油醚、粗白油、轻质白油、部分工业白油（5号、7号、10号、15号、22号、32号、46号）属于"溶剂油" |
| | | | 石脑油 | 非标汽油，混合芳烃、重芳烃、混合碳八、稳定轻烃、轻油、轻质煤焦油属于"石脑油" |
| | | | 燃料油 | "船用重油、催化料、焦化料"属于"燃料油" |
| | | | 润滑油 | "矿物性润滑油、植物性润滑油、动物性润滑油、合成润滑油、润滑脂"属于"润滑油" |

（续表）

| 税目 | 子目 | 考点细节 |
|---|---|---|
| 实木地板 | 实木地板 | 包括：各类规格的实木地板、实木复合地板、实木指接地板、素板、白坯板、漆饰地板 |
| | 实木装饰板 | 包括：用于装饰墙壁、天棚的侧端面为榫、槽的实木装饰板 |
| 涂料 | 涂料 | 免税：对施工状态下挥发性有机物（VOC）含量低于420克/升（含）的涂料免征消费税 |
| 电池 | 原电池（锌电、锂电、汞电等）、蓄电池（酸性、碱性、氧化还原液流蓄电池等）、燃料电池、太阳能电池（不包括用于太阳能发电储能用的蓄电池）和其他电池 | 免税：无汞原电池、金属氢化物镍蓄电池、锂原电池、锂离子蓄电池、太阳能电池、燃料电池和全钒液流电池免征消费税 |
| 鞭炮、焰火 | 鞭炮、焰火 | 不包括：体育上用的发令纸、鞭炮药引线 |

> **知识点拨**
> 免征消费税条件（同时符合）：①《危险废物（综合）经营许可证》+污染物排放符合标准证明材料（6个月以内）。②原料中废矿物油重量占90%以上。产成品中必须包括润滑油基础油，且每吨废矿物油生产的润滑油基础油不少于0.65吨。③与利用其他原料生产的产品分别核算。

**提示** 废矿物油，是指工业生产领域机械设备及汽车、船舶等交通运输设备使用后失去或降低功效更换下来的废润滑油。

开票：符合规定的纳税人销售免税油品时，应在增值税专用发票的产品名称后加注"（废矿物油）"。

计算：符合规定的纳税人利用废矿物油生产的润滑油基础油连续加工生产润滑油，或纳税人（包括符合规定的纳税人及其他纳税人）外购利用废矿物油生产的润滑油基础油加工生产润滑油，在申报润滑油消费税税额时按当期销售的润滑油数量扣减其耗用的符合规定的润滑油基础油数量的余额计算缴纳消费税。

时限：上述优惠政策执行至2027年12月31日。

**【例题3·单选题】**（2024年）下列属于消费税征收范围的是（　　）。

A. 护发品　　　　B. 宝石坯　　　　C. 变压器油　　　　D. 调味料酒

**解析** 选项B，对宝石坯应按规定征收消费税。选项A、C、D，不属于消费税征税范围，不征收消费税。

**【例题4·单选题】**下列商品中，应缴纳消费税的是（　　）。

A. 零售的高档化妆品　　　　B. 零售的白酒

C. 加油站对外零售的汽油　　　　D. 进口的卷烟

**解析** 选项A、B，高档化妆品和白酒在零售环节都不缴纳消费税。选项C，汽油在生产环节缴纳消费税，加油站加油属于零售环节，不缴纳消

> **答案**
> 例题3｜B
> 例题4｜D

费税。

**【例题 5·多选题】** 下列业务中,既征收增值税又征收消费税的有( )。

A. 汽车厂销售自产电动汽车

B. 卷烟批发商向零售商销售卷烟

C. 地板厂销售实木地板

D. 商场珠宝部销售珠宝玉石饰品

E. 4S 店销售大排量小汽车

**解析** ↘选项 A,电动汽车不属于消费税征税范围,此业务仅征收增值税。选项 B,卷烟在批发环节征收消费税,属于既征增值税又征消费税的情形。选项 C,实木地板在生产环节征收消费税,属于既征增值税又征消费税的情形。选项 D,珠宝在生产环节征收消费税,零售环节不征消费税,此业务只征收增值税。选项 E,大排量小汽车不一定是超豪华小汽车,在零售环节需要根据不含税售价是否超过 130 万元/辆,确认是否征收消费税。

● **得分高手** (2022 年单选;2024 年单选)

本知识点以文字性选择题考核较多,可能会从以下几种角度考核:

(1)直接问是否属于消费税征税范围,针对 15 大类消费品税目的细节须重点把握。

(2)结合纳税人及纳税环节等考核是否需要征收消费税,因此需要重点掌握几个特殊消费品的纳税人及纳税环节等。

### 考点四 税率★① 一学多考|注

1. 一般规定

消费税税率全国统一,税率有两种形式,比例税率和定额税率。

2. 从高情形

(1)纳税人兼营不同税率的应税消费品,即生产销售两种税率以上的应税消费品时,应当分别核算不同税率应税消费品的销售额或销售数量,未分别核算的,按最高税率征税。

(2)纳税人将应税消费品与非应税消费品以及适用税率不同的应税消费品组成成套消费品销售的,从高适用税率。

(3)应税消费品的具体征税范围,由财政部、国家税务总局确定。消费税税目、税率的调整,由国务院决定。

---

① 近年机考界面中常以"附表"形式给出考试相关部分税率,为广大考生适应考试查表,本书在"附录"中同步提供了适用的税率表。

**答案** ↘
例题 5 | BC

## 第四节　计税依据

### 考点五　计税依据★　一学多考|注

**（一）从量定额（啤酒、黄酒、成品油）的计税依据**

从量定额计税依据，见表3-4。

表3-4　从量定额计税依据

| 项目 | 计税依据 |
|---|---|
| 生产销售 | 应税消费品的销售数量 |
| 自产自用 | 应税消费品的移送使用数量 |
| 委托加工 | 纳税人收回的应税消费品数量 |
| 进口 | 海关核定的应税消费品进口征税数量 |

啤酒、黄酒、成品油定额税率，见表3-5。

表3-5　啤酒、黄酒、成品油定额税率

| 应税消费品 | | 定额税率 | |
|---|---|---|---|
| 啤酒 | 甲类啤酒（出厂价≥3 000元/吨） | 250元/吨 | **提示1** 单位税额按出厂价（含包装物押金）划分档次，包装物押金不包括重复使用的塑料周转箱押金 |
| | 饮食业、商业、娱乐业自制啤酒 | | |
| | 乙类啤酒（出厂价<3 000元/吨） | 220元/吨 | |
| 黄酒 | | 240元/吨 | **提示2** 黄酒1吨=2 000斤 |
| 成品油 | 汽油 | 1.52元/升 | **提示3** 汽油1吨=1 388升 |
| | 柴油 | 1.20元/升 | **提示4** 柴油1吨=1 176升 |

【例题6·多选题】甲啤酒厂为增值税一般纳税人，2024年6月销售鲜啤酒10吨给乙烟酒批发销售公司，开具的增值税专用发票上注明不含税金额29 000元，另开收据收取包装物押金2 000元（含塑料周转箱押金500元）；销售无醇啤酒5吨给丙商贸公司，开具增值税普通发票注明不含税金额13 800元，另开收据收取包装物押金750元。上述押金均单独核算。关于甲厂当月应缴纳消费税，下列说法正确的有（　　）。

A. 鲜啤酒为甲类啤酒，适用250元/吨的单位税额，应纳消费税2 500元

B. 鲜啤酒为乙类啤酒，适用220元/吨的单位税额，应纳消费税2 200元

C. 无醇啤酒不属于消费税征税范围，不征收消费税

D. 无醇啤酒为乙类啤酒，适用220元/吨的单位税额，应纳消费税1 100元

E. 单位税额按出厂价(含包装物押金)划分档次，包装物押金包括重复使用的塑料周转箱押金

**解析** ↘ 鲜啤酒每吨出厂价 = [29 000 + (2 000 - 500) ÷ (1 + 13%)] ÷ 10 = 3 032.74(元)，为甲类啤酒。鲜啤酒当月应缴纳消费税 = 10 × 250 = 2 500(元)。

无醇啤酒每吨出厂价 = [13 800 + 750 ÷ (1 + 13%)] ÷ 5 = 2 892.74(元)，为乙类啤酒。无醇啤酒当月应缴纳消费税 = 5 × 220 = 1 100(元)。

**【例题7·单选题】** 某石化企业为增值税一般纳税人，2024年3月销售柴油 90 000 升，其中包括以柴油调和而成的生物柴油 10 000 升，以及符合税法规定条件的纯生物柴油 30 000 升，且已分别核算，该企业 2024 年 3 月应缴纳消费税(　　)元。

A. 108 000　　　B. 60 000　　　C. 72 000　　　D. 0

**解析** ↘ 符合条件的纯生物柴油免征消费税。应纳税 = (90 000 - 30 000) × 1.2 = 72 000(元)。

### (二) 从价定率的计税依据——一般应税消费品

1. 销售额的确定

应税消费品的销售额包括销售应税消费品从购买方收取的全部价款和价外费用。

"销售额"不包括应向购买方收取的增值税税额。

即：一般情形下，计算消费税的销售额与计算增值税的销售额是一致的。

销售额 = 含增值税的销售额 ÷ (1 + 增值税税率或征收率)

**提示** (1)价款不包括符合条件的代垫运费、政府性基金、行政事业性收费，但包括价外费用(本条细节与增值税政策相同，此处略)。

(2)白酒生产企业向商业销售单位收取的"品牌使用费"属于价外费用。

(3)以外汇结算销售额的，与增值税政策相同，此处略。

**【例题8·多选题】** (2024年)下列关于消费税计税销售额，说法正确的有(　　)。

A. 销售额不包括向购买方收取的增值税税款

B. 纳税人生产电子烟，按生产销售电子烟的销售额计算纳税

C. 白酒生产企业向商业销售单位收取的"品牌使用费"计入销售额

D. 发票承运部门开具给购买方的代垫运输费用属于价外费用，计入销售额

E. 销售额为纳税人销售应税消费品向购买方收取的全部价款

**解析** ↘ 选项 D，消费税销售额不包括同时符合以下条件的代垫运输费用：①承运部门的运输费用发票开具给购买方的；②纳税人将该项发票转交给购买方的。选项 E，销售额为纳税人销售应税消费品向购买方收取的全部价款

**答案** ↘
例题6 | AD
例题7 | C
例题8 | ABC

183

和价外费用。

**【例题9·多选题】** 纳税人销售应税消费品收取的下列款项，应计入消费税计税依据的有(    )。

A. 集资款　　　　　　　　　　B. 增值税销项税额

C. 未逾期的啤酒包装物押金　　D. 白酒品牌使用费

E. 装卸费

**解析** ↘ 集资款、白酒品牌使用费和装卸费属于价外费用，要并入计税依据计算消费税。选项B，增值税销项税额不需要并入消费税的计税依据。选项C，啤酒从量计征消费税，包装物押金不计算消费税。

2. 销售额中关于包装物的规定

(1)一般应税消费品。

卖掉：从价定率办法计算的应税消费品连同包装物销售的，无论包装物是否单独计价，也不论在会计上如何核算，均应并入应税消费品的销售额中征收消费税。

收押金：如果包装物不作价随同产品销售，只是收取押金，不并入应税消费品销售额中征税。但对逾期未收回的包装物不再退还的或者已收取超过12个月的押金，应并入应税消费品的销售额，按照应税消费品的适用税率征收消费税。

押金不退：对既作价随同应税消费品销售，又另外收取的包装物的押金，凡纳税人在规定的期限内不予退还的，均应并入应税消费品的销售额，按照应税消费品的适用税率征收消费税。

(2)啤酒、黄酒。

对销售啤酒、黄酒所收取的包装物押金，收取时按一般应税消费品押金的规定处理。

(3)白酒、其他酒。

对酒类产品生产企业销售酒类产品(不包括啤酒、黄酒)而收取的包装物押金，无论押金是否返还及会计上如何核算，均应并入酒类产品销售额中征收消费税。

与包装物押金相关的增值税、消费税政策，见表3-6。

表3-6　与包装物押金相关的增值税、消费税政策

| 包装物押金<br>(以一般纳税人为例) | 增值税 | 消费税 |
|---|---|---|
| 一般应税消费品 | 收取时不征收<br>逾期则征收[除以(1+13%)] | 收取时不征收<br>逾期则征收[除以(1+13%)] |

（续表）

| 包装物押金<br>（以一般纳税人为例） | 增值税 | 消费税 |
|---|---|---|
| 啤酒、黄酒 | 收取时不征收<br>逾期则征收［除以（1+13%）］ | 收取时不征收（影响啤酒甲乙分类定档）<br>逾期不征收 |
| 白酒、其他酒 | 收取时征收［除以（1+13%）］<br>逾期不征收 | 收取时征收［除以（1+13%）］<br>逾期不征收 |

【例题10·单选题】关于企业单独收取的包装物押金，下列消费税税务处理正确的是（　　）。

A. 销售黄酒收取的包装物押金应并入当期销售额计征消费税

B. 销售啤酒收取的包装物押金应并入当期销售额计征消费税

C. 销售葡萄酒收取的包装物押金不并入当期销售额计征消费税

D. 销售白酒收取的包装物押金并入当期销售额计征消费税

解析 ↘ 选项A、B，啤酒、黄酒从量定额征收消费税，计税依据是销售数量，包装物押金是价值量，不影响销售数量，所以啤酒、黄酒的包装物押金不征收消费税。选项D，对酒类产品生产企业销售啤酒、黄酒以外的其他酒类产品而收取的包装物押金，无论押金是否返还及会计上如何核算，均应并入酒类产品销售额中征收消费税。选项C，销售葡萄酒的包装物押金，在收取时应并入销售额中计征消费税。

【例题11·单选题】2024年7月，某筷子生产企业生产销售木制一次性筷子取得不含税销售额30万元，其中含包装物销售额0.6万元。销售金属工艺筷子取得不含税销售额50万元，销售竹制一次性筷子取得不含税销售额10万元。该企业当月应缴纳消费税（　　）万元。

A. 1.47　　　　B. 2　　　　C. 1.5　　　　D. 4.5

解析 ↘ 该筷子企业当月应缴纳消费税=30×5%=1.5（万元）。

【例题12·多选题】某酒厂为增值税一般纳税人，2024年5月销售啤酒200吨，取得不含税销售额40万元，另外收取包装物押金0.5万元；当日销售白酒的10吨，取得不含税销售额80万元，另外收取包装物押金0.3万元。包装物押金均单独分别计税，还款期限为6个月。下列说法正确的有（　　）。

A. 该酒厂当月计算的销项税额15.63万元

B. 该酒厂当月计算的销项税额15.69万元

C. 该酒厂当月应纳消费税税额21.45万元

D. 该酒厂当月应纳消费税税额22万元

E. 该酒厂收取的包装物押金均未逾期，均无须缴纳增值税

解析 ↘ 当月计算的销项税额：40×13%+［80+0.3÷（1+13%）］×13%=

答案 ↘
例题10 | D
例题11 | C
例题12 | AC

15.63（万元）。

判断啤酒定档：［40+0.5÷（1+13%）］÷200=0.20（万元/吨），属于乙类啤酒，消费税税额为220元/吨。

应纳消费税=200×220÷10 000+10×2 000×0.5÷10 000+［80+0.3÷（1+13%）］×20%=21.45（万元）。

3. 计税依据的其他规定

计税依据的其他规定，见表3-7。

表3-7　计税依据的其他规定

| 情形 | 政策 |
|---|---|
| 自设非独立核算门市部 | 纳税人通过自设非独立核算门市部销售的自产应税消费品，应当按照门市部对外销售额或者销售数量计算消费税 |
| 套装产品 | 纳税人将自产的应税消费品与外购或自产的非应税消费品组成套装销售的，以套装产品的销售额为计税依据计算消费税（注意不是最高） |
| 用于"换、抵、投" | 纳税人用于换取生产资料和消费资料、投资入股和抵偿债务等方面，应当按纳税人同类应税消费品的最高销售价格作为计税依据 |

【例题13·单选题】（2024年）2024年3月，某摩托车厂（一般纳税人）用含税总价180万元的自产摩托车（气缸容量300毫升）100辆，换取一批原材料。该厂销售摩托车当期平均价格为1.8万元/辆，最高价格为2万元/辆。该厂上述业务应纳消费税（　　）万元。

A. 20　　　　B. 18　　　　C. 17.70　　　　D. 15.93

解析　该厂上述业务应纳消费税=100×2÷（1+13%）×10%=17.70（万元）。

【例题14·多选题】2024年2月，某化妆品生产企业以自产高档化妆品1 000件，投资某公司取得20%股份，双方确认价值800万元。该企业当期生产的同一类型的高档化妆品销售情况分别为：单价9 000元/件的，销售500件；单价10 000元/件的，销售100件；单价7 000元/件的，销售400件。下列税务处理正确的有（　　）。（以上售价均为不含税价）

A. 用作投资入股的高档化妆品应缴纳的消费税为150万元
B. 用作投资入股的高档化妆品增值税销项税额为107.9万元
C. 用作投资入股的高档化妆品应缴纳的消费税为124.5万元
D. 用作投资入股的高档化妆品增值税销项税额为112.7万元
E. 用作投资入股的高档化妆品增值税销项税额为126.9万元

解析　选项A，应纳消费税=1 000×10 000×15%÷10 000=150（万元）。选项B，增值税中的各种视同销售情形，一律用同类价中的平均价计税。

平均价=（500×9 000+100×10 000+400×7 000）÷（500+100+400）=8 300（元/件）。

增值税销项税额 = $1\,000 \times 8\,300 \times 13\% \div 10\,000 = 107.9$（万元）。

**【例题 15·多选题】**某酒厂将自产的 1 斤黄酒与 1 斤其他酒组成礼品盒出售，其中，黄酒不含税价格为 120 元/斤，其他酒不含税价格为 170 元/斤。该套装礼盒不含税销售价格为 250 元/盒，当期共销售 10 000 盒，该公司分开核算两种酒，其税务处理正确的有(      )。

A. 礼品盒按黄酒定额税缴纳消费税

B. 礼品盒按其他酒比例税率缴纳消费税

C. 该公司分开核算，黄酒和其他酒分别按各自单价与税率缴纳消费税

D. 该酒厂当月销售礼品盒应纳消费税 29 万元

E. 该酒厂当月销售礼品盒应纳消费税 25 万元

**解析** ↘ 选项 B，纳税人将应税消费品与非应税消费品以及适用税率不同的应税消费品组成成套消费品销售的，应根据组合产制品的销售金额按应税消费品中适用最高税率的消费品税率征税。本题中其他酒税率比黄酒高，适用其他酒税率。选项 E，应纳消费税 = $250 \times 10\,000 \times 10\% \div 10\,000 = 25$（万元）。

## (三)(卷烟、白酒)复合计征的计税依据

应纳税额 = 不含增值税销售额×比例税率+销售数量×定额税率

### 1. 卷烟最低计税价格的核定

卷烟最低计税价格的核定，见表 3-8。

表 3-8　卷烟最低计税价格的核定

| 项目 | 内容 |
|---|---|
| 核定范围 | 卷烟生产企业在生产环节销售的所有牌号、规格的卷烟 |
| 计税价格 | 国家税务总局按照卷烟批发环节销售价格扣除卷烟批发环节批发毛利核定并发布 |
| | 某牌号、规格卷烟计税价格 = 批发环节销售价格×(1-适用批发毛利率) |
| | 批发环节销售价格 = $\dfrac{\sum 该牌号规格卷烟各采集点的销售额}{\sum 该牌号规格卷烟各采集点的销售量}$ |
| | **提示1** 实际销售价格高于核定计税价格的卷烟，按实际销售价格征收消费税；反之，按核定计税价格征税(孰高原则) |
| | **提示2** 未经国家税务总局核定计税价格的新牌号、新规格的卷烟，生产企业应按卷烟调拨价格申报纳税 |

### 2. 白酒最低计税价格的核定

白酒最低计税价格的核定，见表 3-9。

**知识点拨**

批发环节销售价格，按照税务机关采集的所有卷烟批发企业在价格采集期内销售的该牌号、规格卷烟的数量、销售额进行加权平均计算。

**答案** ↘

例题 15｜BE

**知识点拨**

将委托加工收回的白酒销售给销售单位，消费税计税价格为销售单位对外销售价格（不含增值税）70%以下的，也应核定消费税最低计税价格。

表 3-9　白酒最低计税价格的核定

| 项目 | | 内容 |
|---|---|---|
| 核定范围 | | 白酒生产企业销售给销售单位的白酒，生产企业消费税计税价格为销售单位对外销售价格（不含增值税）70%以下的，税务机关应核定消费税最低计税价格（70%及以上的，暂不核定） |
| 计税价格 | 自行申报 | 白酒消费税最低计税价格由白酒生产企业自行申报，税务机关核定 |
| | 核定标准 | 核定比例统一确定为60% |
| | 重新核定 | 已核定最低计税价格的白酒，销售单位对外销售价格持续上涨或下降时间达到3个月以上、累计上涨或下降幅度在20%（含）上的白酒，税务机关重新核定最低计税价格 |
| | 计税价格的适用 | 已核定最低计税价格的白酒，生产企业实际销售价格高于消费税最低计税价格的，按实际销售价格申报纳税；实际销售价格低于消费税最低计税价格的，按最低计税价格申报纳税（孰高原则） |

【例题 16·单选题】某酒厂为增值税一般纳税人，主要经营粮食白酒的生产和销售，2024 年 6 月销售给下属销售公司 300 斤白酒，不含增值税售价为 100 元/斤，销售公司对外销售同类白酒不含税价格为 220 元/斤，税务机关按销售公司对外销售价格的 60% 核定最低计税价格。本业务应缴纳的消费税为（　　）元。

A. 8 070　　　　B. 3 750　　　　C. 13 350　　　　D. 7 920

解析　白酒生产企业销售给下属销售公司的价格为销售公司对外销售价格的 45.45%（100÷220×100%），低于 70%，税务机关应核定最低计税价格=220×60%=132（元），根据孰高原则，按最低计税价格计税。

应缴纳消费税=300×220×60%×20%+300×0.5=8 070（元）。

【例题 17·多选题】（2023 年）甲白酒生产企业委托乙销售公司包销本企业生产的白酒（甲、乙均为一般纳税人），税务机关核定甲企业白酒的消费税最低计税价格为 20 万元/吨；2024 年 3 月甲企业向乙公司销售自产白酒，开具增值税专用发票注明数量 1 000 箱，不含税销售额为 66 万元，乙公司将其全部销售，不含税销售额为 100 万元。关于上述业务的税务处理，下列说法正确的有（　　）。（每箱白酒 6 瓶，每瓶白酒 500 克）

A. 甲企业消费税计税销售额为 60 万元

B. 乙企业增值税销项税额为 13 万元

C. 甲企业应纳消费税 12.3 万元

D. 甲企业应纳增值税 8.58 万元

E. 甲企业应纳消费税 13.5 万元

**答案**

例题 16｜A

例题 17｜BDE

解析　选项 A，生产企业销售给销售单位的白酒不含税销售额 66 万元高于税务机关核定的最低计税价格，按生产企业的销售价格 66 万元作为消费税

计税销售额。选项 C、E，甲企业应纳消费税 = 66×20% + 1 000×6×0.5 ÷ 10 000 = 13.5（万元）。选项 D，甲企业应纳增值税 = 66×13% = 8.58（万元）。

3. 计税价格的核定权限

计税价格的核定权限，见表 3-10。

表 3-10 计税价格的核定权限

| 应税消费品 | 核定权限 |
| --- | --- |
| 卷烟、小汽车和部分白酒 | 国家税务总局核定，送财政部备案 |
| 部分白酒及其他应税消费品 | 省、自治区和直辖市税务局核定 |
| 进口应税消费品 | 海关核定 |

## 第五节 生产销售应税消费品应纳税额的计算

### 考点六 应纳税额计算的一般规定 ★★★ 一学多考|注

从价定率：

应纳税额 = 应税消费品的销售额×比例税率

从量定额（啤酒、黄酒、成品油）：

应纳税额 = 应税消费品的销售数量×定额税率

复合计税（卷烟、白酒）：

应纳税额 = 应税消费品的销售数量×定额税率 + 应税消费品的销售额×比例税率

【例题 18·多选题】（2021 年）某汽车贸易公司 2024 年 5 月从甲汽车制造厂购进气缸容量为 3.6 升的小汽车 20 辆，不含税价格为 40 万元/辆。该贸易公司本月销售 12 辆，含税销售收入 58.76 万元/辆，以 1 辆小汽车抵偿乙企业的债务。根据债务重组合同规定，按贸易公司对外销售价格抵偿乙企业的债务，并开具增值税专用发票，乙企业将其作为管理部门接待用车。对上述业务的税务处理正确的有（    ）。

A. 甲汽车制造厂应纳消费税 320 万元

B. 乙企业债务重组取得的小汽车应缴纳车辆购置税 5.2 万元

C. 贸易公司销售小汽车不缴纳消费税

D. 贸易公司抵偿乙企业债务的小汽车应按照最高价计算缴纳消费税

E. 贸易公司销售小汽车应纳消费税 62.4 万元

**解析** 选项 A，甲汽车制造厂销售小汽车应纳消费税 = 20×40×25% = 200（万元）。选项 B，乙企业债务重组取得的小汽车应缴纳车辆购置税 = 58.76÷（1+13%）×10% = 5.2（万元）。选项 C、D、E，小汽车在生产销售环节纳税，贸易公司不需要再缴纳消费税。

**答案** 例题 18 | BC

【例题19·单选题】某手表厂为增值税一般纳税人，下设一非独立核算的展销部，2024年5月将自产的100只高档手表移送到展销部展销，含税售价为1.5万元/只，展销部当月销售了60只，取得含税销售额135.6万元，该手表厂2024年5月应缴纳消费税（    ）万元。

A. 18　　　　　　B. 24　　　　　　C. 28　　　　　　D. 30

解析 ↘ 以展销部销售手表的价格为计税依据，该手表厂2024年5月应缴纳消费税=135.6÷（1+13%）×20%=24（万元）。

【例题20·单选题】某酒厂为增值税一般纳税人，2024年5月销售粮食白酒4吨，取得不含税收入400 000元，取得含税包装物押金23 400元（单独记账核算），同时货物由该酒厂负责运输，收取含税运费47 970元。该酒厂上述业务应纳消费税（    ）元。

A. 84 000　　　B. 88 000　　　C. 88 141.59　　　D. 96 631.86

解析 ↘ 啤酒、黄酒以外的酒类包装物押金应于收取时并入销售额征税，销售货物同时负责运输收取的运费应作为价外费用并入销售额征税。

酒厂应纳消费税=[400 000+（23 400+47 970）÷（1+13%）]×20%+4×2 000×0.5=96 631.86（元）。

## 考点七　自产自用应税消费品应纳税额的计算 ★★　　一学多考|注

### 一、用于连续生产应税消费品的

纳税人自产自用的应税消费品，用于连续生产应税消费品的，不纳税。

### 二、用于其他方面的（视同销售）

1. 政策规定

纳税人自产自用的应税消费品，不是用于连续生产应税消费品，而是用于其他方面的，于移送使用时纳税。

"用于其他方面的"，是指纳税人用于生产非应税消费品和在建工程、管理部门、非生产机构、提供劳务以及用于馈赠、赞助、集资、广告、样品、职工福利、奖励等方面的应税消费品。

2. 其他视同销售应税消费品生产行为的规定

（1）工业企业以外的单位和个人的下列行为视为应税消费品的生产行为，按规定征收消费税：①将外购的消费税非应税产品以消费税应税产品对外销售的；②将外购的消费税低税率应税产品以高税率应税产品对外销售的。

（2）外购电池、涂料大包装改成小包装或者外购电池、涂料不经加工只贴商标的行为，视同应税消费品的生产行为。发生上述生产行为的单位和个人应按规定申报缴纳消费税。

知识点拨 1

用于连续生产应税消费品，是指纳税人将自产自用的应税消费品作为直接材料生产最终应税消费品，自产自用应税消费品构成最终应税消费品的实体。

知识点拨 2

生产非应税消费品，是指把自产的应税消费品用于生产《消费税税目税率表》所列15类应税消费品以外的产品。

答案 ↘
例题19 | B
例题20 | D

（3）单位和个人外购润滑油大包装经简单加工改成小包装或者外购润滑油不经加工只贴商标的行为，视同应税消费品的生产行为。

单位和个人发生的以上行为应当申报缴纳消费税。准予扣除外购润滑油已纳的消费税税款。

**【例题21·单选题】**（2020年）下列业务属于视同销售应税消费品，应当征收消费税的是(  )。

A. 商业企业将外购的应税消费品直接销售给消费者的

B. 商业企业将外购的非应税消费品以应税消费品对外销售的

C. 生产企业将自产的应税消费品用于连续生产应税消费品的

D. 生产企业将自产的应税消费品用于应税消费品技术研发的

**解析** 工业企业以外的单位和个人的下列行为视为应税消费品的生产行为，按规定征收消费税：①将外购的消费税非应税产品以消费税应税产品对外销售的；②将外购的消费税低税率应税产品以高税率应税产品对外销售的。

## 三、计税依据及应纳税额的计算

### （一）有同类消费品销售价格的——同类消费品销售价格

纳税人自产自用的应税消费品用于其他方面，在移送使用时应当纳税的，按照纳税人生产的同类消费品销售价格**1**计算纳税。

### （二）没有同类消费品销售价格的——组成计税价格**2**

（1）从价定率：实行从价定率办法征税的计税依据为组成计税价格，组成计税价格的计算公式如下。

$$组成计税价格 = \frac{成本+利润}{1-消费税税率} = \frac{成本 \times (1+成本利润率)}{1-消费税税率}$$

应纳税额 = 组成计税价格 × 适用税率

（2）从量定额：实行从量定额办法征税的计税依据为自产自用数量，应纳税额的计算公式如下。

应纳税额 = 自产自用数量 × 定额税率

（3）复合计税：实行复合计税办法征税的计税依据分别为组成计税价格和自产自用数量，组成计税价格的计算公式如下。

$$组成计税价格 = \frac{成本+利润+自产自用数量 \times 定额税率}{1-比例税率}\textbf{3}$$

应纳税额 = 组成计税价格 × 比例税率 + 自产自用数量 × 定额税率

**【例题22·单选题】**（2024年）2024年3月某酒厂将开发的葡萄酒赠送给新客户，葡萄酒的成本为5万元，无同类售价，该酒厂当月计征消费税(  )元。

**知识点拨 1**

同类消费品销售价格，是指纳税人当月销售的同类消费品的销售价格。如果当月同类消费品各期销售价格高低不同，应按销售数量加权平均计算。

**知识点拨 2**

如果纳税人自产自用的应税消费品，在计算征收消费税时，没有同类消费品销售价格，应按组成计税价格计算纳税。

**知识点拨 3**

①成本——应税消费品的生产成本；②利润——根据应税消费品全国平均成本利润率计算的利润；③应税消费品的全国平均成本利润率由国家税务总局确定，考试时会在附表中作为已知条件给出。

**答案**

例题21 | B

A. 5 555.56    B. 5 833.33    C. 5 251    D. 4 772.73

**解析** ↘ 组成计税价格 = （5+5×5%）÷（1-10%）= 5.833 33（万元）。

应纳消费税 = 5.833 33×10%×10 000 = 5 833.33（元）。

**【例题 23·单选题】** 某酒厂为增值税一般纳税人，2024 年 4 月发放 1 吨自制白酒作为职工福利，同类白酒不含税售价 50 000 元/吨。成本价 35 000 元/吨。该酒厂上述业务当月应纳消费税（　　）元。

A. 7 700    B. 8 700    C. 10 000    D. 11 000

**解析** ↘ 应纳消费税税额 = 50 000×20%+1×2 000×0.5 = 11 000（元）。

**【例题 24·单选题】** 某酒厂为增值税一般纳税人，2024 年 4 月发放 1 吨自制粮食白酒作为职工福利，无同类白酒售价，成本价 35 000 元/吨。国家税务总局核定的该产品的成本利润率为 10%。该企业此项业务应纳消费税税额（　　）元。

A. 10 875    B. 10 625    C. 7 700    D. 11 000

**解析** ↘ 组成计税价格 = ［35 000×（1+10%）+1×2 000×0.5］÷（1-20%）= 49 375（元）。

应纳消费税税额 = 49 375×20%+1×2 000×0.5 = 10 875（元）。

### 考点八 外购应税消费品已纳消费税的扣除 ★★★　一学多考|注 ◥

为了避免重复征税，针对外购（进口）已纳消费税的应税消费品连续生产的应税消费品计算征收消费税时，税法规定，应按当期生产领用数量计算准予扣除的外购的应税消费品已纳的消费税税款。

**（一）外购（进口）应税消费品已纳税款扣除范围（相同税目，同一环节）**

（1）外购已税烟丝生产的卷烟。

（2）外购已税高档化妆品生产的高档化妆品。

（3）外购已税珠宝玉石生产的贵重首饰及珠宝玉石。

（4）外购已税鞭炮、焰火生产的鞭炮、焰火。

（5）外购已税汽油、柴油、石脑油、燃料油、润滑油为原料生产的应税成品油。

（6）外购已税杆头、杆身和握把为原料生产的高尔夫球杆。

（7）外购已税木制一次性筷子为原料生产的木制一次性筷子。

（8）外购已税实木地板为原料生产的实木地板。

（9）外购葡萄酒连续生产应税葡萄酒。

（10）啤酒生产集团内部企业间用啤酒液连续灌装生产的啤酒。

**提示1** 购入方使用啤酒液连续灌装生产并对外销售的啤酒，应依据其销售价格确定适用单位税额计算缴纳消费税，但其外购啤酒液已纳的消费税税额，可以从其当期应纳消费税税额中抵减。

**答案** ↘
例题 22 | B
例题 23 | D
例题 24 | A

**提示2** 排除法记忆：没有酒(啤酒、葡萄酒除外)，也没有摩托车、小汽车、游艇、高档手表、涂料、电池、溶剂油。**同环节扣税**：纳税人用外购的已税珠宝玉石生产的改在零售环节征收消费税的金银首饰(镶嵌首饰)、钻石首饰，在计税时，一律不得扣除外购珠宝玉石的已纳税款。允许扣除已纳税款的应税消费品，包括从工业企业购进的应税消费品和商业企业购进的应税消费品。

**【例题25·单选题】**(2022年)关于酒类产品消费税政策，下列说法正确的是(　　)。

A. 每吨不含增值税出厂价3 000元(不含包装物押金)以上的啤酒为甲类啤酒

B. 配制酒按照黄酒税率征收消费税

C. 饮食业利用啤酒生产设备生产啤酒销售，应当征收消费税

D. 外购已税葡萄酒连续生产葡萄酒在计算消费税时不得扣除已纳消费税税额

**解析** 选项A，每吨不含增值税出厂价3 000元(含包装物及包装物押金，含3 000元)以上的啤酒为甲类啤酒。

选项B，配制酒消费税适用税率按照如下规定。

(1)以蒸馏酒或食用酒精为酒基，同时符合以下条件的配制酒，按消费税税率表"其他酒"10%适用税率征收消费税：①具有国家相关部门批准的国食健字或卫食健字文号；②酒精度低于38度(含)。

(2)以发酵酒为酒基，酒精度低于20度(含)的配制酒，按"其他酒"10%适用税率征收消费税。

(3)其他配制酒，按白酒税率征收消费税。

选项D，纳税人从葡萄酒生产企业购进、进口葡萄酒连续生产应税葡萄酒的，准予从葡萄酒消费税应纳税额中扣除所耗用应税葡萄酒已纳消费税税款。

**【例题26·单选题】**(2022年)2024年2月甲啤酒厂(增值税一般纳税人)，从非关联方购进啤酒液生产M型啤酒，M型啤酒成本6 000元/吨，当月甲厂将自产的10吨M型啤酒捐赠给当地政府举办的啤酒节，啤酒成本利润率10%。针对上述业务，甲厂税务处理正确的是(　　)。

A. 通过当地政府捐赠给啤酒节的啤酒，不征收增值税和消费税

B. 外购啤酒液已纳消费税可以从当期应纳消费税税额中抵减

C. 应计提增值税销项税额8 905元

D. 应按照组成计税价格计算缴纳消费税

**解析** 选项A，应视同销售征收增值税和消费税。选项B，啤酒生产集团内部企业间用啤酒液连续灌装生产的啤酒才可以抵扣之前环节缴纳的消费税。选项C，通过当地政府捐赠给啤酒节的啤酒应计算的增值税销项税额=

**答案**
例题25 | C
例题26 | C

193

［6 000×（1+10%）×10+10×250］×13% = 8 905（元）。选项 D，啤酒从量计征消费税，计税依据与组成计税价格无关。

## （二）抵扣税款的计算方法（按当期生产领用数量扣除其已纳税款）

1. 实行从价定率办法计算应纳税额的

当期准予扣除的外购应税消费品已纳税款 = 当期准予扣除的外购应税消费品买价×外购应税消费品适用税率

当期准予扣除的外购应税消费品买价 = 期初库存的外购应税消费品买价 + 当期购进的外购应税消费品买价 – 期末库存的外购应税消费品买价

**提示** 外购应税消费品买价为纳税人取得规定的发票（含销货清单）注明的应税消费品的销售额。

2. 实行从量定额办法计算应纳税额的

当期准予扣除的外购应税消费品已纳税款 = 当期准予扣除的外购应税消费品数量×外购应税消费品单位税额

当期准予扣除的外购应税消费品数量 = 期初库存的外购应税消费品数量 + 当期购进的外购应税消费品数量 – 期末库存的外购应税消费品数量

**【例题 27·单选题】** A 卷烟厂为增值税一般纳税人，主要生产甲类卷烟和雪茄烟，2024 年 8 月从 C 企业（增值税小规模纳税人）购进已税烟丝，取得税务机关代开的增值税专用发票，注明价款 20 000 元。当月领用从 C 企业购进烟丝的 60% 用于继续生产甲类卷烟，销售甲类卷烟 5 箱，取得不含税销售收入 150 000 元；领用从 C 企业购进烟丝的 10% 用于继续生产雪茄烟，销售雪茄烟取得不含税销售收入 80 000 元。A 企业当月应缴纳的消费税（    ）元。

A. 109 950 　　　 B. 109 200 　　　 C. 113 550 　　　 D. 85 950

**解析** 应缴纳的消费税 = 150 000×56% + 5×150 – 20 000×30%×60% + 80 000×36% = 109 950（元）。

**【例题 28·多选题】** 某鞭炮厂（增值税一般纳税人）用外购已税的焰火继续加工高档焰火。2024 年 10 月销售高档焰火，开具增值税专用发票注明销售额 1 000 万元；本月外购焰火 400 万元，取得增值税专用发票，月初库存外购焰火 60 万元，月末库存外购焰火 50 万元，相关发票当月已勾选认证，下列说法正确的有（    ）。（上述价格均不含增值税）

A. 该鞭炮厂计算缴纳消费税时，可以按照本月生产领用数量计算扣除外购已税焰火已纳的消费税

B. 该鞭炮厂计算缴纳消费税时，可以按照当月购进的全部已税焰火数量计算扣除已纳的消费税

C. 该鞭炮厂计算缴纳增值税时，当月购进的全部已税焰火支付的进项税额可以从当期销项税额中抵扣

D. 该鞭炮厂计算缴纳增值税时，本月生产领用外购已税焰火支付的进项税额可以从当期销项税额中抵扣

E. 当月该鞭炮厂应纳消费税88.5万元

**解析** ↘ 选项A、B，外购已税焰火生产的焰火，按当期生产领用数量计算准予扣除外购的焰火已纳的消费税税款。选项C、D，增值税采用购进扣税法，按购进的全部已税焰火支付的进项税额抵扣销项税额。选项E，当月该鞭炮厂应纳消费税=1 000×15%-(400+60-50)×15%=88.5(万元)。

### (三)其他外购抵扣情况

1. (工业企业)自产+外购

对既有自产应税消费品，同时又购进与自产应税消费品同样的应税消费品进行销售的工业企业，对其销售的外购应税消费品应当征收消费税，同时可以扣除外购应税消费品的已纳税款。(仅限于烟丝，高档化妆品，珠宝玉石，鞭炮、焰火和摩托车)

2. (工业企业)不自产+外购

对自己不生产应税消费品，而只是购进后再销售应税消费品的工业企业，其销售的高档化妆品，鞭炮、焰火和珠宝玉石，凡不能构成最终消费品直接进入消费品市场，而需进一步生产加工的(如需进行深加工、包装、贴标、组合等)，应当征收消费税，同时允许扣除上述外购应税消费品的已纳税款。

## 第六节 委托加工应税消费品应纳税额的计算

### 考点九 委托加工应税消费品的确定 ★★★ 一学多考|注

一般商品(金银首饰除外)委托加工应税消费品的确定，见表3-11。

表3-11 一般商品(金银首饰除外)委托加工应税消费品的确定

| 情形 | | 业务性质确定 | 纳税人身份确定 |
|---|---|---|---|
| 委托方 | 受托方 | | |
| 提供原料和主要材料 | 只收取加工费和代垫部分辅助材料加工 | 委托加工应税消费品 ✦ | 委托方：消费税纳税义务人<br>受托方：消费税代收代缴义务人(其他个人、个体工商户除外)+增值税加工业务纳税义务人 |

知识点拨 ✦

按本节计税规则计算消费税。

**答案** ↘

例题28|ACE

（续表）

| 情形 | | 业务性质确定 | 纳税人身份确定 |
|---|---|---|---|
| 委托方 | 受托方 | | |
| — | 提供原材料 | 自产自销应税消费品 | 加工销售方：增值税加工业务纳税义务人+消费税生产环节纳税义务人 |
| | 先将原材料卖给委托方，然后再接受加工 | | |
| | 由受托方以委托方名义购进原材料生产 | | |

**知识点拨1**

按生产销售计税规则计算增值税和消费税。

### 考点十 代收代缴消费税 ★★★ 一学多考|注

（1）委托加工应税消费品，委托方为消费税纳税人，受托方是代收代缴义务人。

（2）委托加工的应税消费品，除受托方为个人外，由受托方在向委托方交货时代收代缴消费税。

**知识点拨2**

纳税人委托个人（含个体工商户）加工应税消费品的，由委托方收回后在委托方所在地缴纳消费税。

（3）如果受托方没有按有关规定代收代缴消费税，应按照《税收征收管理法》的有关规定，对受托方处以应收未收税款50%以上3倍以下罚款。

（4）受托方没有代收代缴税款的，委托方要补缴税款。

（5）委托加工应税消费品计税价格：①按照受托方的同类消费品的销售价格计算纳税；②受托方没有同类消费品销售价格的，按照组成计税价格计算纳税。

从价计征组价公式：

组成计税价格=（材料成本+加工费）÷（1-比例税率）

复合计征组价公式：

组成计税价格=（材料成本+加工费+委托加工数量×定额税率）÷（1-比例税率）

**知识点拨3**

普通商品：价+运费。免税农产品：如开具了农产品收购发票或销售发票用于加工13%税率货物时，则材料成本=买价×（1-10%）+运费。以上做题注意看票：专票可抵扣，不含税价计成本；普票不可抵，含税价计成本。

**提示** 材料成本，是指委托方所提供加工材料的实际成本。 **3**

加工费，是指受托方加工应税消费品向委托方所收取的全部费用，包括代垫辅助材料的实际成本。

### 考点十一 委托加工的应税消费品收回后不同情形的处理 ★★★
一学多考|注

1. 委托加工的应税消费品收回后不同情形的处理

委托加工的应税消费品收回后不同情形的处理，见表3-12。

表 3-12　委托加工的应税消费品收回后不同情形的处理

| 收回委托加工的应税消费品去向 | | 税款征收 |
|---|---|---|
| 直接出售 | 不加价，即委托方以不高于受托方的计税价格出售的 | 增值税√[①]，消费税× |
| | 加价，即委托方以高于受托方的计税价格出售的 | 增值税√，消费税√（准予扣除受托方已代收代缴的消费税） |
| 连续生产 | 连续生产应税消费品的 | 增值税（生产领用×，销售产品√）<br>消费税（生产领用×，销售产品√），8项按当期生产领用数量从当期销售产品应纳消费税税额中扣除，见表3-13 |
| | 连续生产非应税消费品的 | 增值税（生产领用×，销售产品√），消费税× |
| 用于其他方面 | | 增值税（视同销售√），消费税× |

委托加工收回的应税消费品已纳税款的扣除 ✦，见表 3-13。

表 3-13　委托加工收回的应税消费品已纳税款的扣除

| 委托加工收回的已税消费品 | 连续生产的应税消费品 | 消费税处理政策 |
|---|---|---|
| 烟丝 | 卷烟 | 可以扣除委托加工收回应税消费品的已纳消费税税款。<br>**提示**（1）按生产领用数量计算扣除。<br>（2）正向列举可扣，非列举的委托加工收回的应税消费品连续生产应税消费品不可扣除 |
| 高档化妆品 | 高档化妆品 | |
| 珠宝玉石 | 贵重首饰及珠宝玉石 | |
| 鞭炮、焰火 | 鞭炮、焰火 | |
| 汽油、柴油、石脑油、燃料油、润滑油 | 成品油 | |
| 杆头、杆身和握把 | 高尔夫球杆 | |
| 木制一次性筷子 | 木制一次性筷子 | |
| 实木地板 | 实木地板 | |
| 珠宝玉石 | 金银、钻石首饰 | 一律不得扣除委托加工收回的珠宝玉石已纳的消费税税款 |

### 2. 卷烟特殊规定

对既有自产卷烟，同时又从联营企业回购同品牌同规格再直接销售的卷烟，对外销售时不论是否加价，凡是符合下述条件的，不再征收消费税：①回购企业在委托联营企业加工卷烟时，除提供给联营企业所需加工卷烟牌号外，还须同时提供税务机关已公示的消费税计税价格。②联营企业必须按

---

① √表示征收，×表示不征收。

知识点拨

①只有8条，区别于外购生产领用扣除：少了葡萄酒、啤酒，即外购已税应税消费品连续生产应税消费品时，"喝酒不开车"中的"酒"不可扣。
②扣除依然是"生产领用"可扣。

照已公示的调拨价格申报缴纳消费税。③回购企业将联营企业加工卷烟回购后再销售的卷烟，其销售收入应与自产卷烟的销售收入分开核算，以备税务机关检查；如不分开核算，则一并计入自产卷烟销售收入征收消费税。

【例题29·多选题】关于委托加工应税消费品的消费税处理，下列说法正确的有(　　)。

A. 委托加工消费税纳税地点（除个人外）是委托方所在地

B. 委托加工应税消费品的，若委托方未提供原材料成本，由委托方所在地主管税务机关核定其材料成本

C. 受托方没有代收代缴消费税税款，由委托方补税

D. 受托方已代收代缴消费税的应税消费品，委托方收回后以高于受托方计税价格出售的，应申报缴纳消费税

E. 委托加工应税消费品的消费税纳税人是委托方

**解析** 选项A，委托加工的应税消费品，受托方为个人的，由委托方向其机构所在地或者居住地主管税务机关申报纳税；受托方为企业等单位的，由受托方向机构所在地或者居住地的主管税务机关解缴税款。选项B，委托加工应税消费品的，若委托方未提供原材料成本，受托方所在地主管税务机关有权核定其材料成本。

【例题30·单选题】（2018年）2024年3月，某化工生产企业以委托加工收回的已税高档化妆品为原料继续加工高档化妆品。委托加工收回的已税高档化妆品已纳消费税分别是：期初库存的已纳消费税30万元，当期委托加工收回的已纳消费税10万元，期末库存的已纳消费税20万元。当月销售高档化妆品取得不含税收入280万元。该企业当月应纳消费税(　　)万元。

A. 12　　　　　B. 39　　　　　C. 42　　　　　D. 22

**解析** 可以扣除的消费税税额＝30＋10－20＝20（万元），该企业当月应纳消费税＝280×15%－20＝22（万元）。

【例题31·单选题】（2022年）甲企业为增值税一般纳税人，2024年1月委托乙企业加工一批烟丝，甲企业提供的原材料成本为50万元，乙企业收取不含税加工费5万元，辅助材料费0.9万元，本月甲企业收回委托加工的烟丝，乙企业同类烟丝不含税销售价格为90万元，乙企业代收代缴了消费税。甲企业将委托加工收回烟丝的60%销售给丙卷烟厂，取得不含税销售额60万元，甲上述业务应申报缴纳消费税(　　)万元。

A. 3.63　　　　B. 1.8　　　　C. 18　　　　D. 0

**解析** 应缴纳的消费税＝60×30%－90×60%×30%＝1.8（万元）。

【例题32·综合分析题】（2022年）甲化妆品制造企业为增值税一般纳税人，2024年3月生产经营情况如下：

(1)从农业生产者手中购入其自产农产品一批，取得销售发票注明金额为30万元，当月用于高档化妆品的生产。

（2）将上月购入的化工原料发往乙企业（一般纳税人）加工高档化妆品，原料采购成本为3 000万元，收回时取得乙企业开具的增值税专用发票，注明加工费金额为120万元。乙企业无同类化妆品销售价格，乙企业按规定代收代缴了消费税。

（3）将委托乙企业加工的高档化妆品收回后，其中5%用于继续加工成套化妆品；94%通过各直播带货平台（一般纳税人）销售，取得不含税销售额为6 000万元；1%作为带货主播直播时的试用样品。

（4）支付直播带货坑位费，取得增值税专用发票上注明金额80万元；支付销售提成，取得增值税专用发票上注明金额100万元。

（5）采用分期收款方式销售自产高档化妆品，不含税销售额为9 000万元，合同约定本期收取货款总额的1/3。

（6）购进乘用车10辆用于经营管理（其中2辆为新能源汽车），取得机动车销售统一发票注明金额20万元/辆；购进中型商用客车5辆，取得机动车销售统一发票注明金额40万元/辆，其中3辆作为员工班车。

（7）租用一处写字楼，其中40%用作员工餐厅，支付半年租金（不含税）180万元，取得增值税专用发票注明的税率为9%。

已知：该企业取得的相关票据符合规定，并于当月勾选抵扣进项税额。委托加工高档化妆品期初、期末库存均为零。

要求：根据上述资料，回答下列问题。

（1）乙企业应代收代缴消费税（　　）万元。

A. 468 　　　　　　　　　　B. 520

C. 12.18 　　　　　　　　　D. 550.59

**解析** ↘乙企业应代收代缴消费税 = ( 3 000 + 120 ) ÷ ( 1 - 15% ) × 15% = 550.59（万元）。

（2）甲企业当月可抵扣的进项税额为（　　）万元。

A. 76 　　　　　　　　　　 B. 82

C. 66.9 　　　　　　　　　 D. 71.7

**解析** ↘甲企业当月可抵扣的进项税额 = 30×10% + 120×13% + 80×6% + 100×6% + 20×10×13% + 40×2×13% + 180×9% = 82（万元）。

（3）甲企业当月应缴纳增值税（　　）万元。

A. 1 878.3 　　　　　　　　B. 1 868

C. 1 088 　　　　　　　　　D. 1 096.30

**解析** ↘甲企业当月应纳增值税 = 6 000÷94%×( 94% + 1% )×13% + 9 000×13%×1/3 - 82 = 1 096.30（万元）。

（4）甲企业当月自行申报缴纳消费税（　　）万元。

A. 836.51 　　　　　　　　 B. 832.45

C. 799.41 　　　　　　　　 D. 804.92

**解析** ↘带货主播直播时的试用样品，委托加工环节已经缴纳了消费税，

**答案** ↘

例题32(1) | D

例题32(2) | B

例题32(3) | D

例题32(4) | D

后续不再申报缴纳消费税。甲企业自行申报缴纳的消费税 = 6 000×15% − 550.59×(5%+94%)+9 000×15%×1/3 = 804.92(万元)。

(5)关于上述业务的税务处理，下列说法正确的有(　　)。

A. 乙企业代收代缴消费税时，可以按甲企业销售化妆品的售价计算

B. 甲企业购进的新能源汽车以及用于员工班车的乘用车，免缴车辆购置税

C. 带货主播直播时试用的化妆品样品，需要缴纳增值税，无须缴纳消费税

D. 甲企业租用写字楼用于员工餐厅，对应的进项税额不可抵扣

E. 甲企业购进农产品可以凭销售发票计算抵扣增值税税额

**解析** 选项 A，乙企业代收代缴消费税时，没有同类消费品销售价格的，按组成计税价格计税。选项 B，购进用于员工班车的乘用车，需要按照规定缴纳车辆购置税。选项 D，纳税人租入固定资产既用于一般计税方法计税项目，又用于简易计税方法计税项目、免征增值税项目、集体福利或个人消费的，其进项税额准予从销项税额中全额抵扣。

(6)甲企业当月应缴纳车辆购置税(　　)万元。

A. 32　　　　　　B. 24　　　　　C. 36　　　　　D. 40

**解析** 当月应缴纳车辆购置税 = 20×(10−2)×10%+40×5×10% = 36(万元)。

● **得分高手** (2022年单选、综合；2024年单选)

委托加工业务在消费税中属于重难点内容，各种题型均涉及。可能会从以下几种角度考核：

(1)辨析哪些为纳税人，哪些为代收代缴义务人，以及委托加工业务的判断。

(2)委托加工业务中关于组价公式的运用及应纳税额的计算。

(3)委托加工应税消费品收回后是否可以扣除已纳消费税的问题及应纳税额的计算。

---

**第七节　进出口应税消费品应纳税额的计算**

### 考点十二 进口应税消费品的基本规定 ★★　　一学多考|注

1. 进口应税消费品的基本规定

进口应税消费品的基本规定，见表3-14。

表3-14　进口应税消费品的基本规定

| 项目 | 计算细节 |
| --- | --- |
| 纳税义务人 | 进口或代理进口应税消费品的单位和个人 |

（续表）

| 项目 | | 计算细节 |
|------|------|---------|
| 计算 | 从价定率 | 组成计税价格 = $\dfrac{\text{进口货物计税价格} + \text{关税}}{1 - \text{消费税比例税率}}$<br><br>应纳税额 = 组成计税价格 × 适用税率 |
| | 从量定额 | 应纳税额 = 应税消费品数量 × 消费税定额税率 |
| | 复合计税 | 组成计税价格 =<br><br>$\dfrac{\text{进口货物计税价格} + \text{关税} + \text{进口数量} \times \text{消费税定额税率}}{1 - \text{消费税比例税率}}$<br><br>应纳消费税额 = 组成计税价格 × 消费税比例税率 + 进口数量 × 消费税定额税率 |

**2. 小汽车进口环节消费税**

小汽车进口环节消费税内容详见考点十九 超豪华小汽车零售环节征收消费税的规定。

**3. 税收优惠政策**

进口环节税收优惠政策，详见第十章"关税"章节。

**4. 征收管理**

（1）进口的应税消费品，于报关进口时缴纳消费税。

（2）进口的应税消费品的消费税由海关代征。

（3）进口的应税消费品，由进口人或者其代理人向报关地海关申报纳税。

（4）纳税人进口应税消费品，应当自海关填发海关进口消费税专用缴款书之日起 15 日内缴纳税款。

**【例题 33·单选题】**（2020 年）某化妆品生产企业从法国进口香水精，关税计税价格为 30 万元，关税税率 20%，海关已代征增值税、消费税。2024 年 4 月生产领用上述进口香水精的 90% 用于连续生产本厂品牌的高档化妆品，本月在国内销售高档化妆品取得不含税销售额 400 万元。该企业当月应缴纳消费税（　　）万元。

A. 55.95　　　B. 54.28　　　C. 60　　　D. 53.65

**解析** ↘ 该企业当月应缴纳消费税 = 400 × 15% − 30 × (1 + 20%) ÷ (1 − 15%) × 15% × 90% = 54.28（万元）。

### 考点十三 进口卷烟应纳消费税的计算 ★　一学多考|注　▶

基本规则：三步走。

第一步：先按 0.6 元/条加 36% 的比例税率，计算每标准条进口卷烟价格，设为 A。

每标准条进口卷烟价格 A = （进口货物计税价格 + 关税 + 进口数量 × 消费税定额税率）÷（1 − 36%）

**答案** ↘

例题 33 | B

第二步：判断并算组价（如果 A≥70 元，适用 56%；如果 A<70 元，适用 36%），计算进口卷烟组成计税价格，设为 B。

进口卷烟组成计税价格 B=（进口货物计税价格+关税+进口数量×消费税定额税率）÷（1-适用比例税率）

第三步：用组价算税额。

应纳消费税税额=进口卷烟组成计税价格 B×进口卷烟消费税比例税率+消费税定额税

**【例题 34·单选题】** 某进出口公司从境外进口卷烟 5 万条，支付买价 340 万元，运输费用 15 万元，保险费用 5 万元，关税计税价格 360 万元，假定关税税率为 50%，该公司应缴纳消费税（　　）万元。

A. 305.44　　　B. 308.44　　　C. 691.2　　　D. 694.09

**解析** ↘

（1）先按 0.6 元/条加 36% 的比例税率，算进口价 A。

每标准条进口卷烟价格 A=（进口货物计税价格+关税+标准条×0.6）÷（1-36%）=[（360+360×50%+5×0.6）÷（1-36%）]÷5=169.69（元/条）。

（2）判断并算组价 B——A≥70 元，适用 56%。

进口卷烟消费税组成计税价格 B=（进口货物计税价格+关税+标准条×0.6）÷（1-进口卷烟消费税适用比例税率）=（360+360×50%+5×0.6）÷（1-56%）=1 234.09（万元）。

（3）算税额——用组价算。

应纳消费税税额=1 234.09×56%+5×0.6=694.09（万元）。

## 考点十四 跨境电子商务进出口税收政策 ★

1. 跨境电商进口税收政策

跨境电商进口税收政策，详见增值税章节，表 2-47。

2. 跨境电子商务出口退运政策

2023 年 1 月 30 日至 2025 年 12 月 31 日，在跨境电子商务海关监管代码（1210、9610、9710、9810）项下申报出口，因滞销、退货原因，自出口之日起 6 个月内原状退运进境的商品（不含食品），免征进口关税和进口环节增值税、消费税；出口时已征收的出口关税准予退还，出口时已征收的增值税、消费税参照内销货物发生退货有关税收规定执行。

## 考点十五 出口应税消费品的税收政策 ★

1. 出口应税消费品的税收政策

出口应税消费品的税收政策，见表 3-15。

表 3-15 出口应税消费品的税收政策

| 政策 | 适用范围 |
|---|---|
| 出口免税并退税 | 出口企业出口或视同出口适用增值税退（免）税的货物，免征消费税，如果属于购进出口的货物，退还前一环节对其已征的消费税 |
| 出口免税但不退税 | 出口企业出口或视同出口适用增值税免税政策的货物，免征消费税，但不退还其以前环节已征的消费税，且不允许在内销应税消费品应纳消费税税款中抵扣 |
| 出口不免税也不退税 | 出口企业出口或视同出口适用增值征税政策的货物，应按规定缴纳消费税，不退还其以前环节已征的消费税，且不允许在内销应税消费品应纳消费税税款中抵扣 |

2. 退税的计税依据

从价定率计征消费税的，为已征且未在内销应税消费品应纳税额中抵扣的购进出口货物金额。

从量定额计征消费税的，为已征且未在内销应税消费品应纳税额中抵扣的购进出口货物数量。

复合计征消费税的，按从价定率和从量定额的计税依据分别确定。

3. 退税的计算

消费税应退税额 = 从价定率计征消费税的退税计税依据×比例税率 + 从量定额计征消费税的退税计税依据×定额税率

【例题35·单选题】某出口公司（增值税一般纳税人）适用增值税退（免）税政策，2024 年 11 月从生产企业购进一批高档化妆品，取得增值税专用发票注明价款 20 万元，增值税 2.6 万元。当月该批化妆品全部出口取得销售收入 35 万元，该出口公司出口化妆品应退的消费税合计为（    ）万元。

A. 3　　　　　　B. 10.5　　　　　C. 16.5　　　　　D. 0

**解析** ↘ 应退消费税 = 20×15% = 3（万元）。

## 第八节　批发、零售环节应纳税额的计算

### 考点十六　卷烟批发环节征收消费税的规定 ★★　　一学多考|注

卷烟批发环节加征政策，见表 3-16。

表 3-16 卷烟批发环节加征政策

| 项目 | 政策 |
|---|---|
| 纳税义务人 | 在中华人民共和国境内从事卷烟批发业务的单位和个人 |
| 征收范围 | 纳税人批发销售的所有牌号规格的卷烟 |
| 计税依据 | 纳税人批发卷烟的不含税销售额和销售数量 |

**答案** ↘
例题 35 | A

（续表）

| 项目 | 政策 |
|---|---|
| 适用税率 | 从价税率11%，从量税率0.005元/支(复合计征) |
| 纳税义务发生时间 | 纳税人收讫销售款或者取得索取销售款凭据的当天 |
| 纳税地点 | 卷烟批发企业的机构所在地，总机构与分支机构不在同一地区的，由总机构申报纳税 |

**提示** (1)纳税人应将卷烟销售额与其他商品销售额分开核算，未分开核算的，一并征收消费税。

(2)纳税人销售给纳税人以外的单位和个人的卷烟于销售时纳税。纳税人之间销售的卷烟不缴纳消费税。

(3)批发企业在计算纳税时不得扣除已含的生产环节的消费税税款。

**【例题36·单选题】**（2018年）2024年5月，某卷烟批发企业(持有烟草批发许可证，为增值税一般纳税人)向商场批发甲类卷烟24万支，取得不含税销售额18.6万元，向其他批发单位批发甲类卷烟50万支，取得不含税销售额30万元。该企业当月应纳消费税(    )万元。

A. 2.05　　　　B. 5.35　　　　C. 5.72　　　　D. 2.17

**解析** 纳税人(卷烟批发商)销售给纳税人以外的单位和个人的卷烟于销售时纳税，纳税人(卷烟批发商)之间销售的卷烟不缴纳消费税。

该企业当月应纳消费税=18.6×11%+24×0.005=2.17(万元)。

● **得分高手**（2021年多选）

考试出题形式通常为客观题，命题方式通常为判断卷烟批发环节以及批发环节应纳税额的计算。本考点要求重点掌握应纳税额的计算。

(1)只从事代加工电子烟产品业务的企业，不是消费税纳税人。
(2)电子烟生产环节纳税人从事电子烟代加工业务的，应当分开核算持有商标电子烟的销售额和代加工电子烟的销售额；未分开核算的，一并缴纳消费税。

## 考点十七 电子烟生产、批发环节征收消费税的规定 ★★

一学多考|注

电子烟生产、批发、进口环节消费税相关规定，见表3-17。

表3-17　电子烟生产、批发、进口环节消费税相关规定

| 项目 | | 具体 |
|---|---|---|
| 纳税人 | 生产环节 生产 | 取得烟草专卖生产企业许可证，并取得或经许可使用他人电子烟产品注册商标(以下称持有商标)的企业 |
| | 代加工方式生产 | 由持有商标的企业缴纳消费税 |

**答案**
例题36 | D

（续表）

| 项目 | | 具体 |
|---|---|---|
| 纳税人 | 批发环节 | 取得烟草专卖批发企业许可证并经营电子烟批发业务的企业 |
| | 进口环节 | 进口电子烟的单位和个人 |
| 计税价格 | 生产、批发电子烟 | 生产、批发电子烟的销售额计算纳税 |
| | 生产环节纳税人采用代销方式销售电子烟 | 按照经销商（代理商）销售给电子烟批发企业的销售额（含收取的全部价款和价外费用）计算纳税 |
| | 纳税人自产自用的应税消费品没有同类消费品销售价格 | 按照组成计税价格计算纳税 |
| | 进口电子烟 | 按照组成计税价格计算纳税 |

【例题37·单选题】下列关于电子烟征收消费税的说法中，正确的是（　　）。

A．纳税人生产、批发电子烟的，按照生产、批发电子烟的销售额及销售数量计算缴纳消费税

B．电子烟生产环节纳税人从事电子烟代加工业务的，持有商标电子烟的销售额和代加工电子烟的销售额均应缴纳消费税

C．电子烟实行从价定率的办法计算纳税

D．通过代加工方式生产电子烟的，由代加工的企业缴纳消费税

解析 ↘选项A，纳税人生产、批发电子烟的，按照生产、批发电子烟的销售额计算纳税。选项B，电子烟生产环节纳税人从事电子烟代加工业务的，应当分开核算持有商标电子烟的销售额和代加工电子烟的销售额；未分开核算的，一并缴纳消费税。选项D，通过代加工方式生产电子烟的，由持有商标的企业缴纳消费税。

### 考点十八 金银首饰零售环节征收消费税的规定 ★★ 　一学多考｜注

#### （一）纳税义务人

在中华人民共和国境内从事金银首饰零售业务的单位和个人，为金银首饰消费税的纳税义务人。

委托加工（除另有规定外）、委托代销金银首饰的，受托方是纳税人。

#### （二）零售环节征收消费税的金银首饰范围——金银、铂金、钻石饰品

金、银和金基、银基合金首饰，以及金、银和金基、银基合金的镶嵌首饰、铂金首饰、钻石及钻石饰品。

既销售金银首饰，又销售非金银首饰的生产经营单位，应分别核算销售额。凡不能分别核算的，在生产环节销售的，一律从高征收消费税；在零售环节销售的，一律按金银首饰征收消费税。

**提示** 其他珠宝玉石贵重首饰(含包金、镀金)在生产环节征收消费税。

金银首饰与其他产品组成成套消费品销售的，应按销售额全额征收消费税。

### (三)计税依据

金银首饰不同情形下的计税依据，见表3-18。

表3-18　金银首饰不同情形下的计税依据

| 不同情形 | 计税依据 |
|---|---|
| 一般情形 | 不含增值税的销售额 |
| 连同包装物销售 | 无论包装物是否单独计价，也无论会计上如何核算，均应并入金银首饰的销售额 |
| 带料加工的金银首饰 | (1)按受托方销售同类金银首饰的销售价格。<br>(2)没有同类金银首饰销售价格的，按照组成计税价格计算纳税。<br>$$组成计税价格 = \frac{材料成本+加工费}{1-金银首饰消费税税率}$$ |
| 以旧换新(含翻新改制)方式销售 | 实际收取的不含增值税的全部价款 |
| 生产、批发、零售单位用于馈赠、赞助、集资、广告、样品、职工福利、奖励等方面的金银首饰 | (1)按纳税人销售同类金银首饰的销售价格确定计税依据征收消费税。<br>(2)没有同类金银首饰销售价格的，按照组成计税价格计算纳税。<br>$$组成计税价格 = \frac{购进原价×(1+利润率)}{1-金银首饰消费税税率}$$<br>**提示** "购进原价"为生产成本，"利润率"一律定为6% |

**提示** 用已税珠宝玉石生产的金银镶嵌首饰，在计税时一律不得扣除已纳的消费税税款。

### (四)税率

金银首饰消费税税率为5%。

### (五)申报与缴纳

金银首饰申报与缴纳，见表3-19。

表 3-19　金银首饰申报与缴纳

| 情形 | 纳税环节 | 纳税义务发生时间 | 纳税地点 |
|---|---|---|---|
| 零售的金银首饰(含以旧换新) | 销售时纳税 | 收讫销货款或取得索取销货凭证的当天 | 核算地主管税务机关 |
| 馈赠、赞助、集资、广告、样品、职工福利、奖励等方面的金银首饰(视同销售) | 移送时纳税 | 移送的当天 | |
| 带料加工、翻新改制的金银首饰 | 受托方交货时纳税 | 受托方交货的当天 | |
| 个人携带、邮寄金银首饰进境 | 报关进口时 | | 海关 |
| 进口金银首饰 | 进口不征 | | |
| 出口金银首饰 | 出口不退 | | |

【例题38·多选题】(2022年)下列关于珠宝首饰零售环节的纳税义务的说法,正确的有(　　)。

A. 进口金银首饰应在进口环节缴纳消费税

B. 进口金银首饰应在进口环节缴纳增值税

C. 销售钻石首饰应缴纳增值税和消费税

D. 销售珍珠首饰应缴纳增值税和消费税

E. 销售铂金首饰应缴纳增值税和消费税

解析 ↘ 金银首饰在零售环节既征增值税又征消费税,进口环节只征增值税。在零售环节征收消费税的金银首饰范围包括:金、银和金基、银基合金首饰,以及金、银和金基、银基合金的镶嵌首饰。

【例题39·单选题】(2022年)某珠宝商店为增值税一般纳税人,2024年3月销售金银首饰,取得销售收入含税价40.68万元,销售珍珠首饰取得销售收入含税价22.6万元。采用以旧换新方式销售铂金首饰,旧铂金首饰收回作价4万元,实际收取价款29.38万元。该商店上述业务应缴纳消费税(　　)万元。

A. 5.1　　　　　　　　　　B. 3.1

C. 3.28　　　　　　　　　 D. 5.28

解析 ↘ 应缴纳的消费税 = 40.68÷(1+13%)×5% + 29.38÷(1+13%)×5% = 3.1(万元)。

【例题40·计算题】(2018年)某金店(增值税一般纳税人)2023年5月发生如下业务:

(1)1日至24日,零售纯金首饰取得含税销售额1 200 000元,零售玉石首饰取得含税销售额1 170 000元。

**答案** ↘
例题38 | BCE
例题39 | B

（2）25 日，采取以旧换新方式零售 A 款纯金首饰，实际收取价款 560 000 元，同款新纯金首饰零售价为 780 000 元。

（3）27 日，接受消费者委托加工 B 款金项链 20 条，收取含税加工费 5 650 元，无同类金项链销售价格。黄金材料成本 30 000 元，当月加工完成并交付委托人。

（4）30 日，将新设计的 C 款金项链发放给优秀员工作为奖励。该批金项链耗用黄金 500 克，不含税购进价格 270 元/克，无同类首饰售价。

要求：根据上述资料，回答下列问题。

（1）业务（1）应纳消费税（　　　）元。

A. 53 097.35　　　　　　　　B. 51 282.05

C. 62 564.1　　　　　　　　 D. 100 000

**解析** ↘ 玉石首饰在零售环节不缴纳消费税。

业务（1）应纳消费税 = 1 200 000÷（1+13%）×5% = 53 097.35（元）。

（2）业务（2）应纳消费税（　　　）元。

A. 9 401.71　　　　　　　　B. 28 000

C. 33 333.33　　　　　　　 D. 24 778.76

**解析** ↘ 业务（2）应纳消费税 = 560 000÷（1+13%）×5% = 24 778.76（元）。

（3）业务（3）应纳消费税（　　　）元。

A. 250　　　　　　　　　　B. 1 842.11

C. 1 886.84　　　　　　　 D. 1 750

**解析** ↘ 业务（3）应纳消费税 = ［30 000+5 650÷（1+13%）］÷（1−5%）× 5% = 1 842.11（元）。

（4）业务（4）应纳消费税（　　　）元。

A. 0　　　　　　　　　　　B. 7 150

C. 7 531.58　　　　　　　 D. 6 750

**解析** ↘ 业务（4）应纳消费税 = 500×270×（1+6%）÷（1−5%）×5% = 7 531.58（元）。

● **得分高手**（2022 年单选、多选）

该考点各题型均可能命题，特别注意区别征税范围、纳税人和计税依据。

### 考点十九 超豪华小汽车零售环节征收消费税的规定 ★ ★　　一学多考｜注

超豪华小汽车零售环节加征消费税的规定，见表 3-20。

**答案** ↘

例题 40（1）｜A

例题 40（2）｜D

例题 40（3）｜B

例题 40（4）｜C

表 3-20　超豪华小汽车零售环节加征消费税的规定

| 项目 | 具体内容 |
| --- | --- |
| 纳税人 | 将超豪华小汽车销售给消费者的单位和个人 |
| 纳税环节 | 零售环节加征 |

（续表）

| 项目 | 具体内容 |
|---|---|
| 税率 | 10% |
| 计算公式 | 应纳税额＝零售环节销售额（不含增值税）×10% |
| 生产企业直销 | 国内汽车生产企业直接销售给消费者的超豪华小汽车，消费税税率按照生产环节税率和零售环节税率加总计算。<br>应纳税额＝销售额×（生产环节税率＋零售环节税率） |
| 进口自用 | 对我国驻外使领馆工作人员、外国驻华机构及人员、非居民常住人员、政府间协议规定等应税（消费税）进口自用，且计税价格130万元及以上的超豪华小汽车消费税，按照生产（进口）环节税率和零售环节税率（10%）加总计算，由海关代征 |

【链接】车辆购置税税收优惠政策之一：依照法律规定应当予以免税的外国驻华使馆、领事馆和国际组织驻华机构及其有关人员自用的车辆免税。

【例题41·多选题】下列关于超豪华小汽车征收消费税的说法，正确的有（    ）。

A. 纳税环节是生产环节和零售环节
B. 征税对象为每辆销售价格130万元（含增值税）及以上的小汽车
C. 纳税人是消费者个人
D. 汽车4S店进口超豪华小汽车在进口环节缴纳消费税后，在零售环节加征消费税
E. 生产企业将超豪华小汽车直接销售给消费者个人，仅缴纳生产环节的消费税

解析 ↘ 选项B，征税对象为每辆零售价格130万元（不含增值税）及以上的小汽车。选项C，将超豪华小汽车销售给消费者的单位和个人为超豪华小汽车零售环节纳税人。选项E，国内汽车生产企业直接销售给消费者的超豪华小汽车，消费税税率按照生产环节税率和零售环节税率加总计算。

● 得分高手（2023年综合）

该考点各种题型均有涉及，特别是在综合分析题中考生要自行判断该小汽车是否属于零售环节的超豪华小汽车，同时需要关注应纳税额的计算环节问题。

## 第九节 征收管理及综合拓展

### 考点二十 征收管理 ★★

消费税征收管理，见表3-21。

答案 ↘
例题41 | AD

表 3-21　消费税征收管理

| 项目 | 情形 | | 政策 |
|---|---|---|---|
| 纳税义务发生时间 | 销售 | 赊销和分期收款 | 书面合同约定的收款日期的当天，书面合同没有约定收款日期或者无书面合同的，为发出应税消费品的当天 |
| | | 预收货款结算 | 发出应税消费品的当天 |
| | | 托收承付和委托银行收款 | 发出应税消费品并办妥托收手续的当天 |
| | | 其他结算 | 收讫销售款或者取得索取销售款凭据的当天 |
| | 自产自用 | | 移送使用的当天 |
| | 委托加工 | | 纳税人提货的当天 |
| | 进口 | | 报关进口的当天 |
| 纳税地点 | 销售及自产自用 | | 纳税人机构所在地或者居住地 |
| | 总分机构不在同一县（市） | | 分别向各自机构所在地（经财政部、国家税务总局或者授权的财政、税务机关批准，可以由总机构汇总向总机构所在地的主管税务机关申报缴纳消费税） |
| | 到外县（市）销售或委托外县（市）代销 | | 应税消费品销售后，向机构所在地或者居住地主管税务机关申报纳税 |
| | 委托加工 | 受托方为个人的 | 委托方向其机构所在地或者居住地主管税务机关申报纳税 |
| | | 受托方为企业等单位的 | 受托方向机构所在地或者居住地的主管税务机关解缴税款 |
| | 进口 | | 进口人或由其代理人向报关地海关申报纳税 |
| | 个人携带或者邮寄进境的应税消费品 | | 同关税由海关一并计征 |
| 纳税期限 | 1 日、3 日、5 日、10 日、15 日、1 个月或者 1 个季度 | | |

【例题 42·多选题】（2020 年）2024 年 3 月，甲企业采用分期收款方式销售应税消费品，当月发货。合同规定，不含税总价款 300 万元，自 4 月起分 3 个月等额收回货款。4 月实际收到不含税货款 80 万元，5 月实际收到不含税货款 120 万元。对于上述业务的税务处理，下列说法正确的有（　　）。

A. 甲企业 4 月消费税计税销售额为 100 万元

B. 若甲企业 3 月签订合同后即按全额开具了发票，则 3 月消费税计税销售额为 300 万元

C. 若甲企业 3 月签订合同后即按全额开具了发票，则 3 月发生增值税纳税义务

D. 甲企业 5 月消费税计税销售额为 120 万元

E. 甲企业 3 月发出应税消费品的当天为消费税纳税义务发生时间

**解析** ↘ 采取赊销和分期收款结算方式的，消费税纳税义务发生时间为书面合同约定的收款日期的当天，书面合同没有约定收款日期或者无书面合同的，为发出应税消费品的当天。先开发票的，纳税义务发生时间为开具发票的当天。

**【例题 43·单选题】**（2022 年）下列关于消费税纳税申报的说法，正确的是（　　）。

A. 卷烟批发企业的总机构与分支机构不在同一县市的由其总机构向其所在地的主管税务机关申报缴纳消费税

B. 金银首饰经营单位进口金银首饰在报关地海关缴纳进口环节消费税

C. 生产企业总机构与分支机构不在同一县市的由总机构向其所在地的主管税务机关申报缴纳消费税

D. 委托加工的应税消费品由委托方向其机构所在地或接受地主管税务机关申报缴纳消费税

**解析** ↘ 选项 B，金银首饰在零售环节纳税，进口金银首饰不缴纳消费税。选项 C，纳税人的总机构与分支机构不在同一县（市）的，应当分别向各自机构所在地的主管税务机关申报纳税；经财政部、国家税务总局或者其授权的财政、税务机关批准，可以由总机构汇总向总机构所在地的主管税务机关申报纳税。选项 D，委托加工的应税消费品，除受托方为个人外，由受托方向机构所在地或者居住地的主管税务机关解缴消费税税款。

**【例题 44·计算题】**（2019 年）甲木制品厂为增值税一般纳税人，主要从事实木地板生产销售业务，2024 年 3 月发生下列业务：

（1）外购一批实木素板，取得增值税专用发票注明金额 120 万元，另支付运费 2 万元，取得增值税普通发票。

（2）将上述外购已税素板 30% 用于连续生产 A 型实木地板，当月对外销售取得不含税销售额 60 万元。

（3）将上述外购已税素板 30% 委托乙厂加工 B 型实木地板，当月加工完毕全部收回，乙厂取得不含税加工费 5 万元，开具增值税专用发票，乙厂同类实木地板不含税售价为 65 万元。

（4）将外购成本为 48.8 万元的原木移送丙厂，委托加工 C 型实木地板，丙厂收取不含税加工费 8 万元，开具增值税专用发票，丙厂无同类实木地板

**答案** ↘

例题 42｜ABC

例题 43｜A

售价。当月加工完毕甲厂全部收回后，对外销售70%，取得不含税销售额70万元，其余30%留存仓库。

（5）主管税务机关4月初对甲厂进行税务检查时发现，乙厂已按规定计算代收代缴消费税，但丙厂未履行代收代缴消费税义务。

要求：根据上述资料，回答下列问题。

（1）甲厂留存仓库的C型实木地板应缴纳消费税（　　　）万元。

A. 0　　　　　　B. 1.5　　　　　　C. 0.90　　　　　　D. 0.77

**解析** ↘ 甲厂留存仓库的30%C型实木地板应缴纳的消费税 =（48.8+8）÷（1-5%）×5%×30% = 0.90（万元）。

（2）甲厂销售C型实木地板应缴纳消费税（　　　）万元。

A. 1.99　　　　　B. 3.5　　　　　C. 2.09　　　　　D. 1.8

**解析** ↘ 甲厂销售C型实木地板应缴纳的消费税 = 70×5% = 3.5（万元）。

（3）乙厂应代收代缴消费税（　　　）万元。

A. 2.16　　　　　B. 6.58　　　　　C. 3.25　　　　　D. 2.19

**解析** ↘ 乙厂应代收代缴消费税 = 65×5% = 3.25（万元）。

（4）业务（2）中，甲厂应缴纳消费税（　　　）万元。

A. 2.97　　　　　B. 3　　　　　　C. 1.2　　　　　　D. 1.17

**解析** ↘ 业务（2）中，甲厂应缴纳消费税 = 60×5% - 120×5%×30% = 1.2（万元）。

**【例题45·综合分析题】**（2024年）位于市区的甲汽车生产企业为增值税一般纳税人，拥有网络预约出租汽车经营许可证，2024年2月生产经营业务如下：

（1）接受乙公司委托加工气缸容量2.0升的新型油电混合乘用车，乙公司从某供应商购进相关零部件，取得增值税专用发票注明金额1 800万元，税额234万元，由某运输企业运往甲企业，支付运费取得增值税专用发票注明金额200万元，税额18万元；甲企业收取加工费价税合计565万元，本月加工完毕，甲企业已代收代缴消费税。乙公司收回委托加工的油电混合乘用车并销售80%，取得不含税销售额3 200万元，10%用于对外投资。

（2）委托丙企业加工镍氢蓄电池，从供应方购进材料取得增值税专用发票注明金额500万元，税额65万元，支付加工费取得增值税专用发票注明金额70万元，税额9.1万元，本月收回后生产领用90%用于生产排气量为1.5升的油电混合乘用车。

（3）自产车辆销售表如下。

| 类型 | 排气量（升） | 不含税单价（万元） | 销售数量（辆） | 不含税销售额（万元） |
| --- | --- | --- | --- | --- |
| 燃油乘用车 | 2.5 | 15 | 40 000 | 600 000 |
| 中轻型商用客车 | — | 140 | 600 | 84 000 |

（续表）

| 类型 | 排气量（升） | 不含税单价（万元） | 销售数量（辆） | 不含税销售额（万元） |
|------|------|------|------|------|
| 油电混合乘用车 | 1.5 | 12 | 15 000 | 180 000 |
| 纯电动车 | — | 6 | 80 000 | 480 000 |
| 小计 | — | — | — | 1 344 000 |

（4）将1辆自产的中轻型商用客车用于企管部门，将100辆自产油电混合乘用车对外投资；将100辆纯电动车作为网约车，本月取得不含税运营收入400万元（选择一般计税方法计税）。

（5）新研制一款排气量为1.0升的低能耗全智能油电混合乘用车，本月生产10辆，其中2辆作为测试用车，8辆用于汽博会作为展品（会后收回奖励给本企业研发人员），该车型生产成本为15万元/辆，成本利润率为8%。

（6）本月购进汽车零部件取得增值税专用发票税额合计52 000万元。购进建筑材料取得增值税专用发票注明税额40万元，其中80%用于乘用车展厅装修，10%用于职工食堂翻新改造。接受境外某企业提供的汽车设计服务，支付设计费价税合计159万元，已代扣代缴增值税并取得完税凭证。

（7）本企业职工出差报销机票12.8万元，燃油费附加0.28万元，民航发展基金0.2万元；职工探亲报销公路客票，票面金额合计6.18万元；报销桥闸通行费，取得通行费发票注明金额21万元。

甲企业本月油电混合乘用车最高售价15万元/辆（不含税），平均售价12万元/辆（不含税），假设本月购进的货物、劳务、服务等支付的进项税额均在本月申报抵扣。

（1）业务（1）乙公司应申报缴纳消费税（　　）万元。

A. 58.50　　　B. 61.58　　　C. 54.74　　　D. 68.42

**解析** 委托加工收回加价销售，需要缴纳消费税并扣除对应部分委托加工环节代收代缴的消费税。

应申报缴纳消费税 = 3 200×5% − [1 800 + 200 + 565÷（1 + 13%）]÷（1 − 5%）×5%×80% = 54.74（万元）。

（2）业务（3）甲公司应缴纳消费税（　　）万元。

A. 63 575.43　　B. 59 400　　　C. 63 600　　　D. 72 000

**解析** 应纳消费税 = 600 000×9% + 84 000×5% + 180 000×3% = 63 600（万元）。

（3）业务（4）甲公司应缴纳消费税（　　）万元。

A. 57　　　　B. 52　　　　C. 21　　　　D. 66

**解析** 应纳消费税 = 140×（5% + 10%）+ 100×15×3% = 66（万元）。

（4）甲公司本月准予从销项税额中抵扣的进项税额为（　　）万元。

A. 52 047.39　　B. 52 034.08　　C. 52 055.21　　D. 52 121.18

**解析** 本月准予从销项税额中抵扣的进项税额 = 65 + 9.1 + 52 000 + 40×

答案
例题45（1）| C
例题45（2）| C
例题45（3）| D
例题45（4）| D

$90\%+159\div(1+6\%)\times6\%+(12.8+0.28)\div(1+9\%)\times9\%+21\div(1+5\%)\times5\%=52\,121.18$（万元）。

（5）甲公司本月应缴纳增值税(　　)万元。

A. 122 950.84　　B. 123 050.79　　C. 122 891.04　　D. 122 872.84

**解析** 销项税额 $=565\div(1+13\%)\times13\%+1\,344\,000\times13\%+100\times12\times13\%+400\times9\%+15\times(1+8\%)\div(1-1\%)\times13\%\times8=174\,994.02$（万元）。

本月应缴纳增值税 $=174\,994.02-52\,121.18=122\,872.84$（万元）。

（6）下列关于甲公司税务处理的表述，正确的有(　　)。

A. 新研制的低能耗全智能油电混合乘用车，用于测试的2辆需要同时缴纳增值税和消费税

B. 新研制的低能耗全智能油电混合乘用车用于汽博会作为展品，不需要缴纳增值税

C. 新研制的低能耗全智能油电混合乘用车用于汽博会作为展品，不需要缴纳消费税

D. 将100辆纯电动车作为网约车，消费税视同销售，应确认消费税税额为45万元

E. 销售纯电动车，减半征收消费税

**解析** 选项A，新研制的低能耗全智能油电混合乘用车，用于测试的2辆属于正常的生产环节，不缴纳增值税，不属于消费税视同销售的情形；纯电动车不属于消费税征收范围，也不缴纳消费税。选项D，将100辆纯电动车作为网约车，不属于视同销售的情形，纯电动车不属于消费税征收范围，不缴纳消费税。选项E，纯电动车不属于消费税的征税范围，不缴纳消费税。

**答案**

例题 45（5）｜D

例题 45（6）｜BC

## 同步训练

DATE /

扫我做试题

### 考点一 消费税概述；考点二 纳税义务人、扣缴义务人和纳税环节

1. (单选题·2020年)委托加工应税消费品，除受托方为个人外，由受托方履行消费税扣缴义务的是(　　)。

A. 代征代缴　　　　　　　　　　B. 代收代缴

C. 代扣代缴　　　　　　　　　　D. 代售代缴

2. (单选题·2022年)关于消费税扣缴义务人，下列说法正确的是(　　)。

A. 委托个人加工应税消费品由受托方代收代缴消费税

B. 个人购买跨境电子商务零售进口商品的，生产商可作为代收代缴义务人

C. 个人购买跨境电子商务零售进口商品的，电子商务企业可作为代收代缴义务人

D. 委托加工应税消费品，由委托方代收代缴消费税

3.（多选题）下列关于消费税纳税人的说法，正确的有（　　）。

A. 委托加工金银首饰的纳税人是受托加工企业

B. 委托加工高档化妆品的纳税人是受托加工企业

C. 携带雪茄烟入境的纳税人是携带者

D. 邮寄入境的应税消费品纳税人是发件人

E. 代加工方式生产电子烟的，纳税人是只从事代加工电子烟的企业

4.（多选题）下列各项业务，应同时征收增值税和消费税的有（　　）。

A. 代加工电子烟企业收取的代加工费

B. 料酒厂将自产的黄酒移送加工料酒

C. 银行销售金条

D. 进出口公司进口高档手表

E. 加工厂销售自产动物性润滑油

## 考点三　税目

1.（多选题）下列商品中，属于消费税征收范围的有（　　）。

A. 合成宝石首饰
B. 锂原电池

C. 变压器油
D. 电动汽车

E. 卡丁车

2.（多选题）下列关于消费税的征收范围的说法，正确的有（　　）。

A. 用于水上运动和休闲娱乐等活动的非机动艇属于"游艇"的征收范围

B. 对于购进乘用车或中轻型商用客车整车改装生产的汽车属于"小汽车"的征收范围

C. 用于装饰墙壁、天棚的实木装饰板属于"实木地板"的征收范围

D. 以发酵酒为酒基，酒精度低于38度（含）的配制酒，按"其他酒"10%适用税率征收消费税

E. 以汽油、汽油组分调和生产的"甲醇汽油"和"乙醇汽油"属于"汽油"的征收范围

3.（多选题）不考虑其他条件，下列说法符合消费税规定的有（　　）。

A. 对以回收的废矿物油为原料生产的润滑油基础油免征消费税

B. 以汽油、汽油组分调和生产的乙醇汽油按照"成品油——汽油"税目征税

C. 润滑油消费税征收范围包括矿物性润滑油、矿物性润滑油基础油、植物性润滑油、动物性润滑油和化工原料合成润滑油

D. 生产原料中废弃的动物油和植物油用量所占比重不低于50%的纯生物柴油免征消费税

E. 成品油生产企业在生产成品油过程中，作为燃料、动力及原料消耗的自产成品油免征消费税

## 考点四　税率

（多选题）某化妆品公司（一般纳税人）将自行研制的高档化妆品与自产的普通护肤

护发品组成化妆品礼品盒，其中，高档化妆品的生产成本为 120 元/套，普通护肤护发品的生产成本为 70 元/套。2024 年 10 月将 100 套化妆品礼品盒赠送给某电商作为样品试用，其税务处理正确的有(　　)。

A. 将礼品盒赠送给某电商，不需要缴纳增值税

B. 将礼品盒赠送给某电商，不需要缴纳消费税

C. 普通护肤护发品不属于应税消费品，礼品盒中的普通护肤护发品不缴纳消费税

D. 礼品盒中的普通护肤护发品需要按照高档化妆品适用税率缴纳消费税，同时缴纳增值税

E. 该化妆品公司应就赠送行为缴纳消费税 3 520.59 元

### 考点五 计税依据

1. (多选题·2018 年)关于消费税从价定率计税销售额，下列说法正确的有(　　)。

A. 消费税计税销售额包括增值税

B. 白酒包装物押金收取时不计入计税销售额

C. 白酒品牌使用费应计入计税销售额

D. 金银首饰包装费不计入计税销售额

E. 消费税计税销售额包括消费税

2. (多选题)根据消费税的相关规定，下列说法正确的有(　　)。

A. 销售黄酒连同包装物销售的，无论包装物是否单独计价，也无论在会计上如何核算，均应计入计税依据征收消费税

B. 白酒生产企业消费税计税价格为销售单位对外销售价格 70%以下的，税务机关应该核定消费税最低计税价格

C. 实木地板生产企业通过自设非独立核算门市部销售实木地板，按门市部的对外销售价格征税

D. 纳税人将自产的应税消费品与外购或自产的非应税消费品组成套装销售的，按应税消费品所占比例计算应征消费税的销售额

E. 纳税人将自产应税汽油换取生产资料，按其同类应税汽油的最高销售价格计税

3. (多选题·2018 年)关于白酒消费税最低计税价格的核定，下列说法正确的有(　　)。

A. 生产企业实际销售价格高于核定最低计税价格的，按实际销售价格申报纳税

B. 白酒消费税最低计税价格核定范围包括白酒批发企业销售给商场的白酒

C. 税务机关选择核定消费税计税价格的白酒，核定比例统一确定为 20%

D. 白酒消费税最低计税价格由白酒生产企业自行申报，税务机关核定

E. 白酒消费税最低计税价格由行业协会核定

### 考点六 应纳税额计算的一般规定

1. (单选题)某手表厂为增值税一般纳税人，2024 年 10 月销售 A 牌-1 型手表 900 只，取得不含税销售额 540 万元；销售 A 牌-2 型手表 300 只，取得不含税销售额 420 万元。该手表厂当月应纳消费税(　　)万元。

A. 108　　　　　　　　B. 84　　　　　　　　C. 192　　　　　　　　D. 140

2. (单选题)2024年6月某汽车厂(一般纳税人)将自产的5辆小轿车、10辆货车用于对外投资,小轿车出厂不含税平均价格为24万元/辆,最高不含税售价25.5万元/辆,货车平均不含税售价8万元/辆,最高不含税售价8.6万元/辆。该汽车厂上述业务应纳消费税( )万元。(该小轿车消费税税率为12%)

A. 14.1　　　　　　　　B. 15.3　　　　　　　　C. 23.7　　　　　　　　D. 25.62

3. (单选题)某高档化妆品厂为增值税一般纳税人,下设一非独立核算的展销部,2024年5月将自产的100箱高档化妆品移送到展销部展销,给展销部的含税作价为1.5万元/箱,展销部当月对外销售了60箱,取得含税销售额135.6万元,该高档化妆品厂当月应缴纳消费税( )万元。

A. 18　　　　　　　　B. 24　　　　　　　　C. 28　　　　　　　　D. 43.2

4. (单选题)某啤酒厂为一般纳税人,2024年4月销售A型啤酒30吨,开具增值税专用发票注明金额87 000元,收取不锈钢桶押金6 000元;销售B型啤酒20吨,开具增值税专用发票注明金额56 000元,收取可重复使用的塑料周转箱押金5 000元。A型啤酒4月逾期包装物押金1 000元,B型啤酒当期没有逾期包装物押金。当月应缴纳消费税( )元。

A. 11 660　　　　　　　　B. 11 000　　　　　　　　C. 12 500　　　　　　　　D. 11 900

5. (单选题·2021年)关于成品油生产企业的消费税政策,下列说法正确的是( )。

A. 在生产成品油过程中作为动力消耗的自产成品油征收消费税

B. 在生产成品油过程中作为燃料消耗的自产成品油征收消费税

C. 在生产成品油过程中作为原料消耗的自产成品油征收消费税

D. 对用于其他用途或者直接销售的成品油征收消费税

6. (单选题)某卷烟生产企业2025年2月销售已核定消费税计税价格的A牌卷烟1 000条,核定计税价格为100元/条,实际销售价格为不含税价120元/条。首次销售未经核定计税价格的B牌卷烟500条,调拨价格为150元/条(不含增值税)。该企业当月应缴纳的消费税税额为( )元。

A. 98 900　　　　　　　　　　　　　　　　B. 103 500

C. 110 100　　　　　　　　　　　　　　　　D. 95 000

7. (多选题)关于卷烟计税价格,下列说法正确的有( )。

A. 卷烟消费税最低计税价格核定范围为卷烟生产环节、批发环节销售的所有牌号、规格的卷烟

B. 计税价格由省级税务机关按照卷烟批发环节销售价格扣除卷烟批发环节批发毛利核定并发布

C. 卷烟批发环节销售价格,按照税务机关采集的所有卷烟批发企业在价格采集期内销售的该牌号、规格卷烟的数量、销售额进行加权平均计算

D. 未经核定计税价格的新牌号、新规格卷烟,纳税人应按同类卷烟最高计税价格申报缴纳消费税

E. 已经核定计税价格的卷烟,实际销售价格高于计税价格的,按实际销售价格确

定适用税率，计算申报消费税

### 考点七 自产自用应税消费品应纳税额的计算

1. (单选题)2024 年 10 月某化妆品厂将一批自产高档护肤类化妆品用于集体福利，生产成本 35 000 元，将新研制的高档修饰类化妆品用于广告样品，生产成本 20 000 元，上述货物已全部发出，均无同类产品售价。2024 年 10 月该化妆品厂上述业务应纳消费税(　　)元。

   A. 12 392.86　　　　B. 10 191.18　　　　C. 15 150　　　　D. 20 214.86

2. (单选题)某酒厂(增值税一般纳税人)2024 年 12 月将自产的白酒作为春节福利发放给员工，每位员工发放 4 瓶，每瓶 500 克，同类白酒含税出厂价 1 499 元/瓶，该酒厂共计 3.6 万名员工。该酒厂上述业务应纳消费税(　　)万元。

   A. 2 490.5　　　　B. 622.62　　　　C. 3 827.66　　　　D. 956.92

3. (多选题)某地板厂将自产的实木地板用于本单位的办公楼更新改造，成本价 35 万元，无同类售价，关于该业务下列说法正确的有(　　)。

   A. 该业务无须缴纳消费税

   B. 该业务无须缴纳增值税

   C. 该业务需要缴纳消费税 1.93 万元

   D. 该业务需要计算增值税销项税额 5.03 万元

   E. 该业务对应的进项税额需要转出

### 考点八 外购应税消费品已纳消费税的扣除

1. (单选题·2019 年)下列外购应税消费品已缴纳的消费税，准予从本企业应纳消费税税额中抵扣的是(　　)。

   A. 用已税摩托车连续生产的摩托车

   B. 用已税白酒连续生产的白酒

   C. 用已税珠宝玉石连续生产的金银镶嵌首饰

   D. 用已税烟丝连续生产的卷烟

2. (单选题·2021 年)下列关于已纳消费税扣除的说法，正确的是(　　)。

   A. 以外购高度白酒连续生产低度白酒，可以按照当期生产领用数量计算准予扣除外购白酒已纳消费税

   B. 葡萄酒生产企业购进葡萄酒连续生产应税葡萄酒的，准予从应纳消费税税额中扣除所耗用的应税葡萄酒已纳消费税税款，本期消费税应纳税额不足抵扣的，余额留待下期抵扣

   C. 葡萄酒生产企业购进葡萄酒连续生产应税葡萄酒的，准予从应纳消费税税额中扣除所耗用的应税葡萄酒已纳消费税税款，本期消费税应纳税款不足抵扣的，不得结转抵扣

   D. 以外购高度白酒连续生产低度白酒，可以按照当期购进数量计算准予扣除外购白酒已纳消费税

3. (单选题·2022 年)甲酒厂为增值税一般纳税人，2024 年 10 月购进葡萄酒取得的

增值税专用发票注明金额 60 万元，税额 7.8 万元。甲酒厂领用本月购进葡萄酒的 80% 用于连续生产葡萄酒，销售本月生产葡萄酒的 60% 取得不含税销售额 56 万元，甲酒厂上述业务应缴纳消费税(　　)万元。

A. 2.72　　　　　B. 0.8　　　　　C. 5.65　　　　　D. 2

4. (单选题·2021 年)某卷烟厂为增值税一般纳税人，2024 年 3 月初库存外购烟丝不含税买价 3 万元。当月从一般纳税人处购进烟丝，取得增值税专用发票，注明金额为 10 万元。月末外购库存烟丝不含税买价 6 万元。本月将外购烟丝用于连续生产乙类卷烟，本月销售乙类卷烟 10 箱(标准箱)，取得不含税销售额 12 万元。该卷烟厂本月应缴纳消费税(　　)万元。

A. 2.37　　　　　B. 4.47　　　　　C. 6.87　　　　　D. 4.77

5. (单选题)某化妆品生产企业 2024 年 5 月外购一批已缴纳消费税的香水精，取得增值税专用发票注明金额 300 万元。当月领用该批香水精的 40% 连续生产高档香水，因市场波动高档香水销售仅取得不含税收入 80 万元。该企业当月应缴纳消费税(　　)万元。

A. 0　　　　　B. 12　　　　　C. 18　　　　　D. −6

**考点九 委托加工应税消费品的确定；考点十 代收代缴消费税；考点十一 委托加工的应税消费品收回后不同情形的处理**

1. (单选题·2021 年)关于委托加工应税消费品的税务处理，下列说法正确的是(　　)。

A. 受托方代收代缴消费税后，委托方收回已税消费品对外销售的，不再征收消费税

B. 纳税人委托个体工商户加工应税消费品，于委托方收回后在纳税人所在地缴纳消费税

C. 委托方提供原材料，但未提供材料成本的，由纳税人所在地主管税务机关核定其材料成本

D. 委托方提供原材料的成本是委托方购进材料时支付的全部价款和价外费用

2. (多选题)甲乙企业均为增值税一般纳税人，甲企业 2024 年 3 月外购成本为 260 万元的素板，取得增值税专用发票，委托某县乙企业加工实木地板，支付加工费取得增值税专用发票，注明金额 25 万元。乙企业无同类产品对外销售，已按规定代收代缴消费税。甲企业收回全部实木地板后，销售其中的 70%，开具增值税专用发票，注明金额 350 万元，下列表述正确的有(　　)。

A. 甲企业不需缴纳消费税

B. 乙企业当期共缴纳城市维护建设税(含代收代缴部分)0.75 万元

C. 甲企业缴纳消费税 7 万元

D. 甲企业缴纳增值税 11.7 万元

E. 乙企业代收代缴消费税 15 万元

### 考点十二 进口应税消费品的基本规定

（多选题）A国驻华使馆进口一辆中轻型商用客车自用，关税计税价格30万元，关税税率20%，关于进口商用客车的税务处理正确的有（    ）。

A. 应缴纳车辆购置税3.79万元　　　　B. 应缴纳进口环节消费税4.5万元

C. 应缴纳进口环节消费税1.89万元　　D. 使（领）馆应免征进口环节消费税

E. 使（领）馆应缴纳进口环节增值税、消费税

### 考点十三 进口卷烟应纳消费税的计算

（单选题）某烟草公司为增值税一般纳税人，2024年1月进口卷烟500标准箱，海关核定的关税计税价格为400万元，关税税率为50%，则该烟草公司当月进口环节应缴纳的消费税为（    ）万元。

A. 754.41　　　　B. 211.88　　　　C. 771.14　　　　D. 780.68

### 考点十四 跨境电子商务进出口税收政策

（多选题）中国公民曾女士2024年4月通过跨境电商购买2瓶高档香水，高档香水实际交易价格（不含税价）合计为1 600元。已知香水进口关税税率为20%，曾女士一季度未通过其他渠道购买过跨境电商物品。下列说法正确的有（    ）。

A. 跨境电子商务企业为该笔业务的纳税义务人

B. 该笔业务应纳关税税额320元

C. 该笔业务应向海关缴纳进口环节各项税合计527.06元

D. 跨境电子商务企业应代收代缴进口消费税197.65元

E. 跨境电子商务企业应代收代缴进口增值税171.29元

### 考点十五 出口应税消费品的税收政策

1. （单选题）根据消费税出口退（免）税的相关规定，下列说法正确的是（    ）。

A. 外贸企业委托外贸企业出口应税消费品不能申请退还消费税

B. 有出口经营权的生产企业自营出口自产应税消费品可办理退还消费税

C. 生产企业委托外贸企业代理出口自产应税消费品不予办理退还消费税

D. 除外贸企业外的其他商贸企业委托外贸企业出口应税消费品可申请退还消费税

2. （计算题）小汽车生产企业甲为增值税一般纳税人，2024年4月相关业务如下：

（1）销售100辆电动小汽车，不含税销售价格18万元/辆，款项已收讫。

（2）将80辆A型燃油小汽车以"以物易物"方式与物资公司乙换取生产资料，近期A型车曾以不含税销售价格25万元/辆、28万元/辆分别销售了100辆和20辆。双方约定以平均价格作为交换价格。

（3）上月以托收承付方式销售100辆B型燃油小汽车给贸易公司丙，不含税销售价格11万元/辆，本月发出100辆并办妥托收手续。

（4）当月丙贸易公司将上述100辆小汽车全部出口，海关审定的离岸价格为14万元/辆。

已知：A型小汽车消费税税率5%，B型小汽车消费税税率3%。贸易公司丙具有出口经营权，当期没有其他业务，出口退税率13%，题目中交易均按相关政策开

具了增值税专用发票且已于当期勾选抵扣。

要求：根据上述资料，回答下列问题。

（1）甲企业当期应纳消费税（　　）万元。

A. 145　　　　　B. 133　　　　　C. 139　　　　　D. 112

（2）甲企业当期应纳增值税（　　）万元。

A. 642.2　　　　B. 235　　　　　C. 377　　　　　D. 237

（3）丙贸易公司应退消费税（　　）万元。

A. 33　　　　　B. 54　　　　　　C. 100　　　　　D. 90

（4）丙贸易公司应退增值税（　　）万元。

A. 143　　　　　B. 182　　　　　C. 0　　　　　　D. 237

### 考点十六 卷烟批发环节征收消费税的规定

1. （单选题）某卷烟批发企业（增值税一般纳税人）2024年5月，批发销售给卷烟零售企业卷烟6标准箱，取得含税收入120万元。该企业当月应纳消费税（　　）万元。

A. 57.52　　　　B. 37.01　　　　C. 57.59　　　　D. 11.83

2. （单选题）某批发兼零售的卷烟销售公司（一般纳税人），2024年6月批发销售某牌号卷烟100箱（每箱50 000支），取得不含增值税销售额200万元；零售某牌号卷烟20箱（每箱50 000支），取得含增值税销售额56.5万元。该公司6月应缴纳消费税（　　）万元。

A. 22　　　　　B. 24.5　　　　　C. 27.5　　　　　D. 30.5

### 考点十七 电子烟生产、批发环节征收消费税的规定

（多选题）2024年12月正保电子烟生产企业（持有商标A）将自产的A电子烟产品销售给烟草批发企业，取得不含增值税销售额为100万元。将上月生产的A电子烟产品委托经销商葛格公司代销。合同约定，正保公司与葛格公司不含税结算价80万元，葛格公司销售给烟草批发企业不含税结算价90万元。正保公司将代加工的B电子烟产品（不持有商标B）销售给乙电子烟生产企业（持有电子烟商标B），取得不含税销售收入30万元。乙企业将该批电子烟全部销售给烟草批发企业，取得不含增值税销售额为50万元。烟草批发企业于当月将上述电子烟全部批发给零售商，取得不含税销售收入300万元。以上交易均开具增值税专用发票，业务主体均为一般纳税人，正保公司分开核算A、B电子烟销售额，下列说法正确的有（　　）。

A. 正保公司当月应申报缴纳电子烟消费税68.4万元

B. 葛格公司当月应申报缴纳电子烟消费税32.4万元

C. 葛格公司当月应申报缴纳增值税1.3万元

D. 持有商品B电子烟产品的乙企业当月应申报缴纳电子烟消费税18万元

E. 烟草批发企业当月应申报缴纳电子烟消费税6.6万元

### 考点十八 金银首饰零售环节征收消费税的规定

1. （单选题）根据税法的相关规定，下列说法不正确的是（　　）。

A. 出国人员免税商店销售的金银首饰免征消费税

B. 带料加工的金银首饰，应按受托方销售同类金银首饰的销售价格确定计税依据征收消费税

  C. 纳税人采取以旧换新方式销售的金银首饰，应按实际收取的不含增值税的全部价款确定计税依据

  D. 金银首饰连同包装物销售的，无论包装物是否单独计价，也无论会计上如何核算，均应并入金银首饰的销售额，计征消费税

2. （单选题）某金店为增值税一般纳税人，2024 年 5 月零售金银首饰取得含税销售额 51.48 万元，其中包括以旧换新销售金银首饰实际收取的含税销售额 3.51 万元（该批以旧换新销售的新金银首饰含税零售价为 8.19 万元），也包括用已税和田玉生产的金镶嵌首饰 3.8 万元。本月随同金银首饰销售包装盒含税零售价 0.5 万元，修理金银首饰取得含税收入 2.34 万元，零售镀金首饰取得含税收入 7.02 万元。以上均分开核算，2024 年 5 月该金店上述业务应纳消费税（  ）万元。

  A. 2.28    B. 2.4    C. 2.3    D. 2.57

3. （单选题）某金店为增值税一般纳税人，2024 年 5 月以翻新改制方式零售 A 款纯金首饰，实际收取含税价款 56 000 元，同款新纯金首饰零售含税价为 78 000 元。接受消费者委托加工 B 款金项链 20 条，收取含税加工费 5 650 元，无同类金项链销售价格。黄金材料成本 30 000 元，当月加工完成并交付委托人。下列说法正确的是（  ）。

  A. 翻新改制 A 款金首饰的纳税人是该金店

  B. 委托加工 B 款金首饰的纳税人是委托方

  C. 翻新改制 A 款金首饰的计税依据是 78 000 元

  D. 委托加工 B 款金首饰的计税依据是 5 650 元

### 考点十九 超豪华小汽车零售环节征收消费税的规定

1. （多选题·2023 年）下列业务无须计算缴纳消费税的有（  ）。

  A. 高档化妆品生产企业购进高档化妆品对外销售

  B. 4S 店销售大排量小汽车

  C. 珠宝行零售珍珠首饰

  D. 委托加工收回应税消费品对外直接销售

  E. 商城购进普通化妆品以高档化妆品对外销售

2. （多选题）甲汽车制造厂（一般纳税人）当期将新研制的 20 辆新能源智能电动汽车赠送给某网约车平台作为"白菜快跑"试点车辆，每辆车成本为 30 万元，成本利润率 10%。将自产的 10 辆 A 型燃油小汽车销售给其全资销售子公司乙（一般纳税人），每辆车不含税售价 130 万元。乙公司将其中 8 辆销售至其集团在全国各地的 4S 店，每辆车不含税售价 140 万元，2 辆投资于天津 4S 店（一般纳税人）。天津 4S 店于当月将 1 辆出售，取得不含税收入 150 万元，另收取车辆装饰费 5 万元；将另 1 辆用于抵偿场地租金，同类车辆的最高含税价为 180 万元。以上业务除 4S 店销售或特殊销售开具机动车统一销售发票外，其他业务均开具增值税专用发票，假设该单位

没有其他业务。A 型燃油车消费税税率 25%，下列说法正确的有(　　)。

A. 甲汽车制造厂当期应纳消费税 455 万元

B. 甲汽车制造厂当期销项税额 85.8 万元

C. 乙销售公司当期应纳消费税 140 万元

D. 乙销售公司当期应纳增值税 13 万元

E. 天津 4S 店当期应纳消费税 31.37 万元

## 考点二十 征收管理

(单选题·2023 年) 纳税人进口应税消费品，其消费税纳税义务发生时间为(　　)。

A. 收到结算凭证当天　　　　　　B. 报关进口的当天

C. 境外起运的当天　　　　　　　D. 支付货款的当天

## 综合拓展

1. (计算题) 涂料生产公司甲为增值税一般纳税人，2024 年 7 月发生如下业务：

(1) 5 日以直接收款方式销售涂料取得不含税销售额 350 万元；以预收货款方式销售涂料取得不含税销售额 200 万元，本月已发出销售涂料的 80%。

(2) 12 日赠送给某医院 20 桶涂料用于装修，将 100 桶涂料用于换取其他厂家的原材料，取得并开具增值税普通发票。当月不含税平均销售价 500 元/桶，最高不含税销售价 540 元/桶。

(3) 15 日委托某涂料厂乙加工涂料，双方约定由甲公司提供原材料，材料账面成本 80 万元，乙厂开具的增值税专用发票上注明加工费 10 万元(含代垫辅助材料费用 1 万元)、增值税 1.3 万元。乙厂无同类产品对外销售。

(4) 28 日收回委托乙厂加工的涂料并于本月售出 80%，取得不含税销售额 85 万元。

(5) 外购涂料取得增值税专用发票注明金额 500 万元，外购塑胶桶、标签等包装材料取得增值税专用发票注明金额 50 万元。将外购的此部分涂料分装后本月销售 40%，取得不含税销售收入 300 万元。

要求：根据上述资料，回答下列问题。

(1) 甲公司当期的增值税销项税额为(　　)万元。

A. 117.13　　　B. 7 916.35　　　C. 118.45　　　D. 120.05

(2) 甲公司当期的应纳增值税税额为(　　)万元。

A. 44.33　　　B. 67.55　　　C. 44.85　　　D. 74.05

(3) 乙厂应代收代缴的消费税为(　　)万元。

A. 0　　　　　B. 3.75　　　　C. 3.6　　　　D. 3.33

(4) 甲公司当期应缴纳的消费税为(　　)万元。

A. 33.06　　　B. 20.66　　　C. 12.25　　　D. 38.6

2. (综合分析题·2023 年) 位于市区的甲汽车制造厂经营汽车生产销售业务，乙公司为其全资销售子公司，2024 年 3 月甲厂和乙公司的经营业务如下：

（1）甲厂向乙公司销售 A 型小轿车 200 辆，每辆不含税售价为 120 万元。

（2）甲厂向本地汽车 4S 店销售 A 型小轿车 2 000 辆，每辆不含税售价为 132 万元；销售 B 型小轿车 3 000 辆，每辆不含税售价为 26 万元；甲厂向消费者直接销售 A 型小轿车 300 辆，每辆含税售价为 158.2 万元。

（3）甲厂以 10 辆 A 型小轿车作价 1 200 万元（不含税）向丙汽车 4S 店出资，丙汽车 4S 店取得投资后当月全部出售，甲厂 A 型小轿车的每辆平均不含税售价为 132 万元，最高不含税售价为 140 万元。

（4）乙公司当月向汽车 4S 店销售 A 型小轿车 160 辆，每辆不含税售价为 140 万元；直接向消费者销售 A 型小轿车 400 辆，每辆含税售价为 158.2 万元。

（5）乙公司以上月从甲厂购入的 6 辆 B 型小轿车抵偿拖欠某企业的场地租金，债务重组合同约定按 B 型小轿车平均含税售价 33.9 万元/辆，抵偿租金，已知 B 型小轿车同期最高含税售价为 37.29 万元/辆。

已知：甲、乙均为增值税一般纳税人，企业间的业务往来均开具了增值税专用发票，并在取得的当月勾选抵扣，A、B 型轿车消费税率分别为 25% 和 5%。

要求：根据上述资料，回答下列问题。

（1）关于消费税表述中，下列说法错误的有（　　）。

A. 甲厂向 4S 店和消费者直接销售超豪华小轿车，应该按照生产环节和零售环节的消费税率加总计算消费税

B. 根据业务（1）甲厂不缴纳消费税，乙公司应缴纳消费税

C. 零售环节加征消费税包括不含增值税价款在 130 万元及以上的乘用车和中轻型商用车

D. 乙公司为甲汽车制造厂全资子公司，甲向乙销售不缴纳消费税

E. 乙公司将 B 型小轿车用于抵债应以最高销售价格缴纳消费税

（2）根据业务（3），甲厂应缴纳的消费税为（　　）万元。

A. 490 　　　　　B. 350 　　　　　C. 300 　　　　　D. 330

（3）甲厂销售超豪华小轿车，在零售环节应该加征的消费税为（　　）万元。

A. 4 200 　　　　B. 4 340 　　　　C. 14 700 　　　　D. 15 190

（4）甲厂当月应缴纳的消费税为（　　）万元。

A. 90 950 　　　　B. 84 930 　　　　C. 91 090 　　　　D. 14 450

（5）乙公司当月应缴纳的消费税为（　　）万元。

A. 1 849.9 　　　　B. 1 849 　　　　C. 5 609.9 　　　　D. 5 600

（6）甲厂和乙公司当月应缴纳的增值税分别为（　　）万元。

A. 53 211.6；7 095.4 　　　　　　　　B. 53 222；10 215.4

C. 53 000；7 095.4 　　　　　　　　D. 53 040；8 041.8

3. （综合分析题·2020 年）甲卷烟厂为增值税一般纳税人，主要生产销售 A 牌卷烟，2024 年 10 月发生如下经营业务：

（1）向农业生产者收购烟叶，实际支付价款 360 万元，另支付 10% 价外补贴，按规定缴纳了烟叶税，开具合法的农产品收购凭证。另支付运费，取得运输公司

(一般纳税人)开具的增值税专用发票,注明运费 5 万元。

(2)将收购的烟叶全部运往位于县城的乙企业加工烟丝,取得增值税专用发票,注明加工费 40 万元、代垫辅料 10 万元。本月收回全部委托加工的烟丝,乙企业已代收代缴相关税费。

(3)以委托加工收回的烟丝 80% 生产 A 牌卷烟 1 400 箱。本月销售 A 牌卷烟给丙卷烟批发企业 500 箱,取得不含税收入 1 200 万元。由于货款收回及时,给予丙企业 2% 的折扣。

(4)将委托加工收回的烟丝剩余的 20% 对外出售,取得不含税收入 150 万元。

(5)购入客车 1 辆,用于接送职工上下班,取得机动车销售统一发票注明税额 2.6 万元;购进经营用的运输卡车 1 辆,取得机动车销售统一发票注明税额 3.9 万元。

已知:A 牌卷烟消费税的比例税率为 56%,定额税率为 150 元/箱。烟丝消费税的比例税率为 30%。相关票据已在当月勾选抵扣或计算扣除进项税额。

要求:根据上述资料,回答下列问题。

(1)业务(1)甲厂应缴纳烟叶税(　　)万元。

A. 36　　　　　　B. 72　　　　　　C. 79.2　　　　　　D. 43.2

(2)业务(2)乙企业应代收代缴消费税(　　)万元。

A. 227.23　　　　B. 177.86　　　　C. 206.86　　　　D. 162.43

(3)业务(3)甲厂应纳消费税(　　)万元。

A. 666.06　　　　B. 679.5　　　　C. 500.57　　　　D. 514.01

(4)业务(4)甲厂应纳消费税(　　)万元。

A. 3.63　　　　　B. 9.43　　　　　C. 0　　　　　　　D. 45

(5)业务(2)和业务(5)可以抵扣的进项税额合计为(　　)万元。

A. 10.4　　　　　B. 11.5　　　　　C. 8.9　　　　　　D. 13

(6)甲厂本月应缴纳增值税(　　)万元。

A. 116.93　　　　B. 117.13　　　　C. 122.33　　　　D. 114.83

## ●● 参考答案及解析

### 考点一 消费税概述;考点二 纳税义务人、扣缴义务人和纳税环节

1. B 【解析】委托加工应税消费品,除受托方为个人外,由受托方履行代收代缴消费税的义务。

2. C 【解析】选项 A,委托个人加工应税消费品,消费税由委托方收回应税消费品后自行缴纳。选项 B,购买跨境电子商务零售进口商品的个人作为纳税义务人,电子商务企业、电子商务交易平台企业或物流企业可作为代收代缴义务人。选项 D,委托加工应税消费品,由受托方代收代缴消费税(受托方为个人除外)。

3. AC 【解析】选项 B,委托加工高档化妆品的纳税人是委托方。选项 D,邮寄入境的应税消费品纳税人是收件人。选项 E,代加工方式生产电子烟的,由持有商标的

企业缴纳消费税，只从事代加工电子烟产品业务的企业不是纳税人。

4. DE 【解析】选项 A，代加工电子烟收取的代加工费不征收消费税，需要征收增值税。选项 B，将自产的黄酒移送加工料酒，属于将自产应税消费品用于其他方面，征收消费税，不征收增值税。选项 C，金条不属于消费税征税范围，销售金条不征收消费税，但需要征收增值税。

### 考点三 税目

1. AB 【解析】合成宝石首饰属于贵重首饰及珠宝玉石的消费税征税范围；锂原电池属于电池税目消费税征收范围。

2. BCE 【解析】选项 A，用于水上运动和休闲娱乐等非营利活动的各类机动艇才属于"游艇"的征收范围。选项 D，以发酵酒为酒基，酒精度低于 20 度（含）的配制酒，按"其他酒"10%适用税率征收消费税。

3. ABCE 【解析】选项 D，生产原料中废弃的动物油和植物油用量所占比重不低于 70%的符合国家规定标准的纯生物柴油免征消费税。

### 考点四 税率

DE 【解析】选项 A、B，该化妆品公司将礼品盒赠送给电商作为样品试用，应视同销售，缴纳增值税和消费税。选项 C、D，纳税人将应税消费品与非应税消费品以及适用税率不同的应税消费品组成成套消费品销售的，应根据成套消费品的销售金额按应税消费品中适用最高税率的消费品税率申报纳税。选项 E，该化妆品公司应缴纳消费税 = 100×（120+70）×（1+5%）÷（1-15%）×15% = 3 520. 59（元）。

### 考点五 计税依据

1. CE 【解析】选项 A，消费税计税销售额不包括增值税。选项 B，白酒包装物押金收取时计入计税销售额。选项 D，金银首饰包装费计入计税销售额。

2. BC 【解析】选项 A，黄酒从量征收，包装物销售金额与消费税无关。选项 D，纳税人将自产的应税消费品与外购或自产的非应税消费品组成套装销售的，以套装产品的销售额为计税依据计算消费税。选项 E，汽油从量计征消费税，应纳消费税 = 定额税率×销售数量，不涉及销售价格的问题。

3. AD 【解析】选项 B，白酒消费税最低计税价格核定范围不包括白酒批发企业销售给商场的白酒。选项 C，税务机关选择核定消费税计税价格的白酒，核定比例统一确定为 60%。选项 E，白酒消费税最低计税价格由白酒生产企业自行申报，税务机关核定。

### 考点六 应纳税额计算的一般规定

1. B 【解析】销售价格（不含增值税）每只在 10 000 元（含）以上的各类手表为高档手表，征收消费税。

A 牌-1 型手表不含税单价 = 540×10 000÷900 = 6 000（元），小于 10 000 元，不征收消费税；A 牌-2 型手表不含税单价 = 420×10 000÷300 = 14 000（元），大于 10 000 元，征收消费税。

该手表厂当月应纳消费税 = 420×20% = 84(万元)。

2. B 【解析】该汽车厂应纳消费税 = 5×25.5×12% = 15.3(万元)。

3. A 【解析】查表可知，高档化妆品消费税税率15%，该化妆品厂当月应缴纳消费税 = 135.6÷(1+13%)×15% = 18(万元)。

4. D 【解析】A 型啤酒的每吨售价 = [87 000+6 000÷(1+13%)]÷30 = 3 076.99(元)，大于 3 000 元/吨，A 型啤酒适用的税率为 250 元/吨。包装物押金不包括供重复使用的塑料周转箱押金，B 型啤酒每吨的售价 = 56 000÷20 = 2 800(元)，小于 3 000 元/吨，B 型啤酒适用的税率为 220 元/吨。所以当月应缴纳的消费税 = 30×250+20×220 = 11 900(元)。啤酒从量计征消费税，逾期的包装物押金与消费税无关。

5. D 【解析】选项 A、B、C，对成品油生产企业在生产成品油过程中，作为燃料、动力及原料消耗的自产成品油，免征消费税。选项 D，对用于其他用途或者直接销售的成品油照章征收消费税。

6. C 【解析】查表可知，甲类卷烟消费税税率：生产环节从价税 56% 加从量税 0.003 元/支(每条 200 支)。

A 牌卷烟计税依据：实际销售价格 120 元/条(高于核定价格 100 元/条)。

从价税：120×1 000×56% = 67 200(元)。

从量税：1 000×200×0.003 = 600(元)。

B 牌卷烟计税依据：按调拨价格 150 元/条计税。

从价税：150×500×56% = 42 000(元)。

从量税：500×200×0.003 = 300(元)。

合计：67 200+42 000+600+300 = 110 100(元)。

7. CE 【解析】选项 A，卷烟消费税最低计税价格核定范围为卷烟生产环节销售的所有牌号、规格的卷烟。选项 B，计税价格由国家税务总局按照卷烟批发环节销售价格扣除卷烟批发环节批发毛利核定并发布。选项 D，未经核定计税价格的新牌号、新规格卷烟，生产企业应按卷烟调拨价格申报纳税。

### 考点七 自产自用应税消费品应纳税额的计算

1. B 【解析】应纳消费税 = (35 000 + 20 000)×(1 + 5%)÷(1 - 15%)×15% = 10 191.18(元)。

2. C 【解析】应缴纳的消费税 = 3.6×4×1 499÷(1 + 13%)×20% + 3.6×4×0.5 = 3 827.66(万元)。

3. BC 【解析】选项 A，自产自用于在建工程的应税消费品需要缴纳消费税。选项 C，应纳消费税 = 35×(1+5%)÷(1-5%)×5% = 1.93(万元)。选项 B、D、E，自产产品用于在建工程(生产经营活动)的，增值税不视同销售，不计算销项税额，也不需要转出进项税额。

### 考点八 外购应税消费品已纳消费税的扣除

1. D 【解析】选项 A、B、C 均不属于正向列举的外购应税消费品已纳消费税可以扣

除的范围。

2. B 【解析】对外购、进口应税消费品和委托加工收回的应税消费品连续生产应税消费品销售的，计算征收消费税时，应按当期生产领用数量计算准予扣除的应税消费品已纳的消费税税款。选项 A、D，在"外购应税消费品已纳税款扣除范围"中不包括外购已税白酒生产白酒的情形。选项 C，纳税人从葡萄酒生产企业购进、进口葡萄酒连续生产应税葡萄酒的，准予从葡萄酒消费税应纳税额中扣除所耗用应税葡萄酒已纳消费税税款，如本期消费税应纳税额不足抵扣的，余额留待下期抵扣。

3. B 【解析】甲酒厂当期应缴纳的消费税 = 56×10% - 60×10%×80% = 0.8（万元）。

4. A 【解析】准予抵扣的消费税 =（3 + 10 - 6）×30% = 2.1（万元），该卷烟厂应缴纳消费税 = 12×36% + 10×150÷10 000 - 2.1 = 2.37（万元）。

5. A 【解析】查表已知，高档香水消费税税率为 15%。准予扣除的已纳税款 = 300×15%×40% = 18（万元）。销售高档香水应纳税额 = 80×15% = 12（万元）。当期可扣除税款 18 万元，大于应纳税额 12 万元，差额（-6 万元）结转下期抵扣，本期应缴纳消费税为 0。

### 考点九 委托加工应税消费品的确定；考点十 代收代缴消费税；考点十一 委托加工的应税消费品收回后不同情形的处理

1. B 【解析】选项 A，受托方代收代缴消费税后，委托方收回已税消费品以不高于受托方的计税价格出售的，不再征收消费税；但以高于受托方的计税价格出售的，则应按规定申报缴纳消费税，在计税时准予扣除受托方已代收代缴的消费税。选项 C，委托加工应税消费品的纳税人，必须在委托加工合同上如实注明（或以其他方式提供）材料成本，凡未提供材料成本的，受托方主管税务机关有权核定其材料成本。选项 D，材料成本是指委托方所提供加工材料的实际成本。

2. CE 【解析】实木地板消费税税率为 5%。

选项 A、C，甲企业销售 70% 的部分对应的委托加工的组价 =（260 + 25）÷（1 - 5%）×70% = 210（万元），收回后的销售价是 350 万元，属于加价销售，所以甲企业应缴纳消费税 = 350×5% - 15×70% = 7（万元）。

选项 B，乙企业应代收代缴城市维护建设税 = 15×5% = 0.75（万元），乙企业收取加工费的增值税销项税额 = 25×13% = 3.25（万元），题目未提及乙的进项税额，默认为没有，则城市维护建设税 = 3.25×5% = 0.16（万元），合计 = 0.75 + 0.16 = 0.91（万元）。

选项 D，甲应纳增值税 = 350×13% -（260×13% + 25×13%）= 8.45（万元）。

选项 E，乙企业应代收代缴的消费税 =（260 + 25）÷（1 - 5%）×5% = 15（万元）。

### 考点十二 进口应税消费品的基本规定

CE 【解析】选项 A，依照法律规定应当予以免税的外国驻华使馆、领事馆和国际组织驻华机构及其有关人员自用车辆免征车辆购置税。选项 D、E，对于进口环节增值税、消费税没有免征条款。选项 B、C，应缴纳的进口环节消费税 = 30×（1 + 20%）÷（1 - 5%）×5% = 1.89（万元）。

## 考点十三 进口卷烟应纳消费税的计算

D 【解析】每标准条卷烟进口货物计税价格=400×10 000÷500÷250=32(元)，每标准条卷烟进口关税=32×50%=16(元)，每标准条进口卷烟确定消费税适用比例税率的价格=(进口货物计税价格+关税+消费税定额税)÷(1-消费税税率)，公式中消费税税率固定为36%，定额税率为每标准条0.6元，每标准条进口卷烟确定消费税适用比例税率的价格=(32+16+0.6)÷(1-36%)=75.94(元)，大于70元，适用的消费税比例税率为56%。进口环节应缴纳的消费税=(进口货物计税价格+关税+消费税定额税)÷(1-消费税适用比例税率)×消费税适用比例税率+消费税定额税=[(32+16+0.6)÷(1-56%)]×56%×500×250÷10 000+500×250×0.6÷10 000=780.68(万元)。

## 考点十四 跨境电子商务进出口税收政策

DE 【解析】选项A，跨境电商零售进口的纳税人是购买商品的个人(曾女士)，而电子商务企业、交易平台或物流企业为代收代缴义务人，非纳税义务人。选项B、C、D、E，跨境电子商务零售进口商品的单次交易限值为人民币5 000元。在限值以内进口的跨境电子商务零售进口商品，关税税率暂设为0；进口环节增值税、消费税取消免征税额，暂按法定应纳税额的70%征收。本题中曾女士所购香水价格未超过单次5 000元的限值，关税税率为0，应纳消费税=1 600÷(1-15%)×15%×70%=197.65(元)。应纳增值税=1 600÷(1-15%)×13%×70%=171.29(元)。合计=171.29+197.65=368.94(元)。

## 考点十五 出口应税消费品的税收政策

1. C 【解析】选项A，外贸企业委托外贸企业出口应税消费品，适用消费税出口免税并退税政策，所以可以申请退还消费税。选项B，有出口经营权的生产企业自营出口自产应税消费品，适用消费税出口免税不退税政策，不予办理退还消费税。选项D，除生产企业、外贸企业外的其他企业，具体是指一般商贸企业，这类企业委托外贸企业代理出口应税消费品一律不予退(免)消费税。

2. (1)A 【解析】甲企业应缴消费税=80×28×5%+100×11×3%=145(万元)。

(2)C 【解析】甲企业应计提增值税销项税额=100×18×13%+80×(100×25+20×28)÷(100+20)×13%+100×11×13%=642.2(万元)。

可抵扣进项税额=80×(100×25+20×28)÷(100+20)×13%=265.2(万元)。

应纳增值税=642.2-265.2=377(万元)。

(3)A 【解析】丙贸易公司可以享受消费税免税并退税政策。应退税额=11×100×3%=33(万元)。

(4)A 【解析】应退增值税=100×11×13%=143(万元)。

## 考点十六 卷烟批发环节征收消费税的规定

1. D 【解析】卷烟在批发环节复合计征消费税，税率为11%+250元/箱。该企业当月应纳消费税=120÷(1+13%)×11%+6×250÷10 000=11.83(万元)。

**提示** 每标准条200支，每标准箱250条，批发环节从量消费税=0.005×200×

$250 = 250$（元/箱）。

2．B 【解析】6月应缴纳消费税 $= 200 \times 11\% + 100 \times 50\ 000 \times 0.005 \div 10\ 000 = 24.5$（万元）。

### 考点十七 电子烟生产、批发环节征收消费税的规定

ACD 【解析】选项A，电子烟生产环节纳税人采用代销方式销售电子烟的，按照经销商（代理商）销售给电子烟批发企业的销售额计算纳税。正保公司当月应申报缴纳电子烟消费税 $= （100+90） \times 36\% = 68.4$（万元）。选项B，生产环节取得烟草专卖生产企业许可证，并取得或经许可使用他人电子烟产品注册商标（以下称持有商标）的企业是纳税人，即正保公司。葛格公司不缴纳消费税。选项C，代销双方均为增值税纳税人，葛格公司当月应申报缴纳增值税 $= 90 \times 13\% - 80 \times 13\% = 1.3$（万元）。选项D，代加工方式生产电子烟，由持有商标的企业缴纳消费税，乙企业销售商标B电子烟产品当月应申报缴纳电子烟消费税 $= 50 \times 36\% = 18$（万元）。选项E，烟草批发企业当月申报电子烟消费税 $= 300 \times 11\% = 33$（万元）。

### 考点十八 金银首饰零售环节征收消费税的规定

1．A 【解析】选项A，出国人员免税商店销售的金银首饰应征收消费税。

2．C 【解析】金银首饰以旧换新，以实际取得的不含税销售额作为计税依据。应纳消费税 $= （51.48+0.5） \div （1+13\%） \times 5\% = 2.3$（万元）。

3．A 【解析】选项B，委托加工（除另有规定外）、委托代销金银首饰的，受托方是纳税人。所以，纳税人是该金店。选项C，以旧换新（含翻新改制）方式销售金银首饰，计税依据是实际收取的不含增值税的全部价款。选项D，带料加工的金银首饰计税依据：①按受托方销售同类金银首饰的销售价格；②没有同类金银首饰销售价格，按照组成计税价格计算纳税，组成计税价格 $=$（材料成本+加工费）$\div$（1−金银首饰消费税税率）。

### 考点十九 超豪华小汽车零售环节征收消费税的规定

1．BCD 【解析】选项A，对于生产销售高档化妆品，珠宝玉石，鞭炮、焰火和摩托车的工业企业，既有自产应税消费品，同时又购进与自产应税消费品同样的应税消费品进行销售的，对其销售的外购应税消费品应当征收消费税，同时可以扣除外购应税消费品的已纳税款；选项B，4S店是零售环节，销售超豪华小汽车加征消费税，不含税零售价格≥130万/辆的小汽车，为超豪华小汽车。选项C，珍珠首饰在生产销售环节缴纳消费税。选项D，委托加工的应税消费品，受托方在交货时已代收代缴消费税，委托方收回后直接销售的，不再征收消费税。收回后以高于受托方计税价格销售的，征收消费税，可以扣除受托方已代收代缴的消费税。选项E，工业企业以外单位和个人应税消费品的视同生产行为：①将外购的消费税非应税产品以消费税应税产品对外销售的；②将外购的消费税低税率应税产品以高税率应税产品对外销售的。

2．DE 【解析】选项A，甲汽车制造厂当期应纳消费税 $= 10 \times 130 \times 25\% = 325$（万元），甲厂没有直接零售超豪华小汽车，不需要缴纳零售环节加征税款。电动汽车不征收

消费税。选项 B，甲汽车制造厂赠送新能源智能电动汽车销项税额 = $20 \times 30 \times (1 + 10\%) \times 13\% = 85.8$（万元），销售 10 辆燃油车销项税额 = $10 \times 130 \times 13\% = 169$（万元），甲汽车厂当期销项税额 = $85.8 + 169 = 254.8$（万元）。选项 C，乙销售公司未将超豪华车销售给消费者，不属于零售环节，不征收消费税。选项 D，乙当期应纳税额 = $140 \times (8 + 2) \times 13\% - 10 \times 130 \times 13\% = 13$（万元）。选项 E，4S 店当期应纳消费税 = $[150 + 5 \div (1 + 13\%)] \times 10\% + 180 \div (1 + 13\%) \times 10\% = 31.37$（万元）。

## 考点二十　征收管理

B　【解析】进口的应税消费品，消费税纳税义务发生时间为报关进口的当天。

## 综合拓展

1. （1）A　【解析】当期甲公司增值税销项税额 = $350 \times 13\% + 200 \times 80\% \times 13\% + 120 \times 500 \times 13\% \div 10\,000 + 85 \times 13\% + 300 \times 13\% = 117.13$（万元）。

（2）A　【解析】当期进项税额 = $1.3 + (500 + 50) \times 13\% = 72.8$（万元）。

应纳增值税税额 = $117.13 - 72.8 = 44.33$（万元）。

（3）B　【解析】乙厂代收代缴消费税 = $(80 + 10) \div (1 - 4\%) \times 4\% = 3.75$（万元）。

（4）A　【解析】甲公司当期应纳消费税 = $(350 + 200 \times 80\%) \times 4\% + 20 \times 500 \times 4\% \div 10\,000 + 100 \times 540 \times 4\% \div 10\,000 + 85 \times 4\% - 3.75 \times 80\% + 300 \times 4\% = 33.06$（万元）。

2. （1）ABDE　【解析】选项 A，甲厂生产销售超豪华小轿车，向 4S 店销售的 A 型小汽车不需要加总计算生产环节与零售环节消费税，向消费者直接销售的 A 型小汽车需要加总计算。选项 B，甲厂作为生产企业，应缴纳生产环节的消费税。选项 D，全资子公司属于独立纳税人，各自独立纳税。选项 E，乙公司作为销售企业，购进的 B 型小汽车属于应税消费品，由生产销售企业缴纳消费税；由于 B 型小汽车也不属于超豪华小汽车，无须再缴纳零售环节消费税。

（2）B　【解析】应纳消费税 = $140 \times 10 \times 25\% = 350$（万元）。

（3）A　【解析】应加征纳消费税 = $158.2 \times 300 \div (1 + 13\%) \times 10\% = 4\,200$（万元）。

（4）A　【解析】业务（1）应纳消费税 = $120 \times 200 \times 25\% = 6\,000$（万元）。

业务（2）应纳消费税 = $132 \times 2\,000 \times 25\% + 26 \times 3\,000 \times 5\% + 158.2 \times 300 \div (1 + 13\%) \times (25\% + 10\%) = 84\,600$（万元）。

业务（3）应纳消费税 = $140 \times 10 \times 25\% = 350$（万元）。

合计应纳消费税 = $6\,000 + 84\,600 + 350 = 90\,950$（万元）。

（5）D　【解析】乙公司并非生产企业，只需要缴纳超豪华小汽车零售环节消费税。

应纳消费税 = $158.2 \times 400 \div (1 + 13\%) \times 10\% = 5\,600$（万元）。

（6）A　【解析】甲厂销项税额 = $200 \times 120 \times 13\% + 2\,000 \times 132 \times 13\% + 3\,000 \times 26 \times 13\% + 300 \times 158.2 \div (1 + 13\%) \times 13\% + 10 \times 132 \times 13\% = 53\,211.6$（万元）。

**提示**　题目未提及甲厂购进，所以不考虑进项税额。

乙公司销项税额 = $160 \times 140 \times 13\% + 400 \times 158.2 \div (1 + 13\%) \times 13\% + 6 \times 33.9 \div (1 + 13\%) \times 13\% = 10\,215.4$（万元）。

乙公司业务（1）进项税额 = $200 \times 120 \times 13\% = 3\,120$（万元）。

乙公司应缴纳增值税＝10 215.4－3 120＝7 095.4（万元）。

3.（1）C 【解析】业务（1）甲厂应缴纳烟叶税＝360×（1+10%）×20%＝79.2（万元）。

（2）C 【解析】一般纳税人将收购的烟叶生产加工成烟丝，可以按照10%来抵扣进项税额，则材料成本＝360×（1+10%）×（1+20%）×（1-10%）+5＝432.68（万元），业务（2）乙企业应代收代缴消费税＝（432.68+40+10）÷（1-30%）×30%＝206.86（万元）。

（3）D 【解析】现金折扣是为了鼓励购货方及时偿还货款而给予的折扣优待，不得从销售额中减除。业务（3）甲厂应纳消费税＝1 200×56%+500×150÷10 000－206.86×80%＝514.01（万元）。

（4）A 【解析】将委托加工收回的烟丝加价销售，需要缴纳消费税，准予扣除委托加工环节已缴纳的消费税。业务（4）甲厂应纳消费税＝150×30%－206.86×20%＝3.63（万元）。

（5）A 【解析】购入客车用于接送职工上下班，属于购进固定资产专用于集体福利，进项税额不得抵扣。业务（2）和业务（5）可以抵扣进项税额合计＝（40+10）×13%+3.9＝10.4（万元）。

（6）B 【解析】甲厂本月应缴纳增值税＝（1 200+150）×13%－360×（1+10%）×（1+20%）×10%－5×9%－10.4＝117.13（万元）。

亲爱的读者，你已完成本章20个考点的学习，本书知识点的学习进度已达50%。

# 第四章　城市维护建设税

重要程度：非重点章节　　分值：3~5分

## 考试风向

### ⬛🔹🔹🔹 考情速递

城市维护建设税是一种附加税，教育费附加和地方教育附加的相关政策规定与城市维护建设税联系紧密，在此处一并讲解（教材内容在第十一章非税收入）。总体来说，本章属于非重点章节。考试题型以单项选择题、多项选择题为主，也可在其他税种的主观题中计算，比如土地增值税、增值税、消费税等。

### ⬛🔹🔹🔹 2025 年考试变化

本章内容无实质性变化。

### ⬛🔹🔹🔹 脉络梳理

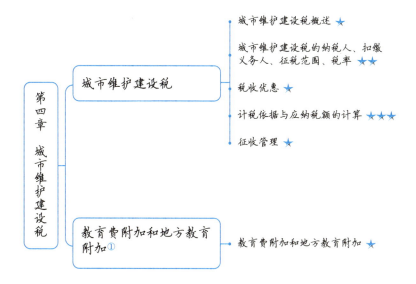

---

① 编者将第十一章非税收入中的教育费附加和地方教育附加的内容放到本章讲解。

# 考点详解及精选例题

## 第一节 城市维护建设税

### 考点一 城市维护建设税概述 ★ 一学多考|注

城市维护建设税的概念与特点，见表4-1。

表4-1 城市维护建设税的概念与特点

| 项目 | 内容 |
|------|------|
| 概念 | 城市维护建设税是对缴纳增值税、消费税的单位和个人征收的一种税 |
| 特点 | (1)属于附加税。随"两税" 🔲征收而征收 |
| | (2)根据城镇规模设计税率。城镇规模越大，税率越高，反之越低 |
| | (3)征收范围较广。因主体税种(增值税、消费税)征收范围广，其征收范围也广 |

知识点拨 ✦
"两税"是指增值税和消费税。

【例题1·单选题】(2019年)关于城市维护建设税的特点，下列说法错误的是(　　)。

A. 随"两税"征收而征收

B. 征收范围较窄

C. 根据城镇规模设计税率

D. 属于一种附加税

解析 ↘ 城市维护建设税与其他税种相比较，具有以下特点：①属于一种附加税；②根据城镇规模设计税率；③征收范围较广。

### 考点二 城市维护建设税的纳税人、扣缴义务人、征税范围、税率 ★★

一学多考|注

城市维护建设税的纳税人、扣缴义务人、征税范围、税率，见表4-2。

表4-2 城市维护建设税的纳税人、扣缴义务人、征税范围、税率

| 项目 | 内容 |
|------|------|
| 纳税人 | 在中华人民共和国境内缴纳增值税、消费税的单位和个人 |
| 扣缴义务人 | 负有增值税、消费税扣缴义务的单位和个人，在扣缴增值税、消费税的同时扣缴城市维护建设税 |

**答案** ↘
例题1|B

（续表）

| 项目 | 内容 | |
|---|---|---|
| 征税范围 | 城市市区、县城、建制镇，以及税法规定征收"两税"的其他地区 | |
| | 对进口货物或者境外单位和个人向境内销售劳务、服务、无形资产缴纳的增值税、消费税税额 | 不征收城市维护建设税 🖊 |
| 税率 | 地区差别比例税率 | 纳税人所在地🔷在市区 | 7% |
| | | 纳税人所在地在县城、镇 | 5% |
| | | 纳税人所在地不在市区、县城、镇 | 1% |
| | 特殊适用 | 跨地区提供建筑服务、销售和出租不动产的 | 在建筑服务发生地、不动产所在地预缴增值税时 | 应纳税额＝预缴增值税税额×预缴增值税所在地的适用税率 🖊 |
| | | | 预缴增值税的纳税人在其机构所在地申报缴纳增值税时 | 应纳税额＝实际缴纳的增值税税额×机构所在地的适用税率 |
| | | 由受托方代收、代扣"两税"的单位和个人 🖊 | 按纳税人缴纳"两税"所在地的规定税率，就地缴纳城市维护建设税 |
| | | 流动经营等无固定纳税地点的单位和个人 | |
| | | 行政区划变更的 | 自变更完成当月起，适用新行政区划对应的城市维护建设税税率，纳税人在变更完成当月的下一个纳税申报期按新税率申报缴纳 |

记忆口诀
进口不征。

知识点拨
纳税人所在地，是指纳税人住所地或者与纳税人生产经营活动相关的其他地点，具体地点由省、自治区、直辖市确定。

记忆口诀
预缴跟上。

记忆口诀
代收带上。

【例题2·单选题】（2019年）城市维护建设税采用的税率形式是（　　）。

A. 产品比例税率　　　　B. 行业比例税率

C. 地区差别比例税率　　D. 有幅度的比率税率

解析 ↘ 城市维护建设税实行地区差别比例税率。

【例题3·单选题】（2021年）关于城市维护建设税适用税率，下列说法错误的是（　　）。

A. 撤县建市后，纳税人所在地为市区的，适用税率为7%

B. 纳税人所在地在县城、镇的，税率为5%

C. 委托某企业加工应税消费品，按受托方所在地适用税率征税

D. 纳税人跨地区出租不动产，按机构所在地适用税率征税

解析 ↘ 选项D，纳税人跨地区出租不动产，在不动产所在地预缴增值税，以预缴增值税税额为计税依据，按照预缴增值税所在地的城市维护建设税率

答案 ↘
例题2 | C
例题3 | D

235

就地计税。预缴增值税纳税人在其机构所在地申报缴纳增值税时，以其实际缴纳的增值税税额为计税依据，按机构所在地的城市维护建设税适用税率计税。

### 考点三 税收优惠 ★ 一学多考|注

城市维护建设税原则上不单独规定减免税。但是，针对一些特殊情况，财政部和国家税务总局作出了一些特别税收优惠规定。城市维护建设税优惠政策，见表4-3。

表4-3 城市维护建设税优惠政策

| 项目 | 情形 | 优惠政策 |
|---|---|---|
| 特殊产业和群体 | （1）黄金交易所会员单位通过黄金交易所销售且发生实物交割的标准黄金 | 免征城市维护建设税 |
| | （2）上海期货交易所会员和客户通过上海期货交易所销售标准黄金 | 发生实物交割并已出库的，免征城市维护建设税和教育费附加 |
| | （3）退役士兵、脱贫人口、毕业年度内自主创业等重点群体（2023年1月1日至2027年12月31日）创业、就业 | 免征城市维护建设税和教育费附加，详见表2-25 |
| | （4）经中国人民银行依法决定撤销的金融机构及其分设于各地的分支机构（包括被依法撤销的商业银行、信托投资公司、财务公司、金融租赁公司、城市信用社和农村信用社），用其财产清偿债务时 | 免征被撤销金融机构转让货物、不动产、无形资产、有价证券、票据等应缴纳的增值税、城市维护建设税、教育费附加和土地增值税 |
| | （5）2023年1月1日至2027年12月31日，对增值税小规模纳税人、小型微利企业和个体工商户（"六税两费"减半） | 减半征收资源税（不含水资源税）、城市维护建设税、房产税、城镇土地使用税、印花税（不含证券交易印花税）、耕地占用税和教育费附加、地方教育附加 |
| | （6）继续对经营性文化事业单位转制为企业有关税收优惠（执行至2027年12月31日） | 对经营性文化事业单位转制中资产评估增值、资产转让或划转涉及的企业所得税、增值税、城市维护建设税、契税、印花税等，符合现行规定的享受相应税收优惠政策 |
| | 对国家重大水利工程建设基金 | 免征城市维护建设税 |

**知识点拨**

发生实物交割但未出库的，免征增值税。

(续表)

| 项目 | 情形 | 优惠政策 |
|---|---|---|
| 退税规定 | 对由于减免增值税、消费税而发生的退税 | 同时退还已缴纳的城市维护建设税 |
| | 对出口产品退还增值税、消费税的 | 不退还已缴纳的城市维护建设税 |
| | 对"两税"实行先征后返、先征后退、即征即退办法的，除另有规定外，对随"两税"附征的城市维护建设税和教育费附加 | 一律不予退（返）还 |

记忆口诀
出口不退。

### 考点四 计税依据与应纳税额的计算 ★★★ 一学多考 | 注

计税依据，见表4-4。

表4-4 计税依据

| 包括 | 不包括 |
|---|---|
| (1)实纳的"两税"税额(含查补的"两税"税额)。<br>(2)税务核准的免抵税额 | (1)"两税"的滞纳金、罚款。<br>(2)直接减免的"两税"税额。<br>(3)进口环节的"两税"。<br>(4)退还的增值税期末留抵税额 |

应纳税额=(实际缴纳的增值税税额+实际缴纳的消费税税额)×适用税率

【例题4·多选题】（2022年）下列税额作为城市维护建设税计税依据的有（　　）。

A. 增值税免抵税额　　　　　B. 进口环节缴纳的增值税
C. 实际缴纳的增值税、消费税　　D. 直接减免的增值税、消费税
E. 进口应税消费品缴纳的消费税

解析 选项B、E，进口环节不征城市维护建设税。选项D，不作为城市维护建设税计税依据。

【例题5·单选题】（2020年）某市区甲企业为增值税一般纳税人，当期销售货物应纳增值税20万元，消费税15万元，进口货物缴纳进口环节增值税2万元，该企业当期应缴纳城市维护建设税（　　）万元。

A. 2.45　　　B. 2.59　　　C. 1.75　　　D. 2.31

解析 城市维护建设税进口不征、出口不退，所以进口环节的2万元增值税不缴纳城市维护建设税。该企业当期应缴纳的城市维护建设税=(20+15)×7%=2.45(万元)。

【例题6·单选题】2024年10月，某市区卷烟厂委托某县城卷烟厂（一般纳税人）加工一批雪茄烟，委托方提供原材料成本40 000元，支付加工费

答案
例题4 | AC
例题5 | A

5 000 元（不含增值税），雪茄烟消费税税率为 36%，受托方同类产品不含税市场价格为 80 000 元。受托方代收代缴的城市维护建设税为(   )元。

    A. 3 543        B. 2 531        C. 2 016        D. 1 440

    **解析**↘代收代缴的城市维护建设税 = 80 000×36%×5% = 1 440(元)。

    **【例题 7·单选题】** 某市区一企业为增值税一般纳税人，2024 年 10 月缴纳进口关税 65 万元，进口环节增值税 15 万元，进口环节消费税 26.47 万元；本月应缴纳增值税 49 万元，10 月已核准的增值税免抵税额为 10 万元，实际缴纳消费税 85 万元。本月收到上月报关出口自产货物应退增值税 35 万元。该企业 10 月应纳的城市维护建设税税额为(   )元。

    A. 95 550      B. 100 800      C. 71 050      D. 122 829

    **解析**↘免抵的增值税税额和实际缴纳的增值税、消费税税额均应作为城市维护建设税的计税依据，10 月应纳的城市维护建设税税额 = (49+10+85)×7%×10 000 = 100 800(元)。

### 考点五 征收管理★   一学多考丨注▶

    城市维护建设税的纳税义务发生时间、纳税地点、纳税期限比照增值税、消费税的相应规定，城市维护建设税的纳税义务发生时间与"两税"的纳税义务发生时间一致，与"两税"同时缴纳❶。

    采用委托代征、代扣代缴❷、代收代缴、预缴、补缴等方式缴纳"两税"的，应当同时缴纳城市维护建设税。

    **提示** (1)代扣代缴增值税、消费税的企业单位同时也要代扣代缴城市维护建设税，未代扣代缴城市维护建设税的，应由纳税单位或个人回到其所在地申报纳税。

    (2)由于城市维护建设税是与增值税、消费税同时征收的。因此在一般情况下，城市维护建设税不单独加收滞纳金或罚款。

    如果纳税人缴纳了"两税"之后，却不按规定缴纳城市维护建设税，则可以对其单独加收滞纳金，也可以单独进行罚款。

    **【例题 8·单选题】** 下列关于城市维护建设税的说法中，正确的是(   )。

    A. 城市维护建设税一律不单独加收滞纳金和罚款

    B. 增值税实行即征即退的，一律退还城市维护建设税

    C. 城市维护建设税原则上不单独规定减免税

    D. 城市维护建设税计税依据包括增值税、消费税的滞纳金和罚款

    **解析**↘选项 A，城市维护建设税可以单独加收滞纳金及罚款。选项 B，对增值税实行即征即退办法的，除另有规定外，城市维护建设税一律不予退还。选项 D，城市维护建设税的计税依据不包括滞纳金和罚款。

    **【例题 9·多选题】** (2024 年)下列关于城市维护建设税的说法，正确的有(   )。

---

**知识点拨❶**

同时缴纳是指在缴纳"两税"时，应当在"两税"同一缴纳地点、同一缴纳期限内，一并缴纳对应的城市维护建设税。

**知识点拨❷**

代扣代缴，不含因境外单位和个人向境内销售劳务、服务、无形资产代扣代缴增值税情形。

**答案**↘

例题 6丨D

例题 7丨B

例题 8丨C

A. 对实行增值税期末留抵退税的纳税人，其退还的增值税期末留抵税额，不计入城市维护建设税的计税依据

B. 2023 年 1 月 1 日到 2027 年 12 月 31 日，对增值税小规模纳税人免征城市维护建设税

C. 对黄金交易所会员单位通过黄金交易所销售且发生实物交割的标准黄金，免征城市维护建设税

D. 流动经营的单位和个人，按照缴纳增值税和消费税所在地的规定税率就地缴纳城市维护建设税

E. 代扣代缴境外单位向境内企业销售货物，无须缴纳城市维护建设税

**解析** ↘ 选项 B，自 2023 年 1 月 1 日至 2027 年 12 月 31 日，对增值税小规模纳税人、小型微利企业和个人工商户减半征收城市维护建设税。

## 第二节 教育费附加和地方教育附加

### 考点六 教育费附加和地方教育附加 ★    一学多考 注 ◀

教育费附加和地方教育附加，见表 4-5。

表 4-5 教育费附加和地方教育附加

| 项目 | 教育费附加 | 地方教育附加 |
|---|---|---|
| 附加率 | 3% | 2% |
| 缴费人 | 凡缴纳增值税、消费税的单位和个人 | |
| 计费依据 | 同城市维护建设税 | |
| 计算 | 应纳教育费附加(地方教育附加)=(实际缴纳的增值税税额+实际缴纳的消费税税额)×附加率 | |
| 优惠政策 | 自 2016 年 2 月 1 日起，按月纳税的月销售额或营业额不超过 10 万元(按季度纳税的季度销售额或营业额不超过 30 万元)的缴纳义务人，免征教育费附加、地方教育附加 | |

**【例题 10·多选题】**（2021 年）关于教育费附加减免规定，下列正确的有(　　)。

A. 先征后返增值税，一般不返还附征的教育费附加

B. 即征即退增值税，一般不返还附征的教育费附加

C. 先征后退增值税，一般不返还附征的教育费附加

D. 由于减免增值税发生退税，退还附征的教育费附加

E. 出口货物退还增值税，退还附征的教育费附加

**解析** ↘ 选项 E，出口货物退还增值税，不退还附征的教育费附加。

知识点拨

其他减免规定同城市维护建设税。

**答案** ↘
例题 9 | ACDE
例题 10 | ABCD

扫我做试题

# 同步训练

DATE

## 考点一 城市维护建设税概述

(单选题)根据城市维护建设税的规定,下列说法正确的是(    )。

A. 2020年8月11日,第十三届全国人民代表大会常务委员会第二十一次会议通过《城市维护建设税法》,该法自2021年9月1日起施行

B. 进口环节增值税纳税人同时也是城市维护建设税纳税人

C. 城市维护建设税实行行业差别税率

D. 城市维护建设税的计税依据是纳税人依法实际缴纳的增值税、消费税以及滞纳金和罚款

## 考点二 城市维护建设税的纳税人、扣缴义务人、征税范围、税率；考点三 税收优惠；考点四 计税依据与应纳税额的计算

1. (单选题·2022年)关于城市维护建设税政策,下列说法正确的是(    )。

A. 代扣代缴增值税同时代扣代缴城市维护建设税

B. 预缴增值税同时缴纳城市维护建设税

C. 进出口货物缴纳增值税同时缴纳城市维护建设税

D. 出口商品退还增值税同时退还城市维护建设税

2. (单选题)位于市区的某生产企业为增值税一般纳税人,自营出口自产货物。2024年9月应退增值税320万元,出口货物"免抵退"税额380万元,税务机关10月核准其免抵税额；本月税务检查时发现,2023年4月出租厂房的不含税租金收入100万元未入账,该企业采用一般计税办法,被查补增值税,并处以滞纳金和罚款。10月该企业应纳城市维护建设税(    )万元。

A. 0      B. 4.83      C. 22.4      D. 26.95

3. (多选题)下列属于城市维护建设税计税依据的有(    )。

A. 进口环节缴纳的消费税      B. 出口环节退还的增值税

C. 向税务机关实际缴纳的土地增值税      D. 向税务机关实际缴纳的增值税

E. 增值税免抵税额

4. (多选题)下列有关城市维护建设税的说法,正确的有(    )。

A. 某外商投资企业已缴纳增值税,但不需要缴纳城市维护建设税

B. 城市维护建设税征税范围具体包括城市市区、县城、建制镇,以及税法规定征收增值税、消费税的其他地区

C. 对进口货物或者境外单位和个人向境内销售劳务、服务、无形资产缴纳的增值税、消费税税额,不征收城市维护建设税

D. 对由于减免增值税、消费税而发生的退税,同时退还已纳的城市维护建设税

E. 退役士兵限额减免优惠政策中，城市维护建设税、教育费附加、地方教育附加的计税依据是享受该优惠政策后的增值税应纳税额

## 考点五 征收管理

(多选题·2022年)关于城市维护建设税征收管理，下列说法正确的有( )。

A. 计税依据包括增值税免抵税额

B. 境外单位向境内销售服务代扣代缴增值税的同时，代扣代缴城市维护建设税

C. 纳税期限比照增值税、消费税的相关规定执行

D. 纳税义务发生时间比照增值税、消费税等相关规定执行

E. 跨地区提供建筑服务在建筑服务发生地无须缴纳城市维护建设税

## 考点六 教育费附加和地方教育附加

(多选题)下列关于教育费附加减免的说法中，正确的有( )。

A. 凡缴纳增值税、消费税的单位和个人，为教育费附加和地方教育附加的缴费人

B. 教育费附加的征收比率为3%

C. 现阶段，按月纳税的月销售额或营业额不超过30万元的缴纳义务人，免征教育费附加、地方教育附加

D. 教育费附加随同"两税"一并缴纳，一律不单独加收滞纳金和罚款

E. 教育费附加的计税依据包括加收的滞纳金和罚款

## 参考答案及解析

### 考点一 城市维护建设税概述

A 【解析】选项B，对进口货物或者境外单位和个人向境内销售劳务、服务、无形资产缴纳的增值税、消费税税额，不征收城市维护建设税。选项C，城市维护建设税实行地区差别比例税率。选项D，城市维护建设税的计税依据是纳税人依法实际缴纳的增值税、消费税，不包括加收的滞纳金和罚款。

### 考点二 城市维护建设税的纳税人、扣缴义务人、征税范围、税率；考点三 税收优惠；考点四 计税依据与应纳税额的计算

1. B 【解析】选项A，采用委托代征、代扣代缴、代收代缴、预缴、补缴等方式缴纳增值税、消费税的，应当同时缴纳城市维护建设税。代扣代缴，不含境外单位和个人向境内销售劳务、服务、无形资产代扣代缴增值税情形。选项C、D，城市维护建设税进口不征，出口不退。

2. B 【解析】经国家税务总局正式审核批准的当期免抵的增值税税额纳入城市维护建设税的计征范围。当期留抵税额<当期免抵退税额，则当期应退税额为320万元，当期免抵税额=当期免抵退税额−当期应退税额=380−320=60(万元)，查补增值税=100×9%=9(万元)，10月应纳城市维护建设税=(60+9)×7%=4.83(万元)。

3. DE 【解析】选项A、B，城市维护建设税进口不征、出口不退，因此进口环节缴纳的增值税、消费税不是城市维护建设税的计税依据。选项C，土地增值税不是城

市维护建设税的计税依据。

4. BCD 【解析】选项 A，在中华人民共和国境内缴纳增值税、消费税的单位和个人，为城市维护建设税的纳税人。自 2010 年 12 月 1 日起，对外商投资企业、外国企业及外籍个人征收城市维护建设税。选项 E，退役士兵限额减免优惠政策中，城市维护建设税、教育费附加、地方教育附加的计税依据是享受该优惠政策前的增值税应纳税额。

## 考点五　征收管理

ACD 【解析】选项 B，境外单位向境内销售服务代扣代缴增值税的，不征收城市维护建设税。选项 E，跨地区提供建筑服务在建筑服务发生地，缴纳城市维护建设税。

## 考点六　教育费附加和地方教育附加

AB 【解析】选项 C，自 2016 年 2 月 1 日起，按月纳税的月销售额或营业额不超过 10 万元的缴纳义务人，免征教育费附加、地方教育附加。选项 D，教育费附加如果有应缴未缴情形，可以单独加收滞纳金和罚款。选项 E，教育费附加的计税依据不包括加收的滞纳金和罚款。

亲爱的读者，你已完成本章6个考点的学习，本书知识点的学习进度已达54%。

# 第五章 土地增值税

重要程度：次重点章节　　分值：20分左右

## 考试风向

### 考情速递

土地增值税属于教材第二层级内容，中等偏难，计算复杂，步骤繁多，行业差别大，近年来考试各题型均有涉及，主观题可自行成题或与增值税结合，计算过程中还会夹杂附加税费，综合性较强，考生应在理解的基础上结合政策要点记忆。

### 2025年考试变化

新增：（1）关于农村集体产权制度改革，暂不征收土地增值税。

（2）亚洲冬运会的税收优惠。

调整：土地增值税预征率下限降低0.5%。

### 脉络梳理

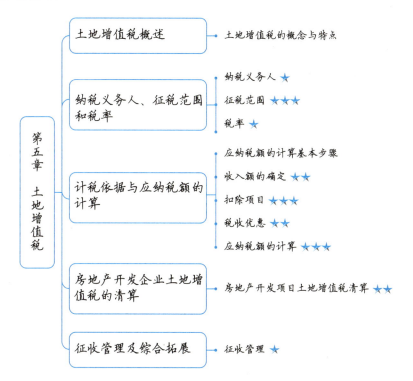

# 考点详解及精选例题

●●●

## 第一节　土地增值税概述

### 考点一　土地增值税的概念与特点

土地增值税的概念与特点，见表5−1。

表5−1　土地增值税的概念与特点

| 概念 | 土地增值税是以纳税人转让国有土地使用权、地上的建筑物及其附着物所取得的增值额为征税对象，依照规定税率征收的一种税 |
|---|---|
| 特点 | （1）以增值额为计税依据。<br>（2）征税面比较广。<br>（3）实行超率累进税率 |

## 第二节　纳税义务人、征税范围和税率

### 考点二　纳税义务人★　　一学多考｜注

土地增值税的纳税人为转让国有土地使用权、地上建筑物及其附着物（以下简称转让房地产），并取得收入的单位和个人。

单位包括各类企业单位、事业单位、国家机关、社会团体及其他组织。

个人包括个体工商户和自然人。

### 考点三　征税范围★★★　　一学多考｜注

#### （一）征税范围的一般规定

征税范围的一般规定，见表5−2。

表5−2　征税范围的一般规定

| 情形 | 解释 |
|---|---|
| （1）转让国有土地使用权 | 转让国有土地使用权是指土地使用者通过出让方式，向政府缴纳了土地出让金，有偿受让土地使用权后，将土地使用权再转移的行为，是土地使用权转让的二级市场 |

（续表）

| 情形 | 解释 |
|---|---|
| （2）地上的建筑物及其附着物连同国有土地使用权一并转让（包括转让新建房产和转让旧房） | 国有土地使用权：指土地使用人依据国家法律，对国家所有的土地享有的使用权利 ❶ |
| | 取得收入是指以出售或其他方式有偿转让房地产的行为，不包括以继承、赠与方式无偿转让房地产的行为 ❷ |

## （二）征税范围的特殊规定

征税范围的特殊规定，见表5-3。

表5-3　征税范围的特殊规定

| 情形 | 规定 |
|---|---|
| 合作建房 | 对于一方出地，一方出资，双方合作建房，建成后分房自用的，暂免征收；建成后转让的，征 |
| 房地产抵押 | （1）抵押期间不征收土地增值税。（未发生产权转移）<br>（2）以房地产抵债而发生房地产产权转让的，征 |
| 农村集体产权制度改革 新增《 | 村民委员会、村民小组按照农村集体产权制度改革要求，将国有土地使用权、地上的建筑物及其附着物转移、变更到农村集体经济组织名下的，暂不征收 |
| 房地产出租 | 不属于征税范围，不征 |
| 房地产评估增值 | |
| 房地产的代建房行为 | |
| 房地产的继承 | |
| 房地产的赠与 | （1）普通赠与，征。<br>（2）以下特殊赠与不征收土地增值税：①房产所有人、土地使用权所有人将房屋产权、土地使用权赠与直系亲属或承担直接赡养义务人的行为；②房产所有人、土地使用权所有人通过中国境内非营利的社会团体、国家机关将房屋产权、土地使用权赠与教育、民政和其他社会福利、公益事业的行为 |
| 视同销售 | 房地产开发企业将开发产品用于职工福利、奖励、对外投资、分配给股东或投资人、抵偿债务、换取其他单位和个人的非货币性资产等，发生所有权转移时应视同销售房地产 |
| | 房地产企业用建造的本项目房地产安置回迁户的，安置用房视同销售 |

知识点拨 ❶

土地增值税对转让国有土地使用权征收，对转让集体土地使用权不征税。

知识点拨 ❷

只对转让的房地产征收土地增值税，不转让的不征税。是否发生转让行为主要以房地产权属（土地使用权和房产产权）发生变更为标准。对转让房地产并取得收入的征税，对发生转让行为而未取得收入的不征税。

【例题1·单选题】下列行为中，属于土地增值税征税范围的是（　　）。

A．房地产的代建房行为

B．房屋公允价值评估增值25%

C．房地产的出租

D．房地产企业用建造的房地产项目用于安置回迁户

解析 ↘ 选项A、B、C，房地产权属未发生转移，不属于土地增值税征税范围。选项D，房地产企业用建造的房地产安置回迁户的，安置用房视同销售，应按照规定计算缴纳土地增值税。

## 考点四 税率★　一学多考|注 ◀

土地增值税四级超率累进税率表，见表5-4。

表5-4　土地增值税四级超率累进税率表

| 级数 | 增值额与扣除项目金额的比率 | 税率 | 速算扣除系数 |
|---|---|---|---|
| 1 | 不超过50%的部分 | 30% | 0 |
| 2 | 超过50%不超过100%的部分 | 40% | 5% |
| 3 | 超过100%不超过200%的部分 | 50% | 15% |
| 4 | 超过200%的部分 | 60% | 35% |

【例题2·单选题】（2020年）土地增值税采用的税率形式是（　　）。

A．五级超额累进税率

B．定额税率

C．四级超率累进税率

D．七级超率累进税率

解析 ↘ 土地增值税采用的是四级超率累进税率。

## 第三节　计税依据与应纳税额的计算

### 考点五 应纳税额的计算基本步骤　一学多考|注

第一步：收入额。

第二步：扣除项目。

第三步：增值额＝转让房地产收入－税法规定的扣除项目。

第四步：增值率＝增值额÷扣除项目。

第五步：根据增值率确定适用税率及速算扣除系数。

应纳税额＝增值额×适用税率－扣除项目金额×速算扣除系数

### 考点六 收入额的确定★★　一学多考|注

1. 纳税人转让房地产所取得的收入

纳税人转让房地产所取得的收入，是指转让房地产的全部价款及有关的经济收益，包括货币收入、实物收入和其他收入在内的全部价款及有关的经

济利益。

不同形式收入额的确定，见表5-5。

表5-5 不同形式收入额的确定

| 收入形式 | | 规定 |
|---|---|---|
| 货币收入 | | 转让房地产取得的现金、银行存款、支票、银行本票、汇票等各种信用票据和国库券、金融债券、企业债券、股票等有价证券 |
| 实物收入 | | 按取得收入时的市场价格折算成货币收入 |
| 无形资产收入 | | 专门评估，确定价值后折算成货币收入 |
| 收入为外国货币 | 现款 | 取得收入当天或当月1日国家公布的市场汇价折合成人民币 |
| | 分期收款 | 按实际收款日或收款当月1日国家公布的市场汇价折合成人民币 |
| 售房时代收的各项费用 | 计入房价 | 作为收入计税（代收费用在计算扣除项目金额时，可予以扣除，但不允许作为加计20%扣除的基数） |
| | 未计入房价 | 不作为收入（代收费用不允许作为扣除项目扣除） |

提示 另有规定的除外，纳税人转让房地产的土地增值税应税收入不含增值税。

土地增值税应税收入=转让房地产的含税收入-增值税应纳税额（或增值税销项税额）

【易错易混】增值税与土地增值税交叉应用，见表5-6。

表5-6 增值税与土地增值税交叉应用

| 计税方法 | | 增值税 | 土地增值税应税收入 |
|---|---|---|---|
| 简易计税 | 非房地产开发企业 | 自建全5：应纳增值税税额=含税收入÷(1+5%)×5% | 转让房地产的含税收入-增值税应纳税额 |
| | | 非自建差5：应纳增值税税额=（含税收入-购置原价）÷(1+5%)×5% | |
| | 房地产开发企业 | 应纳增值税税额=全额  ÷(1+5%)×5%（不得扣除土地价款） | |
| 一般计税 | 非房地产开发企业 | 增值税销项税额=全额÷(1+9%)×9% | 转让房地产的含税收入-增值税销项税额 |
| | 房地产开发企业 | 增值税销项税额=（含税收入-土地价款）÷(1+9%)×9%=（不含税收入-土地价款）×9% | |

知识点拨 1

全额是指取得的全部价款和价外费用，为销售额。

知识点拨 2

"支付的土地价款"，包括土地受让人向政府部门支付的征地和拆迁补偿费用、土地前期开发费用和土地出让收益等。但不包含契税。

247

2. 房地产开发企业土地增值税清算时收入确认

房地产开发企业土地增值税清算时收入确认，见表5-7。

表5-7　房地产开发企业土地增值税清算时收入确认

| 情形 | | 收入确认 |
|---|---|---|
| 已销售的房地产项目 | 已全额开具商品房销售发票的 | 按照发票所载金额确认收入 |
| | 未开具发票或未全额开具发票的 | 以交易双方签订的销售合同所载的售房金额及其他收益确认收入 |
| | 销售合同所载商品房面积与有关部门实际测量面积不一致，在清算前已发生补、退房款的 | 在计算土地增值税时予以调整 |
| 非直接销售和自用房地产 | 房地产开发企业将开发产品用于职工福利、奖励、对外投资、分配给股东或投资人、抵偿债务、换取其他单位和个人的非货币性资产等，发生所有权转移时应视同销售房地产 | 收入按下列方法和顺序确认：<br>（1）按本企业在同一地区、同一年度销售的同类房地产的平均价格确定。<br>（2）由主管税务机关参照当地当年、同类房地产的市场价格或评估价值确定 |

**提示**　房地产开发企业将开发的部分房地产转为企业自用或用于出租等商业用途时，如果产权未发生转移，不征收土地增值税，在税款清算时不列收入，不扣除相应的成本和费用。

**知识点拨**

配比原则，收入不计，成本不扣。

【例题3·单选题】（2020年）2024年11月，某房地产开发公司销售自行开发的房地产30 000平方米，取得不含税销售额60 000万元；将5 000平方米用于抵顶供应商等值的建筑材料；将1 000平方米对外出租，取得不含税租金56万元。该房地产开发公司在计算土地增值税时的应税收入为（　　）万元。

A. 70 056　　　B. 70 000　　　C. 60 000　　　D. 60 056

**解析**　将1 000平方米对外出租，所有权未发生转移，不征收土地增值税。土地增值税的应税收入=（60 000÷30 000）×（30 000+5 000）=70 000（万元）。

【例题4·单选题】葛氏房地产开发有限公司（一般纳税人）2024年8月出售自行开发房产一批，该房产为营改增后项目，取得含税价款为11 300万元，从政府取得土地并支付的土地价款为4 000万元，该公司在确认土地增值税时应确认收入（　　）万元。

A. 11 300　　　B. 10 366.97　　　C. 10 697.25　　　D. 6 636.36

**解析**　销项税额=（11 300-4 000）÷（1+9%）×9%=602.75（万元）。

确认土地增值税时应确认收入=11 300-602.75=10 697.25（万元）。

**答案**

例题3 | B
例题4 | C

248

## 考点七 扣除项目★★★ 一学多考|注

扣除项目的具体情形，见图 5-1。

- 转让新房及建筑物扣除项目
  - 房地产开发企业转让新房及建筑物扣除项目
  - 非房地产开发企业转让新房及建筑物扣除项目
- 转让旧房及建筑物扣除项目
  - 能够提供评估价格
  - 不能提供评估价格，但能提供购房发票
  - 既没有评估价格，又不能提供购房发票的，实行核定征收

图 5-1 扣除项目的具体情形

### 一、转让新房的扣除项目

#### (一)房地产开发企业转让新房及建筑物扣除项目(五项扣除)

房地产开发企业转让新房及建筑物扣除项目，见表 5-8。

表 5-8 房地产开发企业转让新房及建筑物扣除项目

| 扣除项目 | | 具体规定 | |
|---|---|---|---|
| 第一项：地 | 取得土地使用权所支付的金额(地价款+有关费用) | 出让方式 | 支付的土地出让金 |
| | | 行政划拨方式 | 转让土地使用权时按规定补缴的出让金 |
| | | 转让方式 | 支付的地价款 |
| | | 提示 (1)有关费用：国家统一规定缴纳的有关登记、过户手续费和契税。<br>(2)土地闲置费不得扣除 | |
| 第二项：开 | 房地产开发成本 | 土地征用及拆迁补偿费 | 土地征用费，耕地占用税，劳动力安置费及有关地上、地下附着物拆迁补偿的净支出，安置动迁用房支出等 |
| | | 前期工程费 | 规划、设计、项目可行性研究、水文、地质、勘察、测绘、“三通一平”等 |
| | | 建筑安装工程费 | 出包方式支付给承包单位的建筑安装工程费、以自营方式发生的建筑安装工程费 |
| | | 基础设施费 | 小区内的道路，供水、电、气，排污，排洪，通讯，照明，环卫、绿化等工程支出 |

**记忆口诀**

一地二开三费四税五加计，房开卖新房，五项都可扣，一和二是根本，开发费用要亲明，能分摊有证明。认息再加一二五，没证明不认息，一二最多十个点，四指税金有四个，老营外加三附加，五指加计有二十，一二越多五越多。

**知识点拨**

纳税人接受建筑安装服务取得增值税发票，发票备注栏应注明建筑服务发生地县(市、区)名称及项目名称，否则不得计入扣除项目金额。

（续表）

| 扣除项目 | | | 具体规定 |
|---|---|---|---|
| 第二项：开 | 房地产开发成本 | 公共配套设施费 | 房地产开发企业开发建造的公共配套设施按以下原则处理：①建成后产权属于全体业主所有的，其成本、费用可以扣除；②建成后无偿移交给政府、公用事业单位用于非营利性社会公共事业的，其成本、费用可以扣除；③建成后有偿转让的，应计算收入，并准予扣除成本、费用 |
| | | 开发间接费用 | 直接组织、管理开发项目发生的费用，包括工资、福利、折旧、修理、办公、水电、劳保、摊销等 |
| | | 其他常考要点 | (1)关于装修：房地产开发企业销售已装修的房屋，其装修费用可以计入房地产开发成本。<br>(2)关于预提费用：除另有规定外，不得扣除。<br>(3)关于质量保证金：建筑安装施工企业就质量保证金对房地产开发企业开具发票的，按发票所载金额予以扣除；未开具发票的，扣留的质量保证金不得计算扣除 |
| 第三项：费 | 房地产开发费用（销售费用、管理费用、财务费用） | 方法一：能够按转让房地产项目计算分摊利息支出，并能提供金融机构的贷款证明（不包括加息、罚息） | 利息+(取得土地使用权所支付的金额+房地产开发成本)×5%以内 |
| | | 方法二：不能按转让房地产项目计算分摊利息支出或不能提供金融机构贷款证明 | (取得土地使用权所支付的金额+房地产开发成本)×10%以内 |
| | | *提示* 需要注意：①全部使用自有资金，没有利息支出的，按照方法二扣除。既向金融机构借款，又有其他借款的，计算扣除时不能同时适用上述两种办法。②土地增值税清算时，已经计入房地产开发成本的利息支出，应调整至财务费用中计算扣除。③利息的上浮幅度按国家的有关规定执行，超过上浮幅度的部分不允许扣除。④对于超过贷款期限的利息部分和加罚的利息不允许扣除。⑤上述计算扣除的具体比例，由各省、自治区、直辖市人民政府规定 | |

（续表）

| 扣除项目 | | 具体规定 |
|---|---|---|
| 第四项：税 | 与转让房地产有关的税金 | 是指在转让房地产时实际缴纳的营业税（营改增前）、城市维护建设税，不包括增值税。因转让房地产缴纳的教育费附加也可视同税金予以扣除 |
| | | 房地产开发企业在营改增后进行房地产开发项目土地增值税清算时，与转让房地产有关的税金=营改增前实际缴纳的营业税、城市维护建设税、教育费附加+营改增后允许扣除的城市维护建设税、教育费附加 |
| | | **提示** 需要注意：①营改增后，房地产开发企业实际缴纳的城市维护建设税、教育费附加，凡能够按清算项目准确计算的，允许据实扣除。②凡不能按清算项目准确计算的，则按该清算项目预缴增值税时实际缴纳的城市维护建设税、教育费附加扣除。③扣除项目涉及的增值税进项税额，允许在销项税额中计算抵扣的，不计入扣除项目；不允许在销项税额中计算抵扣的，可以计入扣除项目 |
| 第五项：加计 | 其他扣除项目 | （取得土地使用权所支付的金额+房地产开发成本）×20% |
| | | **提示** 对于县级及县级以上人民政府要求房地产开发企业在售房时代收的各项费用，如计入房价向购买方一并收取，可作为收入计税，计算扣除项目金额时，可予以扣除，但不允许作为加计20%扣除的基数；如未计入房价，不作为转让房地产的收入，在计算增值额时不允许扣除 |

**知识点拨** 注意土地增值税按项目清算，与转让房地产有关的附加税费是按项目计算的增值税对应的附加税费，不是当期应纳增值税对应的附加税费。

拆迁安置、拆迁补偿费细节，见表5-9。

表5-9 拆迁安置、拆迁补偿费细节

| 情形 | 具体 | 规定 |
|---|---|---|
| 本地安置 | 安置用房视同销售，确认收入，同时确认房地产开发项目的拆迁补偿费 | 房地产开发企业支付给回迁户的补差价款，计入拆迁补偿费 |
| | | 回迁户支付给房地产开发企业的补差价款，应抵减本项目拆迁补偿费 |
| 异地安置 | 自行建造 | 房屋价值计入拆迁补偿费 |
| | 外购 | 实际购房支出计入拆迁补偿费 |
| 货币安置 | 房地产开发企业凭合法有效凭据计入拆迁补偿费 | |

## （二）取得土地使用权后未进行开发即转让

对取得土地使用权后，未进行开发即转让的，在计算应纳土地增值税时，只允许扣除（第一项）取得土地使用权时支付的地价款、缴纳的有关费用，以

及在（第四项）转让环节缴纳的税金，不得加计扣除。

### （三）非房地产开发企业转让新房及建筑物扣除项目（四项扣除）

房开与非房开转让新房及建筑物扣除项目不同，见表5-10。（不考虑营改增前的营业税）

表5-10　房开与非房开转让新房及建筑物扣除项目不同

| 扣除项目 | 房开 | 非房开 |
|---|---|---|
| 第四项：税 | 城市维护建设税 | 城市维护建设税 |
| | 教育费附加 | 教育费附加 |
| | 地方教育附加 | 地方教育附加 |
| | — | 印花税（产权转移书据，税率为0.5‰） |
| 第五项：加计 | 其他扣除项目（取得土地使用权所支付的金额+房地产开发成本）×20% | 无此政策 |

【例题5·单选题】（2022年）关于房地产企业拆迁安置土地增值税的处理，下列说法正确的是（　　）。

A. 因建造的本项目房地产安置回迁户的，回迁户支付给房地产企业的补差价款，应抵减本项目拆迁补偿费

B. 购入房屋异地安置回迁户的，以回迁户原房产的价格计入拆迁补偿费用

C. 用建造的本项目房地产安置回迁户不属于视同销售

D. 用建造的本项目房地产安置回迁户的，安置回迁用房的开发成本不得作为项目扣除成本

解析　选项B，异地安置的房屋属于购入的，以实际支付的购房支出计入拆迁补偿费。选项C，房地产企业用建造的本项目房地产安置回迁户的，安置用房视同销售处理。选项D，用建造的本项目房地产安置回迁户的，安置回迁用房的开发成本可以作为项目扣除成本。

【例题6·单选题】（2019年）甲房地产开发公司对一项开发项目进行土地增值税清算，相关资料包括：取得土地使用权支付的金额为40 000万元；房地产开发成本101 000万元；销售费用4 500万元；管理费用2 150万元；财务费用3 680万元，其中包括支付给非关联企业的利息500万元，已取得发票；支付给银行贷款利息3 000万元，已取得银行开具的相关证明，且未超过商业银行同类同期贷款利率。项目所在省规定房地产开发费用扣除比例为5%。不考虑其他情况，该房地产开发公司在本次清算中可以扣除的房地产开发费用为（　　）万元。

A. 10 050　　　　B. 10 375　　　　C. 10 550　　　　D. 10 730

解析　纳税人能按转让房地产项目分摊利息支出并能提供金融机构贷款

证明的，允许扣除的房地产开发费用＝利息＋（取得土地使用权所支付的金额＋房地产开发成本）×5％＝3 000＋（40 000＋101 000）×5％＝10 050（万元）。

### （四）分期分批开发、转让房地产扣除项目的确定

纳税人成片受让土地使用权后，分期分批开发、转让房地产的，其扣除项目可按转让土地使用权的面积占总面积**❶**的比例计算分摊，或按建筑面积计算分摊，也可按税务机关确认的其他方式计算分摊。**❷**

**【易错易混】** 计算增值税时，减除土地价款不需要考虑契税，计算土地增值税第一项扣除"取得土地使用权所支付的金额"时需要考虑契税。同时，二者都需要考虑配比原则。

### 二、转让旧房及建筑物的扣除项目（不区分企业类型）

转让旧房及建筑物的扣除项目，见表5-11。（不考虑营改增前的营业税）

**表5-11　转让旧房及建筑物的扣除项目**

| 方法 | 扣除项目 | | 政策细节 | |
|---|---|---|---|---|
| 评估法 | 第一项：地 | 支付的地价款或出让金 | 未支付地价款或不能提供地价款凭据的，不允许扣除 | |
| | 第二项：房 | 房屋及建筑物的评估价格 | 旧房评估价格＝重置成本价×成新度折扣率 | |
| | | 评估费用 | （1）纳税人转让旧房及建筑物时，其支付的评估费用允许在计算土地增值税时予以扣除。（2）因隐瞒、虚报成交价格而发生评估费用，不予扣除 | |
| | 第三项：税 | 转让环节缴纳的税金 | 城市维护建设税、教育费附加、地方教育附加、印花税 | |
| 发票法 | 第一项：票 | 购房发票金额 | 营改增前取得营业税发票 | 发票金额（不扣减营业税） |
| | | | 营改增后取得增值税发票 | 增值税普通发票：价税合计 |
| | | | | 增值税专用发票：不含增值税金额＋不允许抵扣的增值税进项税额 |

**知识点拨❶**

总面积是指可转让土地使用权的土地总面积。可转让土地面积为开发土地总面积减除不能转让的公共设施用地（道路、绿化等公共设施用地不能转让）面积后的剩余面积。

**知识点拨❷**

计算题要点——土地开发多少咱就算多少。

**记忆口诀**

卖旧房，事简单，不看企业看资料，评估就找地房税，发票就找票五税。

（续表）

| 方法 | 扣除项目 | 政策细节 |
|---|---|---|
| 发票法 | 第二项：五 发票加计扣除金额（发票金额×5%×年数） | 从购买年度起至转让年度止**每年加计5%**计算。**提示** 关于"每年"的规定：购房发票所载日期至售房发票开具之日，每满12个月计1年；超过1年，未满12个月但超过6个月的，可以视同为1年 |
| 发票法 | 第三项：税 与转让房地产有关的**税金** | 契税——**购房契税**（能提供契税完税凭证），准予扣除，但不作为加计5%的基数 |
| 发票法 | 第三项：税 与转让房地产有关的**税金** | 城市维护建设税、教育费附加、地方教育附加、**印花税** |
| 核定法 | 转让旧房及建筑物不能取得评估价，也不能提供购房发票 | |

【例题7·单选题】(2018年)关于转让旧房及建筑物土地增值税扣除项目的税务处理，下列说法正确的是(　　)。

A. 凡不能取得评估价格的，按购房发票所载金额作为扣除项目金额

B. 因计算纳税需要对房地产进行评估的，其支付的评估费用不得扣除

C. 出售旧房或建筑物的，首选按评估价格计算扣除项目的金额

D. 凡不能取得评估价格的，由税务机关核定的金额作为扣除项目金额

解析 选项A、D，纳税人转让旧房及建筑物，凡不能取得评估价格，但能提供购房发票的，经当地税务部门确认，取得土地使用权所支付的金额、旧房及建筑物的评估价格，可按发票所载金额并从购买年度起至转让年度止每年加计5%计算扣除。选项B，纳税人转让旧房及建筑物时，因计算纳税需要对房地产进行评估，其支付的评估费用允许在计算土地增值税时予以扣除。对纳税人隐瞒、虚报房地产成交价格等情形而按房地产评估价格计算征收土地增值税所发生的评估费用，不允许在计算土地增值税时予以扣除。

【例题8·单选题】(2022年)甲企业2024年1月销售购置的写字楼，可扣除与销售写字楼有关的税金为10万元，支付给房地产评估机构的评估费5万元。其中评估写字楼的重置成本800万元，成新度折扣率为70%。甲企业计算土地增值税时允许扣除的项目金额为(　　)万元。

A. 815　　　　　　　　　　B. 565

C. 575　　　　　　　　　　D. 570

解析 甲企业计算土地增值税时允许扣除的项目金额=800×70%+10+5=575(万元)。

【例题9·单选题】(2024年)2024年12月某企业转让商铺，已知转让税金合计6.17万元，无法取得评估价。该商铺于2016年1月购入，购进时取得购房发票，注明金额800万元。契税完税凭证注明契税24万元。该企业计算土地增值税时允许扣除的项目金额为(　　)万元。

A. 1 150.17　　　　　　　　　B. 1 190.17

C. 830.17　　　　　　　　　　D. 1 183.77

**解析** ↘ 该企业计算土地增值税时允许扣除的项目金额＝800×（1+9×5%）+6.17+24=1 190.17（万元）。

**【易错易混】** "五四三三 **1**"四种不同情况下对应的"与转让房地产有关的税金"是"三四四五 **2**"小税。（不考虑营改增前的营业税）

四种情况下"与转让房地产有关的税金"细节对比，见表5-12。（不考虑营改增前的营业税）

**表5-12　四种情况下"与转让房地产有关的税金"细节对比**

| 转让新建房 | | 转让旧房 | |
|---|---|---|---|
| 房开3个 | 非房开4个 | 评估法4个 | 发票法5个 |
| 城市维护建设税 | 城市维护建设税 | 城市维护建设税 | 城市维护建设税 |
| 教育费附加 | 教育费附加 | 教育费附加 | 教育费附加 |
| 地方教育附加 | 地方教育附加 | 地方教育附加 | 地方教育附加 |
| — | 印花税（产权转移书据，0.5‰） | 印花税（产权转移书据，0.5‰） | 印花税（产权转移书据，0.5‰） |
| — | — | — | 购房契税 |

四种情况下"契税"分布，见表5-13。

**表5-13　四种情况下"契税"分布**

| 转让新建房 | | 转让旧房 | |
|---|---|---|---|
| 房开 | 非房开 | 评估法 | 发票法 |
| 第一项：地（地契 **3**） | 第一项：地（地契） | 第一项：地（地契） | 第一项：票（无契税） |
| — | — | 第二项：房（无购房契税） | 第二项：五（无契税） |
| — | — | — | 第三项：税（房契） |

**提示** 前三个找地契，最后一个找房契

### 考点八　税收优惠 ★★　一学多考｜注 ◀

税收优惠，见表5-14。

知识点拨 **1**

"五四三三"：转让新建房，房地产开发企业和非房地产开发企业可分别扣除的项目是"五项""四项"；转让旧房，评估法和发票法可分别扣除的项目是"三项""三项"。

知识点拨 **2**

"三四四五"是针对四种不同情况下对应的"与转让房地产有关的税金"的税费数量，分别是"三个""四个""四个""五个"。

知识点拨 **3**

地契是指取得土地使用权时所支付的契税。房契是指取得不动产时所支付的契税。

**答案** ↘

例题9｜B

税法（Ⅰ）应试指南

表 5-14　税收优惠

| 减免情形 | 细节 | |
|---|---|---|
| 增值额未超过扣除项目金额之和 20%（含 20%）的 | 建造普通标准住宅出售 | 普通标准住宅❶<br>（高级公寓、别墅、度假村不属于） |
| | 转让旧房 | 作为改造安置住房房源 |
| | | 作为公共租赁住房房源 |
| | | 作为保障性住房房源 |
| | **提示1** 超过扣除项目金额之和 20% 的，应就其全部增值额计税。<br>**提示2** 既建普通标准住宅，又建造其他房地产开发的，应分别核算增值额；不分别核算增值额或不能准确核算增值额的，其建造的普通标准住宅不适用该免税规定 | |
| 国家征收、收回的房地产，免征土地增值税 | 因城市实施规划、国家建设的需要而被政府依法征收、收回的房地产，免税 | |
| | 因城市实施规划❷、国家建设的需要而搬迁❸，由纳税人自行转让房地产的，免税 | |
| 企业改制重组（2021 年 1 月 1 日至 2027 年 12 月 31 日），暂不征收土地增值税 | 非公司制企业整体改制为有限责任公司或股份有限公司，有限责任公司变更为股份有限公司，股份有限公司变更为有限责任公司，对改制前的企业将房地产转移、变更到改制后的企业。<br>**提示** 整体改制指不改变原企业的投资主体，并承继原企业权利、义务的行为 | |
| | 两个或两个以上企业合并为一个企业，且原企业投资主体存续的，对原企业将房地产转移、变更到合并后的企业 | |
| | 企业分设为两个或两个以上与原企业投资主体相同的企业，对原企业将房地产转移、变更到分立后的企业 | |
| | 单位、个人在改制重组时以房地产入股进行投资，对其将房地产转移、变更到被投资的企业 | |
| | 上述改制重组有关土地增值税政策不适用于房地产转移任意一方为房地产开发企业的情形 | |
| | **提示** 企业改制重组后再转让房地产并申报缴纳土地增值税时，对"取得土地使用权所支付的金额"：<br>(1)按照改制重组前取得该宗国有土地使用权所支付的地价款和按国家统一规定缴纳的有关费用确定。<br>(2)经批准以国有土地使用权作价出资入股的，为作价入股时县级及以上自然资源部门批准的评估价格。<br>(3)按购房发票确定扣除项目金额的，按照改制重组前购房发票所载金额并从购买年度起至本次转让年度止每年加计 5% 计算扣除项目金额，购买年度指购房发票所载日期的当年 | |

**知识点拨❶** 取消普通住宅和非普通住宅标准的城市，纳税人建造普通标准住宅出售，增值额未超过扣除项目金额 20% 的，继续免征土地增值税。

**知识点拨❷** 因"城市实施规划"而搬迁是指因旧城改造或因企业污染、扰民，由政府或主管部门根据已审批通过的城市规划确定进行搬迁的情况。

**知识点拨❸** 因"国家建设的需要"而搬迁是指因实施国务院、省政府、国务院有关部委批准的建设项目而进行搬迁的情况。

（续表）

| 减免情形 | 细节 | |
|---|---|---|
| 运动会 | 杭州亚运会、北京2022年冬奥会和冬残奥会、第九届亚洲冬季运动会 **新增** | 组委会赛后出让资产取得的收入，免征增值税和土地增值税 |
| 其他 | 对**个人**销售**住房暂免**征收土地增值税。<br>**提 示** 个人交换住房，经当地税务机关核实，可以免征土地增值税 | |

【例题10·多选题】（2021年）下列情形中，免征土地增值税的有(    )。

A. 因旧城改造，由政府有关主管部门根据已审批通过的城市规划确定进行搬迁，由纳税人自行转让原房地产的

B. 因企业污染，由政府有关主管部门根据已审批通过的城市规划确定进行搬迁，由纳税人自行转让原房地产的

C. 因实施省级人民政府批准的建设项目而进行搬迁，由纳税人自行转让原房地产的

D. 因实施地、市级人民政府批准的建设项目而进行搬迁，由纳税人自行转让原房地产的

E. 企业转让旧房作为改造安置住房房源且增值额未超过扣除项目金额20%的

**解析** 选项D，因城市实施规划、国家建设的需要而搬迁，由纳税人自行转让原房地产的，免征土地增值税。其中，因"国家建设的需要"而搬迁，是指因实施国务院、省级人民政府、国务院有关部委批准的建设项目而进行搬迁的情况，不包括地级市人民政府批准的建设项目而进行搬迁的情况。

【例题11·多选题】正保企业是一家大型零售网络平台，为增值税一般纳税人。企业拥有一宗土地，准备建设物流仓储园。因国家建设需要，政府要收回该宗土地并支付给正保企业土地补偿金1亿元，该宗土地历史成本为0.8亿元。下列关于正保企业收到的土地补偿款，需要缴纳的增值税和土地增值税的说法，正确的有(    )。

A. 该业务需要缴纳增值税0.165亿元

B. 该业务免征增值税

C. 该业务需要缴纳土地增值税

D. 该业务免征土地增值税

E. 该业务土地增值税的增值额为0.2亿元

**解析** 土地所有者出让土地使用权和土地使用者将土地使用权归还给土地所有者，免征增值税。因国家建设需要依法征用、收回的房地产免征土地增值税。

**答案**
例题10 | ABCE
例题11 | BD

## 考点九 应纳税额的计算 ★★★　一学多考|注

### （一）增值额的确定

增值额=转让房地产取得的收入-扣除项目金额

纳税人有下列情形之一的，按照房地产评估价格计算征收。房地产评估价格计算征收的处理，见表5-15。

表5-15　房地产评估价格计算征收的处理

| 情形 | 处理方法 |
| --- | --- |
| 隐瞒、虚报房地产成交价格 | 由评估机构参照同类房地产的市场交易价格进行评估，税务机关根据评估价格确定转让房地产的收入 |
| 转让房地产的成交价格低于房地产评估价格，又无正当理由 | 由税务机关参照房地产评估价格确定转让房地产的收入 |
| 提供扣除项目金额不实 | 由评估机构按房屋重置成本价乘以成新度折扣率计算房屋成本价和取得土地使用权时的基准地价进行评估，税务机关根据评估价格确定扣除项目金额 |

### （二）应纳税额的计算举例

第一步：算收入（不含增值税）。

第二步：扣除额（五、四、三、三）。

第三步：增值额=收入-扣除额。

第四步：算增值率，增值率=增值额÷扣除项目。

第五步：找税率，算税额。

土地增值税税率的确定，见图5-2。

增值额×适用税率

图5-2　土地增值税税率的确定

应纳税额=增值额×适用税率-扣除项目金额×速算扣除系数

【例题12·计算题】（2022年）某市甲房地产开发公司2024年1月出售一幢已竣工验收的写字楼。该写字楼开发支出和销售情况如下：

（1）2016年1月受让一宗土地使用权，支付地价款6 000万元，缴纳契税180万元，已取得合规财政票据及契税完税凭证。支付登记过户手续费等3万元，当月取得土地使用证。

（2）开发过程中，发生前期工程费 125 万元，建筑安装工程费 3 500 万元，基础设施建造费 500 万元，公共配套设施费 800 万元，开发期间间接费用 73 万元。一期开发缴纳的土地闲置费 2 万元，发生管理费用 500 万元，销售费用 400 万元，利息支出 450 万元（包括罚息 50 万元，能提供金融机构证明）。

（3）截至 2024 年 1 月底已销售可售面积的 80%，取得含税销售收入 20 000 万元，剩余面积全部用于对外投资。

已知：主管税务机关要求甲公司对该写字楼进行土地增值税清算，甲公司对该写字楼选择简易计税办法计算增值税，除利息支出外的房地产开发费用扣除比例为 5%，不考虑地方教育附加。

要求：根据上述资料，回答下列问题。

（1）允许扣除取得土地使用权所支付的金额为（　　）万元。

A. 4 802.4　　　B. 6 183　　　C. 4 946.4　　　D. 6 003

**解析** ↘ 取得土地使用权所支付的金额=6 000+180+3=6 183（万元）。

（2）允许扣除的转让环节的税金为（　　）万元。

A. 83.33　　　B. 76.19　　　C. 119.05　　　D. 66.67

**解析** ↘ 城市维护建设税和教育费附加合计=20 000÷80%÷（1+5%）×5%×（7%+3%）=119.05（万元）。

（3）甲公司准予扣除项目金额合计（　　）万元。

A. 14 495.3　　　B. 14 452.44　　　C. 14 355.32　　　D. 12 259.1

**解析** ↘ 取得土地使用权所支付的金额 6 183 万元。

该公司销售写字楼准予扣除的房地产开发成本=125+3 500+500+800+73=4 998（万元）。

房地产开发费用=（450-50）+（6 183+4 998）×5%=959.05（万元）。

准予扣除的与转让房地产有关的税金为 119.05 万元。

房地产开发企业加计 20% 扣除金额=（6 183+4 998）×20%=2 236.2（万元）。

计算土地增值税时准予扣除的项目金额合计=6 183+4 998+959.05+119.05+2 236.2=14 495.3（万元）。

（4）甲公司应缴纳土地增值税（　　）万元。

A. 4 253.91　　　B. 3 000.92　　　C. 2 323　　　D. 4 007.21

**解析** ↘ 不含增值税收入=20 000÷80%-20 000÷80%÷（1+5%）×5%=23 809.52（万元）。

可扣除项目金额为 14 495.3 万元。

增值额=23 809.52-14 495.3=9 314.22（万元）。

增值率=9 314.22÷14 495.3×100%=64.26%，适用税率为 40%，速算扣除系数为 5%。

应缴纳土地增值税=9 314.22×40%-14 495.3×5%=3 000.92（万元）。

**答案** ↘
例题 12（1）| B
例题 12（2）| C
例题 12（3）| A
例题 12（4）| B

● **得分高手**（2020 年计算；2021 年综合；2022 年单选、计算；2024 年单选、计算）

　　本知识点重点在于四种不同扣除方法的应用以及土地增值税应纳税额计算的步骤，单选小计算、计算题、综合分析题均可能涉及，和其他税种结合单独一问，或者分步提问都有可能，是本章的核心内容。

## 第四节　房地产开发企业土地增值税的清算

### 考点十　房地产开发项目土地增值税清算 ★★　一学多考|注 ◀

房地产开发项目土地增值税清算，见表 5-16。

表 5-16　房地产开发项目土地增值税清算

| 项目 | | 内容 |
|---|---|---|
| 土地增值税的清算单位 | | 土地增值税以国家有关部门审批的房地产开发项目为单位进行清算。<br>**提示** 对于分期开发的项目，以分期项目为单位清算。开发项目中同时包含普通住宅和非普通住宅的，应分别计算增值额 |
| 土地增值税的清算条件 | 纳税人应进行清算 | (1)房地产开发项目全部竣工、完成销售的。<br>(2)整体转让未竣工决算房地产开发项目的。<br>(3)直接转让土地使用权的。<br>时间：满足条件之日起 90 日内到主管税务机关办理清算手续 |
| | 主管税务机关可要求进行清算 | (1)已竣工验收的房地产开发项目，已转让的房地产建筑面积占整个项目可售建筑面积的比例在 85% 以上，或该比例虽未超过 85%，但剩余的可售建筑面积已经出租或自用的。<br>(2)取得销售(预售)许可证满 3 年仍未销售完毕的。<br>(3)纳税人申请注销税务登记但未办理土地增值税清算手续的。<br>(4)省(自治区、直辖市、计划单列市)税务机关规定的其他情况。<br>时间：主管税务机关下达清算通知，纳税人应当在收到清算通知之日起 90 日内办理清算手续 |
| 土地增值税清算时扣除项目 | | (1)除另有规定外，扣除项目须提供合法有效凭证；不能提供合法有效凭证的，不予扣除。<br>(2)房地产开发企业办理土地增值税清算所附送的前期工程费、建筑安装工程费、基础设施费、开发间接费用的凭证或资料不符合清算要求或不实的，税务机关可参照当地建设工程造价管理部门公布的建安造价定额资料，结合房屋结构、用途、区位等因素，核定上述四项开发成本的单位面积金额标准，并据以计算扣除。具体核定方法由省税务机关确定。<br>(3)属于多个房地产项目共同的成本费用，应按清算项目可售建筑面积占多个项目可售总建筑面积的比例或其他合理的方法，计算确定清算项目的扣除金额 |

计算题要点——销售比的打折问题，房子卖多少，扣除算多少。

（续表）

| 项目 | 内容 |
|---|---|
| 土地增值税的清算审核 | 清算审核包括案头审核、实地审核。具体审核要点（部分）：<br>（1）开发间接费用——企业行政管理部门不能列入项目。<br>（2）利息支出——是否计入开发成本中（调整至开发费用）、按项目分摊、专项借款利息收益冲减利息支出。<br>（3）代收费用——是否计入房价。<br>（4）关联方交易行为的审核——是否按照公允价值和营业常规进行业务往来，交易行为是否真实 |
| 土地增值税的核定征收 | 纳税人符合核定征收条件的，应按核定征收率不低于5%对房地产项目进行清算。<br>土地增值税清算中符合以下条件之一的，可核定征收：<br>（1）依照法律、行政法规的规定应当设置但未设置账簿的。<br>（2）擅自销毁账簿或者拒不提供纳税资料的。<br>（3）虽设置账簿，但账目混乱或者成本资料、收入凭证、费用凭证残缺不全，难以确定转让收入或扣除项目金额的。<br>（4）符合土地增值税清算条件，企业未按照规定的期限办理清算手续，经税务机关责令限期清算，逾期仍不清算的。<br>（5）申报的计税依据明显偏低，又无正当理由的 |
| 土地增值税清算后滞纳金问题 | 纳税人按规定预缴土地增值税后，清算补缴的土地增值税，在主管税务机关规定的期限内补缴的，不加收滞纳金 |
| 土地增值税清算后再转让房地产的处理 | 在土地增值税清算时未转让的房地产，清算后销售或有偿转让的，纳税人应按规定进行土地增值税的纳税申报，扣除项目金额按清算时的单位建筑面积成本费用乘以销售或转让面积计算。<br>单位建筑面积成本费用＝清算时的扣除项目总金额÷清算的总建筑面积 |

知识点拨

计算题要点——不再重新计算五项扣除，按清算时的单位成本计算尾盘销售面积的成本。

● **得分高手**（2022年单选、多选、综合；2023年单选）

本知识点重点突出，可能从以下几种角度考查：

（1）文字性题目常考查清算条件，要注意区分自行清算与税务机关要求清算两者的区别。

（2）计算题关注清算时扣除项目、清算比例的确认以及配比原则的应用。

**【例题13·多选题】**（2019年）纳税人符合下列条件之一的，应进行土地增值税的清算的有（　　）。

A．甲公司申请注销税务登记但未办理土地增值税清算手续

B．甲公司开发的住宅项目已全部销售

C．乙公司将未竣工决算的开发项目整体转让

D. 丁公司于 2022 年 3 月取得住宅项目销售(预售)许可证，截至 2024 年 3 月底仍未销售完毕

E. 戊公司开发的别墅项目销售面积已达整个项目可售建筑面积的 75%

**解析** ↘纳税人符合下列条件之一的，应进行土地增值税的清算：①房地产开发项目全部竣工、完成销售的；②整体转让未竣工决算房地产开发项目的；③直接转让土地使用权的。

**【例题 14·综合分析题】** 2024 年 11 月 15 日，某房地产开发公司(增值税一般纳税人)收到主管税务机关的《土地增值税清算通知书》，要求对其建设的 W 项目进行清算。该项目总建筑面积 18 000 平方米，其中可售建筑面积 17 000 平方米，不可售建筑面积 1 000 平方米(产权属于全体业主所有的公共配套设施)。该项目 2024 年 4 月通过全部工程质量验收。

2024 年 5 月该公司开始销售 W 项目，清算前可售建筑面积中已售出 15 000.80 平方米，取得含税销售收入 50 000 万元。该公司对 W 项目选择简易计税方法计税。

经审核，W 项目取得土地使用权所支付的金额合计 8 240 万元；房地产开发成本 15 000 万元，管理费用 4 000 万元，销售费用 4 500 万元，财务费用 3 500 万元(其中利息支出 3 300 万元，无法提供金融机构证明)。

已知：W 项目所在省政府规定，房地产开发费用扣除比例为 10%。W 项目清算前已预缴土地增值税 1 000 万元。其他各项税费均已及时足额缴纳。城市维护建设税税率 7%，教育费附加征收比率 3%，地方教育附加征收比率 2%。

要求：根据上述资料，回答下列问题(计算结果保留两位小数)。

(1)W 项目的清算比例是( )。

A. 83.33%    B. 94.44%    C. 100%    D. 88.24%

**解析** ↘清算比例 = 当期已销售的房地产项目建筑面积÷整个房地产项目可售建筑面积 = 15 000.80÷17 000×100% = 88.24%。

(2)W 项目清算时允许扣除的与转让房地产有关的税金为( )万元。

A. 285.71    B. 2 666.67    C. 2 691.67    D. 310.71

**解析** ↘转让房地产有关的税金 = 50 000÷(1+5%)×5%×(7%+3%+2%) = 285.71(万元)。

(3)W 项目清算时允许扣除的房地产开发费用金额为( )万元。

A. 2 050.70    B. 3 937.27    C. 4 462.00    D. 2 324.00

**解析** ↘开发费用 = (8 240×88.24% + 15 000×88.24%)×10% = 2 050.70(万元)。

(4)W 项目清算时允许扣除的项目金额合计为( )万元。

A. 22 843.39    B. 26 944.78    C. 26 969.79    D. 22 868.39

**解析** ↘扣除项目金额合计 = 8 240×88.24% + 15 000×88.24% + 2 050.70 + 285.71 + (8 240×88.24% + 15 000×88.24%)×20% = 26 944.78(万元)。

**答案** ↘
例题 13 | BC
例题 14(1) | D
例题 14(2) | A
例题 14(3) | A
例题 14(4) | B

（5）W项目清算后应补缴土地增值税（　　）万元。

A. 5 911.22　　　B. 7 945.07　　　C. 7 961.32　　　D. 5 922.47

**解析** ↘ 不含增值税收入 = 50 000 - 50 000 ÷ (1 + 5%) × 5% = 47 619.05（万元）。

可扣除项目金额为 26 944.78 万元。

增值额 = 47 619.05 - 26 944.78 = 20 674.27（万元）。

增值率 = 20 674.27 ÷ 26 944.78 × 100% = 76.73%，适用税率为 40%，速算扣除系数为 5%。

土地增值税应纳税额 = 20 674.27 × 40% - 26 944.78 × 5% = 6 922.47（万元）。

清算补缴土地增值税 = 6 922.47 - 1 000 = 5 922.47（万元）。

（6）关于W项目清算，下列说法正确的有（　　）。

A. 该公司清算补缴的土地增值税，在主管税务机关规定的期限内补缴的，不加收滞纳金

B. 主管税务机关可以指定税务中介机构对该项目的清算进行审核鉴证

C. 该公司可以委托税务中介机构对清算项目进行审核鉴证，并出具《土地增值税清算税款鉴证报告》

D. 对于该公司委托税务中介机构对清算项目进行审核鉴证，并出具《土地增值税清算税款鉴证报告》的，主管税务机关必须采信鉴证报告的全部内容

E. 该公司应在收到清算通知书之日起90日内办理清算手续

**解析** ↘ 选项B，不是由主管税务机关指定，而是由纳税人自行委托。纳税人委托中介机构审核鉴证的清算项目，主管税务机关应当采取适当方法对有关鉴证报告的合法性、真实性进行审核。选项D，对纳税人委托中介机构审核鉴证的清算项目，主管税务机关未采信或部分未采信鉴证报告的，应当告知其理由。

【例题15·综合分析题】（2021年）位于市区的甲房地产开发企业为增值税一般纳税人，2024年10月发生业务如下：

销售自行开发商品房占全部可售面积的80%，取得不含税销售额24 000万元。

出租自行开发商品房占全部可售面积的20%，约定租期为2024年10月1日至2027年9月30日，收取三年不含税租金收入1 080万元。

支付乙公司施工劳务费，取得增值税专用发票注明金额4 200万元，税额378万元［发票备注栏注明建筑服务发生地县（市、区）名称及项目名称］。施工劳务费销售商品房分担80%。

已知：2022年3月甲受让商品房用地一宗，支付政府土地价款6 000万元，取得省级以上（含省级）财政部门监（印）制的财政票据，缴纳相关税费210万元。

**答案** ↘

例题14（5）| D

例题14（6）| ACE

将该土地使用权的 60% 土地用于建造商品房，施工证开工日期为 2022 年 5 月，利息支出为 500 万元（其中含银行加罚的利息 20 万元），能提供金融机构贷款证明且可以按转让房地产项目合理分摊，当地政府规定开发费用扣除比例 5%，取得增值税专用发票已抵扣，转让房地产税金考虑地方教育附加。

要求：根据上述资料，回答下列问题。

（1）甲企业销售开发的商品房和出租商品房应缴纳的增值税为（　　）万元。

A. 1 620　　B. 1 466.1　　C. 1 339.2　　D. 1 644.4

**解析** 应纳增值税 =（24 000-6 000×60%×80%）×9%+1 080×9%-378 = 1 620（万元）。

（2）计算土地增值税可以扣除的与转让房地产有关的税金为（　　）万元。

A. 191.81　　B. 194.4　　C. 175.93　　D. 194.38

**解析** 销售商品房应缴纳增值税 =（24 000-6 000×60%×80%）×9%-378×80% = 1 598.4（万元），与转让环节有关的税金 = 1 598.4×（7%+3%+2%）= 191.81（万元）。

（3）计算土地增值税可扣除的开发成本和土地成本合计金额为（　　）万元。

A. 8 328　　B. 6 340.8　　C. 7 180.8　　D. 6 240

**解析** 可扣除的开发成本和土地成本合计 =（6 000+210）×60%×80%+4 200×80% = 6 340.8（万元）。

（4）计算土地增值税可扣除的房地产开发费用为（　　）万元。

A. 800.4　　B. 696.31　　C. 425　　D. 701.04

**解析** 房地产开发费用 =（500-20）×80%+6 340.8×5% = 701.04（万元）。

（5）计算甲房地产开发企业销售商品房应缴纳的土地增值税为（　　）万元。

A. 647.21　　B. 561.17　　C. 856.6　　D. 6 473.82

**解析** 扣除项目合计 = 6 340.8+701.04+191.81+6 340.8×20% = 8 501.81（万元）。

增值额 = 24 000-8 501.81 = 15 498.19（万元）。

增值率 = 15 498.19÷8 501.81×100% = 182.29%。

应缴纳的土地增值税税额 = 15 498.19×50%-8 501.81×15% = 6 473.82（万元）。

（6）关于甲公司土地增值税处理，下列表述正确的有（　　）。

A. "与转让房地产有关的税金"不包括允许从销项税额抵扣的进项税额

B. 房地产出租，不属于征收土地增值税征收范围

C. 为取得土地使用权支付的契税，允许计入"与转让房地产有关的税金"中扣除

D. 实际缴纳的城市维护建设税、教育费附加，不能按清算项目准确计算的不得扣除

E. 甲公司应向房地产所在地主管税务机关办理纳税申报

**解析** 选项 C，房地产开发企业为取得土地使用权所支付的契税，应视同"按国家统一规定缴纳的有关费用"，计入"取得土地使用权所支付的金额"

**答案**

例题 15（1）| A
例题 15（2）| A
例题 15（3）| B
例题 15（4）| D
例题 15（5）| D
例题 15（6）| ABE

中扣除。选项D，不能按清算项目准确计算的，则按该清算项目预缴增值税时实际缴纳的城市维护建设税、教育费附加扣除。

**第五节** 征收管理及综合拓展

### 考点十一 征收管理★

**（一）纳税义务发生时间及纳税期限**

（1）纳税人应自转让房地产合同签订之日起7日内，向房地产所在地的主管税务机关办理纳税申报。

（2）对纳税人预售房地产所取得的收入，当地税务机关规定预征土地增值税的，纳税人应当到主管税务机关办理纳税申报，并按规定比例预交，待办理决算后，多退少补；当地税务机关规定不预征土地增值税的，也应在取得收入时先到税务机关登记或备案。

（3）对实行预征办法的地区，除保障性住房外，东部地区省份预征率下限为1.5%，中部和东北地区省份预征率下限为1%，西部地区省份预征率下限为0.5%。

**（二）纳税地点——属地原则**

土地增值税的纳税人应向房地产所在地🔵主管税务机关办理纳税申报，并在税务机关核定的期限内缴纳土地增值税。

**【例题16·综合分析题】**（2019年）甲市某公司为增值税一般纳税人，主要从事旅居业务。2024年3月主要经营业务如下：

（1）整体出售一幢位于乙市的酒店式公寓，总含税价款为16 350万元。该公寓楼总建筑面积5 000平方米，本月无其他经营收入。

（2）该公司转让时无法取得该酒店式公寓评估价格，扣除项目金额按照发票所载金额确定（暂不考虑印花税）。

（3）该公寓楼于2018年12月购进用于经营，取得的增值税专用发票上注明金额11 000万元，税额1 100万元，价税合计12 100万元。在办理产权过户时，缴纳契税330万元，取得契税完税凭证。转让前累计发生贷款利息支出1 058.75万元、装修支出1 000万元。

（4）本月租入甲市一幢楼房，按合同约定支付本月含税租金合计10万元，取得增值税专用发票，出租方按一般计税方法计算增值税。该租入楼房50%用于企业经营，50%用于职工宿舍。

（5）本月月初增值税留抵税额为1 100万元。地方教育附加允许计算扣除。

要求：根据上述资料，回答下列问题。

（1）该公司转让酒店式公寓应在乙市预缴增值税（    ）万元。

> **知识点拨** ✨
>
> 房地产所在地，是指房地产的坐落地。纳税人转让房地产坐落在两个或两个以上地区的，应按房地产所在地分别申报纳税。

A. 188.57　　　　B. 195　　　　C. 202.38　　　　D. 197.14

**解析** ↘ 该公司应在乙市预缴增值税 = （16 350 − 12 100）÷（1 + 5%）× 5% = 202.38（万元）。

（2）当月该公司在甲市实际缴纳增值税（　　）万元。

A. 195.26　　　　B. 210.52　　　　C. 59.26　　　　D. 46.79

**解析** ↘ 该公司在甲市实际缴纳增值税 = 16 350÷（1 + 9%）× 9% − 10÷（1 + 9%）× 9% − 1 100 − 202.38 = 46.79（万元）。

（3）该公司在计算土地增值税时，准予扣除的"与转让房地产有关的税金"为（　　）万元。

A. 492　　　　B. 162　　　　C. 360　　　　D. 346.8

**解析** ↘ 准予扣除的"与转让房地产有关的税金" = [ 16 350÷（1 + 9%）× 9% − 1 100 ]×（7% + 3% + 2%）+ 330 = 360（万元）。

（4）该公司在计算土地增值税时，允许扣除的项目金额合计为（　　）万元。

A. 12 650　　　　B. 12 100　　　　C. 14 110　　　　D. 12 640

**解析** ↘ 该公司转让酒店式公寓可扣除项目合计金额 = 11 000×（1 + 5 × 5%）+ 360 = 14 110（万元）。

（5）该公司转让酒店式公寓应缴纳土地增值税（　　）万元。

A. 277.94　　　　B. 295.56　　　　C. 267　　　　D. 600.96

**解析** ↘ 增值额 = [ 16 350 − 16 350÷（1 + 9%）× 9% ] − 14 110 = 890（万元），增值率 = 890÷14 110×100% = 6.31%，适用税率为 30%，速算扣除系数为 0。该公司转让酒店式公寓应缴纳土地增值税 = 890×30% = 267（万元）。

（6）关于该公司转让酒店式公寓，下列说法正确的有（　　）。

A. 如果税务部门发现该公司申报的计税价格明显低于同类房地产市场评估价格且无正当理由的，该公司应按同类房地产的市场评估价格作为房地产的转让收入计算土地增值税

B. 增值率未超过 20%，可以免征土地增值税

C. 购买公寓楼时支付的契税准予作为"与转让房地产有关的税金"项目予以扣除

D. 购买公寓楼的贷款利息支出准予作为扣除项目予以扣除

E. 该公司在公寓楼转让前发生的装修支出可以作为扣除项目予以扣除

**解析** ↘ 选项 B，转让旧房作为改造安置住房、公共租赁住房或者保障性住房房源且增值额未超过扣除项目金额 20% 的，才免征土地增值税。选项 D、E，转让旧房及建筑物的，应按房屋及建筑物的评估价格、取得土地使用权所支付的地价款和按国家统一规定缴纳的有关费用以及在转让环节缴纳的税金作为扣除项目金额计征土地增值税，贷款利息支出和装修支出没有作为扣除项目予以扣除的规定。

**答案** ↘

例题 16（1）｜C

例题 16（2）｜D

例题 16（3）｜C

例题 16（4）｜C

例题 16（5）｜C

例题 16（6）｜AC

扫我做试题

# 同步训练

DATE /

## 考点一 土地增值税的概念与特点；考点二 纳税义务人；考点三 征税范围

1. ( 单选题 ) 下列行为属于土地增值税征税范围的是(    )。

A. 转让集体所有土地使用权　　　　B. 事业单位出租闲置房产

C. 国有土地出让　　　　　　　　　D. 企业以房地产抵债

2. ( 单选题 · 2022 年 ) 下列业务暂免征收土地增值税的是(    )。

A. 高新技术企业将房产赠予科研机构用于建立科研实验室

B. 将房产赠予关联企业

C. 房地产开发公司将开发产品用于抵债的

D. 合作建房建成后分房自用的

3. ( 多选题 · 2018 年 ) 房地产公司将开发产品用于下列用途，属于土地增值税视同销售的有(    )。

A. 安置回迁　　　　　　　　　　　B. 对外出租

C. 奖励职工　　　　　　　　　　　D. 利润分配

E. 对外投资

## 考点四 税率

( 单选题 ) 根据我国《土地增值税暂行条例》的规定，我国现行的土地增值税适用的税率是(    )。

A. 比例税率　　　　　　　　　　　B. 超额累进税率

C. 定额税率　　　　　　　　　　　D. 超率累进税率

## 考点五 应纳税额的计算基本步骤；考点六 收入额的确定

1. ( 单选题 · 2022 年 ) 关于计算土地增值税的收入额，下列说法正确的是(    )。

A. 对于以分期收款方式取得的外币收入，应按照实际收款日或收款当月 1 日国家公布的市场汇价折合成人民币确定收入

B. 房地产开发企业在售房时代收的各项费用，应作为转让房地产收入

C. 对取得的实物收入按照取得收入时的成本价折算为货币收入

D. 取得的收入为外国货币的，应按照取得收入的当天或当月月末最后一天国家公布的市场汇价折合成人民币确定收入

2. ( 单选题 ) 某房地产开发公司为增值税一般纳税人，2024 年 5 月 1 日转让 A 项目房产，取得含税收入 50 000 万元，已达土地增值税清算条件，A 项目开发土地属于 2015 年该公司受让的土地之一，已支付土地价款 15 000 万元。属于营改增前开工建设的项目，该房地产公司选择"简易征收"方式缴纳增值税，已知当地契税税率

3%，该公司在土地增值税清算时应确认收入（　　）万元。

A. 46 190.48　　　　B. 47 619.05　　　　C. 50 000　　　　D. 45 045.05

## 考点七　扣除项目

1. （单选题·2023年）下列关于房地产开发企业土地增值税清算的扣除，正确的是（　　）。

   A. 拆迁补偿费不允许扣除

   B. 逾期开发土地闲置费允许分期扣除

   C. 预提费用可以扣除

   D. 扣留建筑安装施工企业的质保金，有发票可以扣除

2. （单选题·2018年）转让新建房计算土地增值税时，可以作为与转让房地产有关的税金扣除的是（　　）。

   A. 契税

   B. 城镇土地使用税

   C. 城市维护建设税

   D. 允许抵扣销项税额的增值税进项税额

3. （单选题·2021年）关于土地增值税扣除项目，下列说法正确的是（　　）。

   A. 房地产开发过程中实际发生的合理的销售费用可以扣除

   B. 超过贷款期限的利息，不超过银行同类同期贷款利率水平计算的部分允许扣除

   C. 为取得土地使用权所支付的价款和已纳契税，应计入取得土地使用权所支付的金额，按照已销售部分分摊确定可以扣除土地成本的金额

   D. 土地增值税清算时，已经计入房地产开发成本的耕地占用税应调整至土地成本中计算扣除

4. （单选题）G房地产公司2024年7月取得受让的一宗土地使用权，支付价款10 000万元。该写字楼项目仅开发土地的70%，其余土地暂未开发，房地产开发成本15 000万元，其中包括利息支出500万元，能够按项目分摊并能提供金融机构贷款证明，写字楼建成后直接销售。该企业计算缴纳土地增值税时，可以加计扣除的金额为（　　）万元。

   A. 4 400　　　　B. 4 500　　　　C. 4 300　　　　D. 5 000

5. （单选题·2018年）2024年3月，某公司销售自用办公楼，不能取得评估价格，该公司提供的购房发票所载购房款为1 200万元，购买日期为2013年1月1日。购入及转让环节相关税费80万元。该公司在计算土地增值税时允许扣除的项目金额为（　　）万元。

   A. 1 280　　　　B. 1 895　　　　C. 1 940　　　　D. 1 880

6. （单选题·2022年）某市甲企业2024年1月转让一处仓库取得含税收入2 060万元，无法取得评估价格，该仓库于2016年1月购进，购进时取得购房发票，注明金额800万元。契税完税凭证注明契税24万元。该企业计算土地增值税时允许扣除的项目金额为（　　）万元。（该企业选择按照简易方法计算增值税，不考虑印花

税和地方教育附加）

   A. 1 110       B. 1 150       C. 1 190       D. 1 230

7. (单选题·2020 年)某企业为增值税一般纳税人，2024 年 11 月转让 6 年前自行建造的厂房，厂房对应的地价款为 600 万元，评估机构评定的重置成本价为 1 450 万元，厂房六成新。该企业转让厂房计算土地增值税时准予扣除的项目金额为（　　）万元。（不考虑其他相关税费）

   A. 870       B. 2 050       C. 600       D. 1 470

8. (多选题·2023 年)土地增值税清算时，允许从转让收入总额中据实扣除的有（　　）。

   A. 开发间接费用       B. 房地产开发费用

   C. 前期工程费       D. 售房时代收费用

   E. 支付给回迁户补差价款

9. (多选题·2022 年)根据土地增值税相关规定，下列支出项目应计入房地产开发成本作为扣除项目的有（　　）。

   A. 耕地占用税       B. 基础设施费

   C. 建筑安装工程费       D. 开发间接费用

   E. 契税

10. (多选题·2022 年)关于房地产开发企业开发建造与清算项目配套的公共配套设施计算土地增值税扣除成本费用的处理中，下列说法正确的有（　　）。

   A. 建成后无偿移交给政府、公用事业单位用于非营利性社会公共事业的，其成本、费用可以扣除

   B. 建成后产权属于房地产开发企业所有的，其成本、费用可以扣除

   C. 建成后产权属于全体业主所有的，其成本、费用可以扣除

   D. 将建成后无偿转让给另一企业的，其成本、费用可以扣除

   E. 建成后有偿转让的，其成本、费用可以扣除

## 考点八 税收优惠

1. (单选题)某市因旧城改造，需要甲企业搬迁厂房，甲企业自行将厂房(营改增前取得)转让给相关政府部门，取得不含增值税收入 350 万元，该房地产购买时支付价款 210 万元，评估价格为 300 万元，则甲企业应纳的土地增值税为（　　）万元。

   A. 0       B. 15       C. 17       D. 13

2. (多选题·2023 年)下列业务，可以享受土地增值税优惠政策的有（　　）。

   A. 戊企业转让闲置仓库

   B. 甲生产企业根据法律规定分设 A 公司和 B 公司，将房产转移至 A 公司

   C. 乙房地产公司以自行开发的房产对 C 公司投资

   D. 丁企业转让闲置职工宿舍作为改造安置住房房源，增值额除以扣除项目金额比例为 18% 的

   E. 丙房地产公司受托对 D 企业闲置厂房进行改造

3. (多选题·2019 年)关于土地增值税优惠政策，下列说法错误的有（　　）。

A. 将空置的职工宿舍转让给政府用于改造安置住房房源，一律就其全部增值额按规定计税

B. 对个人销售商铺暂免征收土地增值税

C. 对因国家建设需要依法收回的房产免税

D. 以房地产作价入股房地产开发公司，对其将房地产变更至被投资的企业，暂不征收土地增值税

E. 建造普通标准住宅出售，其增值额未超过扣除项目金额之和20%的予以免税；超过20%的，应就其全部增值额按规定计税

## 考点九　应纳税额的计算

1. (单选题)某市第一医院为小规模纳税人，将已使用过的职工宿舍楼转让给当地市政府作为公共租赁住房房源，取得含增值税收入3 000万元，合同价税未分别记载。该宿舍楼购买时支付价款2 000万元，评估价格为2 500万元，不考虑地方教育附加。该医院应纳的土地增值税为(　　)万元。(印花税税率为0.05%)

A. 0　　　　　　　B. 133.84　　　　　　C. 150　　　　　　D. 133.5

2. (单选题)W公司系某县房地产企业，属于增值税小规模纳税人。自2019年1月开始，购买一宗土地，开发某住宅小区，支付地价款80万元，缴纳契税3.2万元。同时，在建设过程中支付工程款124万元，增值税税额10万元。2024年5月竣工全部对外销售，销售合同分别列明税款和不含税价款，取得售房款472.5万元(含增值税)。已知W公司开发此小区发生管理费用和销售费用20万元，发生借款利息费用30万元(未超过同期银行贷款利率，能提供金融机构贷款证明且能准确按项目分摊，其他房地产开发费用扣除比例为5%)。教育费附加征收比率为3%，地方教育附加征收比率为2%。那么，W公司开发此小区应缴纳的土地增值税金额为(　　)万元。

A. 44.18　　　　　B. 43.81　　　　　　C. 43.88　　　　　D. 44.21

3. (计算题·2022年)某市甲房地产开发公司，2024年2月对新开发的非普通住宅项目进行土地增值税清算，有关情况如下：

(1)甲公司于2016年1月以"招拍挂"方式取得土地使用权，根据合同规定缴纳土地出让金8 000万元(不考虑支付的其他费用)并取得合规票据，已缴纳契税240万元。

(2)甲公司使用上述土地的70%开发建造该项目，开发过程中发生开发成本4 000万元，包括拆迁补偿费用500万元，能提供有效票据。管理费用400万元，销售费用300万元，财务费用中利息支出350万元，包括罚息50万元，不能提供金融机构贷款证明。

(3)截至2024年1月底已销售该项目的85%，取得含税销售收入20 000万元。

已知：甲公司选择简易计税方法计算增值税，房地产开发费用扣除比例按照相关规定上限执行，不考虑地方教育附加。

要求：根据上述资料，回答下列问题。

（1）该项目本次清算时准予扣除取得土地支付的金额为（　　）万元。

A. 7 004　　　　B. 5 768　　　　C. 8 240　　　　D. 4 902.8

（2）该项目本次清算时准予扣除的与销售该项目相关的税金为（　　）万元。

A. 95.24　　　　B. 80.95　　　　C. 57.14　　　　D. 48.57

（3）该项目本次清算时准予扣除项目金额合计（　　）万元。

A. 16 007.24　　B. 9 228.32　　C. 10 723.74　　D. 10 888.88

（4）该项目本次清算时应缴纳土地增值税（　　）万元。

A. 3 525.4　　　B. 2 793.37　　C. 2 719.05　　D. 912.11

4.（计算题）甲公司（非房地产开发企业）为增值税一般纳税人，2024年3月转让一栋2002年自建的办公楼，取得含税收入9 000万元，已按规定缴纳转让环节的有关税金，并取得完税凭证。该办公楼造价为800万元，其中包含为取得土地使用权支付的地价款300万元，契税9万元以及按国家规定统一缴纳的其他有关费用1万元。

经房地产评估机构评定，该办公楼重新构建价格为5 000万元，成新度折扣率为五成，支付房地产评估费用10万元，该公司的评估价格已经税务机关认定。

甲公司对于转让"营改增"之前自建的办公楼选择"简易征收"方式，转让该办公楼缴纳的印花税税额为4.5万元。

已知：甲公司适用的城市维护建设税税率为7%，教育费附加征收比率为3%，地方教育附加征收比率为2%。

要求：根据上述资料，回答下列问题。

（1）该公司转让办公楼应纳增值税（　　）万元。

A. 414.33　　　B. 413.38　　　C. 390.48　　　D. 428.57

（2）在计算土地增值税时，可扣除转让环节税金（　　）万元。

A. 51.43　　　　B. 54.11　　　　C. 51.36　　　　D. 55.93

（3）在计算土地增值税时，可扣除项目金额合计（　　）万元。

A. 2 866.93　　B. 2 874.93　　C. 2 864.93　　D. 2 875.93

（4）甲公司应纳土地增值税（　　）万元。

A. 2 417.01　　B. 2 419.27　　C. 2 416.36　　D. 2 678.31

## 考点十 房地产开发项目土地增值税清算

1.（多选题·2020年）下列情形中，主管税务机关可要求纳税人进行土地增值税清算的有（　　）。

A. 纳税人申请注销税务登记但未办理土地增值税清算手续

B. 房地产开发项目全部竣工、完成销售

C. 已竣工验收的房地产开发项目，已转让的房地产建筑面积占整个项目可售建筑面积的比例未超过85%，但剩余可售建筑面积已经出租或自用

D. 取得销售（预售）许可证满2年仍未销售完毕的

E. 已竣工验收的房地产开发项目，已转让的房地产建筑面积占整个项目可售建筑面积的比例在85%以上

2. (多选题)下列各项中,符合土地增值税清算管理规定的有(　　)。

A. 房地产开发企业未支付的质量保证金一律不得扣除

B. 对于分期开发的房地产项目,各期清算的方式应保持一致

C. 房地产企业逾期开发缴纳的土地闲置费不得扣除

D. 直接转让土地使用权的,主管税务机关可要求纳税人进行土地增值税清算

E. 纳税人按规定预缴土地增值税后,清算补缴的土地增值税,在主管税务机关规定的期限内补缴的,不加收滞纳金

3. (多选题·2018年)关于房地产开发企业土地增值税清算,下列说法正确的有(　　)。

A. 应将利息支出从房地产开发成本中调整至房地产开发费用中进行扣除

B. 发生的未实际支付款项的成本费用应列入房地产开发成本中进行扣除

C. 销售已装修的房屋,其装修费用可以计入房地产开发成本中进行扣除

D. 逾期开发缴纳的土地闲置费不得扣除

E. 销售费用和管理费用按实际发生额扣除

## 考点十一 征收管理

(多选题)房地产企业有特定情形之一的,税务机关可以核定征收土地增值税,具体有(　　)。

A. 依照法律规定应当设置但未设置账簿的

B. 擅自销毁账簿的

C. 申报的计税依据明显偏低,又无正当理由的

D. 符合土地增值税清算条件,但未按规定的期限办理清算手续的

E. 转让旧房及建筑物,既没有评估价格,又不能提供购房发票的

## 综合拓展

(综合分析题)某房地产开发企业为增值税一般纳税人,拟对其开发的位于县城一房地产项目进行土地增值税清算,该项目相关信息如下:

(1)2015年12月以10 000万元竞得国有土地一宗,并按规定缴纳契税。

(2)该项目2018年开工建设,未取得《建筑工程施工许可证》,建筑工程承包合同注明的开工日期为2018年3月25日,因逾期开发,缴纳土地闲置费2 000万元。房产于2023年1月竣工,开发期间共发生房地产开发成本7 000万元,开发费用3 400万元。

(3)该项目所属物业用房建成后产权归全体业主所有,并已移交物业公司使用,发生物业用房开发成本500万元(此成本已包含在开发成本7 000万元中)。

(4)2024年4月,该项目销售完毕,取得含税销售收入42 000万元。房产开发期间共发生相关进项税额800万元(均已确认抵扣)。

(5)2024年4月,支付转让价款,购入位于市区一地块,取得增值税专用发票价款15 000万元,税额1 350万元,当月开工建设新的房地产项目。

已知:契税税率4%,利息支出无法提供金融机构证明,当地省政府规定的房

地产开发费用扣除比例为 10%。

　　要求：根据上述资料，回答下列问题。

（1）该房地产公司 2024 年 4 月应纳增值税（　　）万元。

A. 2 642.20　　　　　B. 1 292.20　　　　　C. 2 117.89　　　　　D. 53.67

（2）计算土地增值税时允许扣除的税金为（　　）万元。

A. 264.22　　　　　B. 129.22　　　　　C. 184.22　　　　　D. 211.79

（3）计算土地增值税时允许扣除的开发费用为（　　）万元。

A. 1 740　　　　　B. 1 700　　　　　C. 1 792　　　　　D. 3 400

（4）允许扣除项目金额的合计数为（　　）万元。

A. 22 804.22　　　　B. 22 764.22　　　　C. 22 749.22　　　　D. 22 791.79

（5）该房地产开发项目应缴纳的土地增值税为（　　）万元。

A. 6 586.21　　　　B. 5 481.22　　　　C. 5 569.37　　　　D. 6 687.59

（6）下列说法正确的有（　　）。

A. 该项目可以选择简易计税方法计征增值税

B. 2024 年 4 月购入的地块不属于本项目，所以当期不可抵扣增值税进项税额

C. 计算土地增值税与增值税时，土地价款应按配比原则扣除

D. 利息成本包含在开发成本中不影响计算，无须调整

E. 物业用房开发成本可以扣除

## 参考答案及解析

### 考点一 土地增值税的概念与特点；考点二 纳税义务人；考点三 征税范围

1. D 【解析】企业以房地产抵债，发生房地产产权转让，属于土地增值税的征税范围。

2. D 【解析】选项 A、B，需要缴纳土地增值税，没有暂免征收土地增值税的规定。选项 C，应视同销售房地产计算缴纳土地增值税。

3. ACDE 【解析】选项 B，对外出租，所有权未发生转移，无须视同销售。

### 考点四 税率

D 【解析】我国土地增值税适用的是四级超率累进税率。

### 考点五 应纳税额的计算基本步骤；考点六 收入额的确定

1. A 【解析】选项 B，对于县级及县级以上人民政府要求房地产开发企业在售房时代收的各项费用，如果代收费用是计入房价中向购买方一并收取的，可作为转让房地产所取得的收入计税；如果代收费用未计入房价中，而是在房价之外单独收取的，可以不作为转让房地产的收入。选项 C，对取得的实物收入，要按取得收入时的市场价格折算成货币收入。选项 D，取得的收入为外国货币的，应当以取得收入当天或当月 1 日国家公布的市场汇价折合成人民币，据以计算土地增值税税额。

2. B 【解析】营改增后，纳税人转让房地产的土地增值税应税收入不含增值税。

简易计税应确认收入 = 50 000÷(1+5%) = 47 619.05(万元)。

### 考点七 扣除项目

1. D 【解析】选项 A，拆迁补偿费允许作为开发成本扣除。选项 B、C，不得在土地增值税清算中扣除。

2. C 【解析】转让新建房计算土地增值税时，城市维护建设税可以作为与转让房地产有关的税金扣除。

3. C 【解析】选项 A，房地产开发过程中实际发生的销售费用不是据实扣除，而是根据公式计算扣除。选项 B，对于超过贷款期限的利息部分不允许扣除。选项 D，房地产开发成本包含耕地占用税，不需要调整。

4. C 【解析】利息计入房地产开发成本的，应调整至房地产开发费用扣除。可以扣除的"取得土地使用权支付的金额" = 10 000×70% = 7 000(万元)。房地产开发成本为 14 500 万元(15 000 – 500)。加计扣除的金额 = (10 000×70% + 15 000 – 500) × 20% = 4 300(万元)。

5. C 【解析】该公司在计算土地增值税时允许扣除的项目金额 = 1 200×(1 + 11× 5%) +80 = 1 940(万元)。

6. B 【解析】允许扣除的项目金额 = 800×(1+8×5%) + (2 060 – 800)÷(1+5%)×5%× (7%+3%) +24 = 1 150(万元)。

7. D 【解析】评估价格 = 1 450×60% = 870(万元)。地价款为 600 万元，该企业转让厂房计算土地增值税时准予扣除的项目金额 = 600+870 = 1 470(万元)。

8. ACE 【解析】选项 B，房地产开发费用按符合扣除条件的利息金额，及取得土地使用权所支付的金额和房地产开发成本的一定比例扣除，而非据实扣除。选项 D，代收费用根据是否计入房价中一并收取或单独收取，处理方法不同。

9. ABCD 【解析】房地产开发成本包括土地征用及拆迁补偿费、前期工程费、建筑安装工程费、基础设施费、公共配套设施费、开发间接费用。房地产开发成本土地征用及拆迁补偿费，包括土地征用费、耕地占用税、劳动力安置费及有关地上、地下附着物拆迁补偿的净支出、安置动迁用房支出等。

10. ACDE 【解析】房地产开发企业开发建造的与清算项目配套的居委会和派出所用房、会所、停车场(库)、物业管理场所、变电站、热力站、水厂、文体场馆、学校、幼儿园、托儿所、医院、邮电通讯等公共设施，按以下原则处理：①建成后产权属于全体业主所有的，其成本、费用可以扣除；②建成后无偿移交给政府、公用事业单位用于非营利性社会公共事业的，其成本、费用可以扣除；③建成后有偿转让的，应计算收入，并准予扣除成本、费用。选项 D，将建成后无偿转让给另一企业，属于视同销售情形，确认视同销售收入同时可以扣除与之相关的成本费用。

### 考点八 税收优惠

1. A 【解析】因城市实施规划而搬迁由纳税人自行转让原房地产的，免征土地增值税。

2. BD 【解析】选项 B，按照法律规定或者合同约定，企业分设为两个或两个以上与原企业投资主体相同的企业，对原企业将房地产转移、变更到分立后的企业，暂不征收土地增值税。选项 D，企事业单位、社会团体以及其他组织转让旧房作为改造安置住房房源且增值额未超过扣除项目金额 20% 的，免征土地增值税。选项 E，没有发生房地产权属的转移，不属于土地增值税征税范围。

3. ABD 【解析】选项 A，企事业单位、社会团体以及其他组织转让旧房作为改造安置住房房源且增值额未超过扣除项目金额 20% 的，免征土地增值税。选项 B，对个人销售住房暂免征收土地增值税，销售商铺不适用该优惠政策。选项 D，房地产开发企业将开发产品对外投资，发生所有权转移时应视同销售房地产，缴纳土地增值税。

## 考点九 应纳税额的计算

1. A 【解析】扣除项目 = ( 3 000 − 2 000 ) ÷ ( 1 + 5% ) × 5% × ( 7% + 3% ) + 2 500 + 3 000 × 0.05% = 2 506.26（万元）。增值额 = 3 000 − ( 3 000 − 2 000 ) ÷ ( 1 + 5% ) × 5% − 2 506.26 = 446.12（万元）。增值率 = 446.12 ÷ 2 506.26 × 100% = 17.8%，小于 20%，对企事业单位、社会团体以及其他组织转让旧房作为公共租赁住房房源，且增值额未超过扣除项目金额 20% 的，免征土地增值税。

2. D 【解析】不含税销售收入 = 472.5 ÷ ( 1 + 5% ) = 450（万元）。

取得土地使用权支付的金额 = 80 + 3.2 = 83.2（万元）。

房地产开发成本 = 124 + 10 = 134（万元）。

房地产开发费用 = 30 + ( 83.2 + 134 ) × 5% = 40.86（万元）。

与转让房地产有关的税金 = 472.5 ÷ ( 1 + 5% ) × 5% × ( 5% + 3% + 2% ) × 50% = 1.13（万元）。

其他扣除项目金额 = ( 83.2 + 134 ) × 20% = 43.44（万元）。

扣除项目金额合计 = 83.2 + 134 + 40.86 + 1.13 + 43.44 = 302.63（万元）。

增值额 = 450 − 302.63 = 147.37（万元）。

增值率 = 147.37 ÷ 302.63 × 100% = 48.70%，适用税率 30%，速算扣除系数为 0。

应纳土地增值税 = 147.37 × 30% = 44.21（万元）。

3. (1) D 【解析】准予扣除取得土地支付的金额 = ( 8 000 + 240 ) × 70% × 85% = 4 902.8（万元）。

(2) A 【解析】准予扣除的税金 = 20 000 ÷ ( 1 + 5% ) × 5% × ( 7% + 3% ) = 95.24（万元）。

(3) D 【解析】开发成本 = 4 000 × 85% = 3 400（万元）。

开发费用 = ( 4 902.8 + 3 400 ) × 10% = 830.28（万元）。

准予扣除的项目金额合计 = 4 902.8 + 3 400 + 830.28 + 95.24 + ( 4 902.8 + 3 400 ) × 20% = 10 888.88（万元）。

(4) C 【解析】增值额 = 20 000 − 20 000 ÷ ( 1 + 5% ) × 5% − 10 888.88 = 8 158.74（万元）。增值率 = 8 158.74 ÷ 10 888.88 × 100% = 74.93%，适用税率 40%，速算扣

除系数5%。应纳土地增值税＝8 158.74×40%－10 888.88×5%＝2 719.05（万元）。

4.（1）D 【解析】该公司转让办公楼应纳增值税＝9 000÷（1＋5%）×5%＝428.57（万元）。

（2）D 【解析】可扣除转让环节税金＝428.57×（7%＋3%＋2%）＋4.5＝55.93（万元）。

（3）D 【解析】在计算土地增值税时，可扣除项目：

a. 为取得土地使用权所支付的金额＝支付的地价款＋契税＋按国家规定统一缴纳的其他有关费用＝300＋9＋1＝310（万元）。

b. 评估价格＝5 000×50%＝2 500（万元）。

c. 税法规定，纳税人转让旧房及建筑物时，因计算纳税需要对房地产进行评估，其支付的评估费用允许在计算土地增值税时予以扣除。所以支付房地产评估10万元，可以扣除。

d. 可扣除转让环节税金为55.93万元。

可扣除项目金额合计＝310＋2 500＋10＋55.93＝2 875.93（万元）。

（4）C 【解析】不含增值税收入＝9 000－428.57＝8 571.43（万元）。

增值额＝8 571.43－2 875.93＝5 695.5（万元）。

增值率＝5 695.5÷2 875.93×100%＝198.04%，适用税率为50%，速算扣除系数为15%。应纳土地增值税＝5 695.5×50%－2 875.93×15%＝2 416.36（万元）。

### 考点十 房地产开发项目土地增值税清算

1. ACE 【解析】符合以下条件之一的，主管税务机关可要求纳税人进行土地增值税清算：

（1）已竣工验收的房地产开发项目，已转让的房地产建筑面积占整个项目可售建筑面积的比例在85%以上，或该比例虽未超过85%，但剩余的可售建筑面积已经出租或自用的。

（2）取得销售（预售）许可证满3年仍未销售完毕的。

（3）纳税人申请注销税务登记但未办理土地增值税清算手续的。

（4）省税务机关规定的其他情况。

2. BCE 【解析】选项A，质量保证金开具发票的，按发票所载金额予以扣除。未开具发票的，扣留的质保金不得计算扣除。选项D，直接转让土地使用权的，纳税人应进行土地增值税清算。

3. ACD 【解析】选项B，房地产开发企业的预提费用，除另有规定外，不得扣除，清算时未实际支付的成本费用，不得在土地增值税清算中列入房地产开发成本进行扣除。选项E，销售费用和管理费用不按实际发生额扣除，在计算土地增值税时，房地产开发费用按规定标准计算扣除。

### 考点十一 征收管理

ABCE 【解析】在清算过程中，发现纳税人符合以下条件之一的，应按核定征收方式对房地产项目进行清算：

（1）依照法律、行政法规的规定应当设置但未设置账簿的。

（2）擅自销毁账簿或者拒不提供纳税资料的。

（3）虽设置账簿，但账目混乱或者成本资料、收入凭证、费用凭证残缺不全，难以确定转让收入或扣除项目金额的。

（4）符合土地增值税清算条件，企业未按照规定的期限办理清算手续，经税务机关责令限期清算，逾期仍不清算的。

（5）申报的计税依据明显偏低，又无正当理由的。

选项 E，对转让旧房及建筑物，既没有评估价格，又不能提供购房发票的，税务机关可实行核定征收。

**综合拓展**

（1）B 【解析】当月销项税额 =（42 000－10 000）÷（1+9%）×9% = 2 642.20（万元）。

当月进项税额为 1 350 万元。

当月应纳增值税 = 2 642.20－1 350 = 1 292.20（万元）。

（2）C 【解析】土地增值税税前允许扣除的税金 =（2 642.20－800）×（5%+3%+2%）= 184.22（万元）。

（3）A 【解析】允许扣除的开发费用 =［10 000×（1+4%）+7 000］×10% = 1 740（万元）。

（4）A 【解析】土地闲置费不得扣除，物业用房建成后产权归全体业主所有，其开发成本可以扣除。

允许扣除的项目合计 = 10 000×（1+4%）+7 000+1 740+184.22+［10 000×（1+4%）+7 000］×20% = 22 804.22（万元）。

（5）B 【解析】增值额 =（42 000－2 642.20）－22 804.22 = 16 553.58（万元）。

增值率 = 16 553.58÷22 804.22×100% = 72.59%，适用税率为 40%，速算扣除系数为 5%。应纳土地增值税 = 16 553.58×40%－22 804.22×5% = 5 481.22（万元）。

（6）CE 【解析】选项 A，该项目应采用一般计税方法计征增值税。未取得《建筑工程施工许可证》的，按建筑工程承包合同注明的开工日期确定计税方法，项目开工日期在 2016 年 5 月 1 日后的建筑工程项目，应采用一般计税方法。选项 B，当期应纳增值税按增值税政策凭票抵扣，购入地块取得增值税专用发票，可以抵扣。选项 D，无论会计账务如何处理，利息支出在房地产开发费用中扣除，不可计入开发成本。

亲爱的读者，你已完成本章11个考点的学习，本书知识点的学习进度已达62%。

# 第六章 资源税

## 考试风向

### 考情速递

资源税属于教材第二层级内容，难度相较于消费税、土地增值税来说简单一些，计算简单，理解也较简单，近年来考试各题型均有涉及，主观题可自行成题或与增值税、消费税、环境保护税结合考查。本章节税收优惠记忆难度大，考查细致，不仅要求考生能够简单记忆，还要会灵活应用。

### 2025 年考试变化

**调整**：水资源税部分按新政策改写。

### 脉络梳理

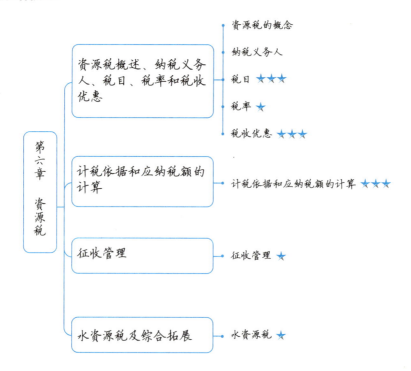

# 考点详解及精选例题

## 第一节 资源税概述、纳税义务人、税目、税率和税收优惠

### 考点一 资源税的概念

资源税是以应税资源为课税对象，对在中华人民共和国领域和中华人民共和国管辖的其他海域开发应税资源的单位和个人，就其应税资源销售额或销售数量为计税依据而征收的一种税**❶**。

### 考点二 纳税义务人

在中华人民共和国领域和中华人民共和国管辖的其他海域开发应税资源的单位和个人，为资源税的纳税人**❷**。

### 考点三 税目★★★

资源税税目**❸**反映征收资源税的具体范围，是资源税课征对象的具体表现形式。

资源税税目税率（节选部分），见表6-1。

表6-1 资源税税目税率（节选部分）

| 税目 | | | 征税对象 | 税率 |
|---|---|---|---|---|
| 能源矿产 | 原油 | | 原矿 | 6% |
| | 天然气、页岩气、天然气水合物 | | 原矿 | |
| | 地热 | | 原矿 | 1%~20%或每立方米1元~30元 |
| 金属矿产 | 黑色金属 | 铁、锰、铬、钒、钛 | 原矿或选矿 | 1%~9% |
| | 有色金属 | 铜、铅、锌、锡、镍、汞、铝土矿、钨、钼、金、银、轻稀土，中重稀土等 | 钨、钼、轻稀土、中重稀土——选矿 | 其中：钨选矿6.5%、钼选矿8%、中重稀土20% |
| | | | 其他有色金属矿产——原矿或选矿 | |
| 非金属矿产 | 矿物类 | 高岭土，石灰岩，磷，天然石英砂、水晶、工业用金刚石，其他粘土等 | 原矿或选矿 | 其中：石灰岩1%~6%或每吨（或每立方米）1元~10元、其他粘土1%~5%或每吨（或每立方米）0.1元~5元 |

**知识点拨❶**

资源税是应税资源在开发销售环节一次课征的价内税。

**知识点拨❷**

（1）中外合作开采陆上、海上石油资源的企业依法缴纳资源税。

（2）2011年11月1日前已依法订立中外合作开采陆上、海上石油资源合同的，在该合同有效期内，继续依照国家有关规定缴纳矿区使用费，不缴纳资源税；合同期满后，依法缴纳资源税。

**知识点拨❸**

《资源税法》采用正列举的方式，共设置5个一级税目，17个二级子税目，具体税目有164个。

（续表）

| 税目 | | | 征税对象 | 税率 |
|---|---|---|---|---|
| 非金属矿产 | 岩石类 | 大理石、花岗岩、白云岩、石英岩、砂岩、泥炭、砂石等 | 原矿或选矿 | 其中：砂石 1% ~ 5% 或每吨（或每立方米）0.1 元 ~ 5 元（同其他粘土） |
| | 宝玉石类 | 宝石、玉石、宝石级金刚石等 | 原矿或选矿 | 4% ~ 20% |
| 水气矿产 | 二氧化碳气、硫化氢气、氦气、氡气 | | 原矿 | 2% ~ 5% |
| | 矿泉水 | | 原矿 | 1% ~ 20% 或每立方米 1 元 ~ 30 元（同地热） |
| 盐 | 钠盐、钾盐、镁盐、锂盐 | | 选矿 | 3% ~ 15% |
| | 天然卤水 | | 原矿 | 3% ~ 15% 或每吨（或每立方米）1 元 ~ 10 元 |

**提示** 征税对象只能是选矿的有：（有色金属）钨、钼、稀土，（盐）钠盐、钾盐、镁盐、锂盐。

**【例题 1 · 多选题】** 根据资源税规定，下列各项属于资源税征税范围的有（　　）。

A. 进口石油　　　　　　　　B. 成品油

C. 与原油同时开采的天然气　D. 自来水

E. 铁矿石

**解析** 进口石油、成品油、自来水不属于资源税征税范围，不征收资源税。

● **得分高手**（2020 年多选；2023 年单选）

本知识点以文字性选择题形式考查居多，命题角度为资源税征税范围的判断，通常会混合其他税种的征税范围作为干扰选项考查。常见的易混淆选项（不征收资源税的）大致有三类：进口资源、人造资源、深加工产品。

## 考点四 税率 ★

税率的具体规定及确定依据，见表 6-2。

**答案**
例题 1 | CE

表 6-2　税率的具体规定及确定依据

| 情形 | | | 规定 |
|---|---|---|---|
| 税率形式 | （大部分）从价计征 | 比例税率 | 统一比例税率（如原油） |
| | | | 幅度比例税率（如煤） |
| | 从量计征 | 定额税率 | 幅度比例税率或幅度定额税率（如砂石） |

**提示** 实行幅度税率的，具体适用税率由省、自治区、直辖市人民政府提出，报同级人民代表大会常务委员会决定，并报全国人民代表大会常务委员会和国务院备案

| | |
|---|---|
| 征税对象为原矿或者选矿的 | 应当分别确定具体适用税率 |
| 开采或者生产不同税目应税产品的 | （1）应当分别核算不同税率（税目）应税产品的销售额或者销售数量。 |
| 开采或者生产同一税目下适用不同税率应税产品的 | （2）未分别核算或者不能准确提供不同税率（税目）应税产品的销售额或者销售数量的，从高适用税率 |
| 对于无法区分原生岩石矿种的粒级成型砂石颗粒的 | 按照砂石税目征收资源税 |
| 纳税人以自采原矿（经过采矿过程采出后未进行选矿或者加工的矿石）直接销售，或者自用于应当缴纳资源税情形**1**的 | 按照原矿计征资源税 |
| 纳税人以自采原矿洗选加工为选矿产品**2**销售，或者将选矿产品自用于应当缴纳资源税情形的 | 按照选矿产品计征资源税，在原矿移送环节不缴纳资源税 |

**提示** （1）税率为全国统一的有：原油6%，天然气、页岩气、天然气水合物6%，铀、钍4%，钨6.5%，钼8%，中重稀土20%。

（2）既可以从价征收，又可以从量征收的有（既可以按幅度比例税率，又可以按幅度定额税率）：地热、石灰岩、其他粘土、砂石、矿泉水、天然卤水。

**【例题2·单选题】**（2024年）下列可适用资源税定额税率的是（　　　）。

**知识点拨1**
纳税人自用应税产品应当缴纳资源税的情形（即视同销售）包括：纳税人以应税产品用于非货币性资产交换、捐赠、偿债、赞助、集资、投资、广告、样品、职工福利、利润分配或者连续生产非应税产品等。自用于连续生产应税产品的，不缴纳资源税。

**知识点拨2**
洗选加工为选矿产品，是指通过破碎、切割、洗选、筛分、磨矿、分级、提纯、脱水、干燥等过程形成的产品，包括富集的精矿和研磨成粉、粒级成型、切割成型的原矿加工品。

**记忆口诀**
全国统一，中稀（中重稀土）钨钼（钨、钼），铀钍（铀、钍）油气（原油、天然气、页岩气、天然气水合物）。

**记忆口诀**
喝热（地热）水（矿泉水、天然卤水），看土（其他粘土）沙（砂石）石（石灰岩）。

A．地热　　　　　　　　　　B．煤层（成）气

C．石墨　　　　　　　　　　D．钠盐

**解析** ↘ 选项A，地热、砂石、矿泉水、天然卤水、石灰岩、其他粘土可采用从价计征或从量计征的方式缴纳资源税。选项B、C、D，适用资源税比例税率。

● **得分高手**（2020年多选；2023年单选）

本知识点以文字性选择题考查居多，在计算题中要关注是否缴纳资源税的情形。资源税目税率表具体内容不需要全部记忆，可能从以下几种角度考查：

(1)征税对象是原矿还是选矿。

(2)适用哪种税率形式。

## 考点五　税收优惠★★★

税收优惠，见表6-3。

表6-3　税收优惠

| 政策 | 细节 | 记忆技巧 |
|---|---|---|
| 免征规定 | 开采原油以及在油田范围内运输原油过程中用于加热的原油、天然气 | 加热运输把税免，煤矿安全大于天 |
| | 煤炭开采企业因安全生产需要抽采的煤成（层）气 | |
| 减征规定 | 从低丰度油气田开采的原油、天然气，减征20% | 低二衰三凝稠四，高硫深水三次三 |
| | 从衰竭期矿山 **1** 开采的矿产品，减征30% | |
| | 稠油 **2**、高凝油 **3** 减征40% | |
| | 高含硫天然气 **4**、三次采油和从深水油气田 **5** 开采的原油、天然气，减征30% | |
| | 自2023年1月1日至2027年12月31日，对增值税小规模纳税人、小型微利企业和个体工商户减半征收资源税(不含水资源税)、城市维护建设税、房产税、城镇土地使用税、印花税(不含证券交易印花税)、耕地占用税和教育费附加、地方教育附加。<br>**提示** 增值税小规模纳税人、小型微利企业和个体工商户已依法享受资源税、城市维护建设税、房产税、城镇土地使用税、印花税、耕地占用税、教育费附加、地方教育附加等其他优惠政策的，可叠加享受上述优惠政策 | 六小税种两附加，两小一个减半征 |

**知识点拨 1**
衰竭期矿山指设计开采年限超过15年，且剩余可开采储量下降到原储量20%以下或剩余开采年限不超过5年的矿山。

**知识点拨 2**
稠油指地层粘度大于或等于每秒50毫帕或密度大于或等于每立方厘米0.92克的原油。

**知识点拨 3**
高凝油指凝固点高于40℃的原油。

**知识点拨 4**
高含硫天然气指每立方米的硫化氢含量大于30克的天然气。

**知识点拨 5**
深水油气田指水深超过300米的油气田。

**答案** ↘
例题2 | A

（续表）

| 政策 | 细节 | 记忆技巧 |
|---|---|---|
| 减征规定 | 自 2014 年 12 月 1 日至 2027 年 12 月 31 日，对充填开采置换出来的煤炭，资源税减征 50% | 五填煤炭页岩三，产量占比不叠加 |
| | 2027 年 12 月 31 日之前，对页岩气资源税按 6% 的规定税率减征 30% | |
| | 纳税人开采或者生产同一应税产品，其中既有享受减免税政策的，又有不享受减免税政策的，按照免税、减税项目的产量占比等方法分别核算确定免税、减税项目的销售额或者销售数量 | |
| | 纳税人开采或者生产同一应税产品，同时符合两项或者两项以上减征资源税优惠政策的，除另有规定外，只能选择其中一项执行 | |
| 由省、自治区、直辖市决定的免征或者减征规定 | 纳税人开采或者生产应税产品过程中，因意外事故或者自然灾害等原因遭受重大损失 | 事故灾害共伴生，低品尾矿省做主 |
| | 纳税人开采共伴生矿、低品位矿、尾矿 | |
| 其他政策 | 纳税人的免税、减税项目，应当单独核算销售额或者销售数量。未单独核算或者不能准确提供销售额或者销售数量的，不予免税或者减税 | |
| | 纳税人享受优惠政策，实行"自行判别，申报享受，有关资料留存备查"的办理方式，另有规定的除外 | |

**【例题 3·单选题】**（2021 年）关于资源税税收优惠，下列说法正确的是（　　）。

A. 纳税人开采或者生产同一应税产品，同时符合两项或两项以上减征资源税优惠政策的，可以同时享受各项优惠政策

B. 纳税人开采低品位矿，由省、自治区、直辖市税务机关决定免征或减征资源税

C. 由省、自治区、直辖市人民政府提出的免征或减征资源税的具体办法，应报同级人民代表大会常务委员会决定，并报全国人民代表大会常务委员会和国务院备案

D. 纳税人享受资源税优惠政策，实行"自行判别，审核享受，留存备查"办理方式

**解析** ➘ 选项 A，纳税人开采或者生产同一应税产品，同时符合两项或者两项以上减征资源税优惠政策的，除另有规定外，只能选择其中一项执行。选项 B，纳税人开采共伴生矿、低品位矿、尾矿规定的免征或者减征资源税的具体办法，由省、自治区、直辖市人民政府提出，报同级人民代表大会常务委员会决定，并报全国人民代表大会常务委员会和国务院备案。选项 D，

**答案** ➘
例题 3｜C

283

纳税人享受资源税优惠政策，实行"自行判别，申报享受，有关资料留存备查"的办理方式，另有规定的除外。

● **得分高手**（2021年单选）

本知识点在文字性和计算性题目中均可能会涉及，主要从如下几种角度考查：

(1)直接通过税目名称判断是否属于优惠项目，可以依靠记忆口诀直接选出正确答案。

(2)对征税对象的特征进行表述，需要进一步判断是否属于优惠项目，比如，水深超过300米的油气田，考查得比较细节。

(3)计算类问题，注意"减征"，而非"减按"。

## 第二节 计税依据和应纳税额的计算

### 考点六 计税依据和应纳税额的计算 ★★★ 一学多考|注

#### 一、从量定额征收的计税依据和应纳税额计算

**(一)计税依据**

从量定额征收的资源税的计税依据是应税产品的销售数量。

**提 示** 应税产品的销售数量=实际销售数量+自用于应当缴纳资源税情形的应税产品数量

**(二)应纳税额计算**

实行从量计征的，应纳税额按照应税产品的销售数量乘以具体适用税率计算。计算公式如下：

应纳税额=销售数量×单位税额

**【例题4·单选题】** 假设某矿泉水生产企业[①]2024年9月开发生产矿泉水6 900立方米，本月销售5 000立方米，办公室及职工食堂共用1 000立方米。该企业所在省政府规定，矿泉水实行从量计征资源税，资源税税率为5元/立方米。该企业2024年9月应缴纳资源税(        )元。

A. 30 000          B. 34 500          C. 0          D. 15 000

**解析** 该企业9月应缴纳资源税=5×(5 000+1 000)=30 000(元)。

① 本章题目中无特别说明企业的类型，均无须考虑"六税两费"减半优惠政策。

## 二、从价定率征收的计税依据和应纳税额计算

### (一)计税依据

**1. 一般规定**

从价计征资源税的计税依据为应税资源产品(以下称应税产品)的销售额。应税产品为矿产品的,包括原矿和选矿产品。

资源税应税产品的销售额,按照纳税人销售应税产品向购买方收取的<u>全部价款</u>确定,不包括增值税税款。

计入销售额中的<u>相关运杂费用</u> ,凡取得增值税发票或者其他合法有效<u>凭据</u>的,准予从销售额中扣除。

**2. 特殊规定**

纳税人申报的应税产品销售额明显偏低且无正当理由的,或者有自用应税产品行为而无销售额的,主管税务机关可以按下列方法和顺序确定其应税产品销售额:

(1)按纳税人最近时期同类产品的平均销售价格确定。

(2)按其他纳税人最近时期同类产品的平均销售价格确定。

(3)按后续加工非应税产品销售价格,减去后续加工环节的成本利润后确定。

(4)按应税产品组成计税价格确定。

$$组成计税价格 = \frac{成本 \times (1 + 成本利润率)}{1 - 资源税税率}$$

上述公式中的成本利润率由省、自治区、直辖市税务机关确定。

(5)按其他合理方法确定。

### (二)应纳税额计算

实行从价计征的,应纳税额按照应税产品的销售额乘以具体适用税率计算。计算公式:

应纳税额 = 销售额 × 适用税率

【**例题5·单选题**】某原油开采企业为一般纳税人,2024年3月开采原油17万吨,当月销售6万吨,取得不含税收入24 000万元,3万吨用于继续加工为成品油,1万吨用于加热,用2万吨原油与汽车生产企业换取一辆汽车,5万吨赠送长期合作伙伴。当月应纳资源税( )万元。

A. 1 680    B. 1 440    C. 2 400    D. 3 840

**解析** ↘ 应缴纳资源税 = 24 000 ÷ 6 × (6 + 3 + 2 + 5) × 6% = 3 840(万元)。

## 三、准予扣减外购应税产品的购进金额或购进数量的规定

(1)纳税人以外购原矿与自采原矿混合为原矿销售,或者以外购选矿产

> **知识点拨** 🔋
>
> 相关运杂费用指应税产品从坑口或者洗选(加工)地到车站、码头或者购买方指定地点的运输费用、建设基金以及随运销产生的装卸、仓储、港杂费用。

> **答案** ↘
> 例题5丨D

品与自产选矿产品混合为选矿产品销售的，在计算应税产品销售额或者销售数量时，直接扣减外购原矿或者外购选矿产品的购进金额或者购进数量，当期不足扣减的，可结转下期扣减。

**记忆口诀**

原+原→原，选+选→选，不变样直接减。

【**例题6·单选题**】某锡矿开采企业为增值税一般纳税人，2024年4月购进锡矿原矿取得增值税专用发票注明的金额10万元，将购进原矿与自采原矿混合成原矿，全部销售，取得不含税销售额50万元，该批自采原矿同类产品不含税销售额35万元。该业务应纳资源税（  ）万元。（锡矿原矿的资源税税率为5%）

A. 0.75      B. 2.5      C. 0.25      D. 2

**解析** 该业务应纳资源税＝（50－10）×5%＝2（万元）。

（2）纳税人以外购原矿与自采原矿混合洗选加工为选矿产品销售的，在计算应税产品销售额或者销售数量时，按照下列方法进行扣减（当期不足扣减的，可结转下期扣减）：

**记忆口诀**

原+原→选，变样了换算减。

准予扣减的外购应税产品购进金额（数量）＝外购原矿购进金额（数量）×（本地区原矿适用税率÷本地区选矿产品适用税率）

不能按照上述方法计算扣减的，按照主管税务机关确定的其他合理方法进行扣减。

**提示** 纳税人核算并扣减当期外购应税产品购进金额、购进数量，应当依据外购应税产品的增值税发票、海关进口增值税专用缴款书或者其他合法有效凭据。纳税人应当准确核算外购应税产品的购进金额或者购进数量，未准确核算的，一并计算缴纳资源税。

【**例题7·单选题**】（2021年）甲煤矿2024年3月销售原煤取得不含税销售额2 400万元；将自产的原煤与外购的原煤混合加工为选煤并在本月全部对外销售，取得不含税销售额1 520万元，外购该批原煤取得增值税专用发票注明金额800万元，税额104万元。甲煤矿所在地与外购原煤所在地原煤资源税税率均为7%，选煤资源税税率均为5%。甲煤矿本月应缴纳资源税（  ）万元。

A. 244      B. 204      C. 188      D. 218.4

**解析** 甲煤矿本月应缴纳资源税＝2 400×7%＋（1 520－800×7%÷5%）×5%＝188（万元）。

● **得分高手**（2021年单选；2022年多选）

本知识点各类题型均可能考查，通常与税收优惠结合来计算需要缴纳的资源税，同时需要关注资源税扣除的问题。

**答案**
例题6｜D
例题7｜C

## 第三节　征收管理

### 考点七 征收管理 ★　一学多考|注

资源税征收管理，见表6-4。

表6-4　资源税征收管理

| 项目 | 内容 |
|---|---|
| 纳税义务发生时间 | 纳税人销售应税产品，纳税义务发生时间为收讫销售款或者取得索取销售款凭据的当日。<br>自用应税产品的，纳税义务发生时间为移送应税产品的当日 |
| 纳税期限 | 资源税按月或者按季申报缴纳；不能按固定期限计算缴纳的，可以按次申报缴纳。<br>纳税人按月或者按季申报缴纳的，应当自月度或者季度终了之日起15日内，向税务机关办理纳税申报并缴纳税款。<br>按次申报缴纳的，应当自纳税义务发生之日起15日内，向税务机关办理纳税申报并缴纳税款 |
| 纳税地点 | 纳税人应当向应税矿产品开采地或者海盐生产地的税务机关申报缴纳资源税。<br>海上开采的原油和天然气资源税由海洋石油税务管理机构征收管理 |

## 第四节　水资源税及综合拓展

### 考点八 水资源税 调整《★　一学多考|注

#### 一、水资源税纳税义务人

在中华人民共和国领域直接取用地表水或者地下水的单位和个人，为水资源税纳税人。纳税人应当按照《水法》等规定申领取水许可证。

有下列情形之一的，不缴纳水资源税：

（1）农村集体经济组织及其成员从本集体经济组织的水塘、水库中取用水的。

（2）家庭生活和零星散养、圈养畜禽饮用等少量取用水的。

（3）水工程管理单位为配置或者调度水资源取水的。

（4）为保障矿井等地下工程施工安全和生产安全必须进行临时应急取用（排）水的。

（5）为消除对公共安全或者公共利益的危害临时应急取水的。

（6）为农业抗旱和维护生态与环境必须临时应急取水的。

知识点拨 征收水资源税的，停止征收水资源费。

287

## 二、水资源税征税对象

水资源税的征税对象为地表水和地下水②，不包括再生水、集蓄雨水、海水及海水淡化水、微咸水等非常规水。

**提示** 地热、矿泉水和天然卤水按照矿产品征收资源税，不适用于水资源税政策。

## 三、水资源税税额

### （一）一般原则

水资源税实行差别税额。各省、自治区、直辖市人民政府统筹考虑本地区水资源状况、经济社会发展水平和水资源节约保护要求，在规定的最低平均税额基础上，分类确定具体适用税额。

**提示** 除水力发电取用水外，水资源税的适用税额是指取水口所在地的适用税额。

### （二）水资源适用税额的确定

水资源适用税额，见表6-5。

<table>
<tr><td colspan="3" align="center">表6-5　水资源适用税额</td></tr>
<tr><td colspan="2" align="center">情形</td><td align="center">政策</td></tr>
<tr><td rowspan="4">取用地下水</td><td rowspan="4">从高</td><td>同一类型取用水，地下水税额要高于地表水</td></tr>
<tr><td>水资源严重短缺和超载地区取用水，从高确定税额</td></tr>
<tr><td>对未经批准擅自取用水、取用水量超过许可水量或者取水计划的部分，结合实际适当提高税额</td></tr>
<tr><td>特种③取用水，从高确定税额</td></tr>
<tr><td>从低</td><td>疏干排水中回收利用的部分④和水源热泵取用水，从低确定税额</td></tr>
<tr><td rowspan="2">水力发电</td><td>水力发电取用水适用税额</td><td>最高不得超过每千瓦时0.008元</td></tr>
<tr><td>跨省（自治区、直辖市）界河水电站水力发电取用水</td><td>按相关省份中较高一方的水资源税税额标准执行</td></tr>
</table>

**提示** ①纳税人取用水工程管理单位配置、调度的水资源，适用接入水工程管理单位的取水口所在地的税额标准。②纳税人取用水资源适用不同税额的，应当分别计量实际取用水量；未分别计量的，从高适用税额。

### 四、水资源税税收优惠

税收优惠，见表 6-6。

表 6-6　税收优惠 🔵

| 情形 | 优惠政策 |
|---|---|
| 规定限额内的农业生产取用水 ✦ | 免征 |
| 除接入城镇公共供水管网以外，军队、武警部队、国家综合性消防救援队伍通过其他方式取用水的 | |
| 抽水蓄能发电取用水 | |
| 采油(气)排水经分离净化后在封闭管道回注的 | |
| 受县级以上人民政府及有关部门委托进行国土绿化、地下水回灌、河湖生态补水等生态取用水 | |
| 工业用水前一年度用水效率达到国家用水定额先进值的纳税人。 **提示** 各省、自治区、直辖市水行政主管部门会同同级财政、税务等部门及时公布享受减征政策的纳税人名单 | 减征本年度 20% 的水资源税 |
| 超过规定限额的农业生产取用水 | 各省、自治区、直辖市人民政府可以根据实际情况，决定免征或者减征 |
| 主要供农村人口生活用水的集中式饮水工程取用水 | |
| 财政部、税务总局规定的其他免征或者减征水资源税情形 | |

**提示** 纳税人的免税、减税项目，应当单独核算实际取用水量；未单独核算或者不能准确提供实际取用水量的，不予免税和减税。

### 五、水资源税计税依据及应纳税额的计算

1. 水资源税实行从量计征

水资源税实行从量计征，除另有规定的情形外，应纳税额＝实际取用水量×适用税额

2. 另有规定的水资源税应纳税额的计算

应纳税额的计算，见表 6-7。

🔵**记忆口诀**

农武军消抽回注，县级绿回保生态。工业先进打八折，农村超限省减免。

💡**知识点拨** ✦

指种植业、畜牧业、水产养殖业、林业等取用水。

## 表6-7 应纳税额的计算

| 情形 | 计税依据 | 计算公式 |
|------|---------|---------|
| 城镇公共供水企业 | 考虑合理漏损率  | 应纳税额＝实际取用水量×（1－公共供水管网合理漏损率）×适用税额<br>**提示** 城镇公共供水企业缴纳的水资源税在终端水价中单列的部分，可在增值税计税依据中扣除，按照"不征增值税自来水"项目开具普通发票，在税率栏选择"不征税"，税额栏显示为"＊＊＊" |
| 疏干排水  | 排水量 | 应纳税额＝排水量×适用税额 |
| 火力发电冷却取用水 | 可以按照实际发电量或者实际取用（耗）水量计征水资源税  | 应纳税额＝实际发电量×适用税额<br>或：应纳税额＝实际取用（耗）水量×适用税额 |
| 除火力发电冷却取用水外，冷却取用水 | 实际取用（耗）水量 | 应纳税额＝实际取用（耗）水量×适用税额 |
| 水力发电取用水 | 实际发电量 | 应纳税额＝实际发电量×适用税额<br>**提示** 实际发电量以所有发电机组的发电计量之和确定，包括上网电量、综合厂用电量、运输损失电量等 |

## 六、水资源税征收管理

征收管理，见表6-8。

### 表6-8 征收管理

| 项目 | 政策 |
|------|------|
| 纳税义务发生时间 | 纳税人取用水资源的当日。<br>**提示** 未经批准取用水资源的，水资源税的纳税义务发生时间为水行政主管部门认定的纳税人实际取用水资源的当日 |
| 纳税期限 | 水资源税按月或者按季申报缴纳，由主管税务机关根据实际情况确定<br>不能按固定期限计算缴纳的，可以按次申报缴纳<br>对超过规定限额的农业生产取用水，可以按年申报缴纳<br>自纳税期满或者纳税义务发生之日起15日内申报并缴纳税款。<br>按年申报缴纳的，应当自年度终了之日起5个月内，向税务机关办理纳税申报并缴纳税款 |

（续表）

| 项目 | 政策 |
|---|---|
| 纳税地点 | 除跨省(自治区、直辖市)水力发电取用水外,纳税人应当向<u>取水口所在地</u>的税务机关申报缴纳水资源税。<br>**提示1** 水资源税收入全部归属地方,纳入一般公共预算管理。<br>**提示2** 各省、自治区、直辖市行政区域内纳税地点确需调整的,由省级财政、税务、水行政主管部门确定。<br>**提示3** 跨省(自治区、直辖市)水力发电取用水纳税人应当按照规定的分配比例,分别向相关省份主管税务机关申报缴纳水资源税 |
| 协作征税 | 水行政主管部门:将水资源管理相关信息,定期送交税务机关 |
| | 税务机关:将纳税人申报信息与水行政主管部门送交的信息进行分析比对 |

【例题8·单选题】水资源税试点地区发生下列取水行为,应缴纳水资源税的是(　　)。

A. 火力发电冷却取用水

B. 某企业取用开发矿泉水

C. 农村集体经济组织从本集体经济组织的水库中取用水

D. 抽水蓄能发电取用水

**解析** ↘ 选项B,缴纳矿产资源税,不缴纳水资源税。选项C,不缴纳水资源税。选项D,免征水资源税。

【例题9·多选题】(2024年)关于水资源税的说法,正确的有(　　)。

A. 家庭生活少量取用水,不缴纳水资源税

B. 高尔夫球场取用水,从高计算税额

C. 跨省调度水资源,由调出区域所在地税务机关征收水资源税

D. 水源热泵取用水,免征水资源税

E. 纳税义务发生时间为纳税人取用水资源当日

**解析** ↘ 选项C,跨省调度水资源,由调入区域所在地的税务机关征收水资源税。选项D,对疏干排水中回收利用的部分和水源热泵取用水,从低确定税额。

**答案** ↘
例题8 | A
例题9 | ABE

# 同步训练

DATE /

扫我做试题

## 考点一 资源税的概念；考点二 纳税义务人

(多选题)资源税的纳税义务人包括(　　)。

A．在中国境内开采并销售海盐的个人

B．在中国境内生产销售天然气的中外合作企业

C．在境外开采自用应税矿产资源的盐场

D．出口国内开采应税矿产资源的国有企业

E．进口应税矿产资源的外商投资企业

## 考点三 税目；考点四 税率

1．（单选题·2023年）下列油品属于资源税征收范围的是（　　）。

A．高凝油                    B．溶剂油

C．燃料油                    D．石脑油

2．（单选题·2020年）关于资源税税率，下列说法正确的是（　　）。

A．有色金属选矿一律实行幅度比例税率

B．开采不同应税产品的，未分别核算或不能准确提供不同应税产品的销售额或销售数量的，从高适用税率

C．原油和天然气税目不同，适用税率也不同

D．具体适用税率由省级人民政府提出，报全国人民代表大会常务委员会决定

3．（单选题·2022年）关于资源税计税方式，下列说法正确的是（　　）。

A．计征方式分为从价计征、从量计征和复合计征三种

B．资源税的税率形式有统一比例税率、幅度比例税率与幅度定额税率

C．可选择实行从价计征或从量计征的，具体计征方式由省级税务机关确定

D．由纳税人自行选择资源税计税方式

4．（多选题·2020年）下列属于资源税征税对象的有（　　）。

A．钨矿原矿                  B．海盐

C．钼矿原矿                  D．锰矿原矿

E．人造石油

5．（多选题·2023年）关于资源税征税对象和适用税率，下列说法正确的有（　　）。

A．纳税人以自采原矿通过切割形成产品销售的，按原矿计征资源税

B．纳税人开采同一税目下适用不同税率应税产品，不能提供不同税率应税产品销售额或销售数量的，按照不同税率应税产品的产量比确定适用税率

C．纳税人将应税选矿产品用于赠送的，按照选矿产品计征资源税

D．纳税人自采原矿移送切割生产矿产品，在移送环节按照原矿计征资源税

E．纳税人以自采原矿直接销售的，按原矿计征资源税

6．（多选题）资源税税目税率表中，同时适用幅度比例税率或幅度定额税率，具体适用税率由省、自治区、直辖市人民政府提出，报同级人民代表大会常务委员会决定后在该省执行的有（　　）。

A．其他粘土                  B．中重稀土

C．天然卤水                  D．天然沥青

E．混合芳烃

7. (多选题)资源税税目税率表中,适用全国统一比例税率的有( )。

A. 铜原矿
B. 钨选矿
C. 金选矿
D. 铁原矿
E. 钼选矿

## 考点五 税收优惠

1. (多选题·2019年)关于增值税一般纳税人资源税优惠政策,下列说法正确的有( )。

A. 对从低丰度油气田开采的原油、天然气减征30%的资源税

B. 煤炭开采企业因安全生产需要抽采的煤成(层)气免征资源税

C. 对高含硫天然气资源税减征40%的资源税

D. 纳税人开采或者生产应税产品过程中,因意外事故或者自然灾害等原因遭受重大损失的,可由省、自治区、直辖市决定免征或者减征资源税

E. 从衰竭期矿山开采的矿产品减征40%的资源税

2. (多选题)根据资源税法规定,下列由省级人民政府决定减免税情形的有( )。

A. 天然气企业开采自用天然气
B. 铜矿业开采低品位矿
C. 铁矿业开采共伴生矿
D. 盐业企业生产无碘海盐
E. 矿区遭受自然灾害造成重大损失

## 考点六 计税依据和应纳税额的计算

1. (单选题·2019年)下列关于资源税的表述中,正确的是( )。

A. 将自采的原油连续生产汽油,不缴纳资源税

B. 将自采的铁原矿加工为铁选矿,视同销售铁原矿缴纳资源税

C. 将自采的原煤加工为洗选煤销售,在加工环节缴纳资源税

D. 将自采的铜原矿加工为铜选矿进行投资,视同销售铜选矿缴纳资源税

2. (单选题·2022年)下列关于资源税计税依据的说法,正确的是( )。

A. 计税销售额是向购买方收取的全部价款、价外费用和相关其他费用

B. 计税销售额不包括增值税税款

C. 按后续加工非应税产品销售价格确定计税销售额时,减去开采环节的利润后确定

D. 按组成计税价格确定,组成计税价格不包含资源税

3. (单选题·2019年)某钨矿企业为增值税一般纳税人,2024年8月开采钨矿原矿15万吨。该企业将10万吨钨矿原矿加工为钨矿选矿5万吨。其中,销售钨矿选矿3万吨,取得不含税销售额42万元;用于对外投资钨矿选矿2万吨。钨矿选矿资源税税率为6.5%。该企业当月应缴纳资源税( )万元。

A. 2.73
B. 13.65
C. 9.1
D. 4.55

4. (单选题)2024年3月,某原油开采企业(增值税一般纳税人,小型微利企业)销售原油取得不含税销售额356万元,开采过程中加热使用原油1吨,用10吨原油与汽车生产企业换取1辆汽车。原油销售不含税平均价格0.38万元/吨,最高价格

0.40万元/吨。原油资源税税率6%。该企业当月应缴纳资源税（　　）万元。

    A. 18.56　　　　　　B. 10.79　　　　　　C. 21.39　　　　　　D. 21.36

5. （单选题·2021年）下列关于准予扣减外购应税资源产品已纳从价定率征收的资源税，说法正确的是（　　）。

    A. 纳税人以外购原矿与自采原矿混合为原矿销售的，未准确核算外购应税产品购进金额的，由主管税务机关根据具体情况核定扣减

    B. 纳税人以外购原矿与自采原矿混合为原矿销售的，以扣减外购原矿购进金额后的余额确定计税依据，当期不足扣减的，可以结转下期扣减

    C. 纳税人以外购原矿与自采原矿混合加工为选矿产品销售的，以扣减外购原矿购进金额后的余额确定计税依据，当期不足扣减的，可结转下期扣减

    D. 纳税人以外购原矿与自采原矿混合加工为选矿产品销售的，以扣减外购原矿购进金额后的余额确定计税依据，当期不足扣减的，不得结转下期扣减

6. （单选题·2023年）甲煤矿（一般纳税人）2024年3月销售自采与外购原煤混合的原煤，取得不含税销售额180万元。其中，从坑口到车站站场的运输费用8万元、装卸费2万元（取得符合规定的发票）。上月未抵减的外购原煤不含税购进额50万元。该地区原煤资源税税率3%。甲煤矿本月应缴纳资源税（　　）万元。

    A. 5.1　　　　　　B. 3.6　　　　　　C. 3.9　　　　　　D. 5.4

7. （多选题·2022年）计入销售额的相关运杂费用，凡取得合法有效凭证的，在计算应纳资源税时准予扣除的有（　　）。

    A. 应税产品从坑口到码头的港杂费用

    B. 应税产品从批发地到车站的装卸费用

    C. 应税产品从洗选地到码头发生的运费

    D. 应税产品从坑口到购买方指运地产生的仓储费用

    E. 应税产品从坑口到销售地的运费

## 考点七　征收管理

（多选题）下列关于资源税征收管理的表述中，错误的有（　　）。

    A. 海上开采的原油和天然气资源税由海洋石油税务管理机构征收管理

    B. 自用应税产品的，纳税义务发生时间为移送应税产品的当日

    C. 资源税按月申报缴纳，不能按季申报缴纳

    D. 不能按固定期限计算缴纳的，可以按次申报缴纳资源税

    E. 按次申报缴纳的，应自月度终了之日起15日内向税务机关申报纳税

## 考点八　水资源税

1. （多选题）下列各项中，不属于水资源税征税范围的有（　　）。

    A. 某温泉度假村取采的地热　　　　　　B. 家庭生活少量取用水

    C. 水力发电取用水　　　　　　D. 城市消防车直接从海洋取用水

    E. 某缺水地区使用海水淡化水作为生活补充水源

2. （多选题）关于水资源税，下列说法正确的有（　　）。

A. 火力发电冷却取用水按实际取水量征收水资源税

B. 水资源税实行从量计征

C. 取用污水处理再生水，免征水资源税

D. 工业用水前1年度用水效率达到国家用水定额先进值的纳税人，减征本年度20%水资源税

E. 超过规定限额的农业生产取用水，从低确定税额

3.（单选题）乙矿山（一般纳税人）从页岩层中开采天然气20万立方米，销售19.5万立方米，双方约定不含增值税销售额19.5万元，其他0.5万立方米用于职工食堂，开采过程中疏干排水1万立方米。天然气税率为6%，该企业水资源税地表水为每立方米1元，地下水为每立方米3元，乙矿山当期应纳资源税（含水资源税）（　　）万元。

A. 3.84　　　　　B. 4.17　　　　　C. 4.20　　　　　D. 1.84

4.（多选题）下列关于水资源税，说法正确的有（　　）。

A. 对超过规定限额的农业生产取用水水资源税可按年征收

B. 纳税义务发生时间为纳税人取用水资源的当日

C. 除跨省（区、市）水力发电取用水外，向取水地的税务机关申报缴纳

D. 需要跨省（区、市）调度水资源的，要在调出区域所在地报税

E. 跨省（区、市）水力发电取用水，水资源税在相关省份之间按比例分配

**综合拓展**

1.（计算题·2023年）某锡矿开采企业为增值税一般纳税人（非小型微利企业），2024年3月发生如下业务：

（1）销售自采锡矿原矿3 000吨，取得不含税金额6 000万元；将自产锡矿原矿5 000吨用于加工选矿4 500吨，当月销售选矿4 000吨，取得不含税销售额12 000万元。

（2）外购锡矿原矿，取得增值税专用发票上注明金额1 800万元，将其与自采的锡矿原矿混合并销售，取得不含税销售额4 900万元。

（3）外购锡矿原矿，取得增值税专用发票上注明金额3 000万元，将其与自采锡矿原矿加工成选矿出售，取得不含税金额8 500万元。

（4）外购锡矿选矿，取得增值税专用发票上注明金额3 500万元，将其与自产锡矿选矿混合并出售，取得不含税销售额7 200万元。

（5）开采锡矿过程中伴采锌矿原矿用于抵偿甲企业货款，该批锌矿原矿开采成本为280万元，无同类产品销售价格。

已知：当地省级政府规定锡矿原矿和选矿资源税税率分别为5%和4.5%，锌矿原矿资源税税率6%、成本利润率为10%。

要求：根据上述资料，回答下列问题。

（1）业务（1）应纳资源税（　　）万元。

A. 800　　　　　B. 840　　　　　C. 1 080　　　　　D. 607.5

（2）业务（2）应纳资源税（　　）万元。

A. 139.5　　　　　　B. 155　　　　　　C. 335　　　　　　D. 245

（3）业务（3）应纳资源税（　　）万元。

A. 247.5　　　　　　B. 261　　　　　　C. 232.5　　　　　　D. 382.5

（4）该企业当月应纳资源税（　　）万元。

A. 1 515.48　　　　B. 1 566　　　　　C. 1 413.66　　　　D. 1 568.11

2. （综合分析题）某油田为增值税一般纳税人（非小型微利企业），总部在甲省 A 地，下设三个分公司分别是甲省 A 市 A 炼油厂、甲省 B 市 B 炼油田、乙省 C 油田。B 油田是水深 460 米的油气田，C 油田是专门生产高凝油的油田。该油田 2024 年 2 月发生如下业务：

（1）A 炼油厂当月从农民手中收购玉米，开具的农产品收购发票上注明买价 500 万元，从小规模纳税人手中购入玉米，取得 3% 征收率的增值税专用发票注明金额 600 万元，并用当月从农民手中收购玉米的 80% 和从小规模纳税人手中购入玉米的 60% 生产生物柴油。

（2）A 炼油厂本月销售用废弃的植物油生产的生物柴油 700 吨，取得不含税销售额 980 万元，该生物柴油生产原料中的废弃植物油占比为 80%，符合《柴油机燃料调合用生物柴油（BD100）》标准。

（3）A 炼油厂销售自产的甲醇汽油 50 吨，取得不含税销售额 60 万元，A 炼油厂将自产的甲醇汽油 12 吨移送用于 B 油田的运输车辆。

（4）B 油田开采原油 2 000 吨，销售 1 200 吨，开具增值税专用发票注明金额 1 320 万元。B 油田采油过程中加热使用自采原油 3 吨，B 油田将自产原油 800 吨移送 A 炼油厂用于加工生产成品油。

（5）C 油田开采原油 2 800 吨，销售 2 000 吨取得不含税销售额 2 000 万元，将 500 吨自产原油用于乙企业投资。

已知：原油资源税税率 6%，汽油 1 吨 = 1 388 升，柴油 1 吨 = 1 176 升，甲醇汽油消费税税率为 1.52 元/升，柴油消费税税率为 1.20 元/升。

要求：根据上述资料，回答下列问题。

（1）关于 A 炼油厂上述业务的税务处理，下列说法正确的有（　　）。

A. 将自产的甲醇汽油移送用于 B 油田的运输车辆，属于消费税视同销售

B. 将自产的甲醇汽油移送用于 B 油田的运输车辆，属于增值税视同销售

C. 销售用废弃植物油生产的生物柴油免征增值税

D. 销售用废弃植物油生产的生物柴油免征消费税

E. 销售甲醇汽油免征消费税

（2）A 炼油厂当月应缴纳消费税（　　）万元。

A. 109.33　　　　　B. 13.08　　　　　C. 111.86　　　　　D. 10.55

（3）A 炼油厂当月准予从销项税额中抵扣的进项税额为（　　）万元。

A. 63　　　　　　　B. 68　　　　　　　C. 106.6　　　　　　D. 110

（4）A 炼油厂当月享受即征即退之前应缴纳增值税（　　）万元。

A. 36.2　　　　　B. 38.07　　　　　C. 30.47　　　　　D. 28.6

（5）B油田当月应缴纳资源税（　　）万元。

A. 92.4　　　　　B. 55.44　　　　　C. 79.4　　　　　D. 79.2

（6）C油田当月应缴纳资源税（　　）万元。

A. 132　　　　　B. 79.2　　　　　C. 90　　　　　D. 165

3. （综合分析题·2024年）位于A地的甲矿业开采公司为增值税一般纳税人，A地设计开采年限为30年，相关开采信息如下表。

| 开采许可证注明的<br>开采起始日期 | 设计可开采量<br>（万吨） | 已开采量<br>（万吨） | 剩余可开采量<br>（万吨） |
| --- | --- | --- | --- |
| 2000年7月 | 600 | 500 | 100 |

甲公司2024年11月发生的经营业务如下：

（1）购进采掘设备1台，取得增值税专用发票上注明价款300 000元，税额39 000元。购进设备修理零部件一批，取得增值税专用发票上注明价款100 000元，税额13 000元。

（2）开采粘土原矿10 000吨，当月销售3 000吨，开具增值税专用发票上注明金额1 880 000元（含从坑口到购买方指定码头的运费80 000元，取得增值税普通发票），粘土原矿已发出，款项已收讫。

（3）自B地乙矿业企业购买粘土原矿600吨，取得增值税专用发票上注明的金额300 000元，税额39 000元。与自采粘土原矿200吨混合加工成粘土原矿800吨，当月全部销售，取得不含税销售额420 000元。

（4）以自采粘土原矿400吨偿付某企业所欠货款，取得增值税专用发票注明的价款240 000元，税额31 200元。

（5）当月出口自产水泥配料用粘土2 000吨，离岸价1 500元/吨。

（6）向乙企业销售自用的配有固定装置的非运输专用作业车，取得含税销售收入30 900元，已开具增值税专用发票。该车辆为2020年8月购入且用于职工福利项目，不含税购置价款160 000元，未抵扣进项税额，属于免税范围未缴纳车辆购置税。乙企业购入后将其改装为运输车辆。

已知：上期增值税留抵税额为324 807元，A地粘土原矿和水泥配料用粘土的资源税税率分别为3%和4%，水泥配料用粘土的增值税出口退税率为13%，取得的合法抵扣凭证已在当期申报抵扣。

要求：根据上述资料，回答下列问题。

（1）甲公司出口水泥配料用粘土应退增值税（　　）元。

A. 390 000　　　B. 116 807　　　C. 273 193　　　D. 115 907

（2）甲公司当月出口水泥配料用粘土应缴纳资源税（　　）元。

A. 90 000　　　B. 84 000　　　C. 0　　　　　D. 120 000

（3）业务（3）甲公司应当申报缴纳资源税（　　）元。

A. 5 760　　　　B. 4 800　　　　C. 2 520　　　　D. 3 600

（4）甲公司当月应当申报缴纳资源税（　　）元。

A. 129 360　　　　　B. 151 200　　　　　C. 187 200　　　　　D. 113 400

（5）乙企业应缴纳车辆购置税（　　）元。

A. 16 000　　　　　B. 1 800　　　　　C. 9 600　　　　　D. 3 000

（6）下列关于甲公司税务处理的表述，正确的有（　　）。

A. 当期出口水泥配料用粘土增值税免抵税额为 273 193 元

B. 水泥配料用粘土出口环节不退资源税

C. 已办理免税手续的车辆因转让不再属于免税范围的，受让人为车辆购置税纳税人

D. 销售粘土同时收取的从坑口到购买方指定码头的运费，应同时计算缴纳增值税和资源税

E. 甲公司转让已使用的车辆应缴纳增值税 600 元

## ●● 参考答案及解析

### 考点一　资源税的概念；考点二　纳税义务人

ABD　【解析】在中华人民共和国领域和中华人民共和国管辖的其他海域开发应税资源的单位和个人，为资源税的纳税人，进口环节不征收资源税。

### 考点三　税目；考点四　税率

1. A　【解析】选项 A，高凝油属于资源税的征税范围。选项 B、C、D，溶剂油、燃料油、石脑油属于消费税征税范围。

2. B　【解析】选项 A，有色金属中的钨、钼、中重稀土选矿采用固定比例税率，其他的选矿适用幅度比例税率。选项 C，原油和天然气都属于能源矿产税目，适用税率都为 6%。选项 D，《资源税税目税率表》中规定实行幅度税率的，其具体适用税率由省、自治区、直辖市人民政府统筹考虑该应税资源的品位、开采条件以及对生态环境的影响等情况，在《资源税税目税率表》规定的税率幅度内提出，报同级人民代表大会常务委员会决定，并报全国人民代表大会常务委员会和国务院备案。

3. B　【解析】选项 A，资源税实行从价计征或者从量计征。选项 B，资源税税率形式有比例税率和定额税率两种。选项 C、D，可以选择实行从价计征或者从量计征的，具体计征方式由省、自治区、直辖市人民政府提出，报同级人民代表大会常务委员会决定，并报全国人民代表大会常务委员会和国务院备案。

4. BD　【解析】选项 A，钨矿资源税征税对象为钨矿选矿。选项 C，钼矿资源税征税对象为钼矿选矿。选项 E，人造石油不属于资源税征税范围。

5. CE　【解析】选项 A，纳税人以自采原矿通过切割形成产品销售的，按选矿计征资源税。选项 B，纳税人开采或者生产同一税目下适用不同税率应税产品的，应当分别核算不同税率应税产品的销售额或者销售数量；未分别核算或者不能准确提供不同税率应税产品的销售额或者销售数量的，从高适用税率。选项 D，纳税人自采原

矿移送切割生产矿产品，在移送环节不征收资源税。

6. AC 【解析】选项 B，中重稀土属有色金属，按选矿征税，全国统一比例税率 20%。选项 D，天然沥青属能源矿产，按原矿或选矿征税，幅度比例税率 1%～4%。选项 E，混合芳烃属于消费税应税消费品，按石脑油征收消费税。

7. BE 【解析】税率为全国统一的有：原油，天然气、页岩气、天然气水合物，铀，钍，钨，钼，中重稀土。

## 考点五 税收优惠

1. BD 【解析】选项 A，对从低丰度油气田开采的原油、天然气资源税减征 20%。选项 C，对高含硫天然气资源税减征 30%。选项 E，从衰竭期矿山开采的矿产品资源税减征 30%。

2. BCE 【解析】有下列情形之一的，省、自治区、直辖市可以决定免征或者减征资源税：①纳税人开采或者生产应税产品过程中，因意外事故或者自然灾害等原因遭受重大损失的；②纳税人开采共伴生矿、低品位矿、尾矿。上述两项的免征或者减征的具体办法，由省、自治区、直辖市人民政府提出，报同级人民代表大会常务委员会决定，并报全国人民代表大会常务委员会和国务院备案。

## 考点六 计税依据和应纳税额的计算

1. D 【解析】选项 A，属于将开采的应税产品用于生产非应税产品，移送环节缴纳资源税。选项 B，自采原矿洗选加工为选矿产品销售或将选矿产品自用于应纳资源税情形的，按照选矿产品计征资源税，在原矿移送环节不缴纳资源税。选项 C，纳税人以自采原矿洗选加工为选矿产品销售，在原矿移送加工环节不缴纳资源税，选矿产品销售时缴纳资源税。

2. B 【解析】选项 A，资源税应税产品的销售额，按照纳税人销售应税产品向购买方收取的全部价款确定，不包括增值税税款。选项 C，按后续加工非应税产品销售价格，减去后续加工环节的成本利润后确定。选项 D，资源税是价内税，组成计税价格中是包含资源税的。组成计税价格 = 成本×(1+成本利润率)÷(1-资源税税率)。

3. D 【解析】纳税人以应税产品用于非货币性资产交换、捐赠、偿债、赞助、集资、投资、广告、样品、职工福利、利润分配或者连续生产非应税产品等应计征资源税。该企业当月应缴纳资源税 = 42÷3×(3+2)×6.5% = 4.55(万元)。

4. B 【解析】开采原油以及在油田范围内运输原油过程中用于加热的原油、天然气免征资源税。将自产原油换取汽车，按同类不含税销售价格计算资源税。自 2023 年 1 月 1 日至 2027 年 12 月 31 日，对增值税小规模纳税人、小型微利企业和个体工商户减半征收资源税(不含水资源税)、城市维护建设税、房产税、城镇土地使用税、印花税(不含证券交易印花税)、耕地占用税和教育费附加、地方教育附加。应缴纳资源税 = (356+0.38×10)×6%×50% = 10.79(万元)。

5. B 【解析】选项 A，纳税人应当准确核算外购应税产品的购进金额或者购进数量，未准确核算的，一并计算缴纳资源税。选项 C、D，纳税人以外购原矿与自采原矿混合洗选加工为选矿产品销售的，在计算应税产品销售额时，按照下列方法进行扣

减：准予扣减的外购应税产品购进金额（数量）＝外购原矿购进金额（数量）×（本地区原矿适用税率÷本地区选矿产品适用税率）。

6. B 【解析】甲煤矿本月应缴纳资源税＝（180－8－2－50）×3％＝3.6（万元）。

7. ACDE 【解析】计入销售额中的相关运杂费用，凡取得增值税发票或者其他合法有效凭据的，准予从销售额中扣除。相关运杂费用，是指应税产品从坑口或者洗选（加工）地到车站、码头或者购买方指定地点的运输费用、建设基金以及随运销产生的装卸、仓储、港杂费用。

### 考点七 征收管理

CE 【解析】选项 C，资源税按月或者按季申报缴纳，不能按固定期限计算缴纳的，可以按次申报缴纳资源税。选项 E，按次申报缴纳的，应自纳税义务发生之日起 15 日内向税务机关办理纳税申报并缴纳税款。

### 考点八 水资源税

1. ABDE 【解析】选项 A，地热按矿产品征收资源税，不缴纳水资源税。选项 B，家庭生活和零星散养、圈养畜禽饮用等少量取用水的，不缴纳水资源税。选项 D，水资源税征税范围不包括海水。选项 E，海水淡化水，不缴纳水资源税。

2. BD 【解析】选项 A，火力发电冷却取用水可以按照实际发电量或者实际取用（耗）水量计征水资源税。选项 C，再生水，不属于水资源税征税范围，不缴纳水资源税。选项 E，超过规定限额的农业生产取用水各省、自治区、直辖市人民政府可以根据实际情况，决定免征或者减征。

3. A 【解析】为促进页岩气开发利用，有效增加天然气供给，在 2027 年 12 月 31 日之前，对页岩气资源税按 6％的规定税率减征 30％。应缴纳的天然气资源税＝19.5÷19.5×20×6％×（1－30％）＝0.84（万元）。疏干排水（在采矿和工程建设过程中破坏地下水层、发生地下涌水的活动）的实际取用水量按照排水量确定。应缴纳的水资源税＝1×3＝3（万元）。

   乙矿山当期应纳资源税（含水资源税）＝0.84＋3＝3.84（万元）。

4. ABCE 【解析】选项 D，需要跨省（区、市）调度水资源的，要在调入区域所在地报税。

### 综合拓展

1. （1）B 【解析】业务（1）应纳资源税＝6 000×5％＋12 000×4.5％＝840（万元）。

   （2）B 【解析】业务（2）应纳资源税＝（4 900－1 800）×5％＝155（万元）。

   （3）C 【解析】业务（3）应纳资源税＝（8 500－3 000×5％÷4.5％）×4.5％＝232.5（万元）。

   （4）C 【解析】业务（4）应纳资源税＝（7 200－3 500）×4.5％＝166.5（万元）。

   业务（5）应纳资源税＝280×（1＋10％）÷（1－6％）×6％＝19.66（万元）。

   资源税组成计税价格＝成本×（1＋成本利润率）÷（1－资源税税率）。

   合计应纳资源税＝840＋155＋232.5＋166.5＋19.66＝1 413.66（万元）。

2. （1）AD 【解析】选项 B，将自产的货物移送用于生产经营，增值税不视同销售。

注意该业务虽然是将货物从一个机构跨县市移送其他机构，但并不是用于销售的。选项 C，销售用废弃植物油生产的生物柴油，可享受增值税即征即退政策。选项 E，甲醇汽油属于消费税征税范围，应按规定征收消费税，不适用免征消费税政策。

（2）B 【解析】A 炼油厂销售用废弃的植物油生产的生物柴油，免征消费税。成品油从量计征消费税，业务（3）应缴纳的消费税 =（50＋12）×1 388×1.52÷10 000＝13.08（万元）。

（3）C 【解析】纳税人购进用于生产或者委托加工 13% 税率货物的农产品，按照 10% 的扣除率计算可抵扣进项税额。其中，9% 是入库时凭票据实抵扣或凭票计算抵扣进项税额，1% 是在生产领用农产品当期加计抵扣进项税额。

从农民手中收购的玉米计算抵扣的进项税额 =500×20%×9%＋500×80%×10%＝49（万元）。

从小规模纳税人购入的玉米计算抵扣的进项税额 =600×40%×9%＋600×60%×10%＝57.6（万元）。

A 炼油厂当月准予从销项税额中抵扣的进项税额合计 =49＋57.6＝106.6（万元）。

（4）D 【解析】A 炼油厂业务（2）销项税额 =980×13%＝127.4（万元）。

业务（3）销项税额 =60×13%＝7.8（万元）。

当月享受即征即退之前应缴纳增值税 =127.4＋7.8－106.6＝28.6（万元）。

提示 废弃动物油和植物油为原料加工的生物柴油（产品原料 70% 以上来自所列示资源），可享受增值税即征即退政策，退税比例为 70%。

（5）A 【解析】B 油田采油过程中加热使用自采原油，免征资源税。

B 油田是水深 460 米的油气田，为深水油气田，从深水油气田开采的原油减征 30% 资源税。

B 油田当月应缴纳的资源税 =1 320÷1 200×（1 200＋800）×6%×（1－30%）＝92.4（万元）。

（6）C 【解析】C 油田是专门生产高凝油的油田，高凝油减征 40% 资源税。

C 油田当月应缴纳资源税 =2 000÷2 000×（2 000＋500）×6%×（1－40%）＝90（万元）。

3.（1）B 【解析】当期一般计税方法应纳增值税 =1 880 000×13%＋420 000×13%＋240 000×13%－（39 000＋13 000＋39 000＋31 200）－324 807＝－116 807（元）。

当期免抵退税额 =1 500×2 000×13%＝390 000（元）。

当期应退税额为 116 807 元，免抵税额 =390 000－116 807＝273 193（元）。

（2）B 【解析】出口应纳资源税 =1 500×2 000×4%×（1－30%）＝84 000（元）。

（3）C 【解析】应纳资源税 =（420 000－300 000）×3%×（1－30%）＝2 520（元）。

提示 衰竭期矿山是指设计开采年限超过 15 年，且剩余可采储量下降到原设计可开采储量的 20% 以下或者剩余开采年限不超过 5 年的矿山。从衰竭期矿山开采的矿产品，减征 30% 资源税。

（4）A 【解析】业务（2）应纳资源税 =（1 880 000－80 000）×3%×（1－30%）＝37 800（元）。

业务（4）应纳资源税 =240 000×3%×（1－30%）＝5 040（元）。

当月应纳资源税＝37 800+2 520+5 040+84 000＝129 360（元）。

（5）C 【解析】应纳税额＝初次办理纳税申报时确定的计税价格×（1－使用年限×10%）×10%＝160 000×（1－4×10%）×10%＝9 600（元）。

（6）ABC 【解析】选项C，发生转让行为的，受让人为车辆购置税纳税人；未发生转让行为的，车辆所有人为车辆购置税纳税人。选项D，销售粘土同时收取的从坑口到购买方指定码头的运费取得了增值税普通发票，不作为资源税的计税依据。选项E，一般纳税人销售自己使用过的不得抵扣且未抵扣进项的固定资产，已开具增值税专用发票，说明放弃了3%减按2%的减税优惠，按照3%征收增值税。应缴纳增值税＝30 900÷（1+3%）×3%＝900（元）。

 亲爱的读者，你已完成本章8个考点的学习，本书知识点的学习进度已达68%。

# 第七章　车辆购置税

重要程度：非重点章节　　分值：8分左右

## 考试风向

### ▟/// 考情速递

车辆购置税是个小税种，属于非重点章节。计算简单，理解也较简单，以单选题、多选题考查为主。近年也会在综合分析题里出现，经常和增值税、消费税同步考查。

### ▟/// 2025年考试变化

本章内容无实质性变化。

### ▟/// 脉络梳理

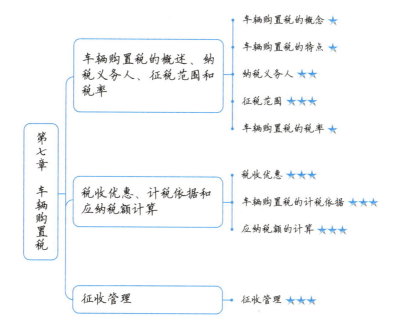

# 考点详解及精选例题

• • •

## 第一节 车辆购置税的概述、纳税义务人、征税范围和税率

### 考点一 车辆购置税的概念 ★

车辆购置税是以在中国境内购置的汽车、有轨电车、汽车挂车、排气量超过150毫升的摩托车为课税对象，在特定的环节向车辆购置者征收的一种税。

### 考点二 车辆购置税的特点 ★

车辆购置税的特点，见表7-1。

表7-1 车辆购置税的特点

| 特点 | 细节 |
|------|------|
| 征税范围有限 | 以购置的特定车辆为课税对象，征税范围窄，是一种行为税 |
| 征税环节单一 | 实行一次性课征制，在消费领域中的特定环节一次征收，购置已征车辆购置税的车辆，不再重复征收 |
| 征税目的特定 | 属于中央税，取之于应税车辆，用之于交通建设，征收具有专门用途 |
| 采取价外征收 | 征收车辆购置税的计税价格中既不含增值税税额也不含车辆购置税税额，车辆购置税是附加在价格之外的 |

### 考点三 纳税义务人 ★★ 一学多考|注

《车辆购置税法》规定的纳税人，是在中华人民共和国境内购置汽车、有轨电车、汽车挂车、排气量超过150毫升的摩托车的单位和个人。

**知识点拨**

单位，是指企业、行政单位、事业单位、军事单位、社会团体和其他单位；个人，是指个体工商户和自然人。

### 考点四 征税范围 ★★★ 一学多考|注

车辆购置税的应税车辆包括汽车、有轨电车、汽车挂车、排气量超过150毫升的摩托车。

**提示** 地铁、轻轨等城市轨道交通车辆，装载机、平地机、挖掘机、推土机等轮式专用机械车，以及起重机(吊车)、叉车、电动摩托车，不属于应税车辆。

车辆购置税征税范围，见表7-2。

表7-2 车辆购置税征税范围

| 情形 | 具体内容 |
|------|----------|
| 购买自用 | 包括购买自用国产应税车辆和购买自用进口应税车辆 |

（续表）

| 情形 | 具体内容 |
|------|----------|
| 进口自用 | 直接进口或者委托代理进口自用应税车辆的行为 |
| 受赠使用 | 受赠人接受自用(包括接受免税车辆)的行为 |
| 自产自用 | 指纳税人将自己生产的应税车辆作为最终消费品自己消费使用的行为 |
| 获奖自用 | 从各种奖励形式中取得并自用应税车辆的行为 |
| 其他自用 | 通过上述以外其他方式取得并自用应税车辆的行为(拍卖、抵债、走私、罚没等) |

【例题 1·多选题】（2019 年）下列行为中，需要缴纳车辆购置税的有(　　)。

A. 某医院接受某汽车厂捐赠小客车用于医疗服务
B. 某汽车厂将自产小轿车用于日常办公
C. 某幼儿园租赁客车用于校车服务
D. 某物流企业接受汽车生产商投资的运输车辆自用
E. 某轮胎制造企业接受汽车生产商抵债的小汽车自用

解析 ↘ 选项 C，幼儿园租赁的车辆，不需要缴纳车辆购置税。

### 考点五 车辆购置税的税率★

我国车辆购置税实行统一比例税率，税率10%。

第二节　税收优惠、计税依据和应纳税额计算

### 考点六 税收优惠★★★

税收优惠，见表 7-3。

表 7-3　税收优惠

| 项目 | 内容 |
|------|------|
| 法定减免税 | 依照法律规定应当予以免税的外国驻华使馆、领事馆和国际组织驻华机构及其有关人员自用车辆免税 |
| | 中国人民解放军和中国人民武装警察部队列入装备订货计划的车辆免税 |
| | 悬挂应急救援专用号牌的国家综合性消防救援车辆免税 |
| | 设有固定装置的非运输专用作业车辆免税 |
| | 城市公交企业购置的公共汽电车辆免税 |

(续表)

| 项目 | 内容 |
|---|---|
| 其他减免税 | 回国服务的在外留学人员用现汇购买 1 辆个人自用国产小汽车免税 |
| | 长期来华定居专家进口 1 辆自用小汽车免税 |
| | 防汛部门和森林消防部门用于指挥、检查、调度、报汛（警）、联络的由指定厂家生产的设有固定装置的指定型号的车辆免税 |
| | 自 2018 年 7 月 1 日至 2027 年 12 月 31 日，对购置挂车减半征收 |
| | 中国妇女发展基金会"母亲健康快车"项目的流动医疗车免税 |
| | 原公安现役部队和原武警黄金、森林、水电部队改制后换发地方机动车牌证的车辆（公安消防、武警森林部队执行灭火救援任务的车辆除外），一次性免税 |
| | （1）对购置日期在 2014 年 9 月 1 日至 2023 年 12 月 31 日期间的新能源汽车，免征车辆购置税。<br>（2）对购置日期在 2024 年 1 月 1 日至 2025 年 12 月 31 日期间的新能源汽车免征车辆购置税，其中，每辆新能源乘用车免税额不超过 3 万元。<br>（3）对购置日期在 2026 年 1 月 1 日至 2027 年 12 月 31 日期间的新能源汽车减半征收车辆购置税，其中，每辆新能源乘用车减税额不超过 1.5 万元 |

知识点拨 1

新能源汽车：符合新能源汽车产品技术要求的纯电动汽车、插电式混合动力（含增程式）汽车、燃料电池汽车。

知识点拨 2

新能源乘用车：指在设计、制造和技术特性上主要用于载运乘客及其随身行李和（或）临时物品，包括驾驶员座位在内最多不超过 9 个座位的新能源汽车。

【例题 2·单选题】下列车辆需要缴纳车辆购置税的是（　　）。

A. 防汛部门专用指挥车

B. 依照法律规定应当予以免税的外国驻华使馆自用车辆

C. 部队特种车改装成后勤车

D. 森林消防部门专用指挥车

解析 ↘ 中国人民解放军和中国人民武装警察部队列入装备订货计划的车辆免税。选项 C，改装的后勤车不属于免税范围。

● 得分高手（2020 年单选；2021 年多选；2022 年单选、多选）

税收优惠常以客观题形式考查，考生应注意关键字，防止命题人"偷梁换柱"。另外新能源汽车的阶段性减免政策可以和增值税、消费税结合，以计算题、综合分析题形式考查。考生应正确区分政策年份、汽车类别、乘用车等细节。

### 考点七 车辆购置税的计税依据 ★★★

车辆购置税的计税依据，见表 7-4。

答案 ↘

例题 2｜C

表7-4 车辆购置税的计税依据

| 情形 | 计税依据 |
|---|---|
| 购买自用 | (1)购买应税车辆而支付给销售者的全部价款❶，不包含增值税税款。<br>(2)计税价格=全部价款÷(1+增值税税率或征收率)<br>【链接】机动车销售统一发票的第三联报税联(车辆购置税征收单位留存) |
| 进口自用 | 以组成计税价格为计税依据<br>组成计税价格=进口汽车计税价格+关税<br>或：组成计税价格❷ = $\dfrac{进口汽车计税价格+关税}{1-消费税税率}$ |
| 自产自用 | (1)纳税人自产自用应税车辆的计税价格，按照纳税人生产的同类应税车辆(即车辆配置序列号相同的车辆)的销售价格确定，不包括增值税税款。<br>(2)没有同类应税车辆销售价格的，按照组成计税价格确定。<br>组成计税价格=成本×(1+成本利润率)<br>或：组成计税价格= $\dfrac{成本×(1+成本利润率)}{1-消费税税率}$<br>上述公式中的成本利润率，由国家税务总局各省、自治区、直辖市和计划单列市税务局确定 |
| 以受赠、获奖或者其他方式取得自用 | 按照购置应税车辆时相关凭证载明的价格确定，不包括增值税税款。<br>(1)购置应税车辆时取得的相关凭证是指原车辆所有人购置或者以其他方式取得应税车辆时载明价格的凭证。<br>(2)无法提供相关凭证的，参照同类应税车辆市场平均交易价格确定其计税价格。<br>(3)原车辆所有人为车辆生产或者销售企业，未开具机动车销售统一发票的，按照车辆生产或者销售同类应税车辆的销售价格确定应税车辆的计税价格。<br>(4)无同类应税车辆销售价格的，按照组成计税价格确定应税车辆的计税价格 |
| 核定 | 纳税人申报的应税车辆计税价格明显偏低，又无正当理由的，由税务机关依照《税收征收管理法》的规定核定其应纳税额 |

知识点拨❶
没有价外费用。

知识点拨❷
属于应征消费税的车辆，其组成计税价格中应加计消费税税额。

【例题3·单选题】（2023年）下列关于车辆购置税的规定，正确的是(    )。

A. 自产自用应税车辆无须缴纳车辆购置税

B. 购买自用应税车辆，计税依据为不含增值税的全部价款

C. 进口自用车辆，计税依据为关税计税依据

D. 受赠自用应税车辆，计税依据为同类车辆最低销售价格

解析 选项A，自产自用应税车辆需要缴纳车辆购置税，应按纳税人生产的同类应税车辆的销售价格确定，不包括增值税；没有同类价格的，按照组成计税价格确定。选项C，进口自用车辆，计税依据为组成计税价格，组成计税价格=(关税计税价格+关税)÷(1-消费税税率)。选项D，按照购置应

答案
例题3｜B

307

税车辆时相关凭证载明的价格确定，不包括增值税。

### 考点八 应纳税额的计算 ★★★

应纳税额=计税价格×税率

**（一）购买自用应税车辆应纳税额的计算**

【例题4·单选题】2024年10月，李某从某汽车4S店（一般纳税人）购入1辆排气量为2.0升的轿车自用，支付含税价款468 000元，取得机动车销售统一发票。另支付零配件价款4 000元、车辆装饰费750元，取得增值税普通发票。4S店代收临时牌照费150元、保险费3 000元。4S店对代收临时牌照费和代收保险费均提供委托方票据。李某应缴纳车辆购置税（    ）元。

A. 41 836.28　　B. 42 115.04　　C. 42 101.77　　D. 41 415.93

解析 ↘ 李某应纳车辆购置税=468 000÷（1+13%）×10%=41 415.93（元）。

【例题5·单选题】（2024年）2024年10月，某建筑公司购置推土机和汽车挂车各1辆，均取得机动车销售统一发票，注明金额分别是150 000元、250 000元。该公司应纳车辆购置税（    ）元。

A. 40 000　　B. 25 000　　C. 20 000　　D. 12 500

解析 ↘ 该公司应纳车辆购置税=250 000×10%×50%=12 500（元）。

**（二）进口自用应税车辆应纳税额的计算**

【例题6·单选题】（2021年）A国驻华使馆进口1辆中轻型商用客车自用，关税计税价格30万元，关税税率20%，消费税税率5%，关于进口商用客车的税务处理正确的是（    ）。（中轻型商用客车消费税税率5%）

A. 应缴纳车辆购置税15.16万元
B. 应缴纳进口环节消费税4.5万元
C. 应缴纳进口环节消费税5.68万元
D. 应缴纳进口环节消费税1.89万元

解析 ↘ 选项A，依照法律规定应当予以免税的外国驻华使馆、领事馆和国际组织驻华机构及其有关人员自用车辆免征车辆购置税。选项B、C，应缴纳的进口环节消费税=30×（1+20%）÷（1-5%）×5%=1.89（万元）。

**（三）其他方式取得并自用应税车辆应纳税额的计算**

【例题7·单选题】2024年12月，某汽车制造公司将自产小汽车3辆奖励给职工个人，2辆移送业务部门使用。小汽车生产成本为53 500元/辆，市场上同类型车辆的不含税销售价格为68 000元/辆。该公司应纳车辆购置税（    ）元。

答案 ↘
例题4｜D
例题5｜D
例题6｜D

308

A. 10 700    B. 26 750    C. 34 000    D. 13 600

**解析** ↘ 该公司应纳车辆购置税 = 68 000×2×10% = 13 600(元)。

● **得分高手** (2022年单选；2024年单选)

　　车辆购置税应纳税额的计算常考查计算类单选题，难度不大，偶尔也会与增值税、消费税结合在一起，在综合分析题中占据2分的分值，考生应分清三个不同税种的纳税人、计税依据以及优惠政策。

### (四)减免税条件消失车辆应纳税额的计算

减免税条件消失车辆应纳税额的计算，见表7-5。

表7-5　减免税条件消失车辆应纳税额的计算

| 项目 | 内容 |
|---|---|
| 情形 | 已经办理免税、减税手续的车辆因转让、改变用途等原因不再属于免税、减税范围的，按规定缴纳车辆购置税 |
| 提供材料 | 发生二手车交易行为的，提供二手车销售统一发票；属于其他情形的，按照相关规定提供申报材料 |
| 纳税人 | 发生转让行为的，受让人为车辆购置税纳税人 |
| | 未发生转让行为的，车辆所有人为车辆购置税纳税人 |
| 纳税义务发生时间 | 车辆转让或者用途改变等情形发生之日 |
| 应纳税额的计算 | 应纳税额 = 初次办理纳税申报时确定的计税价格×(1-使用年限×10%)×10%-已纳税额 |
| | 使用年限的计算方法：自纳税人初次办理纳税申报之日起，至不再属于免税、减税范围的情形发生之日止。<br>使用年限取整计算，不满1年的不计算在内 |
| | 应纳税额不得为负数 |

### (五)车辆购置税退税的具体规定

车辆购置税退税，见表7-6。

表7-6　车辆购置税退税

| 项目 | 退税 |
|---|---|
| 退税情形 | 纳税人将已征车辆购置税的车辆退回车辆生产企业或者销售企业 |
| 计算 | 退税额以已缴税款为基准，自缴纳税款之日至申请退税之日，每满1年扣减10% |
| 公式 | 应退税额 = 已纳税额×(1-使用年限×10%) |

**🄵记忆口诀**

满一年打九折，
满两年打八折，
以此类推，取整
算年，零头不算。

**答案** ↘
例题7｜D

309

（续表）

| 项目 | 退税 |
|------|------|
| 注意 | 应退税额不得为负数。<br>使用年限的计算方法是，自纳税人缴纳税款之日起，至申请退税之日止 |

【例题8·单选题】（2023年）2024年3月因质量问题张某将2023年1月购置的小汽车退回，汽车在购置当月已纳车辆购置税3万元，张某向税务机关申请退税并提交资料，可退车辆购置税的税额为（　　）万元。

A. 2.4　　　　B. 0　　　　C. 2.7　　　　D. 3

**解析** ↘ 可退税额 = 3×（1−1×10%）= 2.7（万元）。

## 第三节　征收管理

### 考点九　征收管理 ★★★

#### 一、纳税申报

车辆购置税纳税申报，见表7-7。

表7-7　车辆购置税纳税申报

| 情形 | 资料 |
|------|------|
| 征税车辆纳税申报 | 车辆合格证明：整车出厂合格证或者《车辆电子信息单》 |
| | 车辆相关价格凭证：机动车销售统一发票、海关进口关税专用缴款书、海关进口消费税专用缴款书及进口货物免税证明或其他有效凭证 |
| 减免税的纳税申报 | （1）外国驻华使馆、领事馆和国际组织驻华机构及其有关人员自用车辆，提供机构证明和外交部门出具的身份证明。<br>（2）城市公交企业购置的公共汽电车辆，提供所在地县级以上（含县级）交通运输主管部门出具的公共汽电车辆认定表。<br>（3）悬挂应急救援专用号牌的国家综合性消防救援车辆，提供中华人民共和国应急管理部批准的相关文件。<br>（4）回国服务的在外留学人员购买的自用国产小汽车，提供海关核发的《海关回国人员购买国产汽车准购单》。<br>（5）长期来华定居专家进口自用小汽车，提供国家外国专家局或者其授权单位核发的专家证或者A类和B类《外国人工作许可证》 |
| 退税程序 | 纳税人向原征收机关申请退税时，应当如实填报《车辆购置税退税申请表》，提供纳税人身份证明。车辆退回车辆生产企业或者销售企业的，提供车辆生产企业或者销售企业开具的退车证明和退车发票 |

#### 二、纳税环节

车辆购置税是对应税车辆的购置行为课征，征税环节选择在车辆的最终

消费环节。

车辆购置税是在办理车辆注册登记前缴纳。

**提示** 一次课征制度，购置已征车辆购置税的车辆，不再征收车辆购置税。

### 三、纳税地点

纳税人购置应税车辆，需要办理车辆登记的，向车辆登记地的主管税务机关申报纳税。

不需要办理车辆登记的：单位纳税人向其机构所在地的主管税务机关申报纳税，个人纳税人向其户籍所在地或者经常居住地的主管税务机关申报纳税。

### 四、纳税期限

车辆购置税的纳税义务发生时间为纳税人购置应税车辆的当日。

车辆购置税纳税义务发生时间，见表7-8。

**表 7-8 车辆购置税纳税义务发生时间**

| 情形 | 细节 |
|---|---|
| 购买自用应税车辆 | 购买之日，即车辆相关价格凭证的开具日期 |
| 进口自用应税车辆 | 进口之日，即海关进口增值税专用缴款书或者其他有效凭证的开具日期 |
| 自产、受赠、获奖或者以其他方式取得并自用应税车辆 | 取得之日，即合同、法律文书或者其他有效凭证的生效或者开具日期 |
| 纳税期限：纳税人应当自纳税义务发生之日起60日内申报缴纳车辆购置税 | |

【例题9·多选题】（2024年）下列关于车辆购置税的处理，说法正确的有( )。

A. 符合免税条件的，也需要填报《车辆购置税纳税申报表》

B. 实行一次性征收，一车一申报制度

C. 无须办理车辆登记的车辆，向车辆销售方所在地主管税务机关申报纳税

D. 自纳税义务发生之日起15日内缴税

E. 纳税义务发生时间为纳税人办理车辆注册登记之日

**解析** 选项C，不需要办理车辆登记的，单位纳税人向其机构所在地的主管税务机关申报纳税，个人纳税人向其户籍所在地或者经常居住地的主管税务机关申报纳税。选项D，纳税人应当自纳税义务发生之日起60日内申报缴纳车辆购置税。选项E，车辆购置税的纳税义务发生时间为纳税人购置应税车辆的当日。

**答案** ↘
例题9 | AB

● **得分高手**（2021年单选；2022年单选；2023年多选；2024年多选）

小税种的征税范围常以客观题形式考查，考生应注意把握细节。

扫我做试题

## 同步训练

DATE /

### 考点一 车辆购置税的概念；考点二 车辆购置税的特点

1.（单选题·2022年）下列关于车辆购置税的说法，正确的是（    ）。

A. 属于价内税      B. 属于地方税

C. 实行一次性课税制度      D. 实行差别征税率

2.（多选题）下列关于车辆购置税的说法中，错误的有（    ）。

A. 车辆购置税属于直接税范畴

B. 车辆购置税实行比例税率

C. 外国公民在中国境内购置应税车辆免税

D. 受赠使用的新车需要缴纳车辆购置税

E. 车辆购置税为中央地方共享税，征税具有专门用途

### 考点三 纳税义务人；考点四 征税范围；考点五 车辆购置税的税率

1.（多选题·2022年）下列行为应缴纳车辆购置税的有（    ）。

A. 获奖自用应税小汽车      B. 自产自用应税小汽车

C. 自产自用汽车挂车      D. 购买自用电动摩托车

E. 受赠自用应税小汽车

2.（多选题·2019年）根据车辆购置税的相关规定，下列说法正确的有（    ）。

A. 进口自用应税车辆的计税依据为组成计税价格

B. 直接进口自用应税车辆的，应缴纳车辆购置税

C. 在境内销售应税车辆的，应缴纳车辆购置税

D. 将已税车辆退回生产企业的，纳税人可申请退税

E. 受赠应税车辆的，捐赠方是车辆购置税纳税人

### 考点六 税收优惠

1.（单选题）葛女士2025年1月购买了1辆《减免车辆购置税的新能源汽车车型目录》（以下简称目录）所列示的插电式混合动力多用途乘用车，取得机动车销售统一发票上注明不含税销售价格50万元。另购置1辆目录所列示的纯电动载货汽车，取得机动车销售统一发票上注明不含税销售价格30万元。葛女士购置车辆应缴纳车

辆购置税( )万元。

    A. 5            B. 3            C. 0            D. 2

2. (多选题·2022年)下列车辆免征车辆购置税的有( )。

    A. 城市公交企业购置的公共汽电车辆

    B. 2024年购置的不含税价30万元的新能源乘用车

    C. 有轨电车

    D. 回国服务的留学人员用现汇购买1辆个人自用进口小汽车

    E. 森林消防部门用于工程指挥的指定型号车辆

### 考点七 车辆购置税的计税依据；考点八 应纳税额的计算

1. (单选题·2021年)关于车辆购置税的计税依据，下列说法正确的是( )。

    A. 受赠自用应税车辆的计税依据为组成计税价格

    B. 进口自用应税车辆的计税依据为组成计税价格

    C. 购买自用应税车辆的计税依据为支付给销售者的含增值税的价款

    D. 获奖自用应税车辆的计税依据为组成计税价格

2. (单选题)2025年1月葛某在某房地产公司举办的有奖购房活动中中奖获得1辆燃油小汽车，房地产公司提供的一般纳税人开具的机动车销售统一发票上注明价税合计金额为80 000元(未缴纳车辆购置税)。目前的市场不含税价格为78 000元。葛某应纳车辆购置税( )元。

    A. 6 239.32       B. 7 079.65       C. 7 800       D. 7 308

3. (单选题)甲化妆品制造企业为增值税一般纳税人，2024年3月购进汽车10辆用于经营管理(其中1辆为新能源乘用车，1辆为新能源货车)，取得机动车销售统一发票注明不含税金额20万元/辆；购进中型商用客车5辆，取得机动车销售统一发票注明不含税金额40万元/辆，其中3辆作为员工班车。甲企业当月应缴纳车辆购置税( )万元。

    A. 32            B. 24            C. 36            D. 40

4. (单选题)某4S店2024年11月进口4辆商务车，海关核定的关税计税价格为40万元/辆，当月销售2辆，开具机动车统一销售发票注明金额80万元/辆，1辆作为样车放置在展厅待售，1辆作为试驾车。该4S店应纳车辆购置税( )万元。(商务车关税税率25%，消费税税率12%)

    A. 0            B. 5.6           C. 5.68         D. 17.04

5. (单选题)A国驻华使馆进口1辆中轻型商用客车自用，关税计税价格130万元，关税税率20%，消费税税率5%，关于进口商用客车的税务处理正确的是( )。(中轻型商用客车消费税税率5%)

    A. 应缴纳车辆购置税16.42万元       B. 应缴纳进口环节增值税23.86万元

    C. 应缴纳进口环节消费税8.21万元       D. 应缴纳进口环节消费税24.63万元

6. (单选题)某外国专家2022年1月进口1辆市场价格30万元(不含增值税)的车辆自用，购置时提供国家外国专家局核发的专家证，因符合免税条件而未缴纳车辆购

置税。2024 年 9 月将其转让给葛某，售价 18 万元，转让时，下列说法正确的是（　　）。

A. 外国专家需要缴纳车辆购置税 2.4 万元

B. 葛某需要缴纳车辆购置税 2.4 万元

C. 外国专家需要缴纳增值税 0.35 万元

D. 车辆购置税纳税义务发生时间为车辆转让次日

7. （单选题·2020 年）某企业 2021 年 2 月购置 1 辆小汽车，支付车辆购置税 10 000 元，在 2024 年 3 月因车辆质量问题退回，则可申请退还的车辆购置税（　　）元。

A. 10 000　　　　B. 8 000　　　　C. 0　　　　D. 7 000

8. （多选题）某汽车贸易公司 2024 年 5 月从甲汽车制造厂购进气缸容量为 3.6 升的小汽车 20 辆，不含税价格为 40 万元/辆。该贸易公司本月销售 12 辆，平均含税销售收入 58.76 万元/辆，最高含税销售收入 60 万元/辆，以 1 辆小汽车抵偿乙企业的债务。根据债务重组合同规定，按贸易公司平均对外销售价格抵偿乙企业的债务，并开具机动车销售发票，乙企业完成注册登记手续后次月将车辆以当期市场的含税销售价格 55 万元转售给员工葛某，在二手车交易市场开具了发票并办理了过户手续。对上述业务的税务处理正确的有（　　）。

A. 甲汽车制造厂应纳消费税 200 万元

B. 乙企业债务重组取得的小汽车应缴纳车辆购置税 5.2 万元

C. 贸易公司销售小汽车应缴纳消费税 62.4 万元

D. 葛某需要缴纳车辆购置税 4.86 万元

E. 乙销售债务重组取得的车辆应纳增值税 0.27 万元

## 考点九　征收管理

1. （单选题·2019 年）需要办理车辆登记的应税车辆，车辆购置税的纳税地点是（　　）。

A. 纳税人所在地的主管税务机关　　　　B. 车辆登记地的主管税务机关

C. 车辆经销企业所在地主管税务机关　　D. 车辆使用所在地主管税务机关

2. （多选题·2023 年）关于车辆购置税的说法，正确的有（　　）。

A. 自纳税义务发生之日起 30 日内申报缴纳车辆购置税

B. 纳税地点为车辆销售地的主管税务机关

C. 车辆购置税为地方税

D. 城市公交企业购置的公共汽电车免征车辆购置税

E. 购买已税二手车无须缴纳车购税

3. （多选题·2021 年）根据车辆购置税规定，下列说法正确的有（　　）。

A. 将已纳车辆购置税的车辆退回车辆生产企业，可以申请退税

B. 已办理免税手续的车辆不再属于免税范围的需纳税

C. 不需要办理车辆登记的单位纳税人向机构所在地主管税务机关纳税

D. 纳税义务发生时间为纳税人购置应税车辆的次日

E. 悬挂应急救援专用号牌的国家综合性消防救援车辆免税

4. (多选题) 下列关于车辆购置税的说法中正确的有(　　)。

A. 车辆购置税采取价内征收

B. 现阶段享受减免政策的新能源汽车包含纯电动汽车、插电式混合动力(含增程式)汽车、燃料电池汽车

C. 征税车辆纳税申报所需资料包括车辆合格证明和车辆价格凭证

D. 外国驻华使馆、领事馆和国际组织驻华机构及其有关人员自用车辆，提供机构证明和外交部门出具的身份证明办理免税申报

E. 不需要办理车辆登记的个人向其户籍所在地或者经常居住地的主管税务机关申报纳税

## 参考答案及解析

### 考点一 车辆购置税的概念；考点二 车辆购置税的特点

1. C 【解析】选项 A，属于价外征收，不属于价内税。选项 B，属于中央政府固定收入。选项 D，实行统一比例税率，税率为 10%。

2. CE 【解析】选项 C，车辆购置税是以在中国境内购置规定车辆为课税对象、在特定的环节向车辆购置者征收的一种税。外国公民在中国境内购置应税车辆要正常交税。选项 E，车辆购置税为中央税，它取之于应税车辆，用之于交通建设，其征税具有专门用途。

### 考点三 纳税义务人；考点四 征税范围；考点五 车辆购置税的税率

1. ABCE 【解析】选项 D，不属于车辆购置税征税范围。

2. ABD 【解析】选项 C，购买使用国产应税车辆和购买自用进口应税车辆应缴纳车辆购置税，销售方无须缴纳。选项 E，受赠人在接受自用(包括接受免税车辆)后，就发生了应税行为，就要承担纳税义务。

### 考点六 税收优惠

1. D 【解析】插电式混合动力多用途乘用车减免前应纳税额 = 50×10% = 5(万元)，每辆新能源乘用车免税限额为 3 万元，因此，该乘用车实际应缴纳的车辆购置税 = 5-3 = 2(万元)。纯电动载货汽车免征车辆购置税。葛女士购置车辆应缴纳车辆购置税 2 万元。

2. ABE 【解析】选项 C，没有免征车辆购置税的规定。选项 D，回国服务的在外留学人员用现汇购买 1 辆个人自用国产小汽车免征车辆购置税。

### 考点七 车辆购置税的计税依据；考点八 应纳税额的计算

1. B 【解析】选项 A、D，纳税人以受赠、获奖、其他方式取得自用应税车辆的计税价格，按照购置应税车辆时相关凭证载明的价格确定，不包括增值税税款。无法提供相关凭证的，参照同类应税车辆市场平均交易价格确定其计税价格。选项 C，购

买自用应税车辆的计税依据为纳税人实际支付给销售者的全部价款，不含增值税税款。选项 B，进口自用应税车辆的计税依据为组成计税价格，组成计税价格 =（关税计税价格+关税）÷（1-消费税税率）。

2. B 【解析】获奖小汽车不含税价格 = 80 000÷（1+13%）= 70 796.46（元）。纳税人以受赠、获奖或者其他方式取得并自用的应税车辆的计税价格，按照购置应税车辆时相关凭证载明的价格确定，不包括增值税税款。

葛某应纳车辆购置税 = 70 796.46×10% = 7 079.65（元）。

3. C 【解析】当月应缴纳车辆购置税 = 20×（10-2）×10%+40×5×10% = 36（万元）。2024 年 1 月 1 日至 2025 年 12 月 31 日，每辆新能源乘用车免税额不超过 3 万元。该新能源乘用车未超过限额，所以可以全部减免。2024 年 1 月 1 日至 2025 年 12 月 31 日期间购置的新能源货车免征车辆购置税。所以计算购进 10 辆汽车的车辆购置税应税车辆时按 8 辆（10-2）计算。

4. C 【解析】进口销售、待售的车辆不缴纳车辆购置税，试驾车作为进口自用，需要缴纳车辆购置税。该 4S 店应纳车辆购置税 = 40×（1+25%）÷（1-12%）×1×10% = 5.68（万元）。

5. D 【解析】选项 A，依照法律规定应当予以免税的外国驻华使馆、领事馆和国际组织驻华机构及其有关人员自用车辆免征车辆购置税。自 2016 年 12 月 1 日起，对我国驻外使领馆工作人员、外国驻华机构及人员、非居民常住人员、政府间协议规定等应税（消费税）进口自用，且计税价格 130 万元及以上的超豪华小汽车消费税，按照生产（进口）环节税率和零售环节税率（10%）加总计算，由海关代征。选项 B，应缴纳的进口环节增值税 = 130×（1+20%）÷（1-5%）×13% = 21.35（万元）。选项 C、D，应缴纳的进口环节消费税 = 130×（1+20%）÷（1-5%）×（5%+10%）= 24.63（万元）。

6. B 【解析】选项 A、B，发生转让行为的，受让人为车辆购置税纳税人，应纳车辆购置税 = 30×（1-2×10%）×10% = 2.4（万元）。选项 C，个人销售自己使用过的物品，免征增值税。选项 D，减免税条件消失车辆纳税义务发生时间为车辆转让或者用途改变等情形发生之日。

7. D 【解析】纳税人将已征车辆购置税的车辆退回车辆生产企业或者销售企业的，可以向主管税务机关申请退还车辆购置税。退税额以已缴税款为基准，自缴纳税款之日至申请退税之日，每满 1 年扣减 10%，使用年限取整计算，不满 1 年的不计算在内，应退税额 = 已纳税额×（1-使用年限×10%）。本题 2021 年 2 月缴纳税款，至 2024 年 3 月，满 3 年不足 4 年，应退车辆购置税税额 = 10 000×（1-3×10%）= 7 000（元）。

8. AB 【解析】选项 A，甲汽车制造厂销售小汽车应纳消费税 = 20×40×25% = 200（万元）。选项 B，乙企业债务重组取得的小汽车应缴纳车辆购置税 = 58.76÷（1+13%）×10% = 5.2（万元）。选项 C，小汽车在生产销售环节纳税，贸易公司不再缴纳消费税。选项 D，车辆购置税一次课征，乙公司已缴纳车辆购置税，葛某购置已税车辆不再缴纳车辆购置税。选项 E，乙公司不是二手车交易公司，不适用二手车

政策。乙公司销售其已上牌车辆属于销售自己使用过的已抵扣过进项税额的固定资产，适用税率13%。销项税额＝55÷（1+13%）×13%＝6.33（万元）。

## 考点九 征收管理

1. B 【解析】选项B，纳税人购置应税车辆，需要办理车辆登记的，向车辆登记地的主管税务机关申报纳税。

2. DE 【解析】选项A，自纳税义务发生之日起60日内申报缴纳车辆购置税。选项B，纳税人购置应税车辆，需要办理车辆登记的，向车辆登记地的主管税务机关申报纳税；不需要办理车辆登记的，单位纳税人向其机构所在地的主管税务机关申报纳税，个人纳税人向其户籍所在地或者经常居住地的主管税务机关申报纳税。选项C，车辆购置税为中央税。

3. ABCE 【解析】选项D，车辆购置税的纳税义务发生时间为纳税人购置应税车辆的当日。

4. BCDE 【解析】选项A，车辆购置税采取价外征收。

亲爱的读者，你已完成本章9个考点的学习，本书知识点的学习进度已达74%。

# 第八章  环境保护税

重要程度：非重点章节　　分值：5分左右

## 考试风向

### ////  考情速递

环境保护税是个小税种，属于非重点章节。计算简单，理解也较简单，以单选题、多选题考查为主，近年虽然也会在综合分析题里出现，但由于计算方法独立性强，与其他税种不易结合，相对来说难度不大。

### ////  2025 年考试变化

本章内容无实质性变化。

### ////  脉络梳理

# 考点详解及精选例题

## 第一节 环境保护税概述、纳税义务人、征税对象

### 考点一 环境保护税的特点 ★

环境保护税是原有的排污费"费改税"平移过来的税种。

环境保护税的特点，见表8-1。

表8-1 环境保护税的特点

| 特点 | 解释 | |
|---|---|---|
| 征税项目为四类重点污染源 | 大气污染物、水污染物、固体废物、噪声 | |
| 纳税人为企事业单位和其他生产经营者 | 政府机关、家庭和个人即便有排放污染物的行为，因其不属于企业事业单位和其他生产经营者，不属于环境保护税的纳税人 | |
| 直接排放应税污染物是必要条件 | 征税环节是直接向环境排放应税污染物的排放环节 | |
| 税额为统一定额税和浮动定额税结合 | 全国统一定额税制 | 固体废物、噪声 |
| | 各省浮动定额税制 | 大气污染物、水污染物 |
| 税收收入全部归地方 | 税收收入全归地方，用于地方治理环境污染 | |

### 考点二 纳税义务人 ★★ 一学多考 | 注

环境保护税的纳税人是指在中华人民共和国领域和中华人民共和国管辖的其他海域，直接向环境排放应税污染物的企业事业单位和其他生产经营者。

（1）依法设立的城乡污水集中处理、生活垃圾集中处理场所超过国家和地方规定的排放标准向环境排放应税污染物的，应当缴纳环境保护税。

（2）企业事业单位和其他生产经营者贮存或者处置固体废物不符合国家和地方环境保护标准的，应当缴纳环境保护税。

（3）达到省级人民政府确定的规模标准并且有污染物排放的畜禽养殖场，应当依法缴纳环境保护税。

【例题1·多选题】（2019年）下列直接向环境排放污染物的主体中，属于环境保护税纳税人的有(　　)。

A. 事业单位　　　　　　　　B. 个人

C. 家庭　　　　　　　　　　D. 私营企业

E. 国有企业

**解析** ↘ 环境保护税的纳税人是指在中华人民共和国领域和中华人民共和国管辖的其他海域，直接向环境排放应税污染物的企业事业单位和其他生产

**答案** ↘
例题1 | ADE

经营者。不包含个人和家庭。

### 考点三 征税对象 ★★★ 一学多考|注

1. 征税对象

环境保护税的征税对象为纳税人直接向环境排放的应税污染物，包括大气污染物、水污染物、固体废物和噪声。

2. 不征税项目

有下列情形之一的，不属于直接向环境排放污染物，不缴纳相应污染物的环境保护税：

（1）企业事业单位和其他生产经营者向依法设立的污水集中处理、生活垃圾集中处理场所排放应税污染物的。

（2）企业事业单位和其他生产经营者在符合国家和地方环境保护标准的设施、场所贮存或者处置固体废物的。

（3）禽畜养殖场依法对畜禽养殖废弃物进行综合利用和无害化处理的。

目前，只对工业企业厂界噪声超标的情况征收环境保护税。

## 第二节 税收优惠与税目税率

### 考点四 税收优惠 ★★ 一学多考|注

1. 免征

（1）农业生产（不包括规模化养殖）排放应税污染物的。

（2）机动车、铁路机车、非道路移动机械、船舶和航空器等流动污染源排放应税污染物的。

（3）依法设立的城乡污水集中处理、生活垃圾集中处理场所排放相应应税污染物，不超过国家和地方规定的排放标准的。

（4）纳税人综合利用的固体废物，符合国家和地方环境保护标准的。

（5）国务院批准免税的其他情形。

第（5）项免税规定，由国务院报全国人民代表大会常务委员会备案。

2. 减征

30755050

纳税人排放应税大气污染物或者水污染物的浓度值低于国家和地方规定的污染物排放标准30%的，减按75%征收环境保护税。

纳税人排放应税大气污染物或者水污染物的浓度值低于国家和地方规定的污染物排放标准50%的，减按50%征收环境保护税。

**提示** 纳税人任何一个排放口排放应税大气污染物、水污染物的浓度值，以及没有排放口排放应税大气污染物的浓度值，超过国家和地方规定的污染物排放标准的，依法不予减征环境保护税。

【例题2·单选题】（2021年）下列行为免征环境保护税的是（　　）。

A. 符合国家和地方环境保护标准的综合利用固体废物

B. 生活垃圾填埋场排放应税污染物

C. 规模化养殖场排放应税污染物

D. 水泥厂排放应税大气污染物的浓度值低于国家和地方规定的污染物排放标准50%的

**解析** ↘ 选项B，生活垃圾填埋场排放应税污染物不超过国家和地方规定排放标准的，免征环境保护税。题目选项并未提出是否超标，不能判断是否免征。选项C，属于征收环境保护税情形。选项D，纳税人排放应税大气污染物或者水污染物的浓度值低于国家和地方规定的污染物排放标准50%的，减按50%征收环境保护税。

● **得分高手**（2021年单选、多选；2024年多选）

本知识点常以文字类选择题形式考查，应注意细节，清楚区分征税、不征税和免税的范围。

### 考点五 税目 ★★ 一学多考 | 注

四类重点污染物：大气污染物、水污染物、固体废物、噪声。

#### （一）大气污染物

大气污染物是指由于人类活动或自然过程排入大气的并对人和环境产生有害影响的物质。

**提示**（1）大气污染物✦包括二氧化硫、烟尘、一般性粉尘、石棉尘、甲醛、一氧化碳等各种污染物共计44种。

（2）燃烧产生废气中的颗粒物，按照烟尘征收环境保护税。

（3）排放的扬尘、工业粉尘等颗粒物，除可以确定为烟尘、石棉尘、玻璃棉尘、炭黑尘的外，按照一般性粉尘征收环境保护税。

#### （二）水污染物

水污染物是指直接或者间接向水体排放的，能导致水体污染的物质。

水污染物细节，见表8-2。

知识点拨 ✦

环境保护税税目中没有"二氧化碳"，资源税税目"水气矿产"中有"二氧化碳气"。

表8-2　水污染物细节

| 分类 | 细节 |
|---|---|
| 第一类水污染物 | 10种：总汞、总镉、总铬、六价铬、总砷、总铅、总镍、苯并（α）芘、总铍、总银 |

**答案** ↘
例题2 | A

（续表）

| 分类 | | 细节 |
|---|---|---|
| 其他类水污染物 | 第二类水污染物 | 51种：悬浮物(SS)、石油类、动植物油、甲醛、有机磷农药、乐果、彩色显影剂(CD-2)等 |
| | pH值、色度、大肠菌群数(超标)、余氯量(用氯消毒的医院废水)  | |
| | 禽畜养殖场、小型企业、饮食娱乐服务业、医院。**提示** 无法实际监测或物料衡算的上述小型排污者适用 | |

**知识点拨1**
大肠菌群数和余氯量只征收一项。

### （三）固体废物

固体废物是指在生产、生活和其他活动中产生的丧失原有利用价值，或者虽未丧失利用价值但被抛弃或者放弃的固态、半固态和置于容器中的气态的物品、物质以及法律、行政法规规定纳入固体废物管理的物品、物质。

应税固体废物包括煤矸石、尾矿、危险废物、冶炼渣、粉煤灰、炉渣、其他固体废物(含半固态、液态废物)。

### （四）噪声

目前只对工业企业厂界噪声超标的情况征收环境保护税。

【例题3·单选题】(2024年)下列属于环境保护税征税范围的是(  )。

A. 建筑施工的噪音　　　　　　B. 厨余垃圾

C. 氢气　　　　　　　　　　　D. 危险废物

**解析** 选项A，目前征收环境保护税的噪声只有工业噪声。选项B、C，厨余垃圾和氢气不属于环境保护税征税范围，不征收环境保护税。

## 考点六 税率★★ 一学多考|注

环境保护税实行定额税。

大气污染物、水污染物各省浮动定额税制2，例如大气污染物每污染当量1.2元至12元。

固体废物全国统一定额税制，例如煤矸石每吨5元。

噪声污染全国统一定额税制，例如超标1~3分贝，每月350元。

**知识点拨2**
既有上限也有下限，税额上限则设定为下限的10倍。

**提示** 省、自治区、直辖市人民政府在规定的税额幅度内提出，报同级人民代表大会常务委员会决定，并报全国人民代表大会常务委员会和国务院备案。

【例题4·多选题】(2019年)下列各项中，关于环境保护税的说法正确的有(  )。

A. 实行统一的定额税和浮动定额税相结合的税额标准

B. 环境保护税的征税环节是生产销售环节

**答案**

例题3 | D

C. 应税污染物的具体适用税额由省级税务机关确定

D. 对机动车排放废气暂免征收环境保护税

E. 环境保护税收入全部归地方政府

**解析** ↘ 选项B，环境保护税的征税环节不是生产销售环节，也不是消费使用环节，而是直接向环境排放应税污染物的排放环节。选项C，应税污染物的具体适用税额的确定和调整，由省、自治区、直辖市人民政府在规定的税额幅度内提出，报同级人民代表大会常务委员会决定，并报全国人民代表大会常务委员会和国务院备案。

## 第三节 计税依据与应纳税额计算

### 考点七 计税依据与应纳税额的计算 ★★★ 一学多考|注

#### 一、应税大气污染物的应纳税额的计算

应税大气污染物的应纳税额的计算，见表8-3。

表8-3 应税大气污染物的应纳税额的计算 ✿

| 税目 | 计税依据 | 应纳税额的计算 |
|---|---|---|
| 应税大气污染物(按污染物排放量折合的污染当量数确定) | 污染当量=该污染物的排放量÷该污染物的污染当量值 | ∑应税大气污染物的应纳税额=污染当量数×适用税额 |

**记忆 口诀**

大气污染找前三。

**提示** 每一排放口或者没有排放口的应税大气污染物，按照污染当量数从大到小排序，对前三项污染物征收环境保护税

**【例题5·单选题】** 某企业2024年6月向大气直接排放二氧化硫160吨、氮氧化物228吨、烟尘45吨、一氧化碳20吨，该企业所在地区大气污染物的税额标准为1.2元/污染当量(千克)，该企业只有一个排放口。已知二氧化硫、氮氧化物的污染当量值为0.95，烟尘污染当量值为2.18，一氧化碳污染当量值为16.7。该企业6月大气污染物应缴纳环境保护税(　　)元。(计算结果保留两位小数)。

A. 514 875.90　　　　　　　B. 288 000.00

C. 202 105.26　　　　　　　D. 24 770.64

**解析** ↘ 第一步，将排放量换算(除以污染当量值)成污染物的污染当量数。(1吨=1 000千克)

二氧化硫：$160 \times 1\,000 \div 0.95 = 168\,421.05$。

氮氧化物：$228 \times 1\,000 \div 0.95 = 240\,000$。

烟尘：$45 \times 1\,000 \div 2.18 = 20\,642.20$。

一氧化碳：$20 \times 1\,000 \div 16.7 = 1\,197.60$。

**答案** ↘
例题4 | ADE
例题5 | A

第二步，按污染物的污染当量数排序。

氮氧化物（240 000）＞二氧化硫（168 421.05）＞烟尘（20 642.20）＞一氧化碳（1 197.60）

第三步，选前三项污染物计算应纳税额。

（240 000＋168 421.05＋20 642.20）×1.2＝514 875.90（元）。

**【例题6·单选题】**某工业企业位于市区，3月大气污染物的直接排污量为1 500万立方米，氮氧化物含量（NO化合物）30毫克/立方米，当地的每污染当量环境保护税税额为1.2元，当地排放标准100毫克/立方米，NO化合物的当量值是每千克0.95。3月该企业应缴纳环境保护税（　　）元。

    A. 284.21　　　　B. 568.42　　　　C. 473.68　　　　D. 426.31

**解析** 千克和毫克换算比为1∶1 000 000。NO化合物的污染当量数＝15 000 000×30÷1 000 000÷0.95＝473.68。

纳税人排放应税大气污染物或者水污染物浓度值低于国家和地方规定的污染物排放标准50%的，减按50%征收环境保护税。

本题浓度值为30%（30÷100），低于50%，减按50%征收。该企业3月应缴纳环境保护税＝473.68×1.2×50%＝284.21（元）。

## 二、应税水污染物的应纳税额的计算

应税水污染物的应纳税额的计算，见表8-4。

**记忆口诀**
水里污染找五三。

表8-4　应税水污染物的应纳税额的计算

| 税目 | 计税依据 | 应纳税额的计算 |
| --- | --- | --- |
| 应税水污染物（按污染物排放量折合的污染当量数确定） | 污染当量＝该污染物的排放量÷该污染物的污染当量值 | Σ应税水污染物的应纳税额＝污染当量数×适用税额 |

**提示** 每一排放口的应税水污染物，按照《应税污染物和当量值表》，区分第一类水污染物和其他类水污染物，按照污染当量数从大到小排序，对第一类水污染物按照前五项征收环境保护税，对其他类水污染物按照前三项征收环境保护税

**提示** （1）畜禽养殖业水污染物的污染当量数，以该畜禽养殖场的月均存栏量除以适用的污染当量值计算。（月均存栏量按照月初存栏量和月末存栏量的平均数计算）

（2）色度的污染当量数，以污水排放量乘以色度超标倍数再除以适用的污染当量值计算。

（3）纳税人委托监测机构对应税大气污染物和水污染物排放量进行监测时，其当月同一个排放口排放的同一污染物有多个监测数据的，按照监测数据平均值计算应税污染物的排放量。

（4）应税水污染物按照监测数据以流量为权的加权平均值计算应税污染物的排放量。

**答案**
例题6 | A

（5）在生态环境主管部门规定的监测时限内当月无监测数据的，可以跨月沿用最近一次的监测数据计算，但不得跨季沿用监测数据。

（6）纳入排污许可管理行业的纳税人，其应税污染物排放量的监测计算方法按照排污许可管理要求执行。

**【例题 7·单选题】**（2022 年）水污染物的环境保护税计税依据是（    ）。

A. 污水排放数量而定　　　　B. 污染物排放量折合的污染当量数

C. 污染物排放量　　　　　　D. 污染物排放量除以 50 的排放量

**解析** ◥ 选项 B，应税水污染物以污染物排放量折合的污染当量数为计税依据。

**【例题 8·单选题】**（2024 年）2024 年 3 月，某生产企业向大气直接排放二氧化硫 20 千克，向水体直接排放总铬 10 千克、硫化物 15 千克。已知污染当量值为：二氧化硫 0.95/千克、总铬 0.04/千克、硫化物 0.125/千克。该企业所在省确定的环境保护税适用税额为：大气污染物 12 元/污染当量、水污染物 14 元/污染当量。该企业当月应纳环境保护税（    ）元。

A. 4 734.74　　　B. 5 432.63　　　C. 2 373.84　　　D. 2 112.92

**解析** ◥ 该企业当月应纳环境保护税 = 20÷0.95×12＋（10÷0.04＋15÷0.125）×14 = 5 432.63（元）。

**【例题 9·单选题】** 某养猪场 2024 年 3 月养猪存栏量为 3 000 头，污染当量值为 1 头，当地水污染物适用税额为每污染当量 2 元，当月应缴纳环境保护税（    ）元。

A. 0　　　　　B. 3 000　　　　C. 6 000　　　　D. 9 000

**解析** ◥ 水污染物当量数 = 3 000÷1 = 3 000，当月应缴纳环境保护税 = 3 000×2 = 6 000（元）。

### 三、应税固体废物应纳税额的计算

应税固体废物应纳税额的计算，见表 8-5。

表 8-5　应税固体废物应纳税额的计算 🔵

| 税目 | 应纳税额的计算 |
| --- | --- |
| 应税固体废物（按照固体废物的排放量确定） | 应纳税额 = 当期固体废物排放量×具体适用税额<br>=（产生量−综合利用量−贮存量−处置量）×适用税额<br><br>**提示** 未直接向环境排放固体废物，且不享受综合利用税收减免的单位，不再进行纳税申报 |

**记忆口诀**

固体先减再乘定额税。

**【例题 10·单选题】**（2022 年）某企业 6 月生产产生 1 000 吨固体废物，按照国家标准贮存 400 吨，已知固体废物单位税额每吨 25 元。该企业排放固

**答案** ◥

例题 7 | B

例题 8 | B

例题 9 | C

体废物需要缴纳环境保护税（　　）元。

A. 15 000　　　　B. 25 000　　　　C. 35 000　　　　D. 10 000

**解析** ↘ 应缴纳环境保护税税额=（1 000-400）×25=15 000（元）。

### 四、应税噪声应纳税额的计算

应税噪声应纳税额的计算，见表8-6。

记忆口诀

噪声超标才交税，多处超标找最高，百米有两处，就按两处算，昼夜超标分别算，不足15减半算。

表8-6　应税噪声应纳税额的计算

| 税目 | 应纳税额的计算（按照超标分贝数确定） | |
|---|---|---|
| 应税噪声 | 应纳税额=超标分贝数对应的税额 | |
| | 噪声超标分贝数不是整数值的，按四舍五入取整 | |
| | 一个单位的同一监测点当月有多个监测数据超标的 | 最高一次计算 |
| | 当沿边界长度超过100米有两处以上噪声超标 | 两个单位计算 |
| | 一个单位有不同地点作业场所的 | 分别计算，合并计征 |
| | 昼、夜均超标的环境噪声 | 分别计算，累计计征 |
| | 夜间频繁突发和夜间偶然突发厂界超标噪声，按等效声级和峰值噪声两种指标中超标分贝值 | 最高的一项计算 |
| | 声源一个月内累计昼间超标不足15昼或者累计夜间超标不足15夜的 | 分别减半计算 |

【例题11·单选题】2025年1月，A企业在a、b两地作业均存在夜间噪声超标情况。a作业场所一个单位边界上有两处噪声超标，分别超标1分贝、7分贝，超标天数为16天；b作业场所沿边界长度110米有两处噪声超标，分别超标3分贝、9分贝，两处超标天数为14天。已知：超标1~3分贝，税额每月350元；超标7~9分贝，税额每月1 400元。A企业1月噪声污染应缴纳环境保护税（　　）元。

A. 1 400　　　　B. 2 275　　　　C. 4 200　　　　D. 2 800

**解析** ↘ 一个单位有不同地点作业场所的应分开计算，需要合并计征。

a作业场所：同一单位边界多噪声超标按最高一处超标声级计算，超标7~9分贝，查表税额每月1 400元，则应纳税额为1 400元。

b作业场所：沿边界长度超过100米有两处以上噪声超标，按两个单位计算。声源1个月内超标不足15天，减半计算。同一单位边界多噪声超标按最高一处超标声级计算，超标7~9分贝，查表税额每月1 400元，则应纳税额=（1 400+1 400）÷2=1 400（元）。

A企业噪声污染应缴纳环境保护税=1 400+1 400=2 800（元）。

【例题12·多选题】（2024年）下列可减半征收环境保护税的有（　　）。

A. 纳税人噪声声源1个月内累计昼间超标不足15昼或累计夜间超标不足15夜

答案 ↘

例题10 | A

例题11 | D

B. 纳税人排放应税大气污染物浓度值低于国家和地方规定污染物排放标准 30% 的

C. 纳税人排放应税水污染物浓度值低于国家和地方规定污染物排放标准 50% 的

D. 规模化养殖场排放应税污染物

E. 污水处理厂排放污水污染物超过国家和地方规定污染物排放标准

**解析** ↘ 选项 B，减按 75% 征收环境保护税。选项 D，农业生产（不包括规模化养殖）排放应税污染物的，暂予免征环境保护税；规模化养殖场排放应税污染物，应按规定计算缴纳环境保护税。选项 E，依法设立的城乡污水集中处理、生活垃圾集中处理场所排放相应应税污染物，不超过国家和地方规定的排放标准的，暂予免征环境保护税；超过排放标准的，应按规定计算缴纳环境保护税。

**【例题 13·单选题】**（2020 年）关于环境保护税计税依据，下列说法正确的是（　　）。

A. 应税噪声以分贝数为计税依据

B. 应税水污染物以污染物排放量折合的污染当量数为计税依据

C. 应税固体废物按照固体废物产生量为计税依据

D. 应税大气污染物排放量为计税依据

**解析** ↘ 选项 A，应税噪声的计税依据按照超过国家规定标准的分贝数确定。选项 C，应税固体废物的计税依据按照固体废物的排放量确定。选项 D，应税大气污染物按照污染物排放量折合的污染当量数确定。

● **得分高手**（2020 年单选；2021 年单选；2022 年单选；2024 年单选）

本知识点可能涉及文字及计算性题目考查。四类污染物的计算各有不同，要对比记忆。近两年综合分析题中考查先排序再计算的复杂情形，要熟练掌握计算方法，才能稳得分。

## 五、应税污染物排放量的计算

不同情形下应税污染物排放量的计算，见表 8-7。

表 8-7 不同情形下应税污染物排放量的计算

| 情形 | 计算依据 |
| --- | --- |
| (1)纳税人安装使用符合国家规定和监测规范的污染物自动监测设备的 | 按照污染物自动监测数据计算 |
| (2)纳税人未安装使用污染物自动监测设备的 | 按照监测机构出具的符合国家有关规定和监测规范的监测数据计算 |

**答案** ↘

（续表）

| 情形 | 计算依据 | |
|---|---|---|
| （3）因排放污染物种类多等原因不具备监测条件的 | 属于排污许可管理的单位，适用生态环境部已发布的排污许可证申请与核发技术规范清单 | 按清单中：排（产）污系数、物料衡算方法计算 |
| | | 未规定的：按环保部门发布的排放源统计调查制度规定的排（产）污系数方法计算 |
| | 不属于排污许可管理的单位 | 按生态环境部门发布的排放源统计调查制度规定的排（产）污系数 |
| | 上述仍无法计算，由省级环保部门制定抽样测算方法 | |
| 不能按上述（1）至（3）项方法计算的 | 按照省、自治区、直辖市人民政府生态环境主管部门规定的抽样测算方法核定 | |
| 纳税人从两个以上排放口排放应税污染物 | 对每一排放口排放的应税污染物分别计算征收环境保护税 | |
| 纳税人有下列情形之一的：①未依法安装使用污染物自动监测设备或者未将污染物自动监测设备与生态环境主管部门的监控设备联网；②损毁或者擅自移动、改变污染物自动监测设备；③篡改、伪造污染物监测数据；④通过暗管、渗井、渗坑、灌注或者稀释排放以及不正常运行防治污染设施等方式违法排放应税污染物；⑤进行虚假纳税申报 | 以其当期应税大气污染物、水污染物的产生量作为污染物的排放量 | |
| 纳税人有下列情形之一的：①非法倾倒应税固体废物；②进行虚假纳税申报 | 以其当期应税固体废物的产生量作为固体废物的排放量 | |

【例题14·多选题】某铁矿开采企业，2024年6月开采铁原矿25 000吨，销售10 000吨（其中低品位矿1 000吨），收讫不含增值税收入700万元，销售收入中包括坑口到车站的运杂费10万元，已取得增值税发票。企业在开采过程中产生大气污染物，但暂未取得排污许可证且无污染物监测数据。企业所在省规定铁原矿资源税税率为3%，开采低品位矿减征30%资源税。NO化物污染当量值为0.95千克，大气污染物每污染当量税额为3.6元。根据生态环境部发布的排放源统计调查制度规定的方法，计算铁矿采选NO化物的排污系数为10千克/万吨-铁原矿，不考虑其他污染排放物。下列说法正确的有（　　）。

A. 该企业 6 月计算铁原矿资源税时计税依据不含运杂费

B. 该企业 6 月应缴纳的铁原矿资源税 20.08 万元

C. 该企业 6 月采选铁原矿应缴纳的环境保护税 94.74 元

D. 该企业 6 月采选铁原矿应缴纳的环境保护税 37.89 元

E. 该企业 6 月计算环境保护税的计算基数为销售铁原矿 10 000 吨

**解析** ↘ 选项 A、B，铁原矿资源税 ＝（700－10）×90%×3% ＋（700－10）× 10%×3%×（1－30%）＝ 20.08（万元）。选项 C、D、E，应纳环境保护税 ＝ 25 000÷10 000×10÷0.95×3.6 ＝ 94.74（元）。

**【例题 15·多选题】**（2018 年）下列情形中，以纳税人当期大气污染物、水污染物的产生量作为排放量计征环境保护税的有（    ）。

A. 未依法安装使用污染物自动监测设备

B. 通过暗管方式违法排放污染物

C. 损毁或擅自移动污染物自动监测设备

D. 规模化养殖以外的农业生产排放污染物

E. 篡改、伪造污染物监测数据

**解析** ↘ 纳税人有下列情形之一的，以其当期应税大气污染物、水污染物的产生量作为污染物的排放量：①未依法安装使用污染物自动监测设备或者未将污染物自动监测设备与生态环境主管部门的监控设备联网；②损毁或者擅自移动、改变污染物自动监测设备；③篡改、伪造污染物监测数据；④通过暗管、渗井、渗坑、灌注或者稀释排放以及不正常运行防治污染设施等方式违法排放应税污染物；⑤进行虚假纳税申报。

## 第四节 征收管理

### 考点八 征收管理 ★　　一学多考 | 注

环境保护税征收管理，见表 8-8。

表 8-8　环境保护税征收管理

| 项目 | 内容 | |
|---|---|---|
| 纳税义务发生时间 | 纳税人排放应税污染物的当日 | |
| 纳税地点 | 应税污染物排放地 | 应税大气污染物、水污染物排放口所在地 |
| | | 应税固体废物产生地 |
| | | 应税噪声产生地 |

**答案** ↘

例题 14 | ABC

例题 15 | ABCE

（续表）

| 项目 | 内容 | |
|---|---|---|
| 纳税期限 | 按月计算，按季申报缴纳 | 自季度终了之日起15日内 |
| | 不能按固定期限计算缴纳的，可以按次申报缴纳 | 自纳税义务发生之日起15日内 |
| 税务机关与生态环境主管部门职责分工 **了解** | 税务机关职责 | 纳税人识别、信息比对、涉税信息提交 |
| | 生态环境主管部门职责 | 污染物排放信息纠正、涉税信息提交 |

**【例题16·多选题】**（2023年）关于环境保护税征收管理，说法正确的有(    )。

A. 纳税人应当向机构所在地税务机关申报缴纳

B. 纳税人按季申报缴纳的，应自季度终了之日起15日内申报纳税

C. 按固定期限缴纳的，按月计算，按季申报缴纳

D. 不能按固定期限计算缴纳的，可按次申报缴纳

E. 纳税义务发生时间为纳税人产生应税污染物当日

**解析** ↘ 选项A，申报缴纳的税务机关为应税污染物排放地的税务机关。选项E，纳税义务发生时间为纳税人排放应税污染物的当日。

**【例题17·单选题】**（2018年）环境保护税的申报缴纳期限是(    )。

A. 15日  B. 1个月

C. 1个季度  D. 1年

**解析** ↘ 环境保护税按月计算，按季申报缴纳。

**【例题18·多选题】**（2022年）下列地点属于环境保护税应税污染物排放地的有(    )。

A. 应税固体废物产生地  B. 应税噪声产生地

C. 应税水污染物排放口所在地  D. 排放应税污染物企业机构所在地

E. 应税大气污染物排放口所在地

**解析** ↘ 纳税人应当向应税污染物排放地的税务机关申报缴纳环境保护税，应税污染物排放地是指：①应税大气污染物、水污染物排放口所在地；②应税固体废物产生地；③应税噪声产生地。

**答案** ↘

例题16 | BCD

例题17 | C

例题18 | ABCE

# 同步训练

**DATE** /

### 考点一 环境保护税的特点；考点二 纳税义务人；考点三 征税对象

1. (单选题·2019年)下列情形中，应缴纳环境保护税的是( )。

   A. 企业向依法设立的污水集中处理场所排放应税污染物

   B. 个体工商户向依法设立的生活垃圾集中处理场所排放应税污染物

   C. 事业单位在符合国家环境保护标准的设施贮存固体废物

   D. 企业在不符合地方环境保护标准的场所处置固体废物

2. (单选题·2022年)下列应税固体废物需要缴纳环境保护税的是( )。

   A. 禽畜企业排放未经无害化处理的禽畜养殖污染物

   B. 企业在依法设立的污染物集中处理场所排放应税污染物

   C. 铁路机车排放应税污染物

   D. 家庭和个人的生活垃圾

3. (多选题·2018年改)关于环境保护税，下列说法正确的有( )。

   A. 环境保护税纳税人不包括家庭和个人

   B. 固体废弃物和噪声实行统一定额税制，大气和水污染物实行浮动比例税制

   C. 机动车和船舶排放的应税污染物暂免征收环境保护税

   D. 环境保护税计税单位为每污染当量、每吨

   E. 环境保护税收入全部归地方

### 考点四 税收优惠

1. (多选题)下列情形中，免征环境保护税的有( )。

   A. 规模化养殖企业排放的污染物　　B. 印刷厂达标排放的污染物

   C. 船舶排放的污染物　　　　　　　D. 污水处理厂超标排放的污染物

   E. 煤矿将煤矸石综合利用于火电项目(符合环保标准)

2. (多选题)正保公司采用监测机构监测法申报环境保护税，2024年第一季度仅2月有委托第三方监测机构对其应税大气污染物和水污染物进行监测，并获取监测报告。2月监测数据显示，正保公司排放的某一应税大气污染物浓度值低于国家和地方规定的污染物排放标准30%，水污染物的浓度值低于生态环境主管部门规定的污染物检出上限。该公司申报环境保护税时，下列说法正确的有( )。

   A. 环境保护税按月计算，按季申报缴纳

   B. 1月至3月均可使用2月的监测数据计算应税污染物排放量

   C. 1月至3月均可享受减按75%的优惠政策征收环境保护税

   D. 1月和3月因未获取监测报告不予减免环境保护税

   E. 水污染物排放量视为零

## 考点五 税目；考点六 税率

1. (多选题)下列排放物中，属于环境保护税征收范围的有(　　)。

    A. 尾矿

    B. 置于容器中的气态物品

    C. 危险废物

    D. 二氧化硫

    E. 二氧化碳

2. (多选题·2020年)下列关于环境保护税税目的表述，正确的有(　　)。

    A. 石棉尘属于大气污染物

    B. 建筑施工噪声属于噪声污染

    C. 城市洗车行业排放污水属于水污染物

    D. 煤矸石属于固体废物

    E. 一氧化碳属于大气污染物

## 考点七 计税依据与应纳税额的计算

1. (单选题·2022年)应税固体废物的环境保护税的计税依据是(　　)。

    A. 贮存量

    B. 排放量

    C. 生产量

    D. 综合利用量

2. (单选题·2021年)甲企业2024年3月在生产过程中产生固体废物600吨，其中按照国家和地方环境保护标准综合利用200吨。已知每吨固体废物的税额是5元。该企业排放固体废物应缴纳环境保护税(　　)元。

    A. 1 000　　　　　B. 2 000　　　　　C. 4 000　　　　　D. 3 000

3. (单选题)某公司通过安装水流量测得排放污水量为30吨，污染当量值为0.5吨。当地水污染物适用税额为每污染当量2.5元，当月应纳环境保护税(　　)元。

    A. 60　　　　　　　B. 150　　　　　　C. 37.5　　　　　　D. 24

4. (单选题)2024年3月，某大型工业企业直接排放大气污染物1 000万立方米，其中二氧化硫120毫克/立方米。当地大气污染物每污染当量税额1.2元，二氧化硫污染当量值(千克)为0.95。二氧化硫为该企业排放口的前三项污染物，不考虑该企业排放的其他废气，当地规定的二氧化硫排放标准为200毫克/立方米，1克=1 000毫克。该企业当月排放二氧化硫应缴纳环境保护税(　　)元。

    A. 1 515.79　　　B. 1 136.84　　　C. 15 157.9　　　D. 11 368.4

5. (多选题)下列关于环境保护税，说法正确的有(　　)。

    A. 总汞、总镉、总铬属于第一类水污染物

    B. 其他类水污染物，大肠菌群数和余氯量只征收一项

    C. 一个单位边界上有多处噪声超标，根据平均值计算适用应纳税额

    D. 昼夜均超标的工业噪声，昼夜分别计算，累计计征

    E. 夜间频繁突发和夜间偶然突发厂界超标噪声，按等效声级和峰值噪声两种指标中超标分贝值平均计算应纳税额

6. (综合分析题·2023年)甲造纸厂为增值税一般纳税人，纳税信用等级为A级，主营业务为销售办公用纸制品，2024年3月业务如下：

    (1)从某商贸公司(一般纳税人)处购入原木一批，增值税专用发票注明金额500万元，税额45万元；从某木材批发商(小规模纳税人)处购买原木一批，取得

增值税专用发票注明金额 150 万元，税额 4.5 万元；从棉农手中购买棉花，价款 20 万元，款项当月已全部支付。前述原材料，生产车间已领用加工生产纸浆。

（2）购买纸浆一批，取得增值税专用发票注明金额 120 万元，税额 15.6 万元；发生相关运费，取得货运运输增值税专用发票，金额 1 万元，税额 0.09 万元。入库整理时发现 5% 的非正常损失。

（3）采用分期收款方式销售一批办公用纸，合同约定不含税货款为 1 500 万元，本月约定收取货款 80%，剩下的部分下月结清。当月实际收到货款的 40%。以预收货款方式销售一批印刷用纸，按预收款百分百开具不含税发票 300 万元，已经发货 70%。

（4）将 2016 年 8 月购入的综合楼改建为员工宿舍，购入时取得增值税专用发票上注明金额 2 000 万元，税额 100 万元，税额已抵扣，该不动产的净值率为 70%。

（5）销售 2008 年购入机械设备 1 台，购入时按当时政策未抵扣进项税额，取得含税收入 1.03 万元，已开具增值税专用发票。

（6）回收废纸，取得增值税专用发票，注明税额 6.5 万元，销售处理废纸后再生产品取得不含税收入 5 万元，销售再生纸取得不含税收入 280 万元。受托加工再生纸浆，收取不含税加工费 15 万元，产品返回委托方。

（7）该公司当月的污染物排放情况如下，二类水污染物中，SS、CODcr、氨氮、总磷，排放量均为 200 千克。大气污染物中，$SO_2$、CO、甲醛、苯、硫化氢排放量分别为 100 千克、100 千克、50 千克、80 千克、120 千克，对应的污染当量值及环境保护税单位税额如下表。

| 二类水污染物 | 污染当量值（千克） | 大气污染物 | 污染当量值（千克） |
|---|---|---|---|
| SS | 4 | $SO_2$ | 0.95 |
| CODcr | 1 | CO | 16.7 |
| 氨氮 | 0.8 | 甲醛 | 0.09 |
| 总磷 | 0.25 | 苯 | 0.05 |
| — | — | 硫化氢 | 0.29 |

已知：该企业适用 13% 税率，增值税当月已申报，享受优惠政策条件已申报，该企业在 2024 年 1 月因违反生态环境保护的法律法规受到行政处罚，罚款 20 万元。二类水污染物的税额为 3.6 元/千克，大气污染物的税额为 1.2 元/千克。

要求：根据上述资料，回答下列问题。

（1）下列说法正确的有（　　）。

A. 大气污染物，按照污染当量数从大到小排序，对前五项污染物征收环境保护税

B. 一类水污染物，按照污染当量数从大到小排序，对前五项污染物征收环境保护税

C. 甲公司当月可申请即征即退增值税税额为 0.4 万元

D. 大气污染物，按照污染当量数从大到小排序，对前三项污染物征收环境保护税

E. 一类水污染物，按照污染当量数从大到小排序，对前三项污染物征收环境保

护税

（2）业务（1）可抵扣的进项税额为（　　）万元。

A. 59.8　　　　　　B. 67　　　　　　　C. 60.3　　　　　　D. 51.3

（3）业务（5）应缴纳的增值税税额为（　　）万元。

A. 0.02　　　　　　B. 0.13　　　　　　C. 0.12　　　　　　D. 0.03

（4）业务（6）应确认的增值税销项税额为（　　）万元。

A. 37.05　　　　　B. 37.3　　　　　　C. 37.95　　　　　D. 39

（5）甲公司3月应缴纳的增值税税额为（　　）万元。

A. 215.62　　　　B. 202.87　　　　　C. 203.45　　　　D. 213.11

（6）甲公司3月应缴纳的环境保护税税额为（　　）万元。

A. 0.77　　　　　　B. 0.79　　　　　　C. 0.76　　　　　　D. 0.64

## 考点八　征收管理

1.（单选题·2021年）关于环境保护税征收管理，下列表述正确的是（　　）。

A. 环境保护税不能够按固定期限计算缴纳的，可以按次申报缴纳

B. 纳税义务发生时间为纳税人排放应税污染物后15日内

C. 环境保护税能够按固定期限计算缴纳的，按月计算并申报缴纳

D. 生态环境主管部门应负责应税污染物监测管理和纳税人识别

2.（多选题·2022年）关于环境保护税征收管理，下列说法正确的有（　　）。

A. 环境保护税不能按固定期限计算缴纳的，可以按次申报缴纳

B. 生态环境主管部门应负责应税污染物监测管理

C. 纳税义务发生时间为纳税人排放应税污染物的当日

D. 环境保护税按季申报，按年缴纳

E. 所有纳税人应在季度终了之日起15日内申报并缴纳税款

## ● 参考答案及解析

### 考点一　环境保护税的特点；考点二　纳税义务人；考点三　征税对象

1. D　【解析】选项D，企业事业单位和其他生产经营者贮存或者处置固体废物不符合国家和地方环境保护标准的，应缴纳环境保护税。

2. A　【解析】禽畜养殖场依法对畜禽养殖废弃物进行综合利用和无害化处理的，不征收环境保护税。未经无害化处理的禽畜养殖污染物，应依法缴纳环境保护税。

3. ACE　【解析】选项B，固体废弃物和噪声实行的是全国统一的定额税制，对于大气和水污染物实行各省浮动定额税制，既有上限，又有下限。选项D，计算大气污染物和水污染物的环境保护税时计税单位为折算后的每污染当量，计算固体废物的环境保护税时计税单位为排放量吨数，计算噪声的环境保护税时计税单位为工业企业厂界分档查表超标噪声分贝数对应税额。

## 考点四 税收优惠

1. CE 【解析】选项 C、E，下列情形免征环境保护税：①农业生产（不包括规模化养殖）排放应税污染物的；②机动车、铁路机车、非道路移动机械、船舶和航空器等流动污染源排放应税污染物的；③依法设立的城乡污水集中处理、生活垃圾集中处理场所排放相应应税污染物，不超过国家和地方规定的排放标准的；④纳税人综合利用的固体废物，符合国家和地方环境保护标准的；⑤国务院批准免税的其他情形。

2. ABDE 【解析】选项 A，环境保护税按月计算，按季申报缴纳。选项 B，在环境保护主管部门规定的监测时限内当月无监测数据的，可以跨月沿用最近一次的监测数据计算应税污染物排放量。选项 C、D，纳税人采用监测机构出具的监测数据申报减免环境保护税的，应当取得申报当月的监测数据；当月无监测数据的，不予减免环境保护税。选项 E，有关污染物监测浓度值低于生态环境主管部门规定的污染物检出限的，除有特殊管理要求外，视同该污染物排放量为零。

## 考点五 税目；考点六 税率

1. ABCD 【解析】环境保护税税目，包括大气污染物、水污染物、固体废物和噪声四大类。选项 A、B、C，尾矿、置于容器中的气态物品和危险废物属于固体废物。选项 D，二氧化硫属于大气污染物。选项 E，二氧化碳不属于大气污染物。

2. ACDE 【解析】选项 B，噪声税目只包括工业噪声，不包括建筑施工噪声。

## 考点七 计税依据与应纳税额的计算

1. B 【解析】应税固体废物按照固体废物的排放量确定计税依据。应税固体废物的排放量为当期应税固体废物的产生量减去当期应税固体废物贮存量、处置量、综合利用量的余额。

2. B 【解析】应税固体废物的应纳税额 =（产生量−贮存量−处置量−综合利用量）× 单位税额 =（600−200）×5 = 2 000（元）。

3. B 【解析】水污染物当量数 = 30÷0.5 = 60，当月应缴纳环境保护税 = 60×2.5 = 150（元）。

4. B 【解析】二氧化硫排放量 = 1 000×10 000×120÷1 000÷1 000 = 1 200（千克）。
二氧化硫污染当量数 = 1 200÷0.95 = 1 263.16。
二氧化硫的环境保护税 = 1 263.16×1.2 = 1 515.79（元）。
二氧化硫浓度值低于标准浓度值的 30%：120÷200 = 60%，小于 70%（1−30%），可减按 75% 征收环境保护税。
该企业当月应缴纳环境保护税 = 1 515.79×75% = 1 136.84（元）。

5. ABD 【解析】选项 C，一个单位边界上有多处噪声超标，根据最高一处超标声级计算适用应纳税额。选项 E，夜间频繁突发和夜间偶然突发厂界超标噪声，按等效声级和峰值噪声两种指标中超标分贝值高的一项计算应纳税额。

6.（1）BD 【解析】选项 A，大气污染物，按照污染当量数从大到小排序，对前三项污染物征收环境保护税。选项 C，甲公司因 2024 年 1 月违反生态环境保护的法律法

规受到行政处罚，罚款20万元，所以不满足申请即征即退优惠条件。选项E，一类水污染物，按照污染当量数从大到小排序，对前五项污染物征收环境保护税。

**提示** 纳税人申请享受即征即退政策时，申请退税税款所属期前6个月(含所属期当期)不得发生下列情形：①因违反生态环境保护的法律法规受到行政处罚(警告、通报批评或单次10万元以下罚款、没收违法所得、没收非法财物除外，单次10万元以下含本数，下同)；②因违反税收法律法规被税务机关处罚(单次10万元以下罚款除外)，或发生骗取出口退税、虚开发票的情形。

(2) B　【解析】可以抵扣的进项税额 = 45+500×1%+150×10%+20×10% = 67(万元)。

(3) D　【解析】应缴纳的增值税 = 1.03÷(1+3%)×3% = 0.03(万元)。

(4) D　【解析】应确认的增值税销项税额 = 5×13%+280×13%+15×13% = 39(万元)。

(5) A　【解析】业务(1)可以抵扣的进项税额为67万元。

业务(2)可以抵扣的进项税额 = (15.6+0.09)×(1-5%) = 14.91(万元)。

业务(3)销项税额 = 1 500×80%×13%+300×13% = 195(万元)。

业务(4)进项税额转出额 = 100×70% = 70(万元)。

业务(5)应缴纳的增值税为0.03万元。

业务(6)销项税额为39万元，进项税额为6.5万元。

甲公司3月应缴纳的增值税 = 195+39-(67+14.91+6.5-70)+0.03 = 215.62(万元)。

(6) C　【解析】二类水污染物的污染当量数：

SS的污染当量数 = 200÷4 = 50。

CODcr的污染当量数 = 200÷1 = 200。

氨氮的污染当量数 = 200÷0.8 = 250。

总磷的污染当量数 = 200÷0.25 = 800。

二类水污染物应纳环境保护税 = (800+250+200)×3.6 = 4 500(元)。

大气污染物的污染当量数：

$SO_2$ 的污染当量数 = 100÷0.95 = 105.26。

CO的污染当量数 = 100÷16.7 = 5.99。

甲醛的污染当量数 = 50÷0.09 = 555.56。

苯的污染当量数 = 80÷0.05 = 1 600。

硫化氢的污染当量数 = 120÷0.29 = 413.79。

大气污染物应纳环境保护税 = (1 600+555.56+413.79)×1.2 = 3 083.22(元)。

合计应纳环境保护税 = (4 500+3 083.22)÷10 000 = 0.76(万元)。

## 考点八　征收管理

1. A　【解析】选项A、C，环境保护税按月计算、按季申报缴纳，不能按固定期限计算缴纳的，可以按次申报缴纳。选项B，环境保护税纳税义务发生时间为纳税人排

放应税污染物的当日。选项 D，税务机关应当依据生态环境主管部门交送的排污单位信息进行纳税人识别。

2. ABC 【解析】选项 D，环境保护税按月计算，按季申报缴纳。不能按固定期限计算缴纳的，可以按次申报缴纳。选项 E，纳税人按季申报缴纳的，应当自季度终了之日起 15 日内，向税务机关办理纳税申报并缴纳税款；纳税人按次申报缴纳的，应当自纳税义务发生之日起 15 日内，向税务机关办理纳税申报并缴纳税款。

亲爱的读者，你已完成本章8个考点的学习，本书知识点的学习进度已达79%。

# 第九章 烟叶税

## 考试风向

### ▰▰▰▰ 考情速递

烟叶税是个小税种，属于非重点章节。计算简单，理解也较简单，以单选题、多选题考查为主，近年也会在综合分析题里出现，属于前置税种，会影响题目后续增值税和消费税的正确率，要特别小心。

### ▰▰▰▰ 2025 年考试变化

本章内容无实质性变化。

### ▰▰▰▰ 脉络梳理

## 考点详解及精选例题

### 第一节 烟叶税内容

#### 考点一 烟叶税 ★★★　　一学多考|注 ◂

烟叶税，见表 9-1。

表9-1 烟叶税

| 项目 | 内容 |
|------|------|
| 烟叶税概述 | 烟叶税是以纳税人收购烟叶的价款总额为计税依据征收的一种税 |
| 纳税义务人 | 在中华人民共和国境内收购烟叶的单位为烟叶税的纳税人❶ |
| 征税对象 | 烟叶，包括晾晒烟叶、烤烟叶❷ |
| 税率 | 比例税率，税率为20% |
| 计税依据 | 烟叶税的计税依据是收购烟叶实际支付的价款总额。<br>实际支付的价款总额，包括纳税人支付给烟叶生产销售单位和个人的烟叶收购价款和价外补贴。（计算烟叶税时价外补贴统一按烟叶收购价款的10%计算）<br>计税依据的计算公式如下：实际支付的价款总额=收购价款×(1+10%) |
| 应纳税额的计算 | 烟叶税的应纳税额=实际支付的价款总额×20%=收购价款×(1+10%)×20% |
| 纳税地点 | 向烟叶收购地❸的主管税务机关申报纳税 |
| 纳税时间 | 纳税人收购烟叶的当天 |
| 纳税期限 | 烟叶税按月计征，纳税人应当于纳税义务发生月终了之日起15日内申报并缴纳税款 |

知识点拨❶

烟叶的生产销售方不是烟叶税的纳税人。烟叶税的纳税人只有单位，没有个人。

知识点拨❷

没有新鲜烟叶。

知识点拨❸

不是收购单位所在地。

【例题1·单选题】（2022年）关于烟叶税的计税依据，下列说法正确的是（　　）。

A. 包括收购价款和价外补贴

B. 按烟叶收购数量计税

C. 包括收购烟叶应缴纳的消费税

D. 价外补贴统一按收购价款的20%计算

解析 选项B，烟叶税的计税依据是收购烟叶实际支付的价款总额。选项A、C，实际支付的价款总额，包括纳税人支付给烟叶生产销售单位和个人的烟叶收购价款和价外补贴。选项D，价外补贴统一按烟叶收购价款的10%计算。

【例题2·单选题】某烟厂收购烟叶，支付给烟叶销售者收购价款600万元，开具烟叶收购发票，该烟厂应纳烟叶税（　　）万元。

A. 132　　　　B. 116.8　　　　C. 120　　　　D. 106.19

解析 应纳烟叶税=600×(1+10%)×20%=132（万元）。

【例题3·多选题】（2024年）2024年9月1日，A市烟草公司向B县烟农收购一批烤烟叶和晾晒烟叶，支付给烟农烟叶收购价款和价外补贴，下列关于上述业务的烟叶税的处理，说法正确的有（　　）。

A. 烟草公司应于2024年9月1日当天缴税

B. 纳税人应向B县所在地主管税务机关申报缴税

答案 ↘

例题1 | A

例题2 | A

339

C. 烟草公司收购晾晒烟叶不缴税

D. 计税依据包括烟叶收购价款和价外补贴

E. 烟农应履行代收代缴义务

**解析** ➔ 选项 A，烟叶税的纳税义务发生时间为 9 月 1 日。烟草公司应于纳税义务发生月终了之日起 15 日内申报并缴纳税款，因此，应当是 10 月 15 日之前申报缴纳税款。选项 C，烟叶的收购方是烟叶税的纳税人，烟草公司收购晾晒烟叶应缴纳烟叶税。选项 E，烟草公司应自行申报缴纳烟叶税。

## 第二节　烟叶税与增值税、消费税结合

### 考点二　烟叶税与增值税、消费税结合

1. 增值税（以一般纳税人，收购烟叶已开具合规票据为例）

收购烟叶买价＝收购价款＋价外补贴＋烟叶税

（1）当题目未单独告知价外补贴，默认价外补贴为收购价款的 10%：

收购烟叶买价＝收购价款＋价外补贴＋烟叶税

　　　　　　＝收购价款×（1＋10%）×（1＋20%）

（2）价外补贴为已知时：

收购烟叶买价＝收购价款＋价外补贴＋烟叶税

　　　　　　＝收购价款＋价外补贴＋收购价款×（1＋10%）×20%

（3）进项税额＝收购烟叶买价×9%（如果已生产领用于 13% 产品，则按 10% 计算）

2. 消费税

如果题目涉及委托加工业务，则需要准确计算烟叶成本：

烟叶成本＝收购烟叶买价－可抵扣的增值税进项税额。

**【例题 4·多选题】** 2024 年 9 月某烟叶收购企业向烟农收购一批烟叶时，向烟农支付了烟叶收购价款金额为 300 万元，另支付给烟农价外补贴金额为 45 万元，开具在同一张农产品收购发票，当期全部生产领用于生产卷烟。下列表述正确的有（　　）。

A. 收购企业本月应支付缴纳烟叶税 60 万元

B. 烟农本月销售烟叶应缴纳烟叶税 66 万元

C. 收购企业收购烟叶买价 411 万元

D. 收购企业当期可抵扣进项税额 41.1 万元

E. 该批烟叶成本为 369.9 万元

**解析** ➔ 选项 A、B，境内收购烟叶的单位为烟叶税的纳税人，收购企业本月应支付的烟叶税税款＝300×（1＋10%）×20%＝66（万元）。选项 C，收购烟叶买价＝300＋45＋300×（1＋10%）×20%＝411（万元）。选项 D，收购企业当期可抵扣进项税额＝411×10%＝41.1（万元）。选项 E，该批烟叶成本＝411×

$90\% = 369.9($万元$)$。

【例题5·多选题】某卷烟厂为增值税一般纳税人，2024年8月收购烟叶5 000公斤，实际支付的价款总额为65万元，已开具烟叶收购发票，烟叶税税率20%，当月全部用于生产卷烟，下列表述正确的有( )。

A. 卷烟厂代扣代缴烟叶税14.30万元

B. 卷烟厂自行缴纳烟叶税13万元

C. 卷烟厂代扣代缴烟叶税13万元

D. 卷烟厂自行缴纳烟叶税14.3万元

E. 卷烟厂当期进项税额7.8万元，烟叶成本70.2万元

**解析 ↘** 选项A、B、C、D，烟叶税的纳税人是收购烟叶的单位，应自行缴纳烟叶税 $= 65 \times 20\% = 13($万元$)$。选项E，收购烟叶买价 $= 65 + 65 \times 20\% = 65 \times 1.2 = 78($万元$)$，卷烟厂当期进项税额 $= 78 \times 10\% = 7.8($万元$)$，烟叶成本 $= 78 \times 90\% = 70.2($万元$)$。

**答案 ↘**
例题5 | BE

# 同步训练

DATE /

扫我做试题

## 考点一 烟叶税

1. (单选题·2023年)下列关于烟叶税征收管理的表述，正确的是( )。

A. 纳税义务发生时间为收购烟叶的当天

B. 缴库期限为自纳税义务发生之日起15天内

C. 纳税期限为"次"

D. 纳税地点为收购方机构所在地

2. (单选题·2022年)下列关于烟叶税政策的说法，正确的是( )。

A. 税率为地区差别定额税率　　　　B. 计税方法为从量计税

C. 按月计征烟叶税　　　　　　　　D. 计税依据为烟叶实际收购量

3. (多选题)下列关于烟叶税的说法中，错误的有( )。

A. 烟叶税的征税范围是晾晒烟叶和烤烟叶

B. 烟叶税的征税机关是收购单位机构所在地税务机关

C. 烟叶税的代扣代缴义务人是收购烟叶的单位

D. 烟叶税采用从价定率计征

E. 烟叶税纳税人是在我国境内收购烟叶的单位和个人

4. (多选题·2023年)下列关于烟叶税的说法，正确的有( )。

A. 计税依据为收购方支付的烟叶收购价款和价外补贴

B. 纳税人为烟叶收购方

C. 进口烟叶需缴纳烟叶税

D. 法律依据为《烟叶税暂行条例》

E. 比例税率为 10%

## 考点二 烟叶税与增值税、消费税结合

(单选题)某市甲烟草公司为增值税一般纳税人，2024 年 8 月向烟农收购烤烟叶实际支付的价款总额 242 万元；当月将收购的一半烤烟叶加工成烟丝后销售，取得不含税销售收入 260 万元；将另一半烤烟叶直接对外销售，取得不含税销售收入 140 万元。下列对于甲烟草公司 2024 年 8 月的税务处理不正确的是(　　)。

A. 本月应纳烟叶税 44 万元

B. 本月应纳烟叶税 48.4 万元

C. 本月应纳消费税 78 万元

D. 烤烟叶直接对外销售，不属于消费税征税范围，不缴纳消费税

### ●● 参考答案及解析

#### 考点一 烟叶税

1. A 【解析】选项 B、C，烟叶税按月计征，纳税人应当于纳税义务发生月终了之日起 15 日内申报并缴纳税款。选项 D，应当向烟叶收购地的主管税务机关申报缴纳烟叶税。

2. C 【解析】选项 A，烟叶税实行比例税率，税率为 20%。选项 B，烟叶税从价计征。选项 D，烟叶税的计税依据是收购烟叶实际支付的价款总额。

3. BCE 【解析】选项 B，按照税法规定，纳税人收购烟叶，应当向烟叶收购地的主管税务机关申报纳税。选项 C，收购方不是代扣代缴义务人，而是纳税义务人。选项 E，烟叶税纳税人是在我国境内收购烟叶的单位。

4. AB 【解析】选项 C，烟叶税是针对境内收购烟叶的单位征收的一种税，进口烟叶，不征收烟叶税。选项 D，法律依据为《烟叶税法》。选项 E，烟叶税的比例税率为 20%。

#### 考点二 烟叶税与增值税、消费税结合

A 【解析】选项 A、B，本月应纳烟叶税 = 242×20% = 48.4(万元)。选项 C，本月应纳消费税 = 260×30% = 78(万元)。选项 D，烤烟叶不属于消费税征税范围，不缴纳消费税。

亲爱的读者，你已完成本章2个考点的学习，本书知识点的学习进度已达81%。

# 第十章 关 税

重要程度：非重点章节    分值：3分左右

## 考试风向

### 考情速递

关税是个小税种，属于非重点章节。文字类考点繁多，记忆难度大，计算也较其他小税种复杂，以单选题、多选题考查为主，近年也会在综合分析题里出现，属于前置税，需要正确计算关税后才能进行增值税、消费税的后续计算。

### 2025年考试变化

调整：根据《关税法》重新编写。

### 脉络梳理

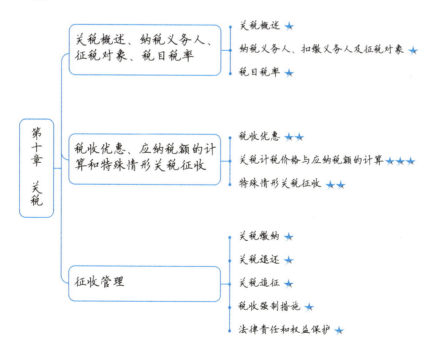

第十章 关税
- 关税概述、纳税义务人、征税对象、税目税率
  - 关税概述 ★
  - 纳税义务人、扣缴义务人及征税对象 ★
  - 税目税率 ★
- 税收优惠、应纳税额的计算和特殊情形关税征收
  - 税收优惠 ★★
  - 关税计税价格与应纳税额的计算 ★★★
  - 特殊情形关税征收 ★★
- 征收管理
  - 关税缴纳 ★
  - 关税退还 ★
  - 关税追征 ★
  - 税收强制措施 ★
  - 法律责任和权益保护 ★

# 考点详解及精选例题

• • •

## 第一节 关税概述、纳税义务人、征税对象、税目税率

### 考点一 关税概述 ★

#### （一）关税的概念

2024年4月26日第十四届全国人民代表大会常务委员会第九次会议通过《关税法》，自2024年12月1日起施行。

关税是由海关根据国家制定的有关法律，以准许进出口的货物和进境物品为征税对象而征收的一种税收。

#### （二）关税的特点

关税的特点，见表10-1。

表 10-1　关税的特点

| 特点 | 解释 |
|---|---|
| 征收的对象是准许进出口的货物和进境物品 | 只有准许进出口的货物❶、进境物品❷才需要征收关税 |
| 关税是单一环节的价外税 | 关税的计税价格中不包括关税。<br>【链接】海关代征进口增值税、进口消费税时，其计税依据中包括关税 |
| 有较强的涉外性 | 关税政策、关税措施往往和经济政策、外交政策紧密相关，具有较强的涉外性 |

**知识点拨❶**
货物是指贸易性商品。

**知识点拨❷**
进境物品包括行李物品、寄递物品和其他物品。

【例题1·单选题】（2024年）关于关税的下列说法，正确的是(　　　)。

A. 关税分为进口关税和出口关税，因此关税是两个环节征税

B. 关税是单一的从价税

C. 关税是单一环节的价外税

D. 关税的征收对象是一切进出口的货物

**解析** ↘ 选项A，按征税货物和物品进出方向不同进行分类，可将关税分为进口关税、出口关税。但是关税是单一环节的价外税。选项B，按计税方式分类，可将关税分为从量税、从价税和复合税。选项D，关税的征收对象是准许进出口的货物和进境的物品。

#### （三）关税的分类

关税的分类，见表10-2。

**答案** ↘
例题1 | C

表 10-2 关税的分类

| 分类 | | | 细节 | |
|---|---|---|---|---|
| 按征税对象分类 | 进口关税 | 海关对进口货物和进境物品所征收的关税 | 正税：法定税率征收的进口税 | |
| | | | 附加税：在征收进口正税的基础上额外加征关税，通常属于临时性的限制进口措施。不是独立的税种，是从属进口正税的 | |
| | 出口关税 | 海关对出口货物所征收的关税 | 除对部分出口货物征收出口关税外，各国一般不对出口产品征收关税 | |
| 按计税方式分类 | 从量税 | 以每一计量单位应纳的关税金额作为税率，称为从量税 | | |
| | 从价税 | 以货物的价格作为征税标准而征收的税称为从价税 | | |
| | 复合税 | 征税时既采用从量又采用从价两种税率计征税款 | | |
| 按征税性质分类 | 普通关税 | 对与本国没有签署贸易或经济互惠等友好协定的国家原产的货物征收的非优惠性关税 | | |
| | 优惠关税（互惠关税） | 特定优惠关税（特惠税）指某一国家对另一国家或某些国家对另外一些国家的某些方面予以特定优惠关税待遇，而他国不得享受 | | |
| | | 普遍优惠关税（普惠制、普税制）指发达国家对从发展中国家或地区输入的产品，特别是制成品和半制成品普遍给予优惠关税待遇的一种制度 | | |
| | | 最惠国待遇规定缔约国双方相互间现在和将来所给予任何第三国的优惠待遇，同样适用于对方（不低于第三方待遇） | | |
| | 差别关税 | 加重关税：出于某种原因或为达到某个目的，而对某国货物或某种货物的输入加重征收的关税 | | |
| | | 反补贴关税：对接受任何津贴或补贴的外国进口货物所附加征收的一种关税 | | |
| | | 反倾销关税：对外国的倾销商品，在征收正常进口关税的同时附加征收的一种关税 | | |
| | | 报复关税：指他国政府为维护本国利益，报复该国对本国输出货物的不公正、不平等、不友好待遇，对该国输入本国的货物加重征收的关税 | | |

## （四）我国现行关税制度基本法律依据

现行关税制度的法律依据主要有：《海关法》、《海关进出口货物减免税管理办法》、《关税法》及所附《进出口税则》、《进境物品关税、增值税、消费税征收办法》、《海关进出口货物征税管理办法》。

### 考点二 纳税义务人、扣缴义务人及征税对象 ★

关税纳税人、扣缴义务人及征税对象，见表10-3。

表10-3　关税纳税人、扣缴义务人及征税对象

| 项目 | 详解 |
|---|---|
| 纳税义务人 | 进口货物的收货人 |
| | 出口货物的发货人 |
| | 进境物品的携带人或者收件人 |
| 扣缴义务人 | 从事跨境电子商务零售进口的电子商务平台经营者、物流企业和报关企业，以及法律、行政法规规定负有代扣代缴、代收代缴关税税款义务的单位和个人 |
| 征税对象 | 准许进出口的货物、进境物品 |

### 考点三 税目税率 ★

1. 关税税率的适用应当符合相应的原产地规则

税率形式，见表10-4。

表10-4　税率形式

| 形式 | 适用规则 | 适用顺序 |
|---|---|---|
| 最惠国税率 | （1）原产于共同适用最惠国待遇条款的世界贸易组织成员的进口货物 | （1）适用最惠国税率的进口货物有暂定税率的，适用暂定税率 |
| | （2）原产于与我国缔结或者共同参加含有相互给予最惠国待遇条款的国际条约、协定的国家或者地区的进口货物 | |
| | （3）原产于我国境内的进口货物 | |
| 协定税率 | 原产于与我国缔结或者共同参加含有关税优惠条款的国际条约、协定的国家或者地区且符合国际条约、协定有关规定的进口货物 | |

完全在一个国家或者地区获得的货物，以该国家或者地区为原产地；两个以上国家或者地区参与生产的货物，以最后完成实质性改变的国家或者地区为原产地。国务院根据中华人民共和国缔结或者共同参加的国际条约、协定对原产地的确定另有规定的，依照其规定。

（续表）

| 形式 | 适用规则 | 适用顺序 |
|---|---|---|
| 特惠税率 | 原产于我国给予特殊关税优惠安排的国家或者地区且符合国家原产地管理规定的进口货物 | （2）适用协定税率的进口货物有暂定税率的，从低适用税率；其最惠国税率低于协定税率且无暂定税率的，适用最惠国税率。 |
| 普通税率 | 原产于上述最惠国税率、协定税率和特惠税率以外的国家或地区的进口货物 | （3）适用特惠税率的进口货物有暂定税率的，从低适用税率。 |
| | 原产地不明的进口货物 | （4）适用普通税率的进口货物，不适用暂定税率。 |
| 关税配额税率 | 实行关税配额管理的进出口货物，关税配额内的适用关税配额税率，有暂定税率的适用暂定税率；关税配额外的，其税率适用以上税率 | |
| 暂定税率 | 对进出口货物一定期限内可以实行暂定税率 | （5）适用出口税率的出口货物有暂定税率的，适用暂定税率 |
| 出口税率 | 对部分商品征收出口关税 | |

**提示** 征收报复性关税的货物范围、适用国别或者地区、税率、期限和征收办法，由国务院关税税则委员会提出建议，报国务院批准后执行。

2. 关税税率适用日期

关税税率适用日期，见表10-5。

表 10-5 关税税率适用日期

| 情形 | 税率 |
|---|---|
| 进出口货物、进境物品 | 纳税人、扣缴义务人完成申报之日实施的税率 |
| 进口货物到达前，经海关核准先行申报的 | 装载该货物的运输工具申报进境之日实施的税率 |
| 保税货物不复运出境，转为内销 | 纳税人、扣缴义务人办理纳税手续之日实施的税率 |
| 减免税货物经批准转让、移作他用或者进行其他处置 | |
| 暂时进境货物不复运出境或者暂时出境货物不复运进境 | |
| 租赁进口货物留购或者分期缴纳税款 | |
| 补征或者退还关税税款 | 按照上述规定确定适用的税率 |
| 因纳税人、扣缴义务人违反规定需要追征税款的 | 适用违反规定行为发生之日实施的税率 |
| | 行为发生之日不能确定的，适用海关发现该行为之日实施的税率 |

**【例题2·单选题】**下列关于关税税率的说法中，正确的是(　　)。

A. 保税货物不复运出境转为内销的，应当适用纳税人、扣缴义务人办理纳税手续之日实施的税率

B. 特惠税率适用原产于我国参加的含有关税优惠条款的区域性贸易协定的有关缔约方的进口货物

C. 协定税率适用原产于与我国签订有特殊优惠关税协定的国家或地区的进口货物

D. 按照国家规定实行关税配额管理的进口货物，关税配额内的，按其适用税率的规定执行

**解析** ↘ 选项B，协定税率适用原产于与我国缔结或者共同参加含有关税优惠条款的国际条约、协定的国家或者地区且符合国际条约、协定有关规定的进口货物。选项C，特惠税率适用原产于我国给予特殊关税优惠安排的国家或者地区且符合国家原产地管理规定的进口货物。选项D，按照国家规定实行关税配额管理的进口货物，关税配额内的，适用关税配额税率，有暂定税率的适用暂定税率；关税配额外的，按其适用税率的规定执行。

## 第二节　税收优惠、应纳税额的计算和特殊情形关税征收

### 考点四　税收优惠 ★ ★

1. 关税税收优惠

关税税收优惠，见表10-6。

表10-6　关税税收优惠

| 政策 | | 内容 |
|---|---|---|
| 法定减免税 | 免征 | (1)国务院规定的免征额度内的一票货物(关税税额在人民币50元以下)。<br>(2)**无商业价值**的广告品和货样。<br>(3)进出境运输工具装载的**途中必需**的**燃料**、**物料**和**饮食**用品。<br>(4)在海关放行前**损毁或者灭失**的货物、进境物品。<br>(5)**外国政府**、**国际组织**无偿赠送的物资。<br>(6)中华人民共和国缔结或者共同参加的国际条约、协定规定免征关税的货物、进境物品。<br>(7)依照有关法律规定免征关税的其他货物、进境物品 |
| | 减征 | 在海关放行前遭受**损坏**的货物、进境物品  |
| | | 中华人民共和国缔结或者共同参加的国际条约、协定规定减征关税的货物、进境物品 |
| | | 依照有关法律规定减征关税的其他货物、进境物品 |

**知识点拨1**

进口环节增值税、消费税税额在人民币50元以下的一票货物，免征进口环节增值税、消费税。

**知识点拨2**

第(2)至(5)项，免征关税的同时免征进口环节增值税和消费税。

**知识点拨3**

减征关税，应当根据海关认定的受损程度办理。按受损后的实际价值确定进口环节组成计税价格，依法计征进口环节增值税和消费税。

**答案** ↘

例题2|A

（续表）

| 政策 | | 内容 |
|------|------|------|
| 专项优惠 | 科教用品 | （1）对科学研究机构、技术开发机构、学校、党校（行政学院）、图书馆进口国内不能生产或性能不能满足需求的科学研究、科技开发和教学用品，免征进口关税和进口环节增值税、消费税。<br>（2）对出版物进口单位科研院所、学校、党校（行政学院）、图书馆进口用于科研、教学的图书、资料等，免征进口环节增值税 |
| | 残疾人专用品 | 残疾人专用品、有关单位进口国内不能生产的特定残疾人专用品，免征进口关税和进口环节增值税、消费税 |
| | 慈善捐赠物资 | 通过符合条件的非营利组织或国务院有关部门、省级政府，直接用于慈善事业的物资，免征进口关税和进口环节增值税 |
| | 重大技术装备 | 对符合规定条件的企业及核电项目业主为生产国家支持发展的重大技术装备或产品而确有必要进口的部分关键零部件及原材料，免征关税和进口环节增值税 |
| | 集成电路产业和软件产业 | 符合条件的企业，进口国内不能生产或性能不能满足需求的原材料、消耗品、专用建筑材料、配套系统、生产设备零配件 |
| | 科普用品 | （1）自2021年1月1日至2025年12月31日，对公众开放的科技馆、自然博物馆、天文馆（站、台）、气象台（站）、地震台（站），以及高校和科研机构所属对外开放的科普基地，进口指定商品免征进口关税和进口环节增值税。<br>（2）进口"十四五"期间免税进口科普用品清单（第一批）中的科普仪器设备、科普展品、科普专用软件免征进口关税和进口环节增值税 |
| | 国家综合性消防救援队伍进口消防救援设备 | 自2023年1月1日至2025年12月31日，对国家综合性消防救援队伍进口国内不能生产或性能不能满足需求的消防救援装备，免征关税和进口环节增值税、消费税 |

2. 减免税货物的管理

（1）减免税货物应当依法办理手续。需由海关监管使用的减免税货物应当接受海关监管，在监管年限内转让、移作他用或者进行其他处置，按照国家有关规定需要补税的，应当补缴关税。

（2）除海关总署另有规定外，进口减免税货物的监管年限为：船舶、飞

机为 8 年，机动车辆为 6 年，其他货物为 3 年。监管年限自货物进口放行之日起计算。

**【例题 3·多选题】** 关于关税减免税，下列说法正确的有(　　)。

A. 外国企业无偿赠送进口的物资免征关税

B. 科学研究机构进口国内不能生产或性能不能满足的科学研究用品免征关税

C. 国务院规定的免征额度内的一票货物免征关税

D. 进出境运输工具装载的娱乐设施暂免征收关税

E. 在海关放行前遭受损坏的货物免征关税

**解析** ↘ 选项 A，外国政府、国际组织无偿赠送的物资免征关税。选项 D，进出境运输工具装载的途中必需的燃料、物料和饮食用品(不含娱乐设施)免征关税。选项 E，在海关放行前遭受损坏的货物应当根据海关认定的受损程度办理减税。

**【例题 4·单选题】** (2020年)以关税特定减免方式进口的科教用品，海关监管的年限为(　　)年。

A. 7　　　　　B. 10　　　　　C. 8　　　　　D. 3

**解析** ↘ 特定减免税进口货物的监管年限为：①船舶、飞机 8 年；②机动车辆 6 年；③其他货物 3 年。

### 考点五 关税计税价格与应纳税额的计算 ★★★

#### (一)关税实行从价计征、从量计征、复合计征的方式征收

实行从价计征的：
关税应纳税额=计税价格×关税比例税率
实行从量计征的：
关税应纳税额=货物数量×关税定额税率
实行复合计征的：
关税应纳税额=计税价格×关税比例税率+货物数量×关税定额税率

#### (二)进口货物的计税价格

1. 一般情形：计税价格=货+运+保±调整
计税价格，见表 10-7。

**答案** ↘
例题 3｜BC
例题 4｜D

表 10-7　计税价格

| 项目 | | 内容 |
|---|---|---|
| 进口货物的成交价格 | | 卖方向中华人民共和国境内销售该货物时，买方为进口该货物向卖方实付、应付的，并按照规定调整后的价款总额 |
| | | **提示** 成交价格应当符合下列条件：<br>(1)对买方处置或者使用该货物不予限制，但法律、行政法规规定的限制、对货物转售地域的限制和对货物价格无实质性影响的限制除外。<br>(2)该货物的成交价格没有因搭售或者其他因素的影响而无法确定。<br>(3)卖方不得从买方直接或者间接获得因该货物进口后转售、处置或者使用而产生的任何收益，或者虽有收益但能够按规定进行调整。<br>(4)买卖双方没有特殊关系，或者虽有特殊关系但未对成交价格产生影响 |
| 调整 | 计入计税价格 | (1)由买方负担的购货佣金以外的佣金和经纪费。<br>(2)由买方负担的与该货物视为一体的容器的费用。<br>(3)由买方负担的包装材料费用和包装劳务费用。<br>(4)与该货物的生产和向我国境内销售有关的，由买方以免费或者以低于成本的方式提供并可以按适当比例分摊的料件、工具、模具、消耗材料及类似货物的价款，以及在中华人民共和国境外开发、设计等相关服务的费用。<br>(5)作为该货物向我国境内销售的条件，买方必须支付的、与该货物有关的特许权使用费。<br>(6)卖方直接或者间接从买方获得的该货物进口后转售、处置或者使用的收益 |
| 调整 | 不计入计税价格 | (1)厂房、机械、设备等货物进口后进行建设、安装、装配、维修和技术服务的费用，但保修费用除外。<br>(2)进口货物运抵我国境内输入地点起卸后的运输及其相关费用、保险费。<br>(3)进口关税及国内税收 |
| 运输及其相关费用 | | 该货物运抵中华人民共和国境内输入地点起卸前的 |
| 保险费 | | |

知识点拨

购货佣金不计入计税价格。

知识点拨

与进口货物无关，或者不构成该货物向中华人民共和国境内销售的条件的特许权使用费不计入。

2. 估定计税价格

进口货物的成交价格不符合规定条件，或者成交价格不能确定的，海关与纳税人进行价格磋商后，依次以下列价格估定该货物的计税价格。

（1）相同货物成交价格估价方法：与该货物同时或者大约同时向中华人民共和国境内销售的相同货物的成交价格。

（2）类似货物成交价格估价方法：与该货物同时或者大约同时向中华人民共和国境内销售的<u>类似货物</u>的成交价格。

（3）再销售价格估价方法：与该货物进口的同时或者大约同时，将该进口货物、相同或者类似进口货物在我国境内<u>第一级销售环节销售给无特殊关系买方最大销售总量的单位价格</u>。

但应当扣除下列项目：

a. 同等级或者同种类货物在我国境内第一级销售环节销售时<u>通常的利润和一般费用</u>以及通常支付的<u>佣金</u>；

b. 进口货物运抵中华人民共和国境内输入地点起卸<u>后</u>的运输及其相关费用、保险费；

c. 进口<u>关税</u>及<u>国内税收</u>。

（4）成本加成估价方法：按照生产该货物所使用的料件成本和加工费用，向境内销售同等级或者同种类货物通常的利润和一般费用，该货物运抵境内输入地点起卸前的运输及其相关费用、保险费之和计算。

（5）其他估定价格的合理方法。

纳税人可以向海关提供有关资料，申请调整前款第（3）项和第（4）项的适用次序。

【例题5·单选题】2025年3月，某贸易公司进口一批货物，合同中约定成交价格为人民币600万元，支付作为国内销售必要条件的特许销售权费用人民币10万元，卖方佣金人民币5万元，购货佣金人民币3万元。该批货物运抵境内输入地点起卸前发生的运费和保险费共计人民币8万元，该货物关税计税价格（　　）万元。

A. 615　　　　　B. 621　　　　　C. 623　　　　　D. 626

解析 ↘ 该货物关税计税价格=600+10+5+8=623（万元）。

【例题6·单选题】公司进口美国产麦芽酿造的啤酒500箱，每箱24瓶，每瓶容积500毫升，价格为CIF（到岸价=成本+运费+保费）3 000美元。征税日美元与人民币的外汇中间价为100美元=670.86元人民币，适用优惠税率为3元人民币/升。进口报关时应缴纳关税（　　）元人民币。

A. 18 000　　　　B. 9 000　　　　C. 36　　　　D. 603.77

解析 ↘ 1升=1 000毫升，应纳关税税额=500×24×500÷1 000×3=18 000（元）。

【例题7·单选题】某公司进口2台韩国产广播级录像机，价格为CIF（到岸价=成本+运费+保费）11 000美元，征税日美元与人民币的外汇中间价为100美元=670.86元人民币。当计税价格≤2 000美元/台时，适用税率为13.5%；当计税价格>2 000美元/台时，适用税率为1.3%加1 968.3元/台。进口报关时应缴纳关税（　　）元人民币。（计算结果保留两位小数）

A. 4 895.93　　　B. 959.33　　　C. 3 936.6　　　D. 4 079.6

**解析** ↘ 应纳关税税额 = 2×1 968.3 + 11 000÷100×670.86×1.3% = 4 895.93(元)。

**【例题8·单选题】** 某商贸企业2025年4月从国外进口1辆中轻型商务用车，作为企业班车，海关审定的成交价格为15万元，支付购货佣金1万元，运抵我国海关前发生的运费、保险费共3万元，关税税率为30%，消费税税率为5%。该商贸企业进口商务用车应纳的进口环节税金为(    )万元。

A. 9.36          B. 9.38          C. 9.83          D. 13.28

**解析** ↘ 购货佣金不计入关税计税价格，关税计税价格 = 15+3 = 18(万元)。

进口关税 = 18×30% = 5.4(万元)。

进口消费税 = (18+5.4)÷(1−5%)×5% = 1.23(万元)。

进口增值税 = (18+5.4)÷(1−5%)×13% = 3.20(万元)。

合计 = 5.4+1.23+3.20 = 9.83(万元)。

### (三)出口货物的计税价格

**1. 一般情形**

出口货物的计税价格以该货物的成交价格以及该货物运至我国境内输出地点装载前的运输及其相关费用、保险费为基础确定。出口货物的成交价格，是指该货物出口时卖方为出口该货物应当向买方直接收取和间接收取的价款总额。出口关税不计入计税价格。

**2. 估定计税价格**

出口货物的成交价格不能确定的，海关与纳税人进行价格磋商后，依次以下列价格估定该货物的计税价格：

(1)与该货物同时或者大约同时向同一国家或者地区出口的相同货物的成交价格。

(2)与该货物同时或者大约同时向同一国家或者地区出口的类似货物的成交价格。

(3)按照下列各项总和计算的价格：中华人民共和国境内生产相同或者类似货物的料件成本、加工费用，通常的利润和一般费用，境内发生的运输及其相关费用、保险费。

(4)以合理方法估定的价格。

### (四)进境物品的计税价格与应纳税额计算

进境物品不同情况的征免办法，见表10-8。

**知识点拨**

进境物品，是指中华人民共和国准许进境的行李物品、寄递物品和其他物品。

**答案** ↘

例题8 | C

表 10-8　进境物品不同情况的征免办法

| 情形 | | 政策 |
|---|---|---|
| 个人合理自用的进境物品，在规定数额以内的 | | 免税 |
| 个人合理自用的进境物品 | （1）行李物品；<br>（2）总值2 000元人民币以内的寄递物品，或者总值超过2 000元人民币的不可分割单件寄递物品 | 按照简易征收办法合并征收关税、增值税、消费税 |
| （1）超过个人合理自用数量的进境物品；<br>（2）应税个人自用的汽车、摩托车及其配件、附件；<br>（3）国务院规定按照进口货物征税的其他进境物品 | | 按照一般进口货物征税 |

## 考点六 特殊情形关税征收 ★ ★

特殊情形关税征收，见表10-9。

表 10-9　特殊情形关税征收

| 项目 | 政策 |
|---|---|
| 保税货物 | 保税货物复运出境的，免征关税 |
| | 不复运出境转为内销的，按照规定征收关税 |
| | 加工贸易保税进口料件或者其制成品内销的，除按照规定征收关税外，还应当征收缓税利息 |
| 进口软件介质 | 进口载有专供数据处理设备用软件的介质，具有下列情形之一的，应当以介质本身的价值或者成本为基础审查确定计税价格：<br>①介质本身的价值或者成本与所载软件的价值分列；<br>②介质本身的价值或者成本与所载软件的价值虽未分列，但是纳税人能够提供介质本身的价值或者成本的证明文件，或者能提供所载软件价值的证明文件。<br>含有美术、摄影、声音、图像、影视、游戏、电子出版物的介质不适用上述规定 |
| 不存在成交价格的进口货物 | 易货贸易、寄售、捐赠、赠送等不存在成交价格的进口货物，海关与纳税人进行价格磋商后，依次以下列方法审查确定该货物的计税价格：<br>①相同货物成交价格估价方法；<br>②类似货物成交价格估价方法；<br>③再销售价格估价方法；<br>④成本加成估价方法；<br>⑤其他合理估价方法。<br>纳税人向海关提供有关资料后，可以提出申请，颠倒第③项和第④项的适用次序 |

（续表）

| 项目 | | 政策 |
|---|---|---|
| 租赁进口货物 | | （1）租赁方式进口的货物，以租金方式对外支付的，在租赁期间以海关审查确定的租金作为计税价格，利息应当予以计入。<br>（2）留购的租赁货物，以海关审定的留购价格作为计税价格。<br>（3）纳税人申请一次性缴纳税款的，可以选择申请按照进口货物计税价格估定方法的相关内容确定计税价格，或者按照海关审查确定的租金总额作为计税价格 |
| 暂时进出境货物 | 暂不缴纳税款 | 暂时进（出）境的下列货物、物品，可以依法暂不缴纳关税，但该货物、物品应当自进（出）境之日起6个月内复运出（进）境；需要延长复运出（进）境期限的，应当根据海关总署的规定向海关办理延期手续：<br>（1）在展览会、交易会、会议以及类似活动中展示或者使用的货物、物品。<br>（2）文化、体育交流活动中使用的表演、比赛用品。<br>（3）进行新闻报道或者摄制电影、电视节目使用的仪器、设备及用品。<br>（4）开展科研、教学、医疗卫生活动使用的仪器、设备及用品。<br>（5）以上所列活动中使用的交通工具及特种车辆。<br>（6）货样。<br>（7）供安装、调试、检测设备时使用的仪器、工具。<br>（8）盛装货物的包装材料。<br>（9）其他用于非商业目的的货物、物品。<br>**提示** 在规定期限内未复运出境或者未复运进境的，应当依法缴纳关税、进口环节增值税和消费税 |
| | 其他暂时进境的货物、物品 | 经海关批准的暂时进境的货物应当缴纳税款的，应当按照一般进口货物计税价格确定的有关规定，审查确定关税价格。经海关批准留购的暂时进境货物，以海关审查确定的留购价格作为计税价格 |
| 修理和加工货物 | 出境修理货物 | 运往境外修理的机械器具、运输工具或其他货物，出境时已向海关报明，并在海关规定期限内复运进境的，应当以境外修理费和料件费为基础审查确定计税价格 |
| | 出境加工货物 | 运往境外加工的货物，出境时已向海关报明，并在海关规定期限内复运进境的，应当以境外加工费和料件费，以及该货物复运进境的运输及其相关费用、保险费为基础审查确定计税价格 |

知识点拨
同时暂不缴纳进口环节增值税和消费税。

（续表）

| 项目 | | 政策 |
|---|---|---|
| 退运和受损货物 | 出口货物复运进境 | 因品质、规格原因或者不可抗力，出口货物自出口放行之日起1年内原状复运进境的，不予征税 |
| | 进口货物复运出境 | 因品质、规格原因或者不可抗力，进口货物自进口放行之日起1年内原状复运出境的，不予征税 |
| 免费补偿或者更换 | | 因残损、短少、品质不良或者规格不符原因，进出口货物的发货人、承运人或者保险公司免费补偿或者更换的相同货物，进出口时不征收关税。被免费更换的原进口货物不退运出境或者原出口货物不退运进境的，海关应当对原进出口货物重新按照规定征收关税  |
| 补征税款 | 减免税货物因转让、提前解除监管以及减免税申请人发生主体变更、依法终止情形或者其他原因需要补征税款的 | 以货物原进口时的计税价格为基础，按照减免税货物已进口时间与监管年限的比例进行折旧。<br>补税的计税价格＝减免税货物原进口时的计税价格×[1-减免税货物已进口时间÷（监管年限×12）]<br>**提示** 减免税货物已进口时间自货物放行之日起按月计算。不足1个月但超过15日的，按1个月计算；不超过15日的，不予计算 |
| | 减免税申请人将减免税货物移作他用，需要补缴税款的 | 以货物原进口时的计税价格为基础，按照需要补缴税款的时间与监管年限的比例进行折旧。<br>补税的计税价格＝减免税货物原进口时的计税价格×需要补缴税款的时间÷（监管年限×365）<br>**提示** 上述计算公式中需要补缴税款的时间为减免税货物移作他用的实际时间，按日计算，每日实际使用不满8小时或者超过8小时的均按1日计算 |

**知识点拨**

纳税人应当在原进出口合同约定的请求赔偿期限内且不超过原进出口放行之日起3年内，向海关申报办理免费补偿或者更换货物的进出口手续。

【例题9·单选题】（2019年）关于以租赁方式进口设备的关税税务处理，下列说法不正确的是(  )。

A. 以租金方式对外支付的，利息应当计入计税价格

B. 租赁期满，企业留购该设备的不缴纳关税

C. 在租赁期间以海关审查确定的租金作为计税价格

D. 纳税人申请一次性缴纳税款的，可以选择海关审查确定的租金总额作为计税价格

解析 ↘ 选项B，留购的租赁货物需要缴纳关税。

【例题10·单选题】2024年4月1日，某企业经批准进口1台符合国家

**答案** ↘
例题9｜B

特定免征关税的科研设备用于研发项目，设备进口时经海关审定的计税价格折合人民币860万元，海关规定的监管年限为3年；2024年9月30日，该企业研发项目完成后，将已提折旧100万元的免税科研设备转让给另外一家企业。已知该设备的关税税率为20%，则该企业应补缴的关税为（　　）万元。

　　A. 28.67　　　　B. 152　　　　C. 143.334　　　D. 172

　　**解析** ↘ 该设备的关税计税价格=减免税货物原进口时的计税价格×[（1−减免税货物已进口的时间（月）÷（监管年限×12）]=860×[1−6÷（3×12）]=716.67（万元），企业应补缴关税=716.67×20%=143.334（万元）。

## 第三节　征收管理

### 考点七　关税缴纳 ★

关税缴纳，见表10-10。

表 10-10　关税缴纳

| 项目 | | 政策 |
|---|---|---|
| 征税模式 | | 关税的征收管理可以实施货物放行与税额确定相分离的模式 |
| 申报地点 | | 向货物进（出）境地海关申报 |
| 纳税期限 | 一般情形 | 自完成申报之日起15日内缴纳税款；符合海关规定条件并提供担保的，可以于次月第5个工作日结束前汇总缴纳税款 |
| | 逾期缴纳 | 自规定的期限届满之日起，按日加收滞纳税款万分之五的滞纳金。关税滞纳金金额=滞纳关税税额×滞纳金征收比率×滞纳天数 |
| | 延期缴纳 | 因不可抗力或者国家税收政策调整，纳税人、扣缴义务人不能按期缴纳税款的，经向海关申请并提供税款担保，可以延期缴纳，但最长不得超过6个月 |
| 税额确认 | | 自纳税人、扣缴义务人缴纳税款或者货物放行之日起3年内，海关有权对纳税人、扣缴义务人的应纳税额进行确认 |
| 限制出境 | | 纳税人未缴清税款、滞纳金且未向海关提供担保的，经直属海关关长或者其授权的隶属海关关长批准，海关可以按照规定通知移民管理机构对纳税人或者其法定代表人依法采取限制出境措施 |

### 考点八　关税退还 ★

关税退还，见表10-11。

**答案** ↘
例题 10 | C

表 10-11　关税退还

| 多征税款退还 | 海关发现 | 应当及时出具税额确认书通知纳税人 | 纳税人应当自收到税额确认书之日起 3 个月内办理退还手续 |
|---|---|---|---|
| | 纳税人发现 | 可以自缴纳税款之日起 3 年内，向海关书面申请退还多缴的税款 | |
| 特殊情形退税 | 已缴纳税款的进口货物，因品质、规格原因或者不可抗力，1 年内原状复运出境 | 纳税人自缴纳税款之日起 1 年内，可以申请退还关税。申请退还关税应当以书面形式提出，并提供原缴款凭证及相关资料，按照规定退还关税的，应当加算银行同期活期存款利息。海关应当自受理退税申请之日起 30 日内查实，并出具税额确认书通知纳税人办理退还手续 | |
| | 已缴纳出口关税的出口货物，因品质、规格原因或者不可抗力，1 年内原状复运进境，并已重新缴纳因出口而退还的国内环节有关税收 | | |
| | 已缴纳出口关税的出口货物，因故未装运出口，申报退关 | | |

## 考点九　关税追征 ★

关税追征，见表 10-12。

表 10-12　关税追征

| 项目 | 内容 |
|---|---|
| 追征 | 因纳税人、扣缴义务人违反规定造成少征或者漏征税款的，海关可以自缴纳税款或者货物放行之日起 3 年内追征税款，并自缴纳税款或者货物放行之日起，按日加收少征或者漏征税款万分之五的滞纳金 |
| 追征 | 对走私行为，海关追征税款、滞纳金的，不受上述 3 年期限的限制，并有权核定应纳税额 |
| | 因纳税人、扣缴义务人违反规定造成海关监管货物少征或者漏征税款的，海关应当自纳税人、扣缴义务人应缴纳税款之日起 3 年内追征税款，并自应缴纳税款之日起按日加收少征或者漏征税款万分之五的滞纳金 |

## 考点十　税收强制措施 ★

税收强制措施，见表 10-13。

表 10-13　税收强制措施

| 项目 | 内容 |
|---|---|
| 税款强制措施 | 纳税人在规定的纳税期限内有转移、藏匿其应税货物以及其他财产的明显迹象，或者存在其他可能导致无法缴纳税款风险的，海关可以责令纳税人提供担保。纳税人未按照海关要求提供担保的，经直属海关关长或者其授权的隶属海关关长批准，海关可以实施下列强制措施：<br>(1)书面通知银行业金融机构冻结纳税人金额相当于应纳税款的存款、汇款；<br>(2)查封、扣押纳税人价值相当于应纳税款的货物或者其他财产。<br>纳税人在规定的纳税期限内缴纳税款的，海关应当立即解除强制措施 |
| | 纳税人、扣缴义务人未按照规定的纳税期限缴纳或者解缴税款的，由海关责令其限期缴纳，逾期仍未缴纳且无正当理由的，经直属海关关长或者其授权的隶属海关关长批准，海关可以实施下列强制执行措施：<br>(1)书面通知银行业金融机构划拨纳税人、扣缴义务人金额相当于应纳税款的存款、汇款；<br>(2)查封、扣押纳税人、扣缴义务人价值相当于应纳税款的货物或者其他财产，依法拍卖或者变卖所查封、扣押的货物或者其他财产，以拍卖或者变卖所得抵缴税款，剩余部分退还纳税人、扣缴义务人。<br>海关实施税收强制执行措施时，对未缴纳的滞纳金同时强制执行 |

## 考点十一　法律责任和权益保护 ★

法律责任和权益保护，见表 10-14。

表 10-14　法律责任和权益保护

| 项目 | 内容 |
|---|---|
| 未履行报告义务的处罚 | 有下列情形之一的，由海关给予警告；情节严重的，处 3 万元以下的罚款：<br>(1)未履行纳税义务的纳税人有合并、分立情形，在合并、分立前，未向海关报告。<br>(2)纳税人在减免税货物、保税货物监管期间，有合并、分立或者其他资产重组情形，未向海关报告。<br>(3)纳税人未履行纳税义务或者在减免税货物、保税货物监管期间，有解散、破产或者其他依法终止经营情形，未在清算前向海关报告 |
| 转移或隐匿财产的处罚 | 纳税人欠缴应纳税款，采取转移或者藏匿财产等手段，妨碍海关依法追征欠缴的税款的，除由海关追征欠缴的税款、滞纳金外，处欠缴税款 50%以上 5 倍以下的罚款 |
| 扣缴义务人未履行扣缴义务的处罚 | 扣缴义务人应扣未扣、应收未收税款的，由海关向纳税人追征税款，对扣缴义务人处应扣未扣、应收未收税款 50%以上 3 倍以下的罚款 |

（续表）

| 项目 | 内容 |
|---|---|
| 行政复议和行政诉讼适用情形 | 纳税人、扣缴义务人、担保人对海关确定纳税人、商品归类、货物原产地、纳税地点、计征方式、计税价格、适用税率或者汇率，决定减征或者免征税款，确认应纳税额、补缴税款、退还税款以及加收滞纳金等征税事项有异议的，应当依法先向上一级海关申请行政复议；对行政复议决定不服的，可以依法向人民法院提起行政诉讼。<br>当事人对海关作出的上述征税事项以外的行政行为不服的，可以依法申请行政复议，也可以依法向人民法院提起行政诉讼 |
| 行政复议申请 | 公民、法人或者其他组织认为海关行政行为侵犯其合法权益的，可以自知道或者应当知道该行政行为之日起60日内提出行政复议申请；但是法律规定的申请期限超过60日的除外。<br>公民、法人或者其他组织认为海关的行政行为所依据的规范性文件不合法，在对行政行为申请行政复议时可以一并提出对该规范性文件的审查申请 |
| 行政复议机关及机构 | 对海关行政行为不服的，向作出该行政行为的海关的上一级海关提出行政复议申请。对海关总署作出的行政行为不服的，向海关总署提出行政复议申请 |

# 同步训练

DATE

扫我做试题

**考点一 关税概述；考点二 纳税义务人、扣缴义务人及征税对象；考点三 税目税率**

1. (单选题)在中华人民共和国加入世界贸易组织议定书中承诺的范围内调整最惠国税率、关税配额税率和出口税率，调整特惠税率适用的国别或者地区、货物范围和税率，或者调整普通税率的，由( )决定。

   A. 海关总署　　　　　　　　　　　B. 财政部

   C. 国务院　　　　　　　　　　　　D. 全国人民代表大会常务委员会

2. (多选题)关于进口货物税率，下列说法正确的有( )。

   A. 原产于共同适用最惠国待遇条款的世界贸易组织成员的进口货物最惠国税率

   B. 原产于与我国签订含有相互给予最惠国待遇条款的双边贸易协定的国家或者地区的进口货物适用特惠税率

   C. 原产于我国境内的进口货物，适用最惠国税率

   D. 原产于与我国签订含有关税优惠条款的区域性贸易协定的国家或者地区的进口货物，适用协定税率

E. 原产地不明的进口货物，适用普通税率

3.（多选题）关于进口货物关税税率的适用，下列说法正确的有（    ）。

A. 当最惠国税率低于或等于协定税率时，按最惠国税率执行

B. 适用最惠国税率的进口货物有暂定税率的，应当适用暂定税率

C. 适用协定税率、特惠税率的进口货物有暂定税率的，应当适用暂定税率

D. 适用普通税率的进口货物，不适用暂定税率

E. 实行关税配额管理的进口货物，关税配额内的，适用关税配额税率

## 考点四 税收优惠

1.（单选题）以关税特定减免方式进口的残疾人特殊教育设备，海关监管的年限为
（    ）年。

A. 7                B. 10                C. 8                D. 3

2.（多选题·2020年）关于关税减免税，下列说法正确的有（    ）。

A. 外国政府、国际组织无偿赠送的物资免征关税

B. 科学研究机构进口国内不能生产或性能不能满足的科学研究用品实行特定减免
关税

C. 对进口残疾人专用品实行特定减免关税

D. 进出境运输工具装载的娱乐设施暂免征收关税

E. 在海关放行前遭受损毁或者灭失的货物免征关税

3.（多选题·2022年）下列进口货物予以法定减征或免征关税的有（    ）。

A. 在海关放行前损毁或者灭失的货物

B. 中华人民共和国缔结或者参加的国际条约规定减征的货物

C. 没有商业价值的广告品和货样

D. 拍摄电影使用的仪器、设备及用品

E. 供安装、调试、检测设备时使用的仪器、工具

## 考点五 关税计税价格与应纳税额的计算；考点六 特殊情形关税征收

1.（单选题·2019年）下列费用中，不计入进口货物关税计税价格的是（    ）。

A. 包装材料费用                B. 设备进口后发生的技术服务费

C. 由买方负担的经纪费          D. 与货物为一体的容器费用

2.（单选题）在以成交价格估价方法确定进口货物计税价格时，下列各项费用应计入
计税价格的是（    ）。

A. 由买方负担的购货佣金

B. 在进口货物价款中单独列明的在境内复制进口货物而支付的费用

C. 在进口货物价款中单独列明的设备进口后发生的保修费用

D. 在进口货物价款中单独列明的设备进口后发生的维修费

3.（单选题）某科技公司2022年5月7日经批准进口一套特定免税设备用于研发项目，
2024年10月27日经海关批准，该公司将设备出售，取得销售收入240万元，该设
备进口时经海关审定的计税价格为320万元，已提折旧60万元。2024年10月该公

司应补缴的关税为(　　)万元。(关税税率为10%)

  A. 5.33        B. 6.22        C. 24        D. 26

4.(单选题)某进出口公司2024年12月进口高档化妆品一批,购买价为34万元,该公司另支付入关前运费3万元,保险费为货价和运费之和的3‰。高档化妆品关税税率为30%,消费税税率为15%,该公司应缴纳的关税为(　　)万元。(计算结果保留两位小数)

  A. 10.21        B. 10.24        C. 13.10        D. 11.13

5.(单选题)某公司向海关报明一批运往境外加工的货物,已知该批货物的价值为100万元,出境的运费为5万元,境外发生的加工费为20万元,在海关规定期限内复运进境,复运进境的运费和保险费合计6万元,关税税率为10%,则该公司应缴纳的关税为(　　)万元。

  A. 0.6        B. 2.6        C. 3.1        D. 13.1

6.(多选题)下列属于进口关税计税价格组成部分的有(　　)。

  A. 进口人向自己的采购代理人支付的购货佣金

  B. 作为在我国境内销售条件的与进口货物国内销售有关的特许权使用费

  C. 进口设备报关后的安装调试费用

  D. 进口设备报关后的境内技术培训费用

  E. 运至我国境内输入地点装载前的运输费用

7.(多选题)如果进口货物的成交价格不符合规定条件,由海关估定计税价格。下列关于进口货物计税价格估定的说法,正确的有(　　)。

  A. 纳税人可以与海关进行价格磋商

  B. 计税价格估定方法的使用次序不可以颠倒

  C. 海关估定计税价格时,应根据纳税人的意愿选择估价方法

  D. 第一个估定方法是与该货物同时或者大约同时向中华人民共和国境内销售的相同货物的成交价格

  E. 采用再销售价格估价方法时,按照进口货物、相同或类似进口货物在境内第一级销售环节销售给无特殊关系买方最大销售总量的单位价格为基础,扣除境内发生的有关费用后,确定计税价格

8.(多选题)下列各项税费中,应计入出口货物计税价格的有(　　)。

  A. 货物运至我国境内输出地点装载前的保险费

  B. 货物运至我国境内输出地点装载前的运输费用

  C. 货物出口关税

  D. 货价中单独列明的货物运至我国境内输出地点装载后的运输费用

  E. 货价中单独列明的货物运至我国境内输出地点装载后的保险费

### 考点七 关税缴纳;考点八 关税退还

(多选题)2025年3月1日某公司进口一批烟丝,成交价格为20万元人民币,关税税率40%,从起运地至输入地起卸前的运费为2.4万元人民币,进口货物的保险费

无法确定，保险费率为货物与运费之和的3‰，从海关监管区至公司仓库的运费为0.6万元人民币。于2025年3月5日完成申报并填发税款缴款书，该公司于2025年3月31日缴纳税款。下列说法正确的有(    )。(计算结果保留两位小数)

A. 该公司应缴纳进口环节税金为28.31万元

B. 该公司应按照11天缴纳进口环节税款的滞纳金

C. 进口货物自运输工具申报进境之日起15日内申报

D. 该公司关税计税价格为22.47万元

E. 该公司进口环节共缴纳滞纳金1 698.60元

### 考点九 关税追征；考点十 税收强制措施；考点十一 法律责任和权益保护

1. (单选题)因纳税义务人违反规定而造成的少征关税，海关可以自纳税义务人缴纳税款或者货物、物品放行之日起的一定期限内追征。这一期限是(    )年。

A. 1          B. 10          C. 5          D. 3

2. (单选题)已征出口关税的货物，因故未转运出口。申报退关的，纳税义务人可以申请退还关税的最长期限是(    )。

A. 缴纳税款之日起1年          B. 缴纳税款之日起3年

C. 缴纳税款之日起5年          D. 缴纳税款之日起2年

## ● 参考答案及解析

### 考点一 关税概述；考点二 纳税义务人、扣缴义务人及征税对象；考点三 税目税率

1. C 【解析】在中华人民共和国加入世界贸易组织议定书中承诺的范围内调整最惠国税率、关税配额税率和出口税率，调整特惠税率适用的国别或者地区、货物范围和税率，或者调整普通税率的，由国务院决定，报全国人民代表大会常务委员会备案。

2. ACDE 【解析】选项B，原产于我国给予特殊关税优惠安排的国家或者地区且符合国家原产地管理规定的进口货物，适用特惠税率。

3. BDE 【解析】选项A，当最惠国税率低于或等于协定税率时，且无暂定税率的，适用最惠国税率。选项C，适用协定税率、特惠税率的进口货物有暂定税率的，应当从低适用税率。

### 考点四 税收优惠

1. D 【解析】特定减免税进口货物的监管年限为：①船舶、飞机8年；②机动车辆6年；③其他货物3年。

2. ABCE 【解析】选项D，进出境运输工具装载的途中必需的燃料、物料和饮食用品(不含娱乐设施)免征关税。

3. ABC 【解析】选项D、E，属于进口货物暂不缴纳关税的情形。

## 考点五 关税计税价格与应纳税额的计算；考点六 特殊情形关税征收

1. B 【解析】进口时在货物的价款中列明的下列税收、费用，不计入该货物的计税价格：①厂房、机械、设备等货物进口后进行建设、安装、装配、维修和技术服务的费用；②进口货物运抵中华人民共和国境内输入地点起卸后的运输及其相关费用、保险费；③进口关税及国内税收。

2. C 【解析】选项C，厂房、机械或者设备等货物进口后发生的建设、安装、装配、维修不计入关税计税价格，但是保修费用除外。

3. A 【解析】减税或免税进口的货物需补税时，应当以海关审定的该货物原进口时的价格，扣除折旧部分作为计税价格，计税价格＝减免税货物原进口时的计税价格×[1−补税时减免税货物已进口的时间(月)÷(监管年限×12)]。补税时实际已进口的时间按月计算，不足1个月但是超过15日的，按照1个月计算，不超过15日的，不予计算。

该公司应补缴关税＝320×[1−30÷(3×12)]×10%＝5.33(万元)。

4. D 【解析】应缴纳的关税＝[34+3+(34+3)×3‰]×30%＝11.13(万元)。

5. B 【解析】应缴纳的关税＝(20+6)×10%＝2.6(万元)。

6. BE 【解析】作为该货物向我国境内销售的条件，买方必须支付的、与该货物有关的特许权使用费计入关税计税价格的。进口货物的计税价格由海关以符合相关规定所列条件的成交价格以及该货物运抵中华人民共和国境内输入地点起卸前的运输及其相关费用、保险费为基础审查确定。

7. ADE 【解析】选项B，计税价格估定方法的使用次序一般不可以颠倒，但是应进口商的要求，倒扣价格估价方法和计算价格估价方法的使用次序可以颠倒。选项C，海关估定计税价格时，是依次选择价格估定方法的，不是根据纳税人的意愿选择估价方法。

8. AB 【解析】选项A、B，出口货物的计税价格，由海关以该货物向境外销售的成交价格为基础审查确定，并应当包括货物运至中华人民共和国境内输出地点装载前的运输及其相关费用、保险费。但其中包含的出口关税税额，应当扣除。

## 考点七 关税缴纳；考点八 关税退还

ADE 【解析】选项A、D，进口烟丝关税计税价格＝20+2.4+(20+2.4)×3‰＝22.47(万元)。

关税＝22.47×40%＝8.99(万元)。

进口环节增值税＝(22.47+8.99)÷(1−30%)×13%＝5.84(万元)。

进口环节消费税＝(22.47+8.99)÷(1−30%)×30%＝13.48(万元)。

进口环节税金＝8.99+5.84+13.48＝28.31(万元)。

纳税人、扣缴义务人应当自完成申报之日起15日内缴纳税款。逾期缴纳税款的，由海关自缴款期限届满之日起至缴清税款之日止，按日加收滞纳税款0.05%的滞纳金。

滞纳金＝28.31×10 000×0.05%×12＝1 698.60(元)。

**考点九 关税追征；考点十 税收强制措施；考点十一 法律责任和权益保护**

1．D 【解析】因纳税人违反规定而造成的少征或者漏征税款，自纳税人缴纳税款或者货物、物品放行之日起 3 年内 追征，按日加收万分之五的滞纳金。

2．A 【解析】已征出口关税的货物，因故未装运出口，申报退关的，纳税义务人自缴纳税款之日起 1 年内，可以申请退还关税。

亲爱的读者，你已完成本章11个考点的学习，本书知识点的学习进度已达88%。

# 第十一章　非税收入

重要程度：非重点章节　　分值：5分左右

## 考试风向

### 考情速递

本章属于非重点章节。内容繁多，大多数考生平时生活和工作中接触较少，记忆难度较大。考试以单选题、多选题为主。

### 2025年考试变化

**调整：** 文化事业建设费、防空地下室易地建设费、海域使用金部分内容。

**删除：** 残疾人就业保障金部分减免优惠政策、防空地下室易地建设费优惠政策。

### 脉络梳理

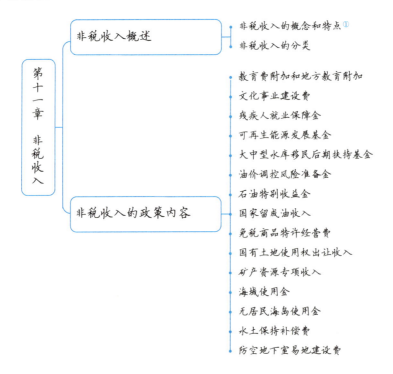

第十一章 非税收入
- 非税收入概述
  - 非税收入的概念和特点①
  - 非税收入的分类
- 非税收入的政策内容
  - 教育费附加和地方教育附加
  - 文化事业建设费
  - 残疾人就业保障金
  - 可再生能源发展基金
  - 大中型水库移民后期扶持基金
  - 油价调控风险准备金
  - 石油特别收益金
  - 国家留成油收入
  - 免税商品特许经营费
  - 国有土地使用权出让收入
  - 矿产资源专项收入
  - 海域使用金
  - 无居民海岛使用金
  - 水土保持补偿费
  - 防空地下室易地建设费

---

① 本章为2024年教材新增章节，所以没有在相关考点中添加★进行标注。

# 考点详解及精选例题

## 第一节 非税收入概述

### 考点一 非税收入的概念和特点

非税收入的概念和特点，见表11-1。

表 11-1 非税收入的概念和特点

| 项目 | 内容 | |
|------|------|---|
| 概念 | 非税收入，是指除税收外，由各级国家机关、事业单位、代行政府职能的社会团体及其他组织依法利用国家权力、政府信誉、国有资源(资产)所有者权益等取得的各种收入，不包括社会保险费、住房公积金(指计入缴存人个人账户部分) | |
| 特点 | 灵活性 | 形式多样性 |
| | | 时间灵活性 |
| | | 标准灵活性 |
| | 非普遍性 | |
| | 不稳定性 | |
| | 资金使用上的特定性 | |

【例题1·单选题】下列选项中，不属于非税收入特点的是(　　)。

A. 灵活性　　　　　　　　B. 确定性

C. 非普遍性　　　　　　　D. 资金使用上的特定性

解析 非税收入的特点有：灵活性、非普遍性、不稳定性和资金使用上的特定性。

### 考点二 非税收入的分类

非税收入的分类，见表11-2。

表 11-2 非税收入的分类

| 分类标准 | 分类 | 具体内容 |
|----------|------|----------|
| 按照政府对非税收入的管理分类 | 行政事业性收费 | 指国家机关、事业单位等根据法律法规的规定，按照国务院规定程序批准，在实施社会公共管理以及向公民、法人和其他组织提供特定公共服务的过程中，按照规定标准向特定对象收取的费用 调整 |

答案
例题1|B

（续表）

| 分类标准 | 分类 | 具体内容 | |
|---|---|---|---|
| 按照政府对非税收入的管理分类 | 政府性基金 | 依照法律、行政法规的规定，在一定期限内向特定对象征收、收取或者以其他方式筹集的专项用于特定公共事业发展的资金 **调整** | |
| | 罚没收入 | 罚款、罚金、违法所得、非法财物，没收的保证金、个人财产等 | |
| | 国有资源（资产）有偿使用收入 | 国有资源有偿使用收入，包括：土地出让金、新增建设用地土地有偿使用费、海域使用金、矿产资源专项收入、场地和矿区使用费，出租汽车经营权、公共交通线路经营权、汽车号牌使用权等有偿出让取得的收入，政府举办的广播电视机构占用国家无线电频率资源取得的广告收入，以及利用其他国有资源取得的收入 | |
| | | 国有资产有偿使用收入，包括：世界文化遗产保护范围内实行特许经营项目的有偿出让收入和世界文化遗产的门票收入，利用政府投资建设的城市道路和公共场地设置停车泊位取得的收入，以及利用其他国有资产取得的收入 | |
| | 国有资本收益 | 国家以所有者身份依法取得的国有资本投资收益 | 包括：①应交利润。②国有股股利、股息。③国有产权转让收入。④企业清算收入。⑤其他国有资本收益 |
| | 彩票公益金收入 | 按照规定比例从彩票发行销售收入中提取的，专项用于社会福利、体育等社会公益事业的资金 | |
| | 特许经营收入 | 国家依法特许企业、组织或个人垄断经营某种产品或服务而获得的收入 | |
| | 中央银行收入 | 中央银行在履行中央银行职能、开展业务经营过程中发生的全部收入包括利息收入、业务收入、其他收入 | |
| | 以政府名义接受的捐赠收入 | 接受的非定向捐赠货币收入，不包括定向捐赠货币收入、实物捐赠收入 | |
| | 主管部门集中收入 | 国家机关、实行公务员管理的事业单位、代行政府职能的社会团体及其他组织集中所属事业单位收入 | |
| | 政府收入的利息收入 | 税收和非税收入产生的利息收入 | |
| | 其他非税收入 | 除上述之外的其他非税收入。不包括社会保险费、住房公积金（指计入缴存人个人账户部分） | |

(续表)

| 分类标准 | 分类 | 具体内容 |
|---|---|---|
| 按照预算<br>管理分类 | 一般公共预算中的非税收入 | 专项收入 |
| | | 行政事业性收费收入 |
| | | 罚没收入 |
| | | 国有资本经营收入 |
| | | 国有资源(资产)有偿使用收入 |
| | | 捐赠收入 |
| | | 政府住房基金收入 |
| | | 其他收入 |
| | 政府性基金预算中的非税收入,如农网还贷资金收入、铁路建设基金收入、国家重大水利工程建设基金收入等 | |
| | 国有资本经营预算中的非税收入,主要是利润收入、股利和股息收入、产权转让收入、清算收入、其他国有资本经营预算收入 | |
| 按照征收<br>依据分类 | 利用政治权力取得的非税收入 | 政府性基金、罚没收入、对政府颁发的证照按照成本收取的工本费等 |
| | 利用国有财产取得的非税收入 | 国有资源(资产)有偿使用收入 |
| | 凭借政府信誉取得的非税收入 | 彩票收入、接受捐赠收入 |
| | 提供准公共服务或公共产品取得的非税收入 | 一类是政府向特定对象出售其生产的商品和服务取得的收入,属于非税收入,如公共停车泊位收入等。<br>另一类是政府将从私人部门或"第三方机构"购买的公共服务提供给特定主体而取得的收入,这类收入不属于非税收入 |

**【例题2·多选题】** 下列属于利用政治权力取得的非税收入项目的有(　　)。

A. 国有资本收益

B. 以政府名义接受的捐赠收入

C. 政府颁发证照按照成本收取的工本费

D. 罚没收入

E. 公共停车泊位收入

**解析** 选项A,是凭借国有资源(资产)所有者权益取得的收入,属于利用国有财产取得的非税收入。选项B,是凭借政府信誉取得的非税收入。选项E,是依据提供准公共服务或公共产品取得的非税收入。

**答案** 
例题2 | CD

## 第二节 非税收入的政策内容

### 考点三 教育费附加和地方教育附加

详情见第四章城市维护建设税，此处略。

### 考点四 文化事业建设费

文化事业建设费，见表11-3。

知识点拨**1**

广告业的范围不包括个体工商户或其他个人。

知识点拨**3**

广告策划、广告设计、广告制作、广告咨询、会议展览服务均不属于广告服务，无须缴纳文化事业建设费。

知识点拨**4**

娱乐服务采用正列举进行定义，超出此范围外的剧本杀、密室逃脱、文娱表演等经营项目，虽具有娱乐性质，但无须缴纳文化事业建设费。

知识点拨**5**

注意不是计费销售额。

表11-3 文化事业建设费

| 项目 | | 内容 |
|---|---|---|
| 概述 | | 国家为了促进社会主义文化事业的健康发展，进一步完善文化经济政策，拓展文化事业资金投入渠道而对广告、娱乐行业征收的一种政府性基金 *调整* |
| 缴费主体 | | 在境内提供广告服务的广告媒介单位和户外广告经营单位**1** |
| | | 在境内提供娱乐服务的单位和个人**2** |
| 扣缴义务人 | | 境外的广告媒介单位和户外广告经营单位在境内提供广告服务，在境内未设有经营机构的，以广告服务接受方为文化事业建设费的扣缴义务人 |
| 征收范围 | 广告服务 | 指利用图书、报纸、杂志、广播、电视、电影、幻灯、路牌、招贴、橱窗、霓虹灯、灯箱、互联网等各种形式为客户的商品、经营服务项目、文体节目或者通告、声明等委托事项进行宣传和提供相关服务的业务活动，包括广告代理和广告的发布、播映、宣传、展示等**3** |
| | 娱乐服务 | 指为娱乐活动同时提供场所和服务的业务，具体包括：歌厅、舞厅、夜总会、酒吧、台球、高尔夫球、保龄球、游艺（包括射击、狩猎、跑马、游戏机、蹦极、卡丁车、热气球、动力伞、射箭、飞镖）**4** |
| 计费方法 | | 应缴费额＝计费销售额×3% <br> 应扣缴费额＝支付的广告服务含税价款×3% |
| | 广告 | 提供广告服务取得的全部含税价款和价外费用，减除支付给其他广告公司或广告发布者的含税广告发布费后的余额 |
| | 娱乐 | 提供娱乐服务取得的全部含税价款和价外费用 |
| 优惠政策 | 免征 | 小规模纳税人中月销售额**5**不超过2万元（按季纳税6万元）的企业和非企业性单位提供的应税服务（广告服务、娱乐服务）*调整* |
| | | 未达到增值税起征点的缴纳义务人 |
| | 减半征 | 自2019年7月1日至2027年12月31日，归属中央收入的，按应缴费额的50%减征；归属地方收入的，由各省（区、市）决定在应缴费额的50%的幅度内减征 |
| 征管 | | 同增值税 |

【例题3·单选题】（2024年）2024年3月，某广告公司（一般纳税人）提供广告宣传服务取得收入价税合计848 000元，提供广告设计服务费取得含税收入212 000元，该广告公司本月应纳文化事业建设费（　　）元。

A. 30 000　　　B. 22 000　　　C. 6 000　　　D. 25 440

**解析** ↘ 广告设计服务不属于广告服务，无须缴纳文化事业建设费。应缴费额=计费销售额×3%=848 000×3%=25 440（元）。

【例题4·单选题】葛氏户外广告经营单位（一般纳税人）本月宣传、展示户外广告共取得不含税收入100万元，均开具了增值税专用发票。支付给其他广告公司发布费用，取得了增值税专用发票金额35万元，不考虑中央地方减免，该月应缴纳文化事业建设费（　　）万元。

A. 20.7　　　B. 2.07　　　C. 1.95　　　D. 3.25

**解析** ↘ 应缴费额=计费销售额×3%=［100×（1+6%）-35×（1+6%）］×3%=2.07（万元）。

【例题5·多选题】下列关于文化事业建设费的说法中，正确的有（　　）。

A. 广告服务计费销售额，为缴纳义务人提供广告服务取得的全部含税价款和价外费用

B. 在境内提供广告服务的个体工商户是文化事业建设费缴费人

C. 文娱表演属于缴纳文化事业建设费的娱乐服务

D. 娱乐服务计费销售额，为缴纳义务人提供娱乐服务取得的全部含税价款和价外费用

E. 未达到增值税起征点的缴纳义务人，免征文化事业建设费

**解析** ↘ 选项A、D，广告服务计费销售额，为缴纳义务人提供广告服务取得的全部含税价款和价外费用，减除支付给其他广告公司或广告发布者的含税广告发布费后的余额；娱乐服务计费销售额，为缴纳义务人提供娱乐服务取得的全部含税价款和价外费用。选项B，在境内提供广告服务的广告媒介单位和户外广告经营单位是缴费人，个人不是。选项C，娱乐服务采用正列举进行定义，超出此范围外的剧本杀、密室逃脱、文娱表演等经营项目，虽具有娱乐性质，但无须缴纳文化事业建设费。

## 考点五 残疾人就业保障金

残疾人就业保障金，见表11-4。

表11-4　残疾人就业保障金

| 项目 | 内容 |
| --- | --- |
| 缴费人 | 未按规定比例安排残疾人就业的机关、团体、企业、事业单位和民办非企业单位（以下简称用人单位）是残疾人就业保障金（以下简称残保金）的缴费人 |

正列举，不包括个体工商户和个人。

**答案** ↘
例题3｜D
例题4｜B
例题5｜DE

（续表）

| 项目 | 内容 |
|------|------|
| 安置比例 | 用人单位安排残疾人就业的比例不得低于本单位在职职工总数的 1.5%。具体比例由各省、自治区、直辖市人民政府根据本地区的实际情况规定。达不到规定比例的，应当缴纳残保金 |
| 计费方法 | 年残保金缴纳金额 =（上年用人单位在职职工人数×所在地省、自治区、直辖市人民政府规定的安排残疾人就业比例 - 上年用人单位实际安排的残疾人就业人数）×上年用人单位在职职工年平均工资（或当地社会平均工资的 2 倍，孰低）**①**<br><br>**提示** 计征三要素：<br>1. 上年用人单位在职职工人数<br>（1）实际经营期间的月末加权平均数。<br>（2）用人单位在编人员或签订 1 年以上（含 1 年）劳动合同（服务协议）的人员。<br>（3）季节性用工折算为年平均用工人数计入。<br>季节性用工折算为年平均用工人数 = 季节性用工人数×用工月数÷12<br>（4）劳务派遣计入派遣单位。<br>2. 上年用人单位实际安排的残疾人就业人数<br>（1）录用为在编或签订 1 年以上（含 1 年）劳动合同（服务协议）+ 实际支付工资不低于最低工资标准 + 足额缴纳社保，才可计入安排残疾人人数。<br>（2）用人单位安排 1 名持有《残疾人证》（1 至 2 级）或《残疾军人证》（1 至 3 级）的人员就业的，按照安排 2 名残疾人就业计算。<br>（3）劳务派遣方式接受残疾人就业，由派遣和用人单位协调，将残疾人数计入其中一方实际安排残疾人就业人数和在职职工人数，不得重复计算。<br>3. 上年用人单位在职职工年平均工资 = 上年在职职工工资总额÷上年用人单位在职职工人数 |

| 优惠政策 | | |
|------|------|------|
| | 征收标准上限 | 当地社会平均工资的 2 倍 |
| | 小微企业免**②** | 自 2020 年 1 月 1 日至 2027 年 12 月 31 日，在职职工人数在 30 人（含）以下的企业，暂免 |
| | 分档减缴**③** | 自 2020 年 1 月 1 日至 2027 年 12 月 31 日，安排比例达到 1%（含）以上，但未达到规定比例的，减按 50% 缴纳；安排比例在 1% 以下的，减按 90% 缴纳 |
| | 困难减免 | 不可抗力自然灾害或其他突发事件遭受重大直接经济损失，可申请减免或缓缴 |

**知识点拨①**

人数差额以公式计算结果为准，可以不是整数。

**知识点拨②**

（1）只有企业能够享受此项优惠。（2）此处的小微并非其他税种的小微口径，仅为文义所述 30 人（含）以下。

**知识点拨③**

（1）未安置残疾人就业的用人单位也属于分档减缴政策的享受主体。（2）分档减缴优惠政策享受主体是全部缴费人。

**答案** ↘

例题 6 | A

【例题 6·单选题】葛氏面粉厂上一年度在职职工人数为 100 人，所在地政府规定的安排残疾人就业比例为 1.5%，该公司实际安排的残疾人就业人数为 1 人，上一年度在职职工年平均工资为 50 000 元。该公司应缴纳的残保金为（　　）元。

A. 25 000　　　　　　　　　　B. 50 000

C. 12 500　　　　　　　　　　D. 22 500

**解析** ↘ 应缴纳残保金 =（100×1.5% - 1）×50 000 = 25 000（元）。

**【例题7·多选题】** 下列关于残保金的说法，正确的有(    )。

A. 残保金的征收对象是安排残疾人就业达不到规定比例的用人单位

B. 在职职工人数在30人(含)以下的企业，暂免征收残保金

C. 用人单位遇不可抗力自然灾害或其他突发事件遭受重大直接经济损失，可以申请减免或者缓缴残保金

D. 残保金征收标准下限，按照当地社会平均工资的2倍执行

E. 用人单位安排残疾人就业的比例为在职职工总数的1%，需按规定缴纳残保金

**解析** ↘ 选项D，残保金征收标准上限，按照当地社会平均工资的2倍执行。

### 考点六 可再生能源发展基金

可再生能源发展基金，见表11-5。

表11-5 可再生能源发展基金

| 项目 | | 内容 |
|---|---|---|
| 概述 | | 为了促进可再生能源的开发利用，根据有关规定设立的包括国家财政公共预算安排的专项资金(以下简称可再生能源发展专项资金)和依法向电力用户征收的可再生能源电价附加收入。税务部门具体负责征收的是可再生能源电价附加收入 **新增** |
| 可再生能源发展专项资金 | | 由中央财政从年度公共预算中予以安排(不含国务院投资主管部门安排的中央预算内基本建设专项资金) |
| 可再生能源电价附加 | | 除西藏以外的全国范围内，对各省、自治区、直辖市扣除农业生产用电(含农业排灌用电)后的销售电量征收 |
| | 缴费主体 | 除西藏自治区以外的全国范围内的电力用户 |
| | 征收范围 | 除西藏自治区以外的全国范围内，对各省、自治区、直辖市扣除农业生产用电(含农业排灌用电)后的销售电量征收，具体包括：<br>(1)省级电网企业(含各级子公司)销售给电力用户的电量。<br>(2)省级电网企业扣除合理线损后的趸售电量(即实际销售给转供单位的电量，不含趸售给各级子公司的电量)。<br>(3)省级电网企业对境外销售电量。<br>(4)企业自备电厂自发自用电量。<br>(5)地方独立电网(含地方供电企业)销售电量(不含省级电网企业销售给地方独立电网的电量)。<br>(6)大用户与发电企业直接交易的电量。<br>省(自治区、直辖市)际间交易电量，计入受电省份计征 |

**答案** ↘

（续表）

| 项目 | 内容 | |
|---|---|---|
| 可再生能源<br>电价附加 | 计费方法 | 应缴可再生能源电价附加＝销售电量（扣除农业生产用电）×征收标准✦ |
| | 优惠政策 | 对分布式光伏发电自发自用电量免收 |
| | 征收管理 | 按月征收，次年3月底前省级电网企业和地方独立电网企业根据全年实际销售电量进行汇算清缴 |

知识点拨✦

考试时会给出征收标准。

**【例题8·单选题】** 某电网企业位于北京市，2025年1月销售电量1 500 000千瓦时，2025年1月该企业需缴纳可再生能源电价附加（　　）万元。（可再生能源电价附加征收标准为1.9分/千瓦时）

A. 2.85　　　　B. 2.25　　　　C. 1.2　　　　D. 15

**解析** ↘ 应缴纳可再生能源电价附加＝1 500 000×1.9÷100÷10 000＝2.85（万元）。

**【例题9·多选题】** 下列关于可再生能源发展基金的说法，正确的有（　　）。

A. 可再生能源电价附加根据销售电量扣除农业生产用电（不含农业排灌用电）后，按照销售电量金额依相关规定标准计征

B. 可再生能源电价附加的缴费人是全国范围内的电力用户

C. 可再生能源发展基金属于政府性基金

D. 对分布式光伏发电自发自用电量免收可再生能源电价附加

E. 省（自治区、直辖市）际间交易电量，计入售电省份计征

**解析** ↘ 选项A，扣除农业生产用电（含农业排灌用电）后的销售电量征收。选项B，缴费人是除西藏自治区以外的全国范围内的电力用户。选项E，省（自治区、直辖市）际间交易电量，计入受电省份计征。

## 考点七 大中型水库移民后期扶持基金

大中型水库移民后期扶持基金，见表11-6。

表11-6　大中型水库移民后期扶持基金

| 项目 | 内容 |
|---|---|
| 概述 | 国家为扶持大中型水库农村移民解决生产生活问题而设立的政府性基金 |
| 缴费主体 | 除西藏自治区外的省（自治区、直辖市）范围内的电力用户 *调整* |
| 征收范围 | 对省级电网企业在本省（自治区、直辖市）区域内全部销售电量加价征收，但下列电量实行免征：<br>(1)农业生产用电量。<br>(2)省级电网企业网间销售电量（由买入方在最终销售环节向用户收取）。<br>(3)经国务院批准，可以免除缴纳的其他电量 |

答案 ↘
例题8｜A
例题9｜CD

374

（续表）

| 项目 | 内容 |
|---|---|
| 计费方法 | 应缴大中型水库移民后期扶持基金＝销售电量（扣除免征电量）×各地征收标准 *调整*《 |
| 优惠政策 | 对分布式光伏发电自发自用电量免收 |
| 征收管理 | 按月征收。省级电网企业、地方独立电网企业、属地化管理自备电厂根据全年实际销售电量，于次年3月底前完成清算和征缴 *调整*《 |

## 考点八 油价调控风险准备金

油价调控风险准备金，见表11-7。

表11-7 油价调控风险准备金

| 项目 | 内容 |
|---|---|
| 概述 | 当国际市场原油价格低于国家规定的成品油价格调控下限时，由中华人民共和国境内生产、委托加工和进口汽油、柴油的成品油生产经营企业，按照汽油、柴油的销售数量和规定的征收标准（成品油价格未调金额）全额上缴并纳入中央财政预算管理的政策性收入 |
| 缴费人 | 在中华人民共和国境内生产、委托加工和进口汽油、柴油的成品油生产经营企业 |
| 征收范围 | 当国际市场原油价格低于每桶40美元调控下限时，成品油价格未调金额全部纳入油价调控风险准备金 |
| 计费方法 | 应缴油价调控风险准备金＝相邻两个调价窗口期之间实际销售数量×征收标准 |
| 征收管理 | 按季度缴纳的，缴费人于季度终了2个月内申报并缴纳应缴费款。<br>按年度缴纳的，缴费人于次年2月底前申报缴纳应缴费款。<br>缴费人有两个及以上从事成品油生产经营企业的，可由征收机关指定集团公司或其他公司实行汇总缴纳 |

## 考点九 石油特别收益金

石油特别收益金，见表11-8。

表11-8 石油特别收益金

| 项目 | 内容 |
|---|---|
| 概述 | 国家对石油开采企业销售国产原油因价格超过一定水平所获得的超额收入按比例征收的收益金 |
| 缴费人 | 凡在中华人民共和国陆地领域和所辖海域独立开采并销售原油的企业，以及在上述领域以合资、合作等方式开采并销售原油的其他企业（以下简称合资合作企业） |

（续表）

| 项目 | 内容 |
|---|---|
| 征收范围 | 凡在中华人民共和国陆地领域和所辖海域开采的石油，无论其是否在中国境内销售，均应按规定缴纳。<br>中外合作油按规定上缴国家的国家石油增值税、矿区使用费、国家留成油不征收石油特别收益金 |
| 计费方法 | 应缴石油特别收益金=[（石油开采企业销售原油的月加权平均价格-65）×征收率-速算扣除数]×销售量×美元兑换人民币汇率<br>石油特别收益金征收比率按石油开采企业销售原油的月加权平均价格确定 |
| 征收管理 | 缴纳期限：按月计算、按季申报，按月缴纳 |
| | 申报地点：中央石油开采及地方石油开采企业——企业所在地。<br>合资合作企业——由合资合作的各方中拥有石油勘探和开采许可证的一方企业统一向征收机关申报 |

五级超额累进从价定率计征，见表11-9。

表11-9 五级超额累进从价定率计征

| 原油价格（美元/桶） | 征收比率（%） | 速算扣除数（美元/桶） |
|---|---|---|
| 65~70（含） | 20 | 0 |
| 70~75（含） | 25 | 0.25 |
| 75~80（含） | 30 | 0.75 |
| 80~85（含） | 35 | 1.5 |
| 85以上 | 40 | 2.5 |

【例题10·单选题】某石油开采企业在某月销售石油100 000桶，月加权平均油价80美元/桶，美元兑人民币汇率为7.1，该企业在当月应缴石油特别收益金（  ）万元。

A. 266.25　　　B. 1 703.25　　　C. 1 702.5　　　D. 0

**解析** 每桶特别收益金=（80-65）×30%-0.75=3.75（美元/桶）。

应缴石油特别收益金=3.75×100 000×7.1÷10 000=266.25（万元）。

【例题11·单选题】（2024年）关于石油特别收益金政策，下列说法正确的是（  ）。

A. 在我国陆地领域和所辖海域开采并在境外销售的石油，不征收石油特别收益金

B. 石油特别收益金实行超额累进定率征收，征收比率按行业平均价格确定

C. 中外合作油田按规定上缴国家的留成油不征收石油特别收益金

D. 石油特别收益金按季计算、申报和缴纳

**答案**
例题10 | A
例题11 | C

**解析** 选项A，凡在中华人民共和国陆地领域和所辖海域开采的石油，

无论其是否在中国境内销售，均应按规定缴纳石油特别收益金。选项 B，石油特别收益金实行五级超额累进从价定率计征，征收比率按石油开采企业销售原油的月加权平均价格确定。选项 D，石油特别收益金实行按月计算，按季申报，按月缴纳。

## 考点十 国家留成油收入

国家留成油收入，见表 11-10。

表 11-10 国家留成油收入

| 项目 | 内容 |
| --- | --- |
| 概述 | 国家留成油：在我国陆地领域和所辖海域对外合作勘探开发生产石油的企业（以下简称石油企业），按规定缴纳增值税和矿区使用费后，在余额油分配时根据石油合同的约定比例留给国家的权益，是以实物形态表现的财政资金。<br>国家留成油收入：指石油企业应上缴的国家留成油随合作油田生产的原油对外销售实现的变价款收入，属于中央财政非税收入 |
| 缴费人 | 中石油、中石化、中海油三大石油企业 |
| 征收范围 | 在中华人民共和国陆地领域和所辖海域内，对外合作勘探开发生产石油的企业实现的国家留成油变价款 |
| 计费方法 | 一般情况下，石油企业上缴的留成油收入等于总收入减除增值税、矿区使用费等费用的余额，乘以合同约定的比例。<br>合同约定的比例：以对外合作项目石油合同约定为依据 |
| 征收管理 | 中海油按月申报缴纳，中石化、中石油按年申报缴纳 |

## 考点十一 免税商品特许经营费

免税商品特许经营费，见表 11-11。

表 11-11 免税商品特许经营费

| 项目 | 内容 |
| --- | --- |
| 概述 | 对中国免税品(集团)总公司的免税商品经营业务，设立在机场、港口、车站和陆路边境口岸和海关监管特定区域的免税商店，以及在出境飞机、火车、轮船上向出境的国际旅客、驻华外交官和国际海员等提供免税商品购物服务的特种销售业务征收的一项非税收入。<br>免税商品，是指免征关税、进口环节税的进口商品和实行退(免)税(增值税、消费税)进入免税店销售的国产商品 |
| 缴费人 | 中免集团、深免集团等列举的经营免税商品或代理销售免税商品的企业 |
| 征收范围 | 免税商品经营业务，及列举的特种销售业务(同概述列举内容) |
| 计费方法 | 一般：按经营免税商品业务年销售收入的 1% 上缴<br>海南离岛旅客免税购物商店：按经营免税商品业务年销售收入的 4% 缴纳 |
| 征收管理 | 期限：年度终了后 5 个月 |

【例题12·单选题】中国免税品（集团）有限责任公司旗下的三亚免税店，2024年离境免税销售收入2.8亿元，离岛免税销售收入1.8亿元，该免税店当年应缴纳免税商品特许经营费（　　）万元。

A. 1 000　　　B. 460　　　C. 1 840　　　D. 1 300

解析 ↘ 离境免税销售收入2.8亿元，则应缴纳免税商品特许经营费280万元（28 000×1%）。离岛免税销售收入1.8亿元，则应缴纳免税商品特许经营费720万元（18 000×4%）。应缴纳的免税商品特许经营费合计=280+720=1 000（万元）。

## 考点十二 国有土地使用权出让收入

国有土地使用权出让收入，见表11-12。

表11-12　国有土地使用权出让收入

| 项目 | 内容 | |
|---|---|---|
| 概述 | 指政府以出让、划拨等方式配置国有土地使用权取得的全部土地价款，包括受让人支付的征地和拆迁补偿费用、土地前期开发费用和土地出让收益等。<br>【链接】房开卖新房，一般计税减地款 | |
| 缴费主体 | 依法取得国有土地使用权的受让人，承租国有土地使用权的承租人，转让已购公有住房、房改房和经济适用住房的房产所有人，包括企业、组织、社会团体或个人 | |
| 具体范围 | 以招标、拍卖、挂牌和协议方式出让国有土地使用权 | 总成交价款（不含代收代缴的税费） |
| | 转让划拨国有土地使用权或依法利用原划拨土地进行经营性建设 | 补缴土地价款 |
| | 处置抵押划拨国有土地使用权 | |
| | 转让房改房、经济适用住房 | |
| | 改变出让国有土地使用权土地用途、容积率等土地使用条件 | |
| | 自然资源部门依法出租国有土地向承租者收取的土地租金收入 | |
| | 出租划拨土地上的房屋应当上缴的土地收益 | |
| | 土地使用者以划拨方式取得国有土地使用权，依法向市、县人民政府缴纳的土地补偿费、安置补助费、地上附着物和青苗补偿费、拆迁补偿费等费用（不含征地管理费） | |

答案 ↘
例题12 | A

（续表）

| 项目 | 内容 |
|------|------|
| 计算方法 | 招标、拍卖、挂牌方式出让：市、县人民政府自然资源部门综合确定标底或者底价。招拍挂后，根据中标成交结果确定 |
| | 协议方式出让：<br>(1)最低价不得低于新增建设用地的土地有偿使用费、征地(拆迁)补偿费用以及相关税费之和。<br>(2)有基准地价的地区，最低价不得低于出让地块所在级别基准地价的70% |
| | 已购公有住房和经济适用住房上市出售补缴国有土地使用权，计算公式为：<br>补缴金额(元)=标定地价(元/平方米)×缴纳比例(≥10%)×上市房屋分摊土地面积(平方米)×年期修正系数 |
| 缴纳方式 | 自然资源部门向税务部门推送合同、缴费人、缴费金额、缴费期限等费源信息，缴费人通过《非税收入通用申报表》向税务部门申报缴纳 |

**【例题13·多选题】** 下列关于国有土地使用权出让收入说法正确的有（    ）。

A. 包括受让人支付的征地和拆迁补偿费用、土地前期开发费用和土地出让收益等

B. 转让房改房、经济适用住房无须缴纳

C. 有基准地价的地区，最低价不得低于出让地块所在级别基准地价的60%

D. 征收范围包含出租划拨土地上的房屋应当上缴的土地收益

E. 有基准地价的地区，最低价不得低于出让地块所在级别基准地价的70%

**解析** 选项B，转让房改房、经济适用住房需要缴纳国有土地使用权出让收入。选项C，有基准地价的地区，最低价不得低于出让地块所在级别基准地价的70%。

### 考点十三 矿产资源专项收入

矿产资源专项收入，见表11-13。

表11-13 矿产资源专项收入

| 项目 | 内容 |
|------|------|
| 概述 | 国家基于自然资源所有权，依法向矿业权人收取的国有资源有偿使用收入，由在中华人民共和国领域及管辖海域勘查、开采矿产资源的探矿权人或采矿权人缴纳。*调整*<br>矿产资源包括能源矿产、金属矿产、非金属矿产和水气矿产 |

**答案**
例题13 | ADE

（续表）

| 项目 | 内容 | |
|------|------|---|
| 矿业权<br>占用费 | 缴费人：申请并获得在我国领域及管辖海域的矿产资源探矿权和采矿权的矿业权人 | |
| | 征收范围：在我国领域及管辖海域勘查、开采的矿产资源 | |
| | 计费方法：实行动态调整 | |
| | 征收管理：矿业权人在办理勘查、采矿登记或年检时缴纳 | |
| 矿业权出<br>让收益 | 缴费人：在我国领域及管辖海域勘查、开采矿产资源的矿业权人 | |
| | 征收范围：在我国领域及管辖海域勘查、开采的矿产资源 | |
| | 征收方式 | 按矿业权出让收益率形式征收 |
| | | 按出让金额形式征收 |
| | 征收地点：原则上按照矿业权属地征收 | |
| | 缴纳期限：自然资源主管部门与矿业权人签订合同后，发生影响矿权出让收益征收的情形时，及时向税务部门推送费源信息。税务部门征收矿业权出让收益后，及时向自然资源主管部门回传征收信息 | |

【例题 14·多选题】（2024 年）下列非税收入中，属于矿产资源专项收入的有(      )。

A. 水气矿产矿业权占用费　　　　B. 国有土地使用权出让收入

C. 能源矿产矿业权出让收益　　　D. 金属矿产矿业权占用费

E. 非金属矿产矿业权占用费

**解析** ↘ 矿产资源包括能源矿产、金属矿产、非金属矿产和水气矿产。矿产资源专项收入包括矿业权占用费和矿业权出让收益。选项 B，不属于矿产资源专项收入。

### 考点十四　海域使用金

海域使用金，见表 11-14。

表 11-14　海域使用金

| 项目 | 内容 |
|------|------|
| 概述 | 国家以海域所有者身份依法出让海域使用权，而向取得海域使用权的单位和个人收取的权利金 |
| 缴费主体 | 使用海域的单位和个人 |
| 征收范围 | 填海造地、非透水建筑物、跨海桥梁、海底隧道及其他项目用海行为　*调整*《 |

（续表）

| 项目 | 内容 |
|------|------|
| 计算方法 | 统一按照用海类型、海域等别以及相应的海域使用金征收标准计算征收 |
| | 使用海域不超过 6 个月的，按年征收标准的 50%一次性计征 |
| | 超过 6 个月不足 1 年的，按年征收标准一次性计征 |
| | 经营性临时用海按年征收标准的 25%一次性计征 |
| | 用海项目应缴海域使用金金额超过 1 亿元，一次性缴纳确有困难的，经批准，可分期缴纳。分期缴纳时间跨度不得超过 3 年，第一期缴纳不得低于应缴金额的 50% |
| 优惠政策 | 免征：①军事用海；②用于政府行政管理目的的公务船舶专用码头用海；③航道、避风(避难)锚地、航标、由政府还贷的跨海桥梁及海底隧道等非经营性交通基础设施用海；④教学、科研、防灾减灾、海难搜救打捞、渔港等非经营性公益事业用海 |
| | 减免：①除避风(避难)以外的其他锚地、出入海通道等公用设施用海；②列入国家重点建设项目名单的项目用海；③遭受自然灾害或者意外事故，经核实经济损失达正常收益 60%以上的养殖用海 |

**知识点拨**

对填海造地、非透水构筑物、跨海桥梁和海底隧道等项目用海实行一次性计征，对其他项目用海按照使用年限逐年计征。

## 考点十五 无居民海岛使用金

无居民海岛使用金，见表 11-15。

表 11-15 无居民海岛使用金

| 项目 | 内容 |
|------|------|
| 概述 | 国家在一定年限内出让无居民海岛使用权，由无居民海岛使用者依法向国家缴纳的无居民海岛使用权价款，不包括其他相关税费 |
| 缴费主体 | 利用无居民海岛的单位和个人应当缴纳无居民海岛使用金 |
| 征收范围 | 单位和个人利用无居民海岛，按规定缴纳无居民海岛使用金 |
| 计算方法 | 无居民海岛使用金：最低价限制制度。<br>无居民海岛使用权出让最低价=无居民海岛使用权出让面积×使用年限×无居民海岛使用权出让最低价标准 |
| | 应缴纳的无居民海岛使用金额度超过 1 亿元的，无居民海岛使用者可以提出申请，经批准，可以在 3 年内分次缴纳。分次缴纳的，首次缴纳额度不得低于总额度的 50% |
| 优惠政策 | 免征：①国防用岛；②公务用岛；③教学用岛(非经营性的教学和科研项目用岛)；④防灾减灾用岛；⑤非经营性公用基础设施建设用岛(不包括为非经营性基础设施提供配套服务的经营性用岛)；⑥基础测绘和气象观测用岛；⑦国务院财政部门、海洋主管部门认定的其他公益事业用岛 |

## 考点十六 水土保持补偿费

水土保持补偿费，见表 11-16。

表 11-16　水土保持补偿费

| 项目 | 内容 |
|---|---|
| 概述 | 指对损坏水土保持设施和地貌植被、不能恢复原有水土保持功能的生产建设单位和个人征收的资金 |
| 缴费人 | 在山区、丘陵区、风沙区以及水土保持规划确定的容易发生水土流失的其他区域开办生产建设项目或者从事其他生产建设活动，损坏水土保持设施、地貌植被，不能恢复原有水土保持功能的单位和个人 |
| 征收范围 | 山区、丘陵区、风沙区以及水土保持规划确定的容易发生水土流失的其他区域开办生产建设项目或者从事其他生产建设活动，损坏水土保持设施、地貌植被，不能恢复原有水土保持功能的行为。其中，从事其他生产建设活动包括取土、挖砂（不含河道采砂）、采石，烧制砖、瓦、瓷、石灰，排放废弃土、石、渣 |
| 计征方式 | （1）一般性生产建设项目，按照征占用土地面积一次性计征。<br>对水利水电工程建设项目，水库淹没区不在水土保持补偿费计征范围之内<br><br>（2）开采矿产资源的，建设期间，按照征占用土地面积一次性计征<br><br>（3）取土、挖砂（河道采砂除外）、采石以及烧制砖、瓦、瓷、石灰的，根据取土、挖砂、采石量，按照每立方米 0.3~1.4 元计征（不足 1 立方米的按 1 立方米计，下同）。<br>已按第（1）至（2）项计征的，不再重复计征<br><br>（4）排放废弃土、石、渣的，根据土、石、渣量，按照每立方米 0.3~1.4 元计征。<br>已按第（1）至（3）项计征的，不再重复计征 |
| 优惠政策（免） | （1）建设学校、幼儿园、医院、养老服务设施、孤儿院、福利院等公益性工程项目的。<br>（2）农民依法利用农村集体土地新建、翻建自用住房的。<br>（3）按照相关规划开展小型农田水利建设、田间土地整治建设和农村集中供水工程建设的。<br>（4）建设保障性安居工程、市政生态环境保护基础设施项目的。<br>（5）建设军事设施的。<br>（6）按照水土保持规划开展水土流失治理活动的。<br>（7）法律、行政法规和国务院规定免征的其他情形 |
| 征收管理 | 按次缴纳的，于项目开工前或建设活动开始前缴纳。<br>按期缴纳的，在期满之日起 15 日内申报缴纳 |

## 考点十七 防空地下室易地建设费

防空地下室易地建设费，见表 11-17。

表 11-17　防空地下室易地建设费

| 项目 | 内容 |
|---|---|
| 概述 | 人防重点城市的市区(直辖市含近郊区)新建民用建筑,因条件限制不能同步配套建设防空地下室,由建设单位提出易地建设申请,经有批准权限的人防主管部门批准后,按应建防空地下室的建筑面积和规定的易地建设费标准缴纳的建设费用 |
| 缴费人 | 需要缴纳防空地下室易地建设费的建设单位 |
| 征收范围 | 在全国范围征收,征收对象为在人防重点城市的市区(直辖市含近郊区)新建的民用建筑(包括除工业生产厂房及其配套设施以外的所有非生产性建筑) *调整* |
| 计费方法 | 应缴防空地下室易地建设费=应建防空地下室建筑面积×征收标准 |
| 征收管理 | 按次申报缴纳 |

【例题 15 · 多选题】关于税务部门征收非税收入,下列说法正确的有( )。

A. 石油特别收益金实行七级超额累进从价定率计征

B. 油价调控风险准备金的计征依据是汽油、柴油的销售金额

C. 某个人从事广告服务,需缴纳文化事业建设费

D. 对国家重大水利工程建设基金免征教育费附加

E. 残保金按上年用人单位安排残疾人就业未达到规定比例的差额人数和本单位在职职工年平均工资之积计算缴纳

解析 ↘ 选项 A,石油特别收益金实行五级超额累进从价定率计征。选项 B,油价调控风险准备金的计征依据是汽油、柴油的销售数量(销售数量指缴费人于相邻两个调价窗口期之间的实际销售数量)。选项 C,文化事业建设费的缴费人是提供广告服务的广告媒介单位和户外广告经营单位,和提供娱乐服务的单位和个人。

答案 ↘
例题 15 | DE

# 同步训练

DATE /

扫我做试题

## 考点一 非税收入的概念和特点

(多选题)下列选项中不属于政府非税收入的有( )。

A. 诉讼费

B. 社会保险费(计入缴存人个人账户部分)

C. 土地出让金

D. 汽车号牌使用权有偿出让取得的收入

E. 住房公积金（计入缴存人个人账户部分）

## 考点二 非税收入的分类

（多选题）下列非税收入中，属于利用政治权力取得的有（　　）。

A. 政府性基金 　　　　　　　　　B. 罚没收入

C. 彩票公益金收入 　　　　　　　D. 国有资源有偿使用收入

E. 接受捐赠收入

## 考点三 教育费附加和地方教育附加；考点四 文化事业建设费

1. （单选题）某酒吧（小规模纳税人）本月共取得销售收入（含税）100万元。支付文娱表演服务费15万元，不考虑中央地方减免优惠，该月应缴纳文化事业建设费（　　）万元。

A. 3 　　　　　　B. 2.55 　　　　　　C. 1.95 　　　　　　D. 3.25

2. （单选题）某广告公司（一般纳税人）本月共取得广告播映销售收入（含税）100万元。支付给其他广告公司发布费（含税）15万元，不考虑中央地方减免优惠，该企业当月应缴纳文化事业建设费（　　）万元。

A. 3 　　　　　　B. 2.55 　　　　　　C. 1.95 　　　　　　D. 3.25

3. （多选题）下列属于文化事业建设费缴费人的有（　　）。

A. 境内提供广告设计制作的单位 　　B. 境内提供广告发布的单位

C. 境内提供广告代理的个体工商户 　D. 境内提供蹦极服务的个体工商户

E. 境内提供文娱表演服务收入的单位

4. （多选题）下列关于文化事业建设费说法正确的有（　　）。

A. 境外的广告媒介单位在境内提供广告服务，境内未设有经营机构的，以广告服务接受方为文化事业建设费的扣缴义务人

B. 广告服务计费销售额为广告服务取得的全部含税价款和价外费用，减除支付给其他广告公司的含税广告设计费后的余额

C. 未达到增值税起征点的提供娱乐服务的单位和个人，免征文化事业建设费

D. 娱乐服务计费销售额为提供娱乐服务取得的全部不含税价款和价外费用

E. 缴费人包括在境内提供广告服务的广告媒介单位和户外广告经营单位和个人

## 考点五 残疾人就业保障金

1. （单选题）甲企业2024年在职职工总人数150人，其中接受劳务派遣员工10人、季节性用工50人（用工时间5个月）。甲企业在2025年计算缴纳残保金时，应确认的上年在职职工人数为（　　）人。

A. 81.83 　　　　　B. 110.83 　　　　　C. 118 　　　　　D. 128

2. （单选题）葛氏面粉厂2024年度在职职工人数为100人，所在地政府规定的安排残疾人就业比例为1.5%，该公司实际安排的残疾人就业人数为1人，2024年度在职职工年平均工资为15万元。当地社会平均工资为6万元。那么，该公司在2025年应缴纳残保金（　　）万元。

A. 3　　　　　　　B. 6　　　　　　　C. 7.5　　　　　　　D. 1

3. (多选题)关于残保金,下列说法正确的有(　　)。

　A. 未按规定比例安排残疾人就业的机关、团体、企业、事业单位、民办非企业单位和个体工商户是残保金的缴费人

　B. 用人单位安排残疾人就业的比例不得低于本单位在职职工总数的1.5%。具体比例由各省、自治区、直辖市人民政府根据本地区的实际情况规定

　C. 上年用人单位安排残疾人就业未达到规定比例的差额人数,以公式计算结果四舍五入取整数计算

　D. 上年用人单位在职职工中,以劳务派遣用工的,计入用人单位在职职工人数

　E. 残保金征收标准上限,按照当地社会平均工资的2倍执行

## 考点六 可再生能源发展基金;考点七 大中型水库移民后期扶持基金

1. (单选题)天津电网公司销往北京电网公司的交易电量的可再生能源电价附加的缴费义务人为(　　)。

　A. 北京电网公司　　　　　　　　B. 天津电网公司

　C. 由两公司协商后确定　　　　　　D. 购电用户

2. (单选题)某电网企业位于西藏自治区以外地区,2025年1月销售电量1 500 000千瓦时(含农业排灌用电20 000千瓦时),2025年1月需缴纳可再生能源电价附加(　　)万元。(可再生能源电价附加征收标准为1.9分/千瓦时)

　A. 2.85　　　　　　　B. 2.81　　　　　　　C. 1.2　　　　　　　D. 15

3. (多选题)下列关于非税收入,说法正确的有(　　)。

　A. 可再生能源电价附加对除西藏自治区以外的全国范围内,对各省、自治区、直辖市扣除农业生产用电(含农业排灌用电)后的销售电量征收

　B. 大中型水库移民后期扶持基金的缴费人是除西藏自治区外的省(自治区、直辖市)范围内的电力用户

　C. 可再生能源电价附加收入征收时,省(自治区、直辖市)际间交易电量,计入受电省份计征

　D. 可再生能源电价附加收入,对分布式光伏发电自发自用电量免收

　E. 大中型水库移民后期扶持基金,省级电网企业网间销售电量,计入销售方计征

## 考点八 油价调控风险准备金;考点九 石油特别收益金;考点十 国家留成油收入

(多选题)下列关于非税收入的说法中,正确的有(　　)。

　A. 油价调控风险准备金的缴费人是在中华人民共和国境内生产、委托加工和进口汽油、柴油的成品油生产经营企业

　B. 石油特别收益金按五级超额累进从价定率计征

　C. 中外合作油田按规定上缴国家的石油增值税、矿区使用费、国家留成油应征收石油特别收益金

　D. 国家留成油收入征收范围是在中华人民共和国陆地领域和所辖海域内,对外合作勘探开发生产石油的企业实现的国家留成油变价款

E. 当国际市场原油价格低于每桶 65 美元调控下限时，成品油价格未调金额全部纳入油价调控风险准备金

## 考点十一 免税商品特许经营费；考点十二 国有土地使用权出让收入；考点十三 矿产资源专项收入

1. （单选题）下列关于矿产资源专项收入说法错误的是（　　）。

   A. 矿产资源包括能源矿产、金属矿产、非金属矿产

   B. 矿产资源专项收入包括矿业权占用费和矿业权出让收益

   C. 在中华人民共和国领域及管辖海域勘查、开采矿产资源，均须按规定缴纳矿业权出让收益和矿业权占用费

   D. 矿业权出让收益原则上按照矿业权属地征收

2. （多选题）下列关于非税收入的说法中，正确的有（　　）。

   A. 免税商品特许经营费一般按经营免税商品业务年销售收入的 1% 上缴

   B. 海南离岛旅客免税购物商店按经营免税商品业务年销售收入的 4% 缴纳免税商品特许经营费

   C. 免税商品特许经营费缴纳企业应于年度终了后 3 个月内向企业所在地税务部门申报缴纳

   D. 国有土地使用权出让收入包括受让人支付的征地和拆迁补偿费用、土地前期开发费用和土地出让收益等

   E. 矿产资源专项收入包括矿业权占用费和矿业权出让收益

## 考点十四 海域使用金；考点十五 无居民海岛使用金

（多选题）下列关于非税收入的说法中，正确的有（　　）。

A. 利用无居民海岛的单位和个人应当缴纳无居民海岛使用金

B. 无居民海岛使用权出让实行最低价限制制度

C. 应缴纳的无居民海岛使用金额度超过 1 亿元的，使用者可以提出申请，经批准，可以在 5 年内分次缴纳

D. 对填海造地、非透水构筑物、跨海桥梁和海底隧道等项目用海实行一次性计征海域使用金

E. 经营性临时用海按年征收标准的 50% 一次性计征海域使用金

## 考点十六 水土保持补偿费；考点十七 防空地下室易地建设费

（多选题）下列关于非税收入的说法中，正确的有（　　）。

A. 一般性生产建设项目，按照征占用土地面积，在建设期内逐年分摊征收水土保持补偿费

B. 建设学校、幼儿园、医院、养老服务设施、孤儿院、福利院等公益性工程项目的免征水土保持补偿费

C. 防空地下室易地建设费按次申报缴纳

D. 水利水电工程建设项目、水库淹没区不在水土保持补偿费计征范围之内

E. 防空地下室易地建设费在全国范围征收，征收对象为在人防重点城市的市区（直

辖市含近郊区)新建民用建筑(包括除工业生产厂房及其配套设施以外的所有非生产性建筑)

## ●● 参考答案及解析

### 考点一 非税收入的概念和特点

BE 【解析】非税收入,是指除税收以外,由各级国家机关、事业单位、代行政府职能的社会团体及其他组织依法利用国家权力、政府信誉、国有资源(资产)所有者权益等取得的各种收入,不包括社会保险费、住房公积金(指计入缴存人个人账户部分)。

### 考点二 非税收入的分类

AB 【解析】选项 A、B,利用政治权力取得的非税收入,包括政府性基金、罚没收入、对政府颁发的证照按成本收取的工本费等。选项 C、E,彩票收入、接受捐赠收入属于凭借政府信誉取得的非税收入。选项 D,国有资源(资产)有偿使用收入属于利用国有财产取得的非税收入。

### 考点三 教育费附加和地方教育附加；考点四 文化事业建设费

1. A 【解析】文化事业建设费的计费方法是计费销售额×3%。应缴费额 = 计费销售额×3% = 100×3% = 3(万元)。

2. B 【解析】文化事业建设费的计费方法是计费销售额×3%,广告服务计费销售额,可减除支付给其他广告公司或广告发布者的含税广告发布费。应缴费额 = 计费销售额×3% = (100-15)×3% = 2.55(万元)。

3. BD 【解析】在中华人民共和国境内提供广告服务的广告媒介单位和户外广告经营单位,应按照规定缴纳文化事业建设费,不包含个人。在中华人民共和国境内提供娱乐服务的单位和个人,应按照规定缴纳文化事业建设费。

4. AC 【解析】选项 B,广告服务计费销售额为广告服务取得的全部含税价款和价外费用,减除支付给其他广告公司或广告发布者的含税广告发布费后的余额。选项 D,娱乐服务计费销售额为提供娱乐服务取得的全部含税价款和价外费用。选项 E,缴费人包括在境内提供广告服务的广告媒介单位和户外广告经营单位。

### 考点五 残疾人就业保障金

1. B 【解析】根据相关规定,用人单位在职职工,是指用人单位在编人员或依法与用人单位签订 1 年以上(含 1 年)劳动合同(服务协议)的人员。季节性用工应当折算为年平均用工人数。以劳务派遣用工的,计入派遣单位在职职工人数。甲企业上年在职职工人数 = 150-10-50+50×5÷12 = 110.83(人)。

2. A 【解析】考虑阶段减免政策,自 2020 年 1 月 1 日至 2027 年 12 月 31 日,用人单位安排残疾人就业比例达到 1%(含)以上,但未达到规定比例,减按 50% 缴纳。该企业安排比例达到 1%(1÷100×100%),但未达到规定比例 1.5%,减半征收。残保金征收标准上限,按照当地社会平均工资的 2 倍执行。题干中,该企业在职职工

年平均工资 15 万元，超过当地社会平均工资 6 万元的 2 倍，应按照当地社会年平均工资 2 倍计算残保金。应缴纳残保金 =（100×1.5%−1）×6×2×50% = 3（万元）。

3．BE 【解析】选项 A，未按规定比例安排残疾人就业的机关、团体、企业、事业单位和民办非企业单位（简称用人单位）是残保金的缴费人，不包括个体工商户和个人。选项 C，上年用人单位安排残疾人就业未达到规定比例的差额人数，以公式计算结果为准，可以不是整数。选项 D，上年用人单位在职职工中，以劳务派遣用工的，计入派遣单位在职职工人数。

### 考点六 可再生能源发展基金；考点七 大中型水库移民后期扶持基金

1．A 【解析】根据相关规定，省（自治区、直辖市）际间交易电量，计入受电省份的销售电量征收可再生能源电价附加。

2．B 【解析】应缴纳可再生能源电价附加收入 =（1 500 000 − 20 000）×1.9÷100÷10 000 = 2.81（万元）。

3．ABCD 【解析】选项 E，大中型水库移民后期扶持基金，省级电网企业网间销售电量，由买入方在最终销售环节向用户收取。

### 考点八 油价调控风险准备金；考点九 石油特别收益金；考点十 国家留成油收入

ABD 【解析】选项 C，中外合作油田按规定上缴国家的国家石油增值税、矿区使用费、国家留成油不征收石油特别收益金。选项 E，当国际市场原油价格低于每桶 40 美元调控下限时，成品油价格未调金额全部纳入油价调控风险准备金。

### 考点十一 免税商品特许经营费；考点十二 国有土地使用权出让收入；考点十三 矿产资源专项收入

1．A 【解析】选项 A，矿产资源包括能源矿产、金属矿产、非金属矿产和水气矿产。

2．ABDE 【解析】选项 C，免税商品特许经营费缴纳企业应于年度终了后 5 个月内向企业所在地税务部门申报缴纳。

### 考点十四 海域使用金；考点十五 无居民海岛使用金

ABD 【解析】选项 C，应缴纳的无居民海岛使用金额度超过 1 亿元的，使用者可以提出申请，经批准，可以在 3 年内分次缴纳。选项 E，经营性临时用海按年征收标准的 25% 一次性计征海域使用金。

### 考点十六 水土保持补偿费；考点十七 防空地下室易地建设费

BCDE 【解析】选项 A，一般性生产建设项目，按照征占用土地面积一次性计征水土保持补偿费。

亲爱的读者，你已完成本章17个考点的学习，本书知识点的学习进度已达100%。

第三篇

考前模拟

税务师应试指南

# 考前模拟 2 套卷

　　优秀的你有足够的理由相信：沉下心，慢慢来，你想要的美好，终将如期而至。现在，你已完成了前期的学习，终于来到应试指南的结束篇"考前模拟"，快来扫描下方二维码进行模拟考试吧！

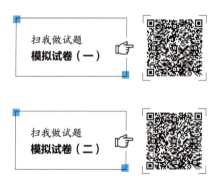

扫我做试题
**模拟试卷（一）**

扫我做试题
**模拟试卷（二）**

全国税务师职业资格考试采用闭卷、无纸化形式，此篇考前模拟助力考前练习，快来体验吧！

# 附录 本书适用的税率一览

### 附表 1-1 增值税税率

| 税率 | | 适用范围 |
|---|---|---|
| 基本税率 | 2018 年 5 月 1 日至 2019 年 3 月 31 日税率为 16%；2019 年 4 月 1 日起税率为 13% | 销售货物、劳务、有形动产租赁、进口货物 |
| 较低税率 | 2017 年 7 月 1 日至 2018 年 4 月 30 日税率为 11%；2018 年 5 月 1 日至 2019 年 3 月 31 日税率为 10%；2019 年 4 月 1 日起税率为 9% | 提供交通运输、邮政、基础电信、建筑、不动产租赁服务；销售不动产；转让土地使用权；销售或者进口特定范围货物，如农产品等 |
| 低税率 | 6% | 除另有规定外，销售服务、无形资产以及增值电信服务 |
| 零税率 | 0 | 跨境应税行为 |
| 征收率 | 3% 或 5% | 小规模纳税人；一般纳税人销售或出租不动产选择简易计税方法的；房地产开发企业适用简易计税方法；小规模纳税人销售、出租不动产；其他个人出租不动产（住房除外）等 |

### 附表 1-2 土地增值税税率

| 级数 | 增值额与扣除项目金额的比率 | 税率 | 速算扣除系数 |
|---|---|---|---|
| 1 | 未超过 50% 的部分 | 30% | 0 |
| 2 | 超过 50% 未超过 100% 的部分 | 40% | 5% |
| 3 | 超过 100% 未超过 200% 的部分 | 50% | 15% |
| 4 | 超过 200% 的部分 | 60% | 35% |

### 附表 1-3 消费税税率

| 税目 | 税率 |
|---|---|
| 一、烟 | |
| 1. 卷烟 | |
| （1）甲类卷烟［调拨价 70 元（不含增值税）/条以上（含 70 元）］ | 56% 加 0.003 元/支 |
| （2）乙类卷烟［调拨价 70 元（不含增值税）/条以下］ | 36% 加 0.003 元/支 |
| （3）商业批发 | 11% 加 0.005 元/支 |
| 2. 雪茄烟 | 36% |
| 3. 烟丝 | 30% |

（续表）

| 税目 | 税率 |
|---|---|
| 二、酒 | |
| 1. 白酒 | 20%加0.5元/500克（或500毫升） |
| 2. 黄酒 | 240元/吨 |
| 3. 啤酒 | |
| (1)甲类啤酒［每吨不含税价格3 000元（含3 000元）以上］ | 250元/吨 |
| (2)乙类啤酒［每吨不含税价格3 000元以下］ | 220元/吨 |
| 4. 其他酒 | 10% |
| 三、高档化妆品 | 15% |
| 四、贵重首饰及珠宝玉石 | |
| 1. 金银首饰、铂金首饰和钻石及钻石饰品 | 5% |
| 2. 其他贵重首饰和珠宝玉石 | 10% |
| 五、鞭炮、焰火 | 15% |
| 六、成品油 | |
| 1. 无铅汽油 | 1.52元/升 |
| 2. 柴油 | 1.20元/升 |
| 3. 航空煤油 | 1.20元/升 |
| 4. 石脑油 | 1.52元/升 |
| 5. 溶剂油 | 1.52元/升 |
| 6. 润滑油 | 1.52元/升 |
| 7. 燃料油 | 1.20元/升 |
| 七、摩托车 | |
| 1. 气缸容量（排气量，下同）为250毫升的 | 3% |
| 2. 气缸容量在250毫升以上的 | 10% |
| 八、小汽车 | |
| 1. 乘用车 | |
| (1)气缸容量（排气量，下同）在1.0升（含1.0升）以下的 | 1% |
| (2)气缸容量在1.0升以上至1.5升（含1.5升）的 | 3% |
| (3)气缸容量在1.5升以上至2.0升（含2.0升）的 | 5% |
| (4)气缸容量在2.0升以上至2.5升（含2.5升）的 | 9% |
| (5)气缸容量在2.5升以上至3.0升（含3.0升）的 | 12% |
| (6)气缸容量在3.0升以上至4.0升（含4.0升）的 | 25% |

（续表）

| 税目 | 税率 |
|------|------|
| （7）气缸容量在 4.0 升以上的 | 40% |
| 2. 中轻型商用客车 | 5% |
| 3. 超豪华小汽车(零售环节) | 10% |
| 九、高尔夫球及球具 | 10% |
| 十、高档手表 | 20% |
| 十一、游艇 | 10% |
| 十二、木制一次性筷子 | 5% |
| 十三、实木地板 | 5% |
| 十四、铅蓄电池 | 4% |
| 十五、涂料 | 4% |

附表 1-4  应税消费品全国平均成本利润率表

| 序号 | 应税消费品 | 利润率 | 序号 | 应税消费品 | 利润率 | 序号 | 应税消费品 | 利润率 | 序号 | 应税消费品 | 利润率 |
|------|------|------|------|------|------|------|------|------|------|------|------|
| 1 | 甲类卷烟 | 10% | 6 | 薯类白酒 | 5% | 11 | 摩托车 | 6% | 16 | 游艇 | 10% |
| 2 | 乙类卷烟 | 5% | 7 | 其他酒 | 5% | 12 | 乘用车 | 8% | 17 | 木制一次性筷子 | 5% |
| 3 | 雪茄烟 | 5% | 8 | 化妆品 | 5% | 13 | 中轻型商用客车 | 5% | 18 | 实木地板 | 5% |
| 4 | 烟丝 | 5% | 9 | 鞭炮、焰火 | 5% | 14 | 高尔夫球及球具 | 10% | 19 | 电池 | 4% |
| 5 | 粮食白酒 | 10% | 10 | 贵重首饰及珠宝玉石 | 6% | 15 | 高档手表 | 20% | 20 | 涂料 | 7% |

**城市维护建设税税率：**

纳税人所在地在城市市区，税率为 7%。

纳税人所在地在县城、建制镇的，税率为 5%。

纳税人所在地不在城市市区、县城、建制镇的，税率为 1%。

**教育费附加与地方教育附加：**

全面推行营改增后，教育费附加、地方教育附加以各单位和个人实际缴纳的增值税、消费税的税额为计征依据，附加率分别为 3%、2%。